비트코인의 미래

비트코인의 미래

부의 미래는 어떻게 결정되는가?

The Promise of Bitcoin

초판 1쇄 인쇄 2021년 10월 1일   글쓴이 바비 C. 리

초판 1쇄 발행 2021년 10월 20일   옮긴이 김동규

     펴낸이 김진규

     책임편집 김정희

펴낸곳 (주)시프 | 출판등록 2021년 2월 15일 (제2021-000035호)

주소 경기도 고양시 덕양구 권율대로668 티오피클래식 209-2호

전화 070-7576-1412

팩스 0303-3448-3388

이메일 seepbooks@naver.com

ISBN 979-11-975638-0-5 03320

THE PROMISE OF BITCOIN

비트코인의 미래

부의 미래는 어떻게 결정되는가?

바비 C. 리 지음 | 김동규 옮김

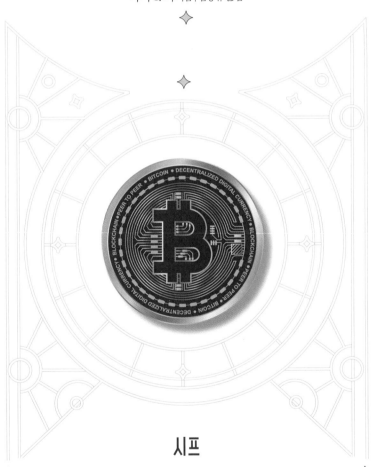

시프

차례

비트코인을 향한
나의 여정

조준

나는 비트코인이야말로
우리 일생일대의 기회임을
믿어 의심치 않는다.

내 이름은 바비 크리스토퍼 리이다.

암호화폐 업계에 속한 사람이라면 내가 이 업계에서 가장 초기부터 활동하면서 비트코인에 투자했던 인물임을 기억할 것이다.

나는 어떤 사람이나 단체도 생산성을 올리는 개인이나 기업을 방해해서는 안 된다고 생각한다. 우리는 진정한 자유의 원칙을 점점 더 소홀히 여긴다. 우리는 정부를 비롯한 여러 단체가 우후죽순처럼 늘어나 원래의 의도와 달리 우리의 활동을 제약하는 현실을 그저 넋놓고 보고만 있다. 아주 혁신적인 국가들조차 비록 의도는 선하지만 잘못된 법률로 상업을 규제한다. 그들은 기업가 정신이 무엇인지 도무지 헤아리지 못한다.

중앙은행이란 원래 경제적 해악의 근본 원인이다. 그들은 지나친 권력을 휘두르며, 오로지 자신의 권력만을 존재 이유로 삼아온 소수의 구태의연한 사고방식을 고수한다. 그 작동 양상을 깊이 들여다보면 국민에게 도움이 되기 위해 무엇을 해야 하고 무엇을 하지 말아야할지에는 관심 없고, 오직 기득권을 영속화하는 것만이 주된 동기임을 알 수 있다. 그러나 중앙은행이 단순하고 종합적인 통화 관리 구조를 창출하여 국민에게 유익을 선사하지 못한다면 도대체 그들의 존재 이유는 무엇인가? 알렉산더 해밀턴이 미국에 중앙은행을 설치하여 모든 주에서 동일한 가치를 지니는 화폐를 만들자고 주창했을 때, 그는 이 점을 명확하게 이해하고 있었다.

그러나 은행은 그의 바람과는 달리 정치적 수단으로 변질해 원래의 목적과 멀어졌다. 그들은 지나친 권력을 휘두르며, 국민과 국민의 돈에 너무 많이 개입한다. 과거 두 세기 동안 경제 침체가 찾아왔을 때 거의 언제나 은행의 오판이 문제를 더욱 복잡하게 만들었다. 그리고 그럴 때마다 소비자들이 가진 돈은 그 가치와 구매력을 크게 상실했다.

누군가가 돈을 벌면 어떤 권력 기관도 개인의 허락 없이 그것을 빼앗아서는 안 된다. 과거 미국인들은 자신들이 피땀 흘려 일한 과실을 마음대로 앗아갈 수 있다고 생각하는 영국의 권력자들에게 맞서 혁명을 감행했다.

이런 내 생각을 제도에 약간의 허점이라도 보이면 그것을 악으로 규정하는 최근의 극단주의와 혼동하지 않기를 바란다. 나는 최근 몇 년간 이루어진 자유무역협정으로 시장이 개방된 것을 지지하며, 그 결과에 감사하는 사람이다. 이런 태도는 북미자유무역협정NAFTA과 브렉시트 이후 어떤 일이 일어나든 이어질 것이다. 우리 집안은 국제

무역업으로 꽤 큰 성공을 거두었다. 나는 암호화폐 비즈니스의 탄생에 일익을 담당했으며, 오늘날 이 비즈니스는 세계적으로 뻗어가고 있다. 내가 기업가가 되기 전에 일했던 회사들도 하나같이 성공을 구가하고 있다.

나는 사실상 세계 어느 곳이든 마음대로 다닐 수 있는 여권을 가지게 된 것에 감사한다. 항공기를 이용할 기회가 많은 만큼, 공항을 안전하게 지켜주는 여러 기관에도 감사를 드린다. 나는 투자 기회를 다변화하기 위해 여러 나라에서 부동산을 보유한다.

아울러 미래 세대를 생각하면 우리의 환경을 보호하기 위해 현명한 규제와 상품이 꼭 필요하다고 생각한다. 10대 시절부터 여러 가지 기계장치에 흥미가 많았던 나로서는 지금 모는 테슬라 모델3보다 더 나은 제품은 지구상에 없다고 생각한다. 이 자동차는 최고시속이 250킬로미터에 달하며, 재충전 없이 거의 480킬로미터를 주행할 수 있다. 거기에다 소음도 없고 승차감도 부드러우며 탄소 배출량도 미미한 수준이다. 이 차는 현존하는 최고의 기술을 구현하여 소비자의 필요를 충족하면서도 정부 기관들의 심기도 거스르지 않는다.

물론 스탠퍼드 대학교에서 컴퓨터과학과 소프트웨어공학을 전공한 만큼 내 관심이 기술에 치우친 건 분명한 사실이다. 나는 퍼스널 컴퓨터가 세계적으로 보편화되기 훨씬 전부터 컴퓨터 기술에 진지한 관심을 기울였다. 초등학교 6학년 때 독학으로 컴퓨터 프로그래밍을 배웠다. 맨 먼저 시작한 프로그래밍 언어는 베이직BASIC이었다. 나는 미국 기숙학교에 다닐 때부터 퍼스널 컴퓨터 동아리를 만들었고, 세계적인 기술교육 열풍의 심장이라 할 스탠퍼드에서 컴퓨터과학을 전공했다. 1997년 여름에는 빌 게이츠의 초대로 그의 집을 방문한 적도 있다. 물론 그 자리에는 수백 명의 마이크로소프트 사 인턴들도 함께 있었지만 말이다.

나는 세계 최고의 인터넷 기술을 자랑하는 회사에서 근무한 적이 있고, 세계 최대의 유통업체가 전자상거래를 시작하는 데 기여했다. 2013년에는 중국에서 직접 최첨단 기술기업을 창업해, 2018년 회사를 매각할 때 그 사용자 수는 100만 명을 기록했다.

나는 '기술이 지금까지 세상을 위해 무엇을 이룩했는가'에 관해 강력한 의견을 지닌 진보적인 사상가이며, 앞으로 세상을 위해 달성할 것에 관해서는 그보다 더욱 강력한 신념을 지녔다. 특히 금융 시스템의 엄청난 약점을 직시한 익명의 개발자들이 만들어낸 놀라운 기술혁신에 관해서는 더욱 그러하다. 즉 비트코인이라는 이름으로 더 잘 알려진 암호화폐 말이다.

사토시 나카모토라는 가명을 쓰는 개발자가 전혀 새로운 개념의 기술을 놀라운 방식으로 사용하여 새로운 디지털 결제 시스템을 만들어냈다. 더욱 중요한 점은 이 기술의 목적이 전 세계인을 통제하려는 것이 아니라 오직 그들에게 도움을 주려는 것이라는 사실이다. 단언컨대 디지털 암호화폐는 지난 반세기 동안 세상에 모습을 보인 것 중 가장 훌륭한 발명품이다.

나는 46년간의 생애 중 거의 4분의 1을 사토시가 발명한 이 암호화폐에 푹 빠져 살았다.

나처럼 컴퓨터과학을 전공한 동생 찰리 리Charlie Lee는 온라인 포럼에서 비트코인에 관한 내용을 읽고 관심을 가진 뒤, 온라인상에서 익명의 사람들과 거래해 처음으로 비트코인을 샀다. 2011년 초, 우리는 여느 때처럼 장거리 통화를 하고 있었다. 당시 나는 상하이에서 산 지 4년째에 접어들었고, 막 월마트에 합류하려던 참이었다. 당시 나는 월마트의 수석 기술 책임자로서 중국 시장을 겨냥한 전자상거래 팀을 새로 꾸리는 일을 맡을 예정이었다. 찰리는 실리콘밸리에서 구글 엔지니어로 일하고 있었다.

이 업계에서 말하는 '채굴'이란 디지털 원장에서 거래를 기록하여 비트코인을 벌어들이는 것을 가리키는 용어로, 이 작업에 참여하는 데 필요한 알고리즘 해독 능력을 보유한 소수의 컴퓨터 전문가들에게 가능한 일이었다. 당시에는 비트코인 거래소도, 미디엄 블로그도, MIT 블록체인 프로그램도 없었고, 규제에 관한 치열한 토론도 없었다. 비트코인에 대해 아는 은행이 있었다 해도 그들은 이 주제를 티끌보다 더 하찮게 여겼다. 업계 외부인들은 비트코인보다 차라리 당시 막 등장한 PC나 콘솔게임에서 사용되는 가상화폐가 더 혁신적이라고 생각했다. 사람들이 게임머니를 사용해서 가상의 검이나 다른 무기류를 구매하는 모습이 신기하게 보였을 것이다.

2011년 봄 무렵에 비트코인은 20달러 미만에 거래되었고, 시가총액은 1억5천만 달러가 안 됐다. 이 분야에 열정과 호기심을 지닌 사람은 전 세계를 통틀어 수천 명뿐이었다. 통화 중에 찰리는 새롭게 등장한 비트코인이라는 이 전자화폐를 한번 잘 살펴보라고 내게 권했다.

찰리가 대충 설명해준 개념을 컴퓨터 전문가인 내가 일반인보다 이해하기 쉬운 것은 당연했다. 나는 온라인 개발업계와 유통망에 대해 잘 알았다. 이것이야말로 블록체인 시스템의 핵심이었다. 블록체인은 기본적으로 디지털 시스템이지만, 결국 가장 중요한 요소는 깊은 열정을 품은 살아 있는 사람들이다. 스탠퍼드라는 최고의 컴퓨터 학과에서 학부 및 석사 과정을 마친 나는 이미 암호화폐에 대해서도 어느 정도 지식을 가지고 있었다. 특히나 화폐와 경제, 이 사회의 금융 시스템은 가장 관심 있는 분야였다. 찰리도 이런 사실을 다 알았다. 사실 이 분야는 우리 집안 대대로 이어오는 일종의 혈통 같은 것이라고 봐도 좋을 정도다.

우리 가문의
오랜 여정

나의 친가인 이씨 가문과 외가인 추씨 가문은 한 세기 넘도록 여러 분야에서 사업을 일구어왔다. 우리 선조들은 아시아와 남미, 아프리카, 그리고 마침내 북미 지역에서 여러 기업체를 일으켜 성공을 거두었다. 20세기 초반, 증조부는 중국 장쑤성의 소금관리청에서 지역 책임자로 일했다. 당시 정부 세수의 가장 큰 몫을 차지하는 관청이었다. 오랜 왕조 시대가 끝난 뒤 중화민국이 통치를 정비하던 혼란기, 정부는 질서를 유지하고 핵심 산업을 공정하게 관리할 수 있는 유능한 행정가들에게 의존할 수밖에 없었다. 소금관리청은 가장 중요한 관청 중 하나였으므로, 이곳은 가장 유능하고 정직한 인물에게 맡겨졌다.

나의 증조모는 거의 3세기에 걸쳐 중국을 통치한 만주족, 즉 청나라 왕가의 직계 후손이다. 매우 총명한 여성으로 영어를 유창하게 구사했으며, 당시만 해도 남성의 독점 분야였던 의학 학위를 취득한 인물이었다. 증조모는 왕가에서 받은 교육 덕분에 이런 엘리트 교육을 즐겁게 소화해냈다. 그러나 청 왕조가 멸망한 뒤, 그분을 포함한 왕가 후손들은 한족이 지배하는 사회에 녹아들기 위해 개명을 해야 했다(만주족의 성은 대개 여러 글자로 구성되는 것이 보통이지만 한족 가문의 성은 외자인 경우가 많다). 그분들이 선택한 성씨는 진金이었다. '금'이라는 뜻의 성을 택한 가문은 오로지 만주족 왕가의 후손밖에 없었다.

이 격동의 시기에 우리 외가는 부를 축적하는 것의 가치를 제대로 인식해 실천했고, 그 가치를 가장 보편적으로 인정받을 수 있는 형태로 보존했다. 금이었다. 이는 또한 20세기 초 상하이에서 언제든지 일어날 수 있는 경제파동에 대비한 그분들의 방책이기도 했다. 상하이야말로 상업 분야의 부패가 횡행하는 곳으로 유명했다.

나의 조부 윌리엄 스첸 리는 1925년 상하이에서 출생했다. 이후 4반세기에 걸쳐 중국에는 두 가지 커다란 일이 일어났다. 첫째는 일본의 침공이고, 둘째는 2차 세계대전 종전 후의 공산당 집권이었다. 20대 초반에 이미 사업가로서 성공을 거두고 있었던 조부는 자유로운 기업 활동에 종지부를 찍는 날이 올까 두려웠다. 상하이의 명문 푸단

대학에서 법학을 전공한 덕에 조부는 향후 전개될 상황을 어느 정도 내다보았다.

1949년 마오쩌둥이 중국의 주요 기관을 거의 모두 장악하자 조부는 자신의 영향력을 발휘하여 홍콩행 증기선 티켓 두 장을 구했다. 1948년 조부는 상하이 푸둥 지역 면화 무역업자의 딸 줄리아 쿠와 결혼했고, 조모 줄리아는 당시 첫 아이를 임신 중이었다(나의 큰아버지 데이비드였다). 그들의 눈에는 중국 본토의 미래가 어떻게 될지 너무나 뚜렷이 보였기에 나머지 가족을 모두 남겨두고 홍콩행 편도 티켓을 산 것이다.

홍콩에 도착한 뒤 조부는 윌리엄 리라는 서양식 이름을 지었다. 윌리엄과 줄리아 부부는 공산당이 통치하는 땅과 무척 가까우면서도 그곳을 벗어난 영국 식민지에서 더 나은 미래를 가꿀 수 있기를 희망하는 70만 명 중 두 사람이었다. 그들은 모든 이를 기꺼이 받아들이고 민주주의가 보장되는 사회에서도 자본이 있어야만 새로운 사업을 시작할 수 있다는 사실을 잘 알았다. 그들은 옷소매 속에 눈에 띄지 않는 주머니를 만들어 그 속에 금괴를 넣고 다녔다. 당시 금 가격은 온스당 35달러(1그램당 1.23달러)에 불과했지만, 미국 정부가 최저 임금을 무려 두 배로 올린다고 발표한 금액이 시간당 75센트이고 홍콩 아파트의 한 달 임대료가 10달러 정도였던 당시로서는 그래도 금이 가장 믿을 만한 재산이었다.

윌리엄은 1년이 채 안 되어 직물을 취급하는 수출입상을 차렸다. 그분들은 오직 모험적인 사업가들만이 할 수 있는 사고방식으로 다른 방안도 재빨리 모색했다. 홍콩 인구가 급증세를 보이는 것에 불안을 느낀 조부모는 인구가 많은 중국이 아니라 값싼 노동력과 생산 비용을 지닌 개발도상국에서 부의 기회를 모색하는 소수의 단호한 국외 거주자 그룹에 합세했다. 그리고 2년여 동안 브라질에서 한두 번쯤 사업 기회를 엿보다 실패한 뒤에는 서아프리카의 소국 시에라리온으로 건너갔다. 중국 이민자들이 흔히 그러듯 조부모의 첫 사업은 중국 식당이었다. 이후 수년간 여러 사업에 손을 대다 이웃 나라인 아이보리코스트에 정착했고, 그곳에서 마침내 조부가 성공적으로 일군 사업은 플라스틱 샌들 제조업이었다. 한때 조부는 홍콩에 샥스핀을 수출하는 사업에도 손을 댔다. 샥스핀은 중국인들이 매우 좋아하는 진미 식품이다.

그분들은 알 턱이 없었겠지만 같은 시기에 나의 외조부모인 리닝추와 슈첸팽 부부도 거의 같은 경로를 밟고 있었다. 외조부는 1950년에 혈혈단신으로 홍콩에 건너가 제약업을 시작했다. 그분은 곧이어 아프리카로 이주해 가나에서 직물 제조업을 일구었고, 이웃 나라인 토고와 카메룬에서도 사업체를 열었다. 그분은 아프리카에서 사업을 시작한 최초의 중국인 중 한 사람이었다.

리닝추 가족은 아프리카로 가는 과정에서 숱한 난관을 겪었다. 나의 모친을 비롯한 여섯 남매는 이미 상하이에서 태어난 터였고, 중국 정부는 점점 더 여행을 제한했다. 외조부는 해외에서 기반을 마련하자마자 외조모와 외숙부, 어머니를 데리러 중국에 사람을 보냈다. 이후 수십 년에 걸쳐 그분은 남아 있는 자녀들의 출국 비자를 마련하려

분주히 움직였지만 다른 자녀들은 끝내 상하이에서 한 발짝도 움직이지 못했다.

내 친가와 외가는 서로 일면식도 없는 사이였지만 그분들이 인생의 원칙으로 삼은 내용에는 공통점이 많았다. 양쪽 가문 모두 교육, 개인의 적극적인 의지, 근면을 성공의 핵심 원리로 인식했다. 자녀들을 유럽과 미국의 우수한 학교에 보내기 위해 애썼고, 이 점은 부친과 모친에게도 마찬가지였다.

부모님은 대학 시절에 만나 몇 년 뒤 결혼했고, 이후 아이보리코스트로 돌아온 부친은 가업인 제조업을 이었다. 나는 1975년에 세 남매 중 장남으로 출생했다. 사람들은 곧잘 이국적인 나의 출생지에 관해 묻곤 하는데, 그럴 때마다 나는 선택의 여지가 없었다고 대답한다! 아이보리코스트는 부모님이 인생을 걸고 가업을 일군 곳이다. 2년 뒤 동생 찰리가 태어났고, 다시 4년 뒤에 여동생 비비안이 태어났다.

부모님은 당신들이 자라날 때와 거의 같은 방식으로 우리를 양육했다. 부모님은 우리를 중학교까지 미국 학교에 보내면서 늘 열심히 공부하라고 하셨다. 1980년대에 아이보리코스트는 글로벌한 분위기였다. 프랑스의 영향을 강하게 받아 서아프리카의 모든 나라 중에서도 가장 국제적인 성향을 띠었다. 어린 시절 나는 다섯 종류의 언어를 배우며 자랐다. 미국 국제학교에서 영어를 배웠고, 아이보리코스트인들의 모국어였던 프랑스어에다 집에서는 중국 방언 세 가지를 사용했다. 부모님과 조부모님과 대화할 때는 상하이 방언을 썼고, 지역의 대만 출신 이민자들과는 표준 중국어로, 홍콩 출신의 친척 및 유모와는 광둥어로 말했다.

부친 역시 최신 기술의 흐름을 따라가야 한다고 생각했고, 퍼스널 컴퓨터의 잠재력을 어느 정도 예측했다. 그리하여 1986년 당시로는 거금에 해당하는 1만 달러를 투자해 애플의 초기 모델인 IIGS 기종을 장만했다. 그 제품은 멀티미디어 컬러그래픽과 음향을 갖춰 엄청난 반응을 불러일으켰던 16비트 퍼스널 컴퓨터였다. 물론 오늘날 기준으로 보면 그저 골동품에 지나지 않지만 말이다.

애플 IIGS는 컴퓨터에 관한 나의 관심에 불을 지폈다. 나는 그 총천연색 화면과 명령어를 입력하자마자 곧바로 반응하는 성능, 다양한 기능에 완전히 매료되었다. 중학교 1학년이 되었을 때 나와 찰리는 코딩을 포함해 컴퓨터 프로그래밍과 관련된 것이라면 무엇이든 닥치는 대로 익혔다. 사실 그 정도는 아무것도 아니었다. 우리는 초창기 퍼스널 컴퓨터 잡지를 즐겨봤다. 거기에는 샘플 게임들의 소스 코드가 모두 공개되어 있었고, 우리는 그것을 따라 입력하거나 직접 프로그램을 짜서 돌려보기도 했다(사실 나는 거의 매번 찰리에게 잡지에 나온 프로그래밍 소스 코드를 대신 입력해달라고 애걸하다시피 했다. 찰리는 불평 한 번 않고 형의 부탁을 다 들어준 착한 아이였다).

아버지는 신제품이 나올 때마다 기종을 바꿔주고 게임을 사주는 등 우리의 흥미를 잘 북돋워주셨다. 우리 집은 애플에서 최신 소프트웨어나 주변기기를 선보일 때마다 이웃 가운데 가장 먼저 구매하는 얼리어답터였다.

1989년에 사립 기술학교인 로런스빌 스쿨에 입학할 때 나는 이미 샤프Sharp에서 나온 랩톱 컴퓨터를 쓰고 있었다. 무게가 9킬로그램이나 되어 가장 큰 토스터보다도 더 무겁고 투박한 녀석이었지만, 새롭게 다가올 혁명의 세계를 이제 막 배우기 시작한 같은 반 아이들에게는 거의 계시나 다름없는 물건이었다. 나는 초창기 LCD 화면을 장착하고 더욱 세련된 폰트로 무장한 그 녀석을 어디서나 펼쳐놓았다. 비록 8비트의 깜박거리는 흑백 화면이었지만, 그것은 마치 미래를 들여다보는 창과 같았다. 그때부터 나는 컴퓨터와 기술에 사로잡혔다.

스탠퍼드를
향해

MIT를 졸업한 부친은 나도 당신의 뒤를 따르기를 원했으나 나는 스탠퍼드를 선택했다. 25년 전 스탠퍼드는 컴퓨터학과를 최초로 개설한 학교 중 하나였다. 초창기 스탠퍼드 연구진은 세계 최초 객체지향 시분할 시스템인 PDP-1 기반 시분할 시스템이나, 오늘날의 윈도우나 맥OS의 조상 격인 운영시스템 DEC PDP-6 등을 발명했다. 스탠퍼드 교수진에는 튜링상 수상자를 비롯하여 컴퓨터과학, 로보틱스, 자동화, 인공지능 분야의 개척자들이 두루 망라되어 있었다.

스탠퍼드에는 나처럼 컴퓨터에 대한 열정과 기업가 정신이 충만한 학생들이 있었고, 곧 그들과 친분을 나누었다. 그들 역시 원래는 컴퓨터에 관해 아무것도 몰랐지만 사람들 사이의 상호작용과 기업 세계에 혁신을 일으킬 물건에 이진법 코딩을 활용할 창조적인 방법을 찾아 이 미지의 영역에 뛰어들었다는 점에서 나와 똑같은 경험을 한 친구들이었다. 스탠퍼드에는 최신 컴퓨터 워크스테이션을 갖춘 연구실이 있었고 학생들에게 발명과 창업을 장려했다. 그즈음 나는 벤처캐피털의 지원을 받는 스타트업이라는 개념을 처음 들었고, 이 산업이 점점 성장 중이라는 정보를 접했다. 1998년 나는 스탠퍼드의 기술 창업가 과정인 메이필드 펠로 프로그램Mayfield Fellows Program에 간절한 마음으로 등록 신청을 했고, 마침내 합격했다.

금융과 기술, 기업가 정신이 서로 맞물린다는 점에 매료된 상태였던 나는 로런스빌 스쿨 시절 월스트리트클럽Wall Street Club 회장을 맡아 연례 모의투자 대회에서 우승한 적이 있다. 내가 선택한 종목에는 당시만 해도 사람들이 잘 모르던 네브래스카주 오마하의 투자회사 버크셔헤서웨이Berkshire Hathaway와 금광 회사 주식들이 있었다. 부친은 내 모의투자의 숨은 조언자였다. 어떤 주식을 왜 사야 하는지를 놓고 아버지와 늘 장거리 통화로 상의하곤 했다.

당시에는 미처 몰랐지만 스탠퍼드 새내기 시절, 제리 양Jerry Yang과 데이비드 필로David Filo는 이미 야후의 체계를 개발해놓고 1년 뒤 출시를 앞두고 있었다. 나는 나중에 그들과 5년 넘도록 같이 일하게 된다. 구글 창업자 세르게이 브린Sergey Brin과 래리 페이지Larry Page는 박사과정에 이미 들어갔고, 브린은 국가과학재단으로부터 대학원

장학금을 받고 있었다.

당시에 나와 같은 DNA를 지닌 사람들을 만났던 것이다.

비트코인과의
만남

스탠퍼드 컴퓨터과학과에서 학부와 대학원 석사 과정을 마친 지 13년 뒤인 2011년으로 시간을 뛰어넘어보자. 이 기간에 잊을 수 없는 많은 일이 일어났다. 마이크로소프트에서 인턴으로 근무할 때 빌 게이츠가 해마다 인턴들을 위해 주최하는 바비큐 파티에서 직접 그에게 인사를 건넸다. 현대 컴퓨터 산업을 일군 전통의 거장 IBM에서도 인턴 근무를 했다. 야후를 비롯한 미국과 중국의 기술기업에서 관리직으로 쌓은 경력은 개인적으로 가장 중요한 역할을 감당할 준비를 미리 한 것이었다. 나는 세계 최대 매출기업 월마트의 부사장 다섯 명 중 한 명으로서 중국 시장에서 새로운 전자상거래 사업을 시작하는 임무를 맡았다.

월마트는 세계 최대 인구를 자랑하는 중국 온라인 시장의 선두를 달리는 타오바오Taobao와 징동닷컴Jindong.com 등에 충분히 도전장을 내밀 수 있다고 봤다. 월마트는 이 사업에 '판다 프로젝트'라는 이름을 붙였다.

그러나 판다 프로젝트는 외부의 경쟁 못지않게 내부 정치 문제 때문에 악전고투 했다. 월마트는 재빨리 손해를 만회하고자 했다. 기존의 중국 전자상거래 업체 중 하나인 위하오디안Yihaodian, 1号店을 인수해 새로 만든 부서로 하여금 기존 중국 업체와 경쟁하도록 한 것이었다. 우리가 이길 가망은 전혀 없었다. 내 부서의 150명에 이르는 기술팀이 백방으로 노력했지만 중국의 기존 기업들을 따라잡기에는 역부족이었다. 1년이 못 되어 판다 프로젝트가 막을 내리리라는 것을 모두가 알 수 있었다.

동생과 비트코인에 관해 처음 이야기를 나누었던 때도 바로 그 시기였다. 찰리는 MIT에서 전기공학과 컴퓨터과학을 복수 전공하는 석사 과정을 5년 만에 졸업하고 구글의 크롬 OS팀에서 소프트웨어 기술자로 일하고 있었다. 찰리는 비트코인의 작동원리를 요약한 뒤, 탄생한 지 2년 만에 작은 세계를 이룩해온 과정을 설명해주었다. 더 중요하게는 사토시가 발명한 비트코인이 어떻게 금융의 혁명을 불러올 수 있는지 설득력 있게 입증해주었다. 나는 비트코인이라는 존재에 푹 빠지고 말았다.

월마트에서 전도유망한 경력을 시작한 지 얼마 안 되었을 때 나는 첫 비트코인을 채굴했다. 당시 거의 중독에 빠지다시피 했던 나는 컴퓨터 성능을 보강해서 알고리즘 문제를 해결해줄 그래픽 카드를 구하느라 혈안이 되었다. 그러면 비트코인을 더 많이 채굴할 수 있었기 때문이다. 전 세계를 통틀어도 비트코인 업계는 아주 작은 규모였지만, 당시 상하이에는 나보다 늘 한 발짝 앞서가는 전문가가 최소한 한 명은 더 있는 것 같았다. 그가 상하이의 컴퓨터 가게에 있는 고사양 그래픽 카드를 모조리 사들이는 바람에 내가 찾아가는 가게마다 선반이 텅텅 비어 있었다. 다행히 나는 해외에서 공급책을 확보했다.

내가 비트코인 채굴에 빠져 있던 기간은 2011년 여름부터 가을까지였다. 딱 한 대뿐인 내 채굴 장치는 매일 24시간 돌아갔고, 그 덕분에 상하이 시내에 있던 내 아파트의 방은 온통 열기로 달아올랐다.

2012년 말 월마트를 사퇴한 직후 나는 전통적인 기술 관리자의 길을 포기하고 비트코인에 매달리기로 결심했다. 미지의 영역을 향한 대담한 선택이었다. 가능성이 무궁무진한 영역이었지만, 솔직히 말해 나도 무엇을 해야 할지 몰랐다.

채굴 작업은 뻔한 일이다. 작동 과정을 한번 알고 나면 정신적으로 자극이 되는 일은 전혀 없다. 그러나 비트코인은 이제 막 세간의 이목을 끄는 참이었다. 이런 때 소비자가 이런 추세를 더욱 앞당기려면 어떻게 해야 할까? 나는 BTC차이나닷컴BTCChina.com이라는 중국 현지의 거래소 사이트에서 비트코인을 추가로 매수했다. 이 사이트는 20대 후반의 두 중국인이 만든 것이었다. 한 명은 난징 출신의 컴퓨터 프로그래머였고, 또 한 사람은 베이징 출신의 사업가였다. 그 순간 뇌리에서 어떤 아이디어가 번뜩하고 떠올랐다(이 당시는 라이트코인이나 이더리움을 비롯한 모든 암호화폐가 아직 등장하기 전이었다). 그들이 BTC차이나를 설립하게 된 배경에는 영감 어린 아이디어가 있었고, 이 사실을 알게 된 나는 행동에 나서지 않을 수 없었다.

BTC차이나는 중국인이라면 누구나 손쉽게 이용할 수 있는 비트코인 거래 플랫폼이었다. 물론 기능상 몇 가지 손봐야 할 점도 있었지만,

오히려 그 점에서 수년간 사용자 대상 플랫폼을 구축해온 나의 경험을 살릴 수 있을 터였다. 나는 무작정 그들에게 이메일을 보냈다. 고객 지원부서에 사장과 만나 대화를 하고 싶다고 문의했다. 약 일주일 뒤 나는 베이징의 한 북경오리 식당에서 내가 생각하는 BTC차이나의 비전을 열심히 설명하고 있었다. 우리 세 명은 식당 영업이 끝날 때까지 열띤 토론을 나누었고, 그 후에는 근처 커피숍에서 밤늦도록 대화를 이어갔다. 우리 각자가 보유한 경력은 서로를 보완해줄 수 있었고, 우리의 열정과 비전은 하나로 이어질 수 있는 것이었다. 훌륭한 팀이 될 수 있는 만남이었다.

그들은 기초가 탄탄하고 훌륭한 재능을 지닌 사업가들이었다. 그러나 경영 노하우와 비전, 자금 조달에 있어서는 다소 부족했다. 나는 그들이 지닌 장점을 바탕으로 큰 그림을 제시하고 기업에서 근무한 전문성을 더해줄 수 있었다. 기술 창업 기업이 번창하는 원리를 이해하고 있었으니까. 그뿐만 아니라 창업 초기 기업들이 흔히 부딪치는 어려움이 어떤 것인지도 알았다. 새롭게 등장하는 산업의 스타트업들이 모두 그렇듯이 BTC차이나 역시 엄청나게 잘 나가다가도 이내 언제라도 침체기에 빠져들 수 있었다. 이후 몇 주 동안 나는 이 회사의 지분을 상당량 인수하여 공동창업자 및 CEO라는 직함을 달고, 곧바로 벤처캐피털을 찾아 자금 조달에 나섰다. 2013년 초 내 역할과 권한에 관한 협상을 마쳤을 당시 비트코인 가격은 15달러도 채 안 됐다.

이 당시는 비트코인의 가격과 거래량이 막 본격적인 상승세에 올라탄 무렵이었다. 우리는 상하이의 내 아파트를 본사 사무실 대신 쓰고 있었다. 그러나 고객서비스를 전담할 직원 둘과 월마트에서 같이 일했던 동료 한 사람을 채용한 뒤에는 첫 사무실을 임대할 수밖에 없었다. 우리는 상하이 비즈니스 중심가에서 별로 멀지 않은 쉬자후이 인근에 186제곱미터 넓이의 사무실을 마련했다. 사무용 건물 23층에 들어선 작은 사무실로, 그전에 입주해 있던 인터넷 콘텐츠 제공회사가 벽을 밝은색으로 칠해놓은 곳이었다. 우리는 비로소 창업에 나섰다는 생각에, 또 중국에서 진짜 비트코인 회사를 일구겠다는 비전으로 매우 들떠 있었다.

그 당시 나는 라이트스피드 차이나Lightspeed China라는 투자회사가 주도하는 투자라운드를 통해 3500만 달러의 자금을 별도로 확보해둔 상태였다. 이 회사는 캘리포니아 면로파크에 있는 동명의 벤처투자사의 계열사였다. 라이트스피드 차이나의 투자 포트폴리오에는 중국 최고의 기술기업들이 포함돼 있었다. 우리는 아시아 전역에서 암호화폐 분야로는 최초로 벤처 투자를 유치한 기업이었다.

우리는 미국 스타트업 업계의 첨단 비즈니스 방식을 도입했는데, 이는 급성장 중인 중국 경제계에는 매우 낯선 것이었다. 우리 회사는 직원들에게 음료를 무료로 제공했고 회사의 로고가 새겨진 티셔츠와 각종 의류를 나눠주었으며, 직원들이 같이 영화를 보며 팀워크를 다졌다. 나는 야후의 기업문화를 일부 차용해서 크리스마스만 되면 직원들에게 맞춤형 머그컵을 선물했다. 직원들은 매년 자신만의 색다른 머그컵을 모으곤 했다.

근무시간은 매우 길었다. 심지어 토요일까지 정규 근무일이었을 정도다. 2013년 가을, 상하이를 벗어난 휴양지 섬에서 개최한 단합대회는 결코 잊지 못할 경험이었다. 우리는 그곳에서 갑작스러운 거래량 폭증을 소화할 수 있도록 우리 플랫폼을 뜯어고치는 데 시간을 거의 몽땅 바쳤다. 비트코인의 가격이 막 200달러를 넘어서고 있을 때였다.

BTC차이나는 긴축 경영을 유지했다. 직원 수가 네 배로 늘어날 때까지도 쉬자후이 인근의 그 좁은 사무실에 그대로 있었다. 제품 설계나 기술적 해결책은 회의실을 둘러싼 유리벽에 그려가며 일했으니 따로 화이트보드를 마련할 필요도 없었다. 우리는 새로운 형태의 분산 디지털 자산을 세상에 선보이는 담대한 비전의 일원이라는 느낌으로 일했다. 그 바탕에는 블록체인이라는 이름의 엄청난 잠재력을 지닌 기술이 있었다. 우리는 평범한 소비자와 투자자도 금방 알아볼 수 있는 뭔가를 만들어내는 회사가 되기 위해 가진 모든 것을 쏟아부었다.

BTC차이나를 떠나다

───

우리가 가는 길에는 수많은 난관이 기다리고 있었다. 새로운 고객을 한 명 만날 때 부정적인 말을 하는 사람은 그 열 배도 넘었다. 새롭게 등장한 이 화폐의 정체는 무엇인가? 이것이 도대체 어떻게 가치를 띨 수 있는가? 과연 누가, 왜 이것을 쓸 것인가? 정부의 지지는 확보했는가? 규제 기관은 어디인가? 온라인 은행 계좌보다 오히려 더 해킹에 취약한 것이 아닌가? 등의 질문이 쏟아졌다.

그러다가 마침내 충격의 시간이 찾아왔다.

2013년 말 비트코인 가격은 1100달러를 돌파하자마자 무려 3분의 1 수준으로 급락했고, 이에 사람들은 비트코인이 한낱 위조지폐에 지나지 않을지도 모른다는 두려움에 사로잡혔다. 그러는 한편으로 탄탄한 지원을 배경으로 만만찮은 공세를 펼치기 시작한 경쟁사가 둘이나 등장했다. 두 회사는 바로 OK코인OKCoin과 후오비Huobi였다. 그들이 거래 수수료를 내리면서 우리는 가격 전쟁을 펼쳐야만 했고, 그 바람에 거래 수수료가 거의 0에 수렴할 지경이 되고 말았다. 고객의 관점에서야 물론 좋은 일이었지만, 우리로서는 현금 보유고가 하루가 다르게 말라가기 시작했다. 우리는 직원 수를 줄이고, 새로운 형태의 거래 방식과 고객 서비스를 도입하는 등 매출을 올리기 위해 안간힘을 썼다. 그뿐만 아니라 추가 자금을 유치하기 위해 백방으로 노력했다. 2015년 말에 비트코인 가격이 약간 회복되고 뒤이어 거래 서비스에 대한 수요가 일어나면서 우리는 비로소 흑자로 접어들었다. 마침내 수익이 발생한 것이다!

그로부터 2년 뒤 또 다른 장애물이 나타났다. 중국 정부가 암호화폐 거래와 초기코인공개를 엄중하게 단속하기 시작한 것이었다. 초기코인공개란 블록체인 기술을 기반으로 새로운 암호화폐를 만들기 위해 불특정 다수의 투자자로부터 초기 개발 자금을 모집하는 과정을 말한다. 정부가 단속에 나선 명분은 규제 당국이 이런 활동을 통제할 수단이 별로 없다는 것이었다. 2017년 9월, 우리는 BTC차이나의 중국 내 거래 서비스를 중단했다. 그 당시 우리는 100만 명의 사용자를 확보하고 있었고, 직원 수는 150명에 달했으며, 별도 사무소를 네 곳이나 운영하고 있었다. 해외 사업은 홍콩 지사를 중심으로 BTCC라는 이름으로 계속 운영했다. 그러다 결국 2018년 1월 홍콩에 본부를 둔 한 블록체인 투자펀드에 회사를 매각했다.

회사가 인수될 당시 비트코인 가격은 1만 달러 선에서 움직이고 있었다. 물론 2만 달러를 찍었다고 한동안 야단법석을 일으켰던 한 달전에 비해서는 많이 내린 것도 사실이지만 BTC차이나가 창업할 때와 비교하면 100배도 넘게 오른 금액이었다.

비트코인은 사토시 나카모토가 꿈꾸던 비전을 충실히 달성하고 있었다. 그는 누구에게나 공개되고 아무에게도 통제받지 않는 디지털화폐가 등장하면 틀림없이 폭넓은 사용자층을 확보할 수 있다고 생각했다. 사토시는 2008년에 발표한 〈비트코인, 개인 간 전자화폐 시스템〉*Bitcoin: A Peer-to-Peer Electronic Cash System*이라는 논문에서, 각 개인이 중간에서 통제하는 기관의 간섭 없이 금융거래를 실행할 수 있는 시스템을 소개했다.[1]

지금까지는 중간에 통제 기관이나 중앙집중형 조직이 있어서 회계업무를 대신 수행함으로써 이 모든 행위의 정확성을 보장해왔다. 이 것이 바로 은행이나 신용카드 회사, 그리고 최근에는 페이팔과 같은 전자결제 업체 등이 맡아온 역할이다. 물론 은행의 역할인 융자와 예금의 기원은 기원전 시절까지 거슬러 올라가지만, 현대 은행 시스템의 기초는 르네상스 시대 이탈리아의 메디치 가문에서 찾을 수 있다. 메디치 가문은 엘리트 권력층이 대규모의 체계적인 금융관리 서비스에 늘 목말라 있다는 사실을 간파했고, 그 수요를 하나의 강력한 기관을 통해 충족할 수 있다는 사실을 깨달았다.

이후 수세기가 흐르면서 대중은 이 중앙집중형 조직이야말로 자신이 힘들여 벌어들인 돈을 맡겨둘 수 있는 가장 안전한 곳이라고 여겼다. 은행은 한 사회에서 가장 존경받는 조직이 되었다. 그 조직은 너무 커진 나머지 도저히 망할 수조차 없게 된 듯했다. 그러나 정말 그럴까?

2008년 경제 붕괴가 일어난 지 불과 3개월 뒤 거대 금융기관 몇 군데가 파산했을 때, 사토시는 기존의 금융 시스템보다 훨씬 더 간결하고 효율적인 대안이 담긴 9페이지짜리 논문을 발표했다. 사토시는 기존 모델의 가장 큰 결함을 잘 알았다. 그것은 바로 중앙집중형 조직이 해당 시스템 내에서 이루어지는 모든 활동을 일일이 통제한다는 사실이었다. 그들은 자신들이 세워놓은 기준에 맞지 않다고 판단한 거래는 언제든지 지연 또는 중단하거나, 심지어 되돌릴 수도 있었다. 공정성이나 객관성은 그들이 내리는 결정의 절대적인 기준이 아니었다. 게다가 그들의 중개 행위는 괜히 거래 비용만 높이는 결과를 낳았고, 은행이 이런 금융거래에 개입하여 금전적 보상을 누리려는 동기는 점점 더 커져만 갔다.

사토시의 말에 따르면 "이 시스템은 별 탈 없이 작동하고 있었다".

그러나 자세히 들여다보면 이 시스템이 오히려 장애물을 만들었고, 대다수 소비자들은 여기에 점점 무감각해지고 있었다. 그것은 바로 거래 비용과 관리 부재 현상이었다.

그가 주창한 전자결제 시스템은 이런 장애물을 제거하여 "거래를 원하는 쌍방이 직접 거래할" 수 있게 해준다. 이진법 키를 기억하는 방식으로 하나의 디지털 계좌에서 또 다른 디지털 계좌로 결제를 이전해주는 것이다. 그는 이런 코인을 "디지털 서명이 이어진 사슬", 즉 비트코인이라고 설명했다. 오늘날 널리 사용되는 비트라는 말은 0과 1로 이루어진, 컴퓨터 언어에서 데이터의 가장 작은 단위를 말하는 용어다.

컴퓨터에 정통한 참여자와 채굴인들로 구성된 네트워크는 이 새로운 통화 시스템의 건전성을 확보하는 데 연산 능력을 쏟아부었다. 즉 그들은 누구나 볼 수 있는 디지털 원장에 모든 거래를 기록하고 입증했다. 모든 거래에 시간이 기록되어 채굴인들 전체로부터 승인을 얻고 나면, 이것은 여러 개의 개별 데이터 블록이 서로 연결된 사슬, 즉 블록체인이 된다. 하나의 거래를 조작하려면 그전에 등록된 모든 거래를 변경하고, 그룹에 이를 알린 뒤 해당 기록과 뒤따르는 모든 기록을 무효화해야 한다. 채굴에 참여하는 사람 중 선한 의도를 지닌 사람의 수가 악의적인 계획을 꾸미는 사람보다 많은 한 시스템은 안전을 확보할 수 있다. 전체적으로 볼 때 이 시스템은 자가 치유와 자기강화, 자기 보상 구조를 갖추고 있다.

이 시스템은 사람들이 채굴에 기울이는 노력에 비트코인을 제공함으로써 참여를 유도한다. 채굴 과정에는 알고리즘 방정식을 풀어야 하는 과제가 기다리고 있다. 수학적 확실성은 사토시가 만들어낸 시스템의 가장 핵심적인 요소로, 이 시스템이 작동하는 주된 동력이기도 하다. 반면 부패하기 쉽고 원래 취지에서 벗어날 가능성이 큰 기존의 기관에 의존하는 것은 어리석은 일이다. 한 사람의 천재적인 아이디어에서 출발한 이 시스템이 2021년 초 기준 전 세계 사용자 5천만 명 이상으로 급격하게 성장한 것만 보아도, 세상 사람들이 자신의 자산을 더욱 잘 통제할 수 있는 금융 시스템을 얼마나 간절히 원했는지 알 수 있다.

비트코인은 한 차원 더 높은 거대한 운동의 일환이기도 하다. 다시 말해 사람들은 기존의 관행을 비판적으로 따지고 드는 한편으로 이미 우리의 일상과 업무를 크게 바꿔놓은 디지털 혁신의 열매를 기꺼이 수용하고자 한다. 돈과 화폐는 이런 운동의 마지막 남은 개척지다.

나는 비트코인을 처음 접했을 때부터 낯설지 않았다. 비트코인은 나에게 익숙한 무언가를 지니고 있었다. 처음에는 그 느낌이 무엇인지 딱 꼬집어 말할 수 없었지만, 시간이 지나면서 비트코인이 다름 아닌 가상 세계의 금이라는 생각이 들었다. 금은 나의 증조부가 우리 가문의 성으로 삼았던 물질이고, 조부모님이 옷소매 속에 감추고 공산주의 통치에서 벗어난 홍콩에서 새로운 삶을 개척했으며, 우리 가문이 대대로 소중히 여기며 차곡차곡 모아온 대상이다. 한 마디로 금은 우리 모두에게 안전하다는 느낌을 선사해준 물건이었다.

그들은 금이 지닌 희귀하고 특별한 속성에서 그에 합당한(혹은 그보다 더 나은) 가치가 나온다는 것을 알고 있었다. 금의 이런 특성은 오랜 옛날부터 사람들을 사로잡았고, 수천 년 동안이나 금을 자연에서 찾을 수 있는 돈에 가장 걸맞은 존재로 만들어주었다.

황금빛은 곧 부의 상징이었다.

더 중요한 것은, 나의 선조들은 금을 보유함으로써 가장 중요한 자산을 직접 관리했다는 사실이다. 은행의 승인이나 대기 시간도 필요 없었다. 당시 그분들은 역사상 가장 격렬한 시기에 중국을 탈출한 이후 한 치 앞을 내다볼 수 없는 격동의 시대를 살았다. 조부모는 물리적으로나 재정적으로나 안전에 관한 생각을 많이 할 수밖에 없었다. 그들은 어디에서나 굳건한 토대를 마련하고자 최선을 다했다.

오늘날 내가 비트코인을 확신하게 된 이유도 또다시 예측 불가능한 세상이 찾아왔기 때문이다. 포퓰리즘 운동이 정치적 불안을 부추기고, 환경 문제에 관한 우려가 고조되며, 국제 경제의 급격한 변화로 단 며칠 사이에 승자와 패자가 갈리는 오늘날 우리가 언제나 진실이라고 생각해왔던 많은 것들이 크게 흔들리고 있다. 언제 또다시 불황이 엄습할지 한 치 앞을 내다볼 수 없다. 브렉시트, 관세, 보호무역주의, 극심한 양극화, 불평등, 점증하는 인종적 분열 등의 문제가 만연하며, 사람들은 서로 공감하는 능력을 점점 더 잃어버리고 있다. 어쩌면 마지막 현상이 가장 중요한 문제일지도 모른다.

그러면 앞으로 어떻게 될까?

지금처럼 인플레이션이 심하지 않은 환경에서도 내가 벌어들인 돈은 비트코인을 처음 채굴했던 10년 전에 비해 구매력이 높지 않다. 그

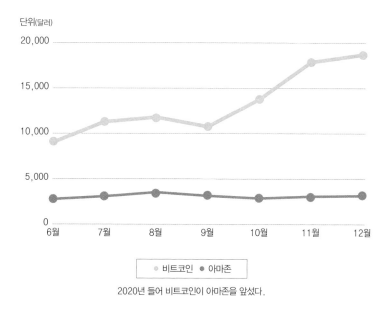

단위(달러)

20,000

15,000

10,000

5,000

0

6월 7월 8월 9월 10월 11월 12월

● 비트코인 ● 아마존

2020년 들어 비트코인이 아마존을 앞섰다.

러나 경제 정책을 결정하는 권력기관으로부터 자유로운 내 암호화폐는 그 가치가 무려 1만 퍼센트나 증가했다. 유통업계의 거물 아마존에 투자했더라도 이토록 큰 성공을 거둘 수는 없었을 것이다. 그것도 20년이 넘는 시간 동안 말이다. 더욱 멋진 일은 비트코인의 이런 뛰어난 성과가 앞으로도 지속될 것이라는 사실이다. 앞의 그림은 2020년 말에 비트코인이 아마존과 비교해서 얼마나 뛰어난 성적을 냈는지를 보여준다.

사토시의 계획에 따르면 전 세계 비트코인 유통량 총계는 언제나 2100만 단위를 유지할 것이고, 따라서 비트코인 사용자가 늘어날수록 가격은 더욱 오르게 되어 있다. 이것은 오로지 디지털 세계에서만 통용되며, 완벽하게 분산된 전혀 새로운 장르의 자산이다. 다시 말해 비트코인을 통제하거나 규칙을 마련하는 기관이란 존재하지 않는다. 비트코인은 개념상 그저 정보에 지나지 않는다. 비트코인은 확실히 금괴보다는 운송하기가 훨씬 간편하다. 비트코인은 아무리 많은 양이 라도 단 몇 분 만에 전 세계를 이리저리 돌아다닐 수 있다.

이 책을 쓴
이유

최근 들어, 나는 운 좋게도 업계를 대표하는 연사로 대접받으며 이곳 저곳에 불려 다닌다. 이렇게 된 데에는 일찍이 비트코인이 태동하던 시절부터 업계에 관여하여 쌓은 경험과 함께 비영리단체인 비트코인 재단Bitcoin Foundation에서 이사직을 맡게 된 것이 크게 작용했다. 암 호화폐 분야에서 거의 매주 열리는 크고 작은 회의뿐만 아니라 경영 대학원이나 주요 출판사에서도 학생과 독자층에게 교육을 제공하기 위해 나를 연사로 초청한다. 이런 사실 자체가 세상이 이제 비트코인 을 하나의 산업으로 받아들이기 시작했다는 징후이므로 매우 긍정적 인 변화라고 할 수 있다. 그러나 과거보다 훨씬 더 많이 알려진 것에 비해 비트코인과 그 배경 기술은 아직도 많은 오해를 받고 있다.

이 책을 쓰는 이유는 바로 그것 때문이다. 나는 비트코인이 전혀 두려운 존재가 아니라는 사실을 세상에 알리고 싶다. 나는 학교에 다닐 때나 직장에서 일할 때도 나 자신이 동료들 가운데에서 가장 똑똑한 사람이라고 생각해본 적이 한 번도 없다. 그러나 나는 새로운 아이디어를 접하면 관련 정보의 핵심을 정리하여 그 누구보다 뛰어난 지식을 갖추기 위해 최선을 다했고, 어느 정도의 위험은 일부러라도 기꺼이 감수했다. 2011년에 내가 개최한 비트코인 설명회도 똑같은 방식이었다.

비트코인은 이 시스템의 효과를 믿는 사람들의 이익을 최대한 대변하기 위해 마련된 일련의 논리적인 개념을 제외하면 그 어떤 것과도 다른 존재다. 해시파워, TXID, 노드, 블록체인 등 컴퓨터를 잘 모르는 사람들에게는 다소 낯선 이상한 기술 용어를 벗겨내고 나면, 비트코인은 개념적으로 매우 이해하기 쉬운 시스템이다.

양 당사자가 제3의 관리 기관이 끼어들 필요 없이 결제에 합의한다는 것보다 더 쉬운 개념이 어디 있겠는가? 비트코인을 거래하는 데 드는 시간은 내가 이 단락을 쓰는 시간보다도 짧다.

그러나 이 책은 투자에 관한 책이 아니라는 점을 이해해주기 바란다. 이 책은 비트코인이 우리에게 무엇을 약속해주는가를 설명하는 책이다. 비트코인이 과연 무엇인지, 이것이 왜 특별한지, 그리고 앞으로 어떤 세상을 열어줄 것인지를 설명하는 책이다. 내가 직접 겪었던 힘든 경험을 바탕으로 몇 가지 원칙을 제시하기도 할 것이다. 그러나 비트코인을 신뢰하고 여기에 투자할 것인가 여부는 어디까지나 독자 여러분이 스스로 결정할 문제다. 투자와 그 위험의 허용 범위, '내가 과연 어디까지 편안하게 느낄 수 있느냐'는 사람마다 다르다. 이것은 유능한 재정 자문가들도 이구동성으로 하는 말이다.

나는 비트코인이야말로 우리 일생일대의 기회임을 믿어 의심치 않는다. 열심히 공부하고 신중한 사고를 거듭하다 보면 비트코인을 향한 독자 여러분의 흥미진진한 모험이 행복한 결말을 맞이할 기회가 반드시 찾아올 것이다.

그런 면에서 비트코인은 신대륙을 찾아 떠나는 모험과도 같다. 아니, 금괴를 옷소매에 숨길 필요도 없으니 그보다 더 낫다고도 할 수 있다.

비트코인이
탄생하다

PART. 01

세상에는 이제
무언가 다른 것이
나올 때가 됐다.

어떤 물건의 가격은 얼마인가? 이를 어떻게 지불할 것인가?

다소 혼란스럽고 복잡한 이 질문이야말로 서구 문명사에서 가장 중요한 관심사였다. 이 질문들은 우리가 일상에서 마주하는 수많은 상호작용을 규정한다. 우리는 이 질문을 중심으로 가치 있는 것과 없는 것, 윤리성, 공정성과 공평성 등 근본적인 문제를 고민한다.

우리는 이 질문에 대답하기 위해 여러 세기에 걸쳐 화폐와 결제 시스템을 구축해왔고, 지금도 사용한다. 결제 문제는 구약성경 〈예레미야애가〉 5장 4절에도 등장한다. "우리가 은을 주고 물을 마시며 값을 주고 나무들을 가져오며." 코란은 재정 문제에 관한 윤리적 지침을 준다. 아리스토텔레스가 쓴 《니코마코스 윤리학》에는 이런 구절이 나온다. "어떤 물건을 교환하기 위해서는 서로 비교할 수 있어야 하며, 이를 위해 모든 것의 가치를 측정하는 매개체로 등장한 것이 바로 돈이다."

요컨대 세상에서 가장 중요한 종교적·철학적 문헌들이 이구동성으로 강조하는 바는, '과연 돈이란 무엇인가'를 우리가 정의해야 한다는 사실이다.

구슬, 조개껍데기, 석판, 소금, 향신료, 금, 가죽, 은, 동전, 지폐……인류가 지금껏 값을 치르기 위해 사용해온 물건들이다. 물론 늘 공정하게만 사용되지는 않았다. 17세기에 네덜란드인들이 단돈 24달러어치의 장신구(인플레이션을 제대로 반영하여 계산하면 이보다는 더 높은 가격이었다고 말하는 역사학자들도 있다[1])로 선주민인 레나페족을 현혹하여 뉴욕을 갈취한 일은 악명 높다.

네덜란드의 구슬이나 영국의 조개껍데기는 모두 화폐로서 오래 가지 못했다. 은화와 금화, 그리고 여러 화폐가 미국 중앙은행의 후원에 힘입어 차례로 등장했지만, 이들 역시 영원한 지위를 누리지는 못했다. 현대 금융 시스템의 기초가 되는 이런 주화는 앞선 화폐들에 비해서는 지속력이 우수했지만, 이들 역시 단점이 몇 가지 있다.

나는 화폐 진화의 오랜 역사에서 가장 최근에 선보인 형태를 훨씬 더 좋아한다. 바로 디지털 암호화폐 말이다.

그 발전 속도는 놀랍다. 암호화폐는 등장한 지 불과 10여 년 만에 총 시장 가치가 1조 달러에 이르렀다. 암호화폐의 빠른 성장에는 그럴 만한 이유가 있다. 이 기간에 기술적·사회적인 심오한 변화가 있었을 뿐만 아니라 이것이 전통적인 금융 시스템의 약점을 상당 부분 보완해줄 수 있었기 때문이다.

화폐가 오늘날의 모습을 갖추기까지는 수만 년, 혹은 그 이상의 세월이 필요했다. 2018년 《사이언스》*Science* 지에 실린 연재 기사에 따르면, 약 30만 년 전 구석기시대 사람들이 크레용과 같은 색깔 있는 물체를 물물교환에 필요한 화폐로 사용했다는 강력한 증거가 있다.[2]

기원전 1500년 이전에 이미 지중해 연안 지역에서 활동하던 페니키아 상인들과 유프라테스강 유역의 바빌로니아인들은 무기와 향신료 및 기타 값비싼 물건들을 거래하며 물물교환을 정교하게 발전시켰다. 수 세기 뒤 로마제국은 병사들에게 당시로서는 매우 희귀하고 값비싼 물건이었던 소금을 급료로 지급했다. 상품이 물물교환의 단위로 사용된 것은 이후 수천 년 동안 유럽과 아시아 전역, 북미와 남미 지역의 공통 관행이었다.

주화와 지폐를 채택한 사회가 늘어난 뒤에도, 독일 바이마르 지방에서는 마르크화의 가치가 역사적인 저점을 기록하면서 물물교환이 부활한 적이 있었다. 미국에서도 대공황 시대에 이런 일이 벌어져, 당시 사정이 어려운 가정들은 옥수수 같은 상품이나 난방용 석탄을 병원 진료비 대신 내기도 했다.[3]

이런 자발적(물물교환의 당사자가 환율을 정하는) 통제 체계에는 암호화폐의 기본이 되는 분산원장 기술의 원리가 숨어 있다. 거래를 추적하고 그것을 기록하는 중앙 관리 본부가 없었다는 점에서 말이다.

옛날
옛적에

인류 최초의 화폐인 메소포타미아의 셰켈shekel은 약 6500년 전 지금의 이라크 지역에서 탄생했다. 거기서부터 통화 제도는 점점 정교한 형태로 발전하여, 기원전 1200년 고대 중국에서는 이미 일종의 주화가 사용되었다. 청동으로 특정 상품을 본떠 만든 것을 돈으로 사용했고, 나중에 이는 동그란 형태로 바뀌었다. 인류 최초의 화폐를 사용한 것으로 가장 널리 인정되는 인물은 기원전 6세기에 엘렉트럼electrum, 즉 호박금 주화를 도입한 리디아제국(오늘날의 터키 지역)의 알뤼아테스 2세다. 호박금이란 팩톨러스강 인근에서 채취되는 금과 은의 합금을 말한다. 이 이름은 오늘날 영어의 '전자'electron나 '전기'electricity가 되는 그리스어 엘렉트론elektron의 라틴어 어원이며, 동시에 옅은 노란 빛을 띠는 백금을 가리키는 말이기도 하다. (오늘날 암호화폐 세계에서 엘렉트럼은 가장 유명하고 높이 평가받는 데스크톱 기반 비트코인 지갑의 브랜드 명이기도 하다.)

엘렉트럼 주화가 등장하면서 원시적 주화의 주요 특징이었던 분권적 물물교환 체계에 급격한 변화가 찾아왔다. 리디아 왕조는 스타테르(stater, 그리스어로 표준이라는 뜻) 주화의 가치를 무게에 따라 정했으며(1스타테르는 밀 220그램의 가격이었다[4]), 1스타테르부터 96분의 1스타테르까지 존재하는 '액면가' 개념을 만들어냈다. 리디아 왕조가 공인하는 주화에는 사자 머리 또는 사자와 황소의 머리가 서로 마주보는 그림이 새겨져 있었다. 알뤼아테스 2세의 뒤를 이은 크로이소스는 순금 동전을 발행했다. 리디아 문화에서 크로이소스는 곧 부를 가리키는 말이 되었다.

종이 화폐를 처음 도입한 것은 7세기 중국 당 왕조의 업적으로 알려져 있다. 신용 증서와 어음을 이용하던 당나라의 관습은 당 왕조의 수명을 훨씬 뛰어넘어 500년간이나 지속되다가 마침내 13세기에 탐험가 마르코 폴로의 눈에 띄었다. 이후 그는 고향으로 돌아가 중국의 종이 화폐를 유럽에 널리 알렸다. 그밖에 마르코 폴로가 당나라에서 경험하고 유럽에 알린 '국수'는 오늘날 스파게티의 유래가 되었다. 물론 시칠리아 사람들은 스파게티를 발명한 장본인이 자신들이라고 주장하고 있지만 말이다.

중국의 초기 종이 화폐는 이후 중앙집권적 통화 제도가 모두 겪게 되는 약점을 고스란히 맞이했다. 당시 정권은 신규 화폐를 아무런 제약 없이 발행할 수 있었고, 그로 인해 인플레이션이 발생하더라도 발행을 중단하지 않았다. 그럴 때마다 화폐 가치는 점점 더 낮아지는 일이 반복되었다. 이로 인해 중국이 경제 붕괴라는 호된 대가를 치른 것은 콜럼버스가 아메리카 대륙에 도착하기 약 40년 전의 일로, 이후 중국은 종이 화폐를 아예 폐지하고 19세기가 될 때까지 이와 비슷한 제도를 전혀 도입하지 않았다.

그러는 동안 유럽 전역에서는 주화를 사용한 화폐 제도가 활짝 꽃피고 있었다. 유럽 각국은 청동화와 금화 및 기타 합금 주화를 활발히 사용했으며, 여기에는 발행 주체인 통치자들의 서명까지는 아니더라도 그들의 인물상이 새겨지는 경우가 많았다. 로마제국의 데나리de-narii는 시저의 옆얼굴을 새겼고, 프랑크왕국의 카롤루스 1세 마그누스 국왕이 발행한 데니어denier 주화에는 그의 라틴어 이름이 모노그램 문자로 새겨져 있거나 초상이 들어가기도 했다. 동시대인들이 남긴 카롤루스 1세 마그누스의 초상화 중 오늘날까지 남은 것은 그런 동전에 새겨진 것들뿐이다.[5]

비잔틴제국의 금화는 로마가 쇠락한 뒤 천 년 동안이나 유럽의 상업을 지배했다. 북유럽과 지중해, 북아프리카 일부 지역, 소아시아, 대서양에 이르는 문명들도 독자적인 화폐를 만들었다. 이런 동전들은 금속 성분은 서로 달랐지만 체계적인 결제 시스템을 제공한다는 점에서 모두 같은 목적을 띠고 있었다.

피렌체를 중심으로 강력한 세력을 과시하던 메디치 은행은 플로린florin을 내놓아 화폐의 정교함을 새로운 차원으로 끌어올렸다. 54그램의 순금으로 만든 이 동전은 한쪽 면에 피렌체의 휘장인 백합을, 다른 한쪽에는 세례요한의 얼굴을 새겨넣었다. 영적인 상징과 세속적인 상징을 한데 섞어놓은 모습은 가히 신(가톨릭교회)의 은행이라 할 만한 메디치 가문의 위상을 드러냈다. 이보다 더 중앙집권적인 권력이 또 어디 있겠는가!

메디치은행(즉, 신)의 존재는 이 동전에 비할 데 없는 권위를 부여했으며, 이 가문의 수장 조반니 메디치의 철학, 즉 은행 시스템은 대중에게 받아들여져야 비로소 성공할 수 있다는 정신을 반영하고 있었다.

플로린을 사용하는 국가가 무려 150여 개에 이르러, 이 화폐는 유럽 무역의 지배자로 떠올랐다.

머지않아 메디치 은행은 막대한 금액의 융자를 보장하는 교환각서를 처음으로 발행하기 시작했다. 이에 따라 은행의 융자를 얻는 데 성공하는 사람은 엄청난 번영을 구가할 수 있는 일대 혁신이 일어났다. 마치 오늘날 기업이 성장하는 모습을 미리 보여주는 장면 같았다. 오늘날 은행권의 시조에 해당하는 이 문서에는 지불 조건이 상세하게 기록되어 있었다(지금도 은행권에 지불 조건이 기록된 경우가 있는데, 은행권을 소지한 사람이 요구할 때는 미리 약속된 가치의 금액을 지불한다는 내용이다). 이것은 17세기 중반에 이르러서야 비로소 널리 사용되기 시작했다. 이 시기에 오늘날 스웨덴 중앙은행의 전신인 스웨덴의 스톡홀름방코Stockholms Banco가 처음으로 은행권을 발행했다. 이것은 재무부가 스웨덴 동전의 은에 대한 가치를 보전하기 위해 크기를 키우기로 결정한 뒤 일어난 일이었다. 그러나 모든 일이 생각대로 순조롭게 진행되진 않는다. 스톡홀름방코는 은행권을 지나치게 많이 발행한 탓에 3년 뒤 파산하고 말았다. 이런 실수는 한 번으로 끝나지 않고 이후로도 계속된다.

중앙은행의
시작

1694년에 새로 설립된 영국은행Bank of England은 은행권을 성공적으로 발행함으로써 진정한 국립 중앙은행 시스템을 이룩한 최초의 은행이었다. 프랑스와의 9년 전쟁에 필요한 자금 조달을 목적으로 설립된 이 은행이 발행한, 손으로 쓴 은행권에는 소지자에게 표기된 금액과 정확히 같은 액수의 돈을 지불한다는 약속이 담겨 있었다. 윌리엄 왕과 메리 여왕은 이 은행에 "공공선과 국민의 이익을 고취하라"는 칙허를 내렸다.[6] 18세기 중반에 이르러 이 은행은 1천 파운드 한도로 은행권을 발행했다. 이는 당시로서는 엄청난 액수였다.

프랑스를 비롯한 유럽 각국도 곧 영국의 뒤를 따라 중앙은행 시스템을 갖추었고, 이들 은행의 최고 역점 사업은 역시 종이 화폐 발행이었다.

비록 낯설기는 해도 중앙은행 제도는 확실한 상업 통제 수단을 바라는 대중의 욕구를 채워주었다. 물론 화폐 발행이 그 주요 수단이 되었다. 갓 태어난 것과 다름없는 미국에서 권력 경쟁을 하던 두 그룹이 크게 다투던 쟁점이 있었다. 연방주의자들은 강력하고 중앙집권화된 기관을 선호했던 반면 연방 반대론자들은 그런 기관이 등장하면 국가와 개인의 권리를 해칠 것으로 여겼다.

미국의 초대 재무장관 알렉산더 해밀턴은 연방주의의 선봉장으로서 강력한 중앙은행이 국가의 채무를 상환하고 세계 경제의 일원이 되는 데 꼭 필요한 신용한도 설정에 도움이 된다고 주장했다. 해밀턴은 1791년 상당한 시간을 쏟아 조지 워싱턴에게 은행을 설립해야 한다고 설득했다. 반면 토머스 제퍼슨이 주도하는 연방 반대파는 은행이야말로 지금껏 식민지 주민들이 피를 흘리며 싸워온 군주제 통치로 한발 다가서는 제도라고 인식했다. 제퍼슨이 현역에서 물러난 뒤 뉴욕주 하원의원 존 테일러John Taylor에게 보낸 서신에는 "중앙은행 기관은 군대보다 더 위험한 존재"라는 유명한 발언이 나온다. 미국 민주정체 수립에 큰 공로를 세운 이 세 명의 국부, 즉 조지 워싱턴, 토머스 제퍼슨, 알렉산더 해밀턴은 각각 미국 은행권인 1달러, 2달러, 10달러의 앞면을 장식하고 있다.

연방헌법이 제정된 직후에 설립된 미국 최초의 중앙은행은 해밀턴파와 제퍼슨파의 타협이 이루어낸 산물이었다. 주립은행들이 미국 전체 통화의 80퍼센트를 통제하고 있던 때였다. 그러나 중앙은행은 오래 가지 않았다. 19세기 초 약 25년간이나 하원과 백악관을 장악했던, 제퍼슨이 주도하는 민주공화당이 은행의 허가 기간을 조기에 종료했기 때문이었다.

1816년에 두 번째로 설립된 은행은 앤드루 잭슨의 격렬한 반대에 부딪혔다. 그는 1828년에 대선에 나서면서 은행을 엘리트주의자들의 기관으로 간주하고 그 폐지를 주요 선거공약으로 내걸었다. "모든 종류의 독점과 특권은 대중의 희생을 발판으로 삼는 행위다." 1832년 의회 연설에서 잭슨이 국립은행 폐쇄 결정의 이유로 든 말이다. 그는 이 연설에서 다음과 같이 경고했다. "민간과 공직의 그 누구든 (…) 자신의 권한이 줄어들거나 특권을 연장할 기회가 막히는 것을 경험하면, 그는 분명히 그 영향을 느끼게 된다." 잭슨이 오늘날 살아 있다면 비트코인을 열렬히 지지했을 것이 틀림없다.

금융 혁신에 결정적인 역할을 했던 것은 이번에도 역시 전쟁이었다. 1863년에 통과된 국립은행법의 주된 목적은 바로 미국 남북전쟁의 자금을 마련하기 위한 것이었으며, 이로써 중앙은행 설립을 위한 움직임이 다시 한 번 움텄다. 미국 정부는 이 법에 힘입어 단일 통화제를 추진하고, 채권과 은행권을 발행했으며, 국립은행 설립에 필요한 틀을 마련했다. 뒤이어 제정된 국립은행 관련 법안들은 세금과 규제를 통해 중앙은행의 권한을 강화하고 주립은행의 권한은 축소했다. 1907년에 발생한 대공황으로 강력한 중앙은행의 필요성이 더욱 크게 대두됐다. 당시 미국 정부의 은행 시스템 바깥에 있던 신탁 회사에 예금 지불 요청이 쇄도하면서 금융 시스템 전반에 대한 불안이 가중되었기 때문이었다.

1913년에 연방준비은행이 설립되면서 미국은 중앙은행을 향한 마지막 한 발을 내디뎠다. 이것은 전혀 그럴 것 같지 않던 우드로 윌슨 민주당 대통령의 지지에 힘입어 이루어진 일이었다. 역사적으로 민주당은 늘 중앙은행을 반대해왔지만, 정치 수완이 과소평가되는 경우가 많았던 윌슨 대통령은 여론이 중앙은행에 호의적인 방향으로 돌아서고 있다는 현실을 간파했다. 그는 중앙은행 회의론자와 지지자 사이에서 균형을 추구하는 방안을 마련했다.

이듬해 그의 방안이 의회를 통과했고, 이에 따라 윌슨 대통령은 연방을 12개의 지역구로 나누어 중앙은행이 금융산업의 중심지인 북동부를 제외한 나머지 지역을 소외시키고 소수 지역에 과도한 권력을 집중시키리라는 우려를 잠재웠다. 윌슨은 이어서 신규 통화를 발행하는 은행의 기능은 오로지 긴급 상황이 벌어질 때 재무부의 보조 역할을 맡는 것에 한정함으로써 은행이 과도한 권한을 행사하지 못하게 하는 장치도 마련했다(실제로 연방준비은행이 미국 달러의 주요 관리 기관이 된 것은 2차 세계대전 이후이다).

"오래도록 국가에 이익이 되는 일을 완수하는 데 일익을 담당한 것 같아 기쁩니다." 윌슨 대통령은 연방준비제도법이 통과되자 이렇게 말했다. 물론 역사가 가운데는 그가 나중에 이 일을 후회했다고 말하는 이도 있다.

이것으로 모든 논쟁이 매듭지어진 것은 당연히 아니었다. 중앙은행을 둘러싼 찬반양론은 계속되었다. 소수 집단에 권력이 집중되는 데 찬성하는 사람도 있었고, 반대로 많은 사람이 권력을 나눠 가져야 한다고 주장하는 사람도 있었다.

20세기 초 미국에서는 윌리엄 맥킨리 행정부 시기인 1900년에 금본위제 법안이 통과됐다. 이로써 '금과 은 가운데 어느 것이 더 가치 있느냐'는 오랜 논쟁도 마침내 종지부를 찍었다. 1792년에 미국 정부가 정한 온스당 금 가격은 19.75달러(그램당 70센트)였고, 약 40년이 지난 후에 인상된 가격도 겨우 20.67달러(그램당 73센트)에 불과했다. 금본위제 법안은 이 가격을 표준으로 삼았다. 이 시대가 만들어낸 흥미로운 산물은 바로 화폐의 액면가다. 예컨대 금 1온스의 가격이 대략 20달러라고 하면 그 절반은 10달러, 4분의 1은 5달러, 10분의 1은 2달러이고, 20분의 1온스는 1달러가 된다. 미국 최초의 종이 화폐가 출현한 것은 남북전쟁 개전 첫해의 일로, 미국이 금본위 가격을 처음 정한 지 약 25년이 지난 뒤였다. 보다시피, 당시 달러 가격은 고정된 금본위제와 연관짓기가 매우 쉬웠다. 초창기에 달러가 금과 연동되지 않았더라면 오늘날 우리에게 익숙한 액면가의 달러 화폐는 없었을지도 모른다.

1934년 프랭클린 루스벨트 대통령은 온스당 금 가격을 35달러로 올려 달러와 금을 분리했고, 대공황 시대를 맞아 은행의 적극적인 대출 활동을 지원했다. 루스벨트의 이런 조치는 이미 이전부터 꾸준히 추진해온 정책의 일환이었다. 즉 그는 1933년에 행정명령 6102호라는 극악한 조치를 통해 대공황 시기에 점점 더 큰 사회 문제가 되고 있던 금 비축 행위 자체를 금지했다. 나중에 프랭클린 루스벨트의 뉴딜 정책으로 편입되는 이 명령은 금 세공업자와 예술가를 제외한 모든 미국인이 100달러 이상의 금화, 즉 약 5온스 이상의 금을 소지하지 못하도록 강제했다. 이를 위반하는 사람은 1만 달러의 벌금형에 처했다. 이 조치로 인해 일반인이 금을 소지하는 것은 불법 행위로 인식되었다. 대대적인 금 몰수 조치가 이루어졌고, 금을 소지한 개인은 이를 강제로 달러로 교환해야 했다. 그 결과 달러의 가치는 하룻밤 사이에 70퍼센트나 하락했다. 이 조치는 40년 이상 지속되다가 제럴드 포드 행정부에 이르러 해제되었다.

약 4반세기가 넘는 시간이 흐른 뒤, 호주도 이와 유사한 법령을 시행하여 정부가 개인 소유의 금을 좌지우지하게 되었다. 1959년에 제정된 호주연방 은행법 제4부는 오직 자국 화폐를 보호하는 데 목적이 있었다. 정부는 1976년에 이 법률의 시행을 중단했다. 미국과 호주에서 벌어진 이 두 사건은 중앙집중적 권력의 독단적인 속성을 잘 보여주는 사례다.

서방 동맹국 지도자들이 전후 세계 경제의 미래를 논의하기 위해 모인 뉴햄프셔주 마을의 이름을 따, 1944년에 수립된 브레턴우즈 협정을 통해 금본위제가 부활했으며 미국 달러가 사실상 국제 기축통화로 인정되었다. 각국은 자국 통화를 미국 달러에 고정 환율로 연동했다. 또 각국이 보유한 달러도 고정 금리로 금과 교환할 수 있었다. 크게 보면, 종전을 앞두고 있던 2차 세계대전 이후 동맹국 간 경제 협력을 확보하기 위한 조치였다.

1971년 닉슨 행정부는 베트남전쟁과 대규모 무역 적자가 맞물리는 최악의 상황을 맞이하여 달러와 금의 태환 제도를 완전히 폐지하는 조치를 서둘렀다. 이것이 전 세계에 미치는 영향은 지대했다. 사람들은 이를 두고 달러와 금을 연결하는 창이 닫혔다고 표현했다. 그 결과 이제 금융시장은 달러의 가치를 다른 통화와 대비하여 결정할 수밖에 없게 되었다. "이제 환율이 정확히 결정되어 주요 국가들이 동등하게 경쟁해야 하는 시대가 찾아왔습니다." 당시 대통령이 한 말이다.

비트코인의 탄생에 결정적인 기반을 마련한 역사적인 사건을 하나만 꼽으라면, 달러와 금의 분리 조치를 들 수 있다. 이로써 전 세계 중앙은행과 주요 금융기관들은 화폐를 발행할 권한을 획득하게 되었다.

아울러 이 결정으로 인해 중앙은행이 금융위기를 해결하려고 노력할 때마다 그들의 행동은 독단으로 흘렀고, 결국 어리석은 결과를 빚었다는 것이 내 판단이다. 그들이 각자 화폐를 발행하겠다고 한 결정은 세균에 감염된 상처에 제대로 된 치료는 하지 않고 붕대만 감아놓은 것이나 마찬가지였다.

중앙은행들의 잇따른 실책과 계속되는 지정학적 격동, 유가 파동 등은 1970년대에 닥친 스태그플레이션과 1991년에 시작된 경기 침체, 2008년에 더 크게 몰아닥친 경기 불황 등에 심각한 영향을 미쳤다. 비교적 최근에 등장한 경제 용어인 스태그플레이션이란 경기 불황이 지속되면서도 물가는 고공 행진을 벌이는 최악의 상황을 일컫는 말이다. 미국은 1970년대에 역사상 거의 최고에 해당하는 인플레이션율을 경험했다. 1991년의 경기 침체는 연방준비제도이사회가 인플레이션을 잡기 위해 통화량 공급을 축소한 것이 최소한 부분적인 원인으로 작용했다. 이 조치로 인해 제조업이 쇠퇴하고 실업이 증가한 것은 분명한 사실이기 때문이다. 2008년 연준은 생산성 저하를 언급하는 건 망설이면서 악성 대출을 남발한 은행을 구제하는 데에만 골몰했다.[7] 대규모 기관과 금융회사에 대한 불신이 만연된 데에는 이런 사건들이 직접적인 영향을 미쳤다는 것이 내 생각이다. 그 이전까지만 해도 사람들은 금융 정책을 좌지우지해온 이런 기관들이 정직하고 성실하게 책임을 다하는 줄로만 알고 있었다.

대마불사Too big to fail? 규모가 크면 망하지 않는다고? 전혀 아니다. 앤드루 로스 소킨Andrew Ross Sorkin이 자신이 쓴 동명의 저서에서

조목조목 밝힌 것처럼 말이다.

세상에는 이제 무언가 다른 것이 나올 때가 됐다.

그러나 비트코인의 역사는 그렇게 단순하지 않다. 위대한 스토리
는 언제나 이야기가 빗나가기도 하고, 꼬이기도 하며, 주제를 흐리는
대목이 끼어들기도 한다. 애거서 크리스티의 추리소설에서처럼 말이
다. 비트코인의 시작은 생각보다 훨씬 오래전 일이다. 1980년대 초에
이미 사람들은 여러 곳에서 다양한 목적을 가지고 디지털 화폐의 전
신을 개발하고 있었다.

과거와 미래를
생각하다

가상화폐가 첫 선을 보인 것은 과학소설에서 유토피아와 디스토피아
사회를 묘사한 장면으로까지 거슬러 올라간다. 미국 작가 에드워드
벨러미Edward Bellamy는 자신의 1888년 작 소설 《뒤돌아보며: 2000
년에 1887년을》에서 실물화폐가 사라진 상상 속의 사회를 묘사했다.
그는 소설 속에서 "일정 금액의 달러에 해당하는 두꺼운 판지로 된 카
드"를 선보였다. 소설의 주인공은 113년 동안이나 잠에 빠졌다가 깨
어난 뒤, 어떤 사람으로부터 이런 말을 듣게 된다. "지금은 달러라는
말은 있지만, 그 실체는 사라진 지 오래지요. 우리가 사용하는 그 단어

에 해당하는 실체는 어디에도 없습니다. 단지 상품의 가치를 서로 비교하는 데 쓰는 산술적 상징일 뿐이에요."

사회적 불평등에 깊은 관심을 지닌 언론인이었던 벨러미는 1870년대 6년간 지속된 불황이 끝난 뒤 경제적·사회적 대안 모델을 모색했던 10명 남짓한 작가군의 일원이었다. 과학소설 작가 아이작 아시모프는 1980년대에 발표한 연작소설《파운데이션》에서 전자 신용카드를 거래 수단으로 쓰는 장면을 묘사했다. 그의 작품에는 첨단 기술이 주도하는 미래지향적인 사회가 주된 배경으로 등장했다.

이들 작가는 평범한 달러나 프랑, 마르크를 넘어 고도로 효율적인 체계를 실현한 가상 사회를 창안해냈다. 돈은 더욱 효율적인 사회 체계의 연장선에 놓인 수단일 뿐이었다.

약 20년 뒤 엉뚱한 영역에서 사실과 허구가 만났다. 일부 전자화폐 전문가의 말에 따르면, 최초의 전자화폐가 등장한 것은 1980년대 네덜란드의 주유소였다고 한다. 전자화폐는 교외 지역에서 빈번하게 발생하는 강도 사건 문제를 해결하기 위한 방편이었다. 트럭 운전자를 상대로 한 수익성 좋은 사업을 잃기 싫었던 주유소 사업자들은 주유기에 신용카드 단말기가 설치되기 전에 이미 현금을 대체할 수단을 개발했다. 같은 시기, 네덜란드 최대의 잡화점 체인이자 100년이 넘는 역사를 자랑하는 알베르트 헤인Albert Heijn이 은행과 협력하여 POS(Point-of-Sales, 판매시점정보관리) 기술을 개발함으로써 소비자들이 각자 은행 계좌로부터 직접 결제할 수 있게 되었다. 두 시스템 모두 중앙 조직을 중심으로 운영되었음은 물론이고, 새로 등장한 이 전자

화폐에 대해 완벽한 통제권을 지닌 것도 바로 중앙 조직이었다.[8]

그러나 비트코인의 이론적 기원은 캘리포니아 대학교 버클리 분교의 컴퓨터과학과 박사과정 학생이던 데이비드 차움David Chaum의 논문이었다고 보는 것이 옳으리라. 차움은 1981년에 발표한 논문에서 콘텐츠를 서버에 암호화하는 이른바 믹스 네트워크mix network라는 개념을 선보였다. 즉, 서버가 정보를 변환하여 발신자의 신원을 숨긴 다음 서버 네트워크에 이 메시지를 보내면 네트워크가 메시지를 해독하여 다시 전달하는 구조다.

차움은 1982년에 발표한 〈상호 의심하는 그룹 사이에서 수립, 유지 및 신뢰를 구축하는 컴퓨터 시스템〉이라는 박사학위 논문에서 블록체인 기술의 또 다른 기초 요소를 제안했다. 컨센서스 노드(consensus node, 데이터 포인트에 관한 합의), 데이터 블록들 사이의 연결(또는 체인 형성), 이런 처리 과정에 대한 검증 작업(디지털 방식의 시점 확인) 등의 개념이다.

1년 뒤 차움은 〈추적 불가능한 결제에서의 은닉 서명〉*Blind Signature for Untraceable Payments*이라는 논문에서 통신 내용을 감춤으로써 검증을 시도하는 개인이나 그룹(서명자)이 그 내용을 알아볼 수 없도록 하는 새로운 형태의 디지털 서명에 대해 논했다. 이는 마치 '투표자가 기표한 투표지를 집어넣는 봉투' 같은 개념이었다. 선거관리인은 누군가가 투표에 참여했다는 사실은 확인할 수 있지만 각자 어떤 선택을 했는지는 모르는 것과 같다.

1983년에 차움은 암호로 보호되는 익명의 화폐인 이캐시eCash를 제안하기도 했다. 차움이 개발한 소프트웨어를 사용하면 사용자의 컴퓨터에 디지털 형태의 돈을 저장하여 이캐시가 통용되는 소매점에서 쓸 수 있었다. 이 시스템이 사용자의 신원을 보호하는 방식은 두 가지였다. 일종의 비밀번호라 할 '공용 키', 그리고 개인 키를 사용해 만들어낸 '디지털 서명'. 7년 뒤 그는 자신이 개발한 시스템을 세상에 널리 보급하기 위해 디지캐시DigiCash라는 회사를 설립했다. 현금과 신용카드를 모두 대체할 수 있는 이 디지털 머니를 선보이기에 최적의 시기인 듯했다.

1990년대 초까지 차움의 은닉 서명 기술은 자유주의 성향의 컴퓨터 과학자들에게 영감을 주었다. 그들은 정부의 간섭과 미심쩍은 거대 금융기관들이 전 세계의 금융 시스템을 좌우하는 행태에 깊이 우려하고 있었다.

1992년 샌프란시스코 지역에서 컴퓨터과학자 세 명이 메일링 리스트를 만들고 암호 기술과 수학, 정치, 철학 등을 논의하기 시작했다. 그 가운데서 주드 밀런Jude Milhon은 자신들을 가리켜 '사이퍼펑크' Cypherpunks(원래는 수신자만 알 수 있는 암호로 정보를 보내는 프로그래머를 뜻하는 말.—옮긴이)라고 명명했다. 이들은 뒤에 샌프란시스코 소재 소프트웨어 회사 시그너스솔루션Cygnus Solutions에서 정기 모임을 개최했다. 이 회사의 창업주 존 길모어John Gilmore도 사이퍼펑크를 시작한 세 사람 중 한 명이었다. 그들은 정부든 민간 기업이든 중앙 권력의 간섭이 도를 넘었다고 여겼고, 개인의 프라이버시를 보호하는 암호 기술의 발달이야말로 사회를 바꿀 최고의 기회를 제공해준다고 확신했다.

> "프라이버시는 전자 문명 시대에 열린 사회를 구현하는 데 꼭 필요한 요소다."

사이퍼펑크 공동설립자 에릭 휴즈Eric Hughes가 1993년 발표한 선언문은 이렇게 시작된다. 휴즈에 따르면 개인은 자신이 활용할 금융 정보를 선택할 권리가 있다.

> "우리는 프라이버시를 중시하므로 거래에 참여하는 당사자가 해당 거래와 직결되는 필수 정보만 획득할 수 있어야 한다고 생각한다. 개인의 신원을 꼭 밝혀야 하는 경우는 극히 드물다. 상점에 가서 잡지를 사고 직원에게 현금을 건네주는 과정에서 내가 누구인지 밝혀야 할 이유는 없다."

선언문의 목적은 개인이 행동에 나서도록 촉구하려는 것이었다. 은행이나 정부 등 중앙집권적 중개자들이 오직 자신들만 정보에 접근할 수 있는 현 상황을 유지함으로써 기득권을 누리려 했기 때문이었다. "자신의 프라이버시는 스스로 지켜내야 한다. 우리 모두 힘을 합쳐 익명 거래를 허용하는 시스템을 만들어내야 한다. (…) 과거의 기술은 프라이버시를 철저하게 지켜주지 못했지만, 전자 기술로는 가능하다."

사이퍼펑크는 프라이버시나 암호화 소프트웨어 전송 등의 분야에서 미국 정부를 상대로 여러 차례 소송도 제기했지만, 그들의 활동은 대체로 세간의 주목을 받지 못했다. 그들의 활동은 기껏해야 수천 명 수준이었고, 운동다운 운동으로 발전하지 못했다.

디지캐시는 이야기가 전혀 다르다. 그들은 시작부터 전도가 촉망되는 면모를 과시했다. 물론 결말은 좋지 못했지만 말이다. 차움은 여러 명의 투자자로부터 총 천만 달러라는 거금을 유치했다. 그중에는 마이크로소프트의 초기 투자자였던 데이비드 마쿼트David Marquardt도 있었다. 차움은 저 유명한 MIT 미디어랩의 창립자 니콜라스 네그로폰테를 회장으로 영입한 뒤 도이체방크Deutsche Bank 및 세인트루이스의 중견 상업은행인 머컨타일뱅코프Mercantile Bancorp 등과 거래 계약을 맺고 고객으로 유치했다.

사업이 상승세로 향하고 있다는 징후는 이 밖에도 많았다. 의회의 한 위원회가 차움에게 전자화폐에 관한 증언을 요청한 일도 있었다. 사이버캐시CyberCash와 퍼스트버추얼First Virtual이라는 잠재적 경쟁자도 나타났다.

그러나 디지캐시는 두 은행과 계약을 맺고 다른 금융서비스 제공 업체들의 관심을 불러일으킨 지 3년 만에 사업을 접고 말았다. 디지캐시의 경영을 두고 이런저런 비판이 나왔지만, 차움이 수년 동안 끌어오던 소송에서 실책을 저질렀다고 보는 시각이 가장 우세했다. 1999년에 차움은《포브스》에 실린 한 기사에서, 디지캐시의 종말을 대하는 사용자들이 너무 소양 부족이라고 불평했다. "디지캐시를 사용할 수 있는 상품을 충분히 확보하지 못한 탓에 소비자들이 디지캐시를 사용할 이유가 없었다. 그리고 그 반대도 마찬가지였다."

약 10년 뒤. 2000년대 초반에 내가 근무했던 야후에서도 가상화폐는 여전히 큰 이슈였다. 상사들은 컴퓨터공학자 20여 명으로 구성된 내 팀에 가상화폐에 관한 사항을 조사하라는 지시를 내렸다. 야후의 사업 기반은 온라인 커뮤니티였기에 이 회사가 가상화폐를 바라보는 시각도 그 연장선상에 놓여 있었다. 우리 팀의 업무는 시야가 한정적이어서 이론 단계를 크게 벗어나지 못하는 수준이었다. 아무것도 없는 상태에서 가상화폐 시스템을 출범한다는 것은 현실적으로 그리 쉬운 일이 아니었다.

실패한 비즈니스 스토리가 흔히 그렇듯이, 우리가 실패했던 이유역시 모든 것을 다 안다고 여기면서도 실제로는 어느 하나도 깊이 파악하지 못했기 때문일지 모른다. 아니면 디지캐시가 너무 앞서나갔거나. 즉 디지캐시는 대부분의 사람들이 문제라고 생각하지도 않는 문제에 해결책을 내놓았던 것이다. 사람들은 종이 화폐와 전통적인 은행을 넘어서는 것을 생각할 만한 절실한 이유가 하나도 없었다. 모바일 결제 앱이 처음으로 등장하고 이를 해킹한 주요 사례가 발생하는 것은 그로부터도 10년이나 지난 뒤의 일이었다.

세상은 아직 준비돼 있지 않았다. 디지캐시는 1998년에 파산법 제 11조에 따라 파산 보호를 신청했고, 그로부터 4년 뒤 잔류 자산을 매각했다. 사이버캐시도 이와 대동소이한 단계를 밟았다. 그 회사는 2001년에 파산을 신청한 뒤 자산의 대부분을 전자인증 서비스 제공업체 베리사인VeriSign에 매각했다. 퍼스트버추얼홀딩스First Virtual

Holdings는 파산을 목전에 둔 상태에서 영국 회사 이메일퍼블리싱
Email Publishing에 합병되어 메시지미디어MessageMedia라는 이름으
로 거듭난 뒤 이메일 커뮤니케이션 사업에만 집중하게 되었다. 영국
의 스마트카드 회사 몬덱스Mondex는 1990년대 후반에 뉴욕, 캐나다,
홍콩 등지의 일부 은행과 협력을 맺고 디지털 화폐 보급에 나섰으나
큰 호응을 끌어내지 못한 채 끝을 맺었다. 이렇게 디지털 화폐 시장은
숱한 기업이 실패하고 기업가와 열정적인 애호가들의 상처받은 마음
이 곳곳에 널려 있는 결코 만만찮은 분야다.

신용카드는 결제 산업에서 지배자 위치를 꾸준히 지켜왔다. 소비
자들에게 필요한 편익을 모두 제공해준 덕분이다. 여기에 충성 고객
에 대한 보상 체계가 더해지면서 신용카드는 성공의 날개를 달았다.
맥스 레브친Max Levchin, 피터 틸Peter Thiel, 일론 머스크Elon Musk가
공동 창립한 신흥 온라인 회사 페이팔은 그 수가 점점 줄어들고 있던,
신용카드를 받지 않는 상인들에게 대안 수단을 제공했다. 1999년에
나도 페이팔의 초창기 고객이었다. 당시 나는 '팜V'라는 개인용 디지
털 보조기기를 사용하여 이메일 주소만으로 모바일 결제를 할 수 있
었다. 이 당시 은행들은 막 소액결제 서비스 확대에 나서는 중이었고,
이 때문에 디지털 화폐에 주목하고 있던 일부 논평가들은 '전자화폐
로 인해 사업 기반이 흔들릴까봐 은행들이 우려하고 있다'는 의견을
내놓기도 했었다.

차움은 자신의 특허를 모두 매각한 뒤 프라이버시(그리고 화폐)와 관
련된 또 다른 사업을 시작했다. 사이퍼펑크 활동은 대체로 사람들의

시야 바깥에서 이어지고 있었다. 그러나 2000년대 초반, 소액 금융서비스 시장에 일대 지각변동이 일어났다. 기술의 발전에 따라 인터넷 속도가 급격하게 향상되고, 개인용 컴퓨터 기기가 더 작고 가벼워지며, 웹사이트가 점점 더 다양한 기능을 갖추게 되는 추세가 이런 변화의 주된 요인이었다. 이 시기는 가능성과 흥미로운 아이디어로 가득했던, 닷컴 열풍 이후 몇 해 만에 찾아온 새로운 전환기였다. 2007년 1월 9일, 애플이 아이폰을 선보이면서 바야흐로 앱 개발 시대를 열었다. 세상은 모바일 기기 시대로 급속히 이전했다. 어쩌면 중독되어갔다고 표현하는 것이 맞을지도 모른다.

이로부터 약 1년여 뒤. 거대 투자은행 리먼브라더스와 베어스턴스가 파산하면서 더욱 크고 치명적인 변화가 일어났다. 그들이 종말을 맞이한 건 서브프라임 대출 시장에 과도하게 의존하고 있었기 때문이다. 새롭게 등장한 이 위험한 투자 방식으로 인해 부동산 시장은 대규모로, 빠르게, 그러나 전혀 지속할 수 없는 방식으로 성장해왔다. 2008년 말에 이르자 서브프라임 위기는 모든 미국 주요 은행의 생존을 위협하고 세계 경제 전반에 영향을 미치기에 이르렀다.

신비의 인물 사토시 나카모토가 비트코인에 관한 논문을 썼던 시기에는 바로 이런 경제적·기술적 배경이 있었다. 사토시가 누구인지 아는 사람은 거의 없고, 그 점은 나 역시 마찬가지다. 그의 정체에 관해서는 수많은 추측이 나돌았고, 그중에는 추문에 가까운 이야기도 섞여 있었다. 예컨대 이미 고인이 된 콜롬비아의 마약왕 파블로 에스코바르의 한 측근은 이 업계의 간행물 중 하나인 《코인텔레그래프》

*Cointelegraph*와의 인터뷰에서 사토시 나카모토가 사실은 에스코바르의 조직에서 마약 운반책으로 일했던 야스타카 나카모토라고 주장했다. 기사에 따르면 야스타카 나카모토가 이미 사망했을 수도 있지만, 비트코인 프로토콜을 고안해낼 정도의 기술 지식을 보유한 사람이었다고 한다. 그러나 그 기사는 몇 가지 핵심적인 질문에 대해서는 답을 내놓지 않았다. 호주의 컴퓨터과학자 크레이그 라이트Craig Wright가 자신이 비트코인을 창안해냈다고 확고하게 주장해온 사실은 훨씬 더 잘 알려져 있다. 물론 그의 설명에 여러 가지 문제를 제기하는 회의론자들도 있다. 이미 고인이 된 데이브 클레이먼Dave Kleiman도 비트코인의 발명자로 널리 알려진 인물 중 한 명이다. 그는 최소한 사토시 나카모토라는 가명 뒤에 숨어서 활동한 소수의 팀원 중 한 명일지 모른다. 또 다른 후보로는 역시 호주 사람인 필 윌슨Phil Wilson을 꼽을 수 있다. 온라인상에서 '스크론티'Scronty라는 이름으로 불리는 필은 〈비트코인의 기원〉이라는 이야기를 썼는데, 거기서 자신이 사토시라는 이름으로 실제 활동한 세 사람 중 한 명이며, 다른 두 명이 바로 크레이그 라이트와 데이브 클레이먼이라고 주장했다.[9] 나 역시 사토시 나카모토는 이 세 사람 중 한 명일 가능성이 가장 크다고 본다.

그러나 가장 중요한 문제는 '사토시가 누구냐'가 아니다. 그가 누구든 타고난 컴퓨터과학 재능에다, 차움과 사이퍼펑크와 동일한 아이디어를 향한 열정을 지녔다는 점은 분명하다. 더욱 중요한 점은 사토시나 차움, 사이퍼펑크 등이 다른 사람들 눈에는 보이지 않는 패턴을 찾아내 시대를 앞서가는 아이디어로 엮어낸 독특한 재능을 부여받은 이들이라는 사실이다.

무릇 발명이란 전혀 다른 출처에서 얻은 아이디어들이 서로 엮여 탄생하는 것이다. 이것은 먼 옛날 물레방아에서부터 구글, 아마존, 페이스북, 애플 등 최신 기술까지 모두 마찬가지다. 대표적인 예를 들어보자. 1990년대에 여러 회사가 컴퓨터를 발명했지만, 이 기계의 형태와 기능을 적절히 조합하면 전 세계인의 마음을 사로잡을 수 있다는 사실을 간파한 사람은 오직 스티브 잡스뿐이었다. "독창성이란 기존의 아이디어를 지금까지 상상하지 못했던 방식으로 연결하는 데서 나온다." 호주의 병리학자 윌리엄 베버리지William Beveridge의 1957년 작 《과학적 탐구의 기술》*The Art of Scientific Investigation*이라는 책에 나오는 말이다.

나는 개인적으로 해싱이나 분산원장, 작업 증명과 같은 기술들을 서로 연결 지어 한 차원 높은 목적을 구현할 방법을 생각해내지 못했던 것이 너무나 안타깝다. 야후에 있을 때 우리는 가상화폐를 항공사들이 운영하던 마일리지 프로그램쯤으로 생각했다. 야후는 자사 유통망과 사용자를 확고하게 통제하고 있다는 점에서 스스로 중앙권력의 지위를 누리고 있었기 때문이다. 즉 우리가 취급한 대상은 블록체인은커녕 화폐조차 아니었던 셈이다.

나는 비트코인 채굴을 시작한 지 거의 2년이 지난 2013년이 되어서야 〈비트코인, 개인 간 전자화폐 시스템〉을 읽어봤다. 물론 그때쯤 나는 이미 비트코인이 금융서비스 업계를 완전히 뒤바꿔놓을 잠재력을 지녔음을 깨닫고 있었다. 비트코인은 낡아빠진 금융 시스템의 진정한 대안 모델을 제시하고 있었다. 사토시는 불과 3,675단어로 구성된 이 작은 백서에 놀라울 정도로 많은 내용을 빽빽이 담아놓았다. 그뿐 아니라 초록과 참고문헌에는 웨이 다이Wei Dai, 애덤 백Adam Back, 랠프 머클Ralph Merkle 등 초창기 전자화폐 개척자들이 이룩한 업적도 나열되어 있었다. 마이크로소프트에서 컴퓨터 엔지니어로 일했던 웨이 다이는 비트코인의 전신인 B 머니를 창안한 인물로 유명하다. 애덤 백은 해시캐시HashCash라는 또 다른 선행 기술을 발명했는데, 이것이 바로 작업 증명 시스템이었다.

천재의
등장

경제 위기(최소한 위기의 가능성)가 사토시의 생각에 과연 얼마나 영향을 미쳤는지는 알기 어렵다. 의도했듯 아니든, 분명한 것은 비트코인이 경제 위기로 인해 드러난 여러 가지 문제를 다루고 있었다는 사실이다. 그동안 은행은 거대 조직의 효율적인 시스템을 통해 고객의 이해를 보호한다는 대중의 신뢰를 기반으로 유지되어왔다. 그러나 이들 기관이 고객의 이해를 자신들의 최우선 관심사로 여기지 않으며, 인간의 실수를 비롯한 기타 결함에 고스란히 노출되어 있다는 사실이 드러났다. 사토시가 논문 서두에 밝혔듯, 시간이 흘러 금융서비스가 온라인으로 이행하는 와중에도 이들 기관의 영향력은 오히려 증대됐다.

사토시는 인터넷 상거래가 "전자 결제를 처리하는 신뢰받는 제3자 금융기관에 거의 전적으로" 의존하고 있다고 지적했다. 그리고 재빨리 덧붙이기를, 그 시스템이 "대부분의 거래"에서는 문제가 없다고 해도, 기존의 인터넷 상거래에는 "내재적인 약점"이 있다고 했다. 그리하여 인터넷 상거래가 성장할수록 금융과 관련된 상호작용이 활성화되기보다는 그런 결함만 더욱 두드러졌다.

전적으로 신뢰할 수 있는 거래, 또는 사토시의 표현에 따르면 "비가역적인 거래"는 비트코인 이전에는 도저히 불가능한 것이었다. 지금까지도 모든 지불 거래는 언제나 되돌리거나 취소할 수 있다. 그러나 그러기 위해서는 이들 거대 은행이 개입하여 온갖 종류와 규모의 '분쟁'을 중재해야 한다. 자신의 규모와 영향력에 대한 굳건한 믿음으로 사람들의 삶 속에 깊게 파고든 은행들은 수수료에 추가 비용까지 요구하는 방식으로 "거래의 규모를 제한했고, 자유로운 소액 거래가 싹틀 가능성을 아예 차단하고 말았다".

사토시는 인터넷 상거래의 가장 취약한 부분을 파고들었다. 그는 기존의 은행 시스템이 불신과 부정의 분위기를 유발한다고 지적했다. 그는 이렇게 말했다. "상인들은 그들의 고객조차 제대로 믿지 못한 나머지 별달리 쓸 데도 없는 정보까지 고객에게 요구하게 되었다. 그 결과 어느 정도의 가짜 정보는 불가피하다는 인식까지 자리 잡게 되었다."

물리적인 화폐도 어떤 환경에서는 아무런 문제 없이 작동했지만, 디지털 인터넷 환경에서 아무 중개자 없이 거래가 성립되는 시스템은 없었다. 그리하여 사토시는 이렇게 말했다.

"우리에게 필요한 것은 신뢰가 아니라 암호 체계를 바탕으로 작동하는 전자 결제 시스템이다. 이 시스템에서는 믿을 만한 제3자가 중개해주지 않아도 누구나 서로 거래 당사자가 되어 직접 거래할 수 있다."

컴퓨터 암호 기술이 등장한 지는 반세기가 넘었지만, 결제와 금융 분야에서 본격적으로 사용된 적은 없었다. 비트코인의 등장은 이런 환경에 근본적인 변화를 불러왔다. 사토시는 계속해서 논리적으로 거의 무결한 시스템의 골격을 설명했다. 이 시스템은 고객이 통제하며, 고객의 이해를 최우선으로 여긴다. 은행이나 다른 중앙 권력이 개입할 여지는 없다. 비트코인이 만들어내는 네트워크에는 국경도 없으며, 여기에 참여할 의사가 있고 인터넷에 연결된 사람이라면 누구라도 참여할 수 있다. 참가자들은 상품과 서비스를 사고 팔 수도 있고, 단순히 관찰자로서 모든 거래를 감시만 할 수도 있다. 이 새 화폐의 가치를 보장해주는 궁극적인 안전장치는 바로 사토시가 발행할 수 있는 최대치가 2100만 비트코인뿐이라는 사실이다. 사토시 이전에는 그 누구도 하나의 화폐 체계 속에서 유통되는 통화량을 제한한다는 생각을 한 적이 없었다. 우리 모두 오랜 세월이 흐른 지금에야 알게 된 사실이 있다. 통화 공급이야말로 모든 중앙통제 경제의 핵심 요소라는 사실 말이다.

비트코인은 누구에게나 공평하게 제공되며, 누구나 사용할 수 있다. 부유한 특권계층의 전유물이 아니라는 말이다. 비트코인의 소유권은 개인의 배경과도 아무런 상관이 없다. 인터넷에 접속할 수 있을 정도의 컴퓨터 실력만 있으면 누구나 비트코인 채굴에 참여해서 그 과실을 누릴 수 있다.

여기서 잠깐 멈춰 몇 가지 용어를 살펴보자. 암호화폐의 동향에 익숙하지 않은 일반인들에게는 다소 혼란스럽고 어렵게 여겨질 수 있다. 여기서 살펴본 용어는 이 책이 끝날 때까지 계속 등장할 것이다.

디지털 코인, 즉 비트코인이란 일련의 숫자 코드, 또는 서명의 조합을 말한다(이것 역시 비밀 키private keys를 바탕으로 만든 것이다). 비트코인의 수령자는 이 숫자 코드, 즉 서명에 근거하여 해당 비트코인이 도중에 변경되지 않은 채 믿을 만한 출처에서 온 진짜라는 점을 확신할 수 있다. 쉽게 말해 디지털 코인은 결제 거래를 생성한 사람의 고유한 전자 지문이라고 생각하면 된다.

사토시의 시스템에서 디지털 코인의 소유주는 그것을 다른 사람의 계정으로 전달할 수 있다. 이때 그 계정을 비트코인 지갑이라고 한다. 트랜잭션 해시transaction hash라고 불리는 또 다른 숫자는, 해당 거래transaction를 계속해서 업데이트되는 장부의 일부로 기록해놓은 것이다. 이것은 마치 회계사가 예전에는 펜과 종이로 적었고, 최근에는 온라인 프로그램을 통해 관리하는 장부와 같은 것이다. 트랜잭션 해시 시스템과 비슷한 또 다른 예로는《리더스 다이제스트》를 들 수 있다. 즉 기사가 나올 때마다 간추려 모아두었다가 월간 잡지로 만든 것과 같다. 또는 수표책의 수표 기록지에 비유할 수도 있다. 다음은 사토시의 논문 일부다.

"거래가 일어나지 않았다는 것을 확인하기 위해서는 모든 거래를 일일이 살펴보는 수밖에 없다. 믿을 만한 제3자의 도움 없이 이 일을 수행하려면 모든 거래는 반드시 모든 사람에게 공개되어야 하며, 따라서 우리가 추구하는 시스템에서는 모든 참가자가 각자 받은 주문에 대해 단 하나의 이력만 존재한다는 점에 합의해야 한다."

각자가 서로 동등한 서버들로 이루어진 하나의 웹web이 이 검증 절차에 참여한다. 이 개인 간 네트워크에 참여한 채굴자들이 모두 합의하면 그 거래가 비로소 기록된다. 이 과정 전체를 작업 검증proof-of-work이라고 한다.

전문적인 기술 용어는 몰라도 된다. 중요한 것은 사토시가 믿을 만한 중개자가 필요 없는 새로운 신뢰 시스템을 만들어냈다는 사실이다. 이제 특정 결제 거래가 발생했는지 검증하기 위해 중앙 기관이나 중개자가 개입할 필요가 없다. 암호 기술이라는 수학적 계산을 통해 이 시스템의 기초, 즉 모든 거래를 논리적인 순서로 검증하고 배열하는 작업을 이루어냈기 때문이다. 비트코인을 통해 이루어지는 모든 거래는 이 네트워크에 속한 누구나 입증할 수 있다. 비트코인의 투명성은 모든 사람이 볼 수 있다는 이 독특한 특징에 기인한 것이다.

비트코인 시스템은 끊임없이 제 정직성을 유지한다.

아울러 이 시스템은 전통적인 중개자가 필요 없으므로 각종 비용 및 제약이 애초에 끼어들 여지가 없다. 이런 비용은 그동안 은행에 대한 신뢰를 점점 무너뜨리고, 거래 속도를 점점 늦추며, 모든 기초 서비스에 요금을 부과해온 주범이었다. 수표 결제가 지연되었다는 이유로, 또는 송금 수수료 명목으로 거대 은행들이 요금을 15~30달러나 청구하는 것을 당연하게 여기는 세태를 생각해보자. 그들이 이 '서비스'를 제공하는 데 일말의 시간이나 노력도 들이지 않는데도 말이다.

사토시는 사람들이 참여하는 데 대한 보상으로 채굴이라는 개념을 도입했다. 모든 거래가 발생할 때마다 이를 확인하는 알고리즘 방정식을 풀고 그 대가로 비트코인을 버는 것이다. 물론 보상으로 주어지는 비트코인의 총량은 4년이 지날 때마다 줄어들어 결국은 소수점 이하로 떨어지겠지만, 반대로 비트코인의 가격은 시간이 지날수록 상승할 가능성이 매우 높다. 비트코인에 참여하는 사람이 많아질수록 그 쓰임새가 커지고 규모 또한 세계적인 범위로 성장할 것이기 때문이다.

이 시스템은 모든 거래에 개인 정보가 끼어들 여지를 없앴기 때문에 프라이버시를 철저히 보호한다. 비트코인 네트워크 참가자들은 누군가가 비트코인을 받았거나 보낸 사실을 공용 주소, 즉 기존 은행 시스템의 계좌번호에 해당하는 것을 통해 확인한다. 그러나 신원을 확인하는 단계는 거기까지다. 사토시가 거의 완벽에 가까운 논리로 시스템을 설계했다는 사실이 여기서도 드러난다. 시스템이 거의 숫자로만 구성되어 있어 거래에 참여하는 실제 인물을 추적하기가 매우 어렵다.

비트코인의
시작

어떤 상품을 구매하는 사람이 아무도 없다면, 그것이 좋은 상품인지 누가 알 수 있겠는가? 기업이 망하는 이유는 추종자를 만들어내지 못하기 때문이다. 사토시는 자신이 직접 행동에 나섰다. 그는 이른바 제네시스 블록genesis block이라는 최초의 비트코인 블록을 직접 채굴했고, 초기 거래에 참여할 사람들을 직접 선정했다.

사토시는 자신의 생각을 가장 잘 수용할 사람들이 누구일까 고민하다가 현명하게도 암호 기술 관련자들에게 자신의 백서를 공유했다. 거기에는 그가 이룩한 업적에 충분히 경의를 바칠 만한 컴퓨터과학 전공자들과, 온라인 프라이버시를 비롯한 기타 사회 문제에 남다른 사고를 보여준 사람들이 포함되어 있었다. 그들이 처음 보인 반응은 확실히 침묵에 가까웠다. 비트코인 백서를 읽고 답신을 보내준 많은 이들은 다른 일을 우선시했고, 그다지 인상 깊게 보지 않거나 전자화폐의 장래를 그리 밝게 보지 않았다. 이전에도 수많은 혁신가가 이 분야에 도전했다가 번번이 실패한 탓이다.

이런 반응은 전통적인 금융기관들이 얼마나 우리의 일상생활을 강력하게 장악하고 있는지를 보여주는 확실한 증거이기도 했다. 비트코인은 사람들에게 익숙한 종이 화폐와 동전, 수표 및 예금계좌의 대안으로 다가서기 위한 험난한 투쟁을 마주하고 있었다. 우리 사회에서 현금, 은행 계좌, 현금인출기, 직불카드 등은 대체로 별다른 문제없이 잘 작동해왔다.

비트코인은 어둠을 향해 대담하게 걸어 들어간 첫 발걸음이었다.

약 두 달 만에 사토시는 첫 번째 전향자를 확보했다. 뒤이어 몇 개월 동안 또 다른 추종자들이 나타났다. 물론 사이퍼펑크라는 작은 공동체 외에는 관심을 보이는 사람이 극히 드물었지만 말이다. 당시는 거래소도, 다른 경쟁 암호화폐도, 전자지갑 회사도, 정부 규제에 관한 논쟁도 없었다. 누군가가 비트코인 상장지수펀드Exchange Traded Fund, ETF를 설명한다든가, 심지어 비트코인으로 실제 상품이나 서비스를 구매할 수 있다고 말한들 사람들의 귀에는 외계인의 언어로 들렸을 것이다. 암호화폐 콘퍼런스도, 채굴 전용 하드웨어도 없었고, 전 세계에서 가장 전기요금이 싸서 채굴에 유리한 지역이 어디인지 찾아 다니는 사람도 아직 나타나지 않았던 시절이었다.

처음 18개월 동안 비트코인 가격은 고작 몇 분의 1페니 수준이었다. 소수의 비트코인 사용자들이 이따금 한 번씩 하는 거래에서 정해지는 가격이었다. 만약 당시에 새롭게 싹트는 이 움직임에 주목하고 있었다면, 그리고 약간의 남는 시간과 비트코인 소프트웨어가 설치된 적당한 사양의 컴퓨터를 가지고 있었다면, 비트코인 소프트웨어의 간단한 사용자 인터페이스를 들여다보며 마우스 클릭 몇 번 만으로 수천 비트코인을 획득할 수 있었을 것이다. 당시에는 비트코인이 과자 봉지에 동봉된 상품 추첨권만큼이나 쓸모없는 존재였지만, 오늘날 그 가치는 수백만 달러에 달한다. 초창기였던 그 당시에는 비트코인을 받겠다는 사람이 아무도 없었다. 2010년 5월 22일 플로리다에 살던 컴퓨터 프로그래머 래즐로 하네츠Laszlo Hanyecz는 재미 삼아 41달러 어치 피자 두 판을 사면서 1만 비트코인을 지불했다. 이 유명한 거래는 오늘날 비트코인이 사용된 최초의 상거래로 영구히 기록에 남게 됐다. 1만 비트코인을 그대로 보유하고 있었다면 오늘날 그 가치는 무려 5억 달러가 되었을 것이다.

당시에도 앞날이 촉망되는 발전상이 몇 가지 있었다. 래즐로가 피자를 사기 몇 달 전, 최초의 비트코인 거래소인 비트코인마켓Bitcoin Market이 등장했다. 몇 개월 뒤 또 다른 거래소인 마운트곡스Mt. Gox가 출범했다. 그러는 동안 비트코인의 가격은 몇 페니 수준으로 올라섰다. 네트워크는 성장하고 있었다.

2011년 내가 채굴을 시작할 당시 비트코인은 약 20달러에 거래되고 있었고, 이 산업의 총 시장 가치는 1억5천만 달러가 약간 안 됐다. 관계자들이 추산하는 대로 2021년 말 비트코인 가격이 10만 달러에 도달한다면 시장 가치는 무려 5천 배(혹은 그 이상)로 커지게 되는 셈이다. 2019년 말, 은행 업계에서 40년이나 활약해온 베테랑인 시티은행의 톰 피츠패트릭 상무도 2021년 12월이 되면 비트코인 가격이 31만 8천 달러에 달할 것으로 내다보았다.

내가 이런 이야기를 하는 이유는 뭘까?

바로 독자들에게 확신을 주기 위해서다. 비트코인을 비롯한 각종 암호화폐의 가치를 이해하고 그 전망을 추산하는 것은 다소 겁나는 일로 보일 수도 있다. 이미 잘 알려진 다른 자산과 비교할 때는 특히 더 그렇다. 물론 그동안 걸어온 길이 순탄하지만은 않았지만, 비트코인은 앞으로도 계속해서 대중의 관심을 사로잡으며 그 가치를 더욱 크게 인정받게 될 것이다. 나는 이 책에서 일관되게 이 주장을 반복할 것이다.

앞으로 약 10여 년간 비트코인(암호화폐)이 진화하게 될 모습은 내가 3년 동안 그 역사를 살펴보면서 파악한 사실과 크게 다르지 않을 것이다. 세상의 많은 사람은 아직 비트코인이 무엇인지 전혀 모른다. 비트코인은 여전히 꼬인 문제를 해결하는 중이다. 물론 그 양상이 탄생 초기보다 오히려 더 복잡해진 것도 사실이다. 단기적으로는 안전성 문제와 관련된 정부의 규제와 우려가 방향을 결정하게 될 것이다. 한때 비트코인을 경멸했지만 이제는 진지한 관심을 보이는 주요 금융기관의 움직임이 비트코인의 성장에 지대한 영향을 미칠 것이다.

이제 비트코인은 이루 말할 수 없이 중요해졌다.

그리고 이것은 너무나 잘된 일이다. 이 산업은 이제 금융서비스라는 에베레스트산의 정상을 불과 몇 발짝 앞에 두고 있다.

진짜 문제는 소비자들을 비트코인에 익숙하게 만드는 것이 아니라, 암호화폐를 위협으로 느끼는 중앙은행과 거대 금융기관들이다. 그들은 지연 작전과 규제를 통해 비트코인의 성장세를 통제함으로써 비트코인에 대한 의혹을 확산하고 사람들이 암호화폐를 획득할 기회를 제한하려 한다. 사실 정부와 기업이야말로 비트코인 획득 우선권을 얻고자 한다는 것이 내 생각이지만, 그들은 이 전략을 인정하기를 두려워한다. 그러나 이들 중 일부가 이미 관련 사업을 시작했다는 점에 주목해야 한다. 그들은 고객관리 서비스를 시작하고 연구팀을 꾸렸으며, 심지어 자체적인 암호화폐를 선보이기도 했다. 결정적인 계기만 있으면 이 회의론자들은 언제라도 적극적인 지지자로 돌변하게 될 것이다.

오늘날 비트코인이 맞이한 상황은 1903년 키티호크 비행장에서 라이트 형제가 처음으로 비행기를 타고 이륙한 이후 불과 수십 년 지나 열린 상업 비행 시대의 초창기와 비슷하다. 최초의 비행사와 승객들은 엄청난 위험을 감수하고 기회에 도전했다. 그로부터 수십 년 뒤에도 사람들은 여전히 두려움을 떨치지 못한 채 최초의 항로를 비행했지만, 한편으로는 비행 기술이 더욱 안전해져 더욱 큰 무언가를 이룰 준비가 됐다는 믿음이 있었다. 물론 당시에도 반대론자들은 있었다. 그들은 하늘을 나는 것은 새들이나 할 일이며, 인간은 기차 여행만으로도 충분하다고 생각했다. 이들 가운데는 비행기가 자신의 생업을 위협한다고 생각한 철도 재벌도 포함되어 있었을 것이다.

혁신과 발명은 언제나 이것과 유사한 수순을 밟는다. 새로운 것이 등장하면 이를 수용하는 사람도, 반대하는 사람도 있게 마련이다. 이를 악물고 손을 부들부들 떠는 사람도 있고, 의심을 거두지 못하는 사람도 있다. 수많은 격론도 벌어진다. 새롭게 등장한 산업은 몇 발짝이나 퇴보한 뒤 비로소 발전하기도 한다.

윈스턴 처칠에게는 죄송하지만, 이 책이 내거는 주요 지침 중 하나가 "평정심을 유지하고 하던 일을 계속하라"는 것이다. 좋은 말이든 나쁜 말이든, 주변에서 어떤 소리가 들려도 무시하고 냉철한 태도로 비트코인을 분석해보라. 비트코인에 관한 주변의 그 주장은 과연 합리적인가? 내가 투자해서 성공하는 데 도움이 되는 내용인가?

좋은 것, 가치 있는 것은 결국 자신의 가치를 스스로 증명한다. 이는 역사에서 배울 수 있는 지혜다. 다른 모든 것은 그저 소음에 지나지 않는다.

암호화폐의
세 기사

PART. 02

지금껏 자라면서 익혀온
수표나 은행 계좌나
다른 금융서비스와 마찬가지로
비트코인을 획득, 거래, 구매하는 과정을
배워야 한다.

채굴, 안전장치, 거래소는 암호화폐의 가장 기본적인 요소다. 나는 이를 암호화폐를 지탱하는 세 기사the Three Horsemen라고 부른다.

　이 비유를 다소 불길하게 여기는 사람도 있을 것이다. 특히 명목화폐를 옹호하는 이들은 암호화폐를 파괴적인 대규모 위협으로 생각할 수도 있다.

　신약성경 〈요한계시록〉에는 전쟁·정복·질병·죽음의 재앙이 붉은 말, 흰 말, 검은 말, 청황색 말의 모습으로 등장하여 종말의 징후를 미리 보여주는 장면이 나온다. 그러나 내가 말하는 세 기사는 신약성경에서 세계멸망을 불러오는 것으로 묘사되는 4인의 기사와는 다른 것이다.

　세 기사는 유익한 결과를 낳는 원동력이다. 지금까지 은행 시스템은 세상 사람의 바람대로 작동하지 않았다. 그들은 우리의 사생활을 지켜주지도, 품질 높은 서비스를 제공하지도 않으면서 소액의 수수료만 피를 빨 듯이 거둬갔다.

암호화폐를 향한 비판이 고조되는 한편, 웰스파고Wells Fargo가 고객 동의 없이 가짜 고객 계좌를 개설해 수수료를 발생시켰다는 등의 스캔들은 아이러니하게도 은행 서비스가 점점 더 전자기기를 통해 이루어지는 환경에서 저질러졌다.

비트코인으로 갈아타려는 사람들이 알아야 할 것은 지금껏 자라면서 익혀온 수표나 은행 계좌나 다른 금융서비스와 마찬가지로 비트코인을 획득, 거래, 구매하는 과정을 배워야 한다는 점이다. 암호화폐는 앞에서 언급한 3대 요소 없이는 결코 사용할 수 없다.

걱정할 필요는 없다. 3대 요소가 작동하는 방식에도 그리 특별한 것은 없으니까. 암호화폐를 접하면서 만나는 채굴, 전자지갑, 거래소 같은 말이 대단히 기술적인 용어로 들릴 수도 있다. 암호화폐 자체가 그만큼 새로운 것이어서 그렇다. 아직 이 분야의 용어가 우리의 일상 언어로 자리 잡지 못한 것이다.

일상적으로 쓰는 용어가 아니면 두려움을 느끼는 것이 보통이다. 내가 미국인이고 미국에서 학교를 다녔다는 사실을 아는 친구들은 국제 전화를 하면서 중국어를 자유자재로 구사하는 내 모습에 놀라기도 한다. 어린 시절부터 중국어를 일상적으로 사용했기 때문에 두 언어를 오가는 것이 내게 얼마나 쉬운 일인지 그들은 모른다. 마찬가지로 비트코인을 일상적으로 접하며 자라나는 젊은이들은 암호화폐 용어를 잘 알 것이고, 나이가 들어서도 두려움 없이 관련 용어를 구사할 것이다.

비트코인을 설명하는 안내서에는 반드시 다음과 같은 용어가 등장한다.

- ◆ **논스Nonce** 블록이 하나 생성될 때마다 임의로 부여되는 32비트 숫자. 일종의 초기 식별 번호이다.
- ◆ **해시Hash(또는 암호화 해시)** 모든 거래와 모든 블록에 대해 생성되는 256비트 크기의 '서명' 숫자. 블록체인 시스템에서 특정 거래 및 특정 블록을 다른 것들과 구분해주는 보안 열쇠라고 이해하면 된다.
- ◆ **노드Nodes** 거래 기록을 생성하고 블록체인 과정을 유지해주는 모든 전자 기기를 가리키는 말. 결국 이런 기능을 수행하는 컴퓨터가 될 수밖에 없다.

개인적으로 논스와 노드는 루이스 캐럴의 시를 떠올리게 하는 그 어감 때문에 특히 좋아하는 단어다. 그렇다고 비트코인에 투자하기 위해 반드시 이런 용어를 알아야 하는 것은 아니다.

첫 번째 기사
채굴

온라인에서 수행하는 활동에 '채굴'이라는 이름을 붙이다니, 매우 영리한 작명이다. 이 작업이 근본적으로는 귀금속과 보석을 땅에서 캐내는 과정과 같기 때문이다. 비트코인과 금 가운데 어느 편을 택할 것인가? 어느 쪽이든, 귀중한 물품을 취득하기 위해 애써야 한다는 점은 마찬가지다. 아울러 양쪽 모두, 아직 그 누구의 소유도 아닌 매장량이 그 보상과 함께 줄어들수록 이를 취득하기가 어려워진다는 점도 똑같다(지난 수십 년간 금 가격은 주요 주식에 비해 별로 오르지 않았다). 물론 비트코인의 공급량은 제한되어 있지만, 채굴이든 다른 방법으로든 이를 획득할 기회는 아직 충분히 남아 있으니 안심해도 된다.

금을 캐는 것과 비트코인을 채굴하는 것의 차이점은, 후자는 땅을 파는 것이 아니라 수학 알고리즘과 컴퓨터를 이용하여 가상의 목적물을 획득한다는 것이다. 사토시 나카모토가 창안해낸 시스템에서 채굴이란 특정 방정식을 푸는 사람들에게 제공하는 보상을 말한다. 이때 이 방정식은 특정 거래가 일어났음을 보여주는 더할 나위 없는 증거다. 이렇게 증명된 거래는 가상의 원장, 즉 장부를 통해 다른 사람들에게 공유된다. 그리 오래지 않은 과거 회계 담당자들이 종이에 기록하던 장부를 온라인에 옮겨놓은 것으로 생각하면 된다. 종이 장부와 다른 점이 있다면 이 경우에는 이론적으로 관련자 모두가 회계 담당자인 셈이므로, 이 거래에 표시하여 똑같은 비트코인을 두 번 사용하거나 블록체인 상에서 블록을 형성하는 거래 데이터를 조작할 수 있다는 점이다.

비트코인 평론가 가운데는 이 시스템이 여기에 접속한 사람이면 누구나 같은 문서를 볼 수 있다는 점에서 구글독스나 기타 프로그램과 유사하다고 설명하는 사람도 있다. 차이점이 있다면 구글독스에 접속한 사람들은 누구나 편집자의 지위에서 문서를 계속 수정할 수 있지만, 비트코인에서는 오직 채굴에 성공한 한 사람만이 원장(즉 블록체인)에 이 거래를 추가할 수 있다. 이것이 바로 비트코인 시스템의 규칙이며, 집단적 합의를 통해 강제된다.

채굴에 참여하기 위해서는 복잡한 수학 문제를 풀 수 있는 고사양의 전용 컴퓨터가 필요하다. 비트코인으로 상품과 서비스를 구매했다는 것을 입증하는 과정이 바로 수학 문제 풀이라고 보면 된다. 채굴은 원래 개인별로 수행하는 일이지만, 작업이 너무나 복잡한데다 노드의 분포가 세계적인 범위로 확산되고 경쟁이 더욱 치열해져 이제는 비트코인 채굴 그룹이 아니면 엄두도 낼 수 없는 일이 되었다. 이런 그룹을 마이닝 풀Mining pool이라고 부르며 여기에 관해서는 별도로 설명할 것이다. 이제 채굴은 전 세계에 흩어진 전문적인 그룹들이 서로 끊임없이 경쟁하며 수행하는 작업이 되었다. 그들이 입증한 거래는 기존의 거래들로 구성된 데이터 블록, 즉 블록체인에 새롭게 추가되는 또 하나의 블록이 된다.

예를 들어 어떤 전자제품 쇼핑사이트에서 세탁기를 비트코인으로 구매하고자 할 때, 채굴자들은 내 전자지갑에 그만큼의 비트코인이 들어 있는지, 또 그 비트코인이 이미 지불된 것은 아닌지 확인해준다. 이 중 지불 문제는 초창기 디지털 화폐 시스템의 최대 약점이기도 했다. 거래가 한 번 이루어지면 그것은 원장의 일부가 되어 다른 사람이 새로 소파나 자동차나 다른 물건을 살 때도 꼬박꼬박 따라다니게 된다.

어떤 채굴자나 채굴자 그룹이 수학 알고리즘을 풀어 하나의 블록을 만들어내면, 그에 대한 보상으로 6.25비트코인과 약간의 거래 수수료를 번다(이 책이 출판되는 시점을 기준으로). 여기서 주목해야 할 사실은 채굴 알고리즘은 그 자체로 임의의 분포를 보인다는 점이다. 전 세계에서 가장 적합한 해답을 최초로 찾아낸 채굴자에게 약 10분마다 한 번씩 로또 추첨을 하는 것과 같다. 로또에 비유한 이유는 이것이 오로지 무작위의 특성을 보이는 일이기 때문이다. 1해시를 계산할 수 있는 컴퓨터 실력만 있으면 이런 기회를 내 것으로 삼을 수 있다. 물론 이 작업의 비용 대비 효율이 꼭 높으리라는 보장은 없지만 말이다. 보유한 해시 능력이 클수록, 즉 로또 추첨권을 많이 가지고 있을수록 당첨될 기회는 더 커진다. 아울러 이 말은 어떤 특정한 그룹이나 지역이 상대적 우선권을 누릴 수 없다는 뜻도 된다. 무조건 방정식을 가장 먼저 푼 사람이 주인이다. 전 세계 모든 사람에게 동등하게 기회가 주어진다는 이 원칙은 지난 12년간 변함없이 지켜졌다. 물론 세상에서 가장 오래된 복권인 네덜란드 복권은 무려 18세기 초에 시작되었으니 그에 비하면 역사가 일천한 것은 사실이지만, 그 대신 비트코인은 더 광범위하게 보급되었고 전망도 훨씬 더 밝다.

이런 여러 요소가 어우러진 비트코인 채굴의 결과물이 바로 공개적인 분산원장이다. 비트코인 네트워크에 참여한 모든 사람은 이 원장을 볼 수 있다. 시간이 있는 사람이라면 블록체인에 들어가 어떤 거래 블록이든 다 들여다볼 수 있다. 2009년 1월의 그 최초의 블록까지 말이다.

채굴과 관련하여 초창기 디지털 화폐가 해결하지 못했던 문제를 꼭 언급해야 한다. 바로 '비트코인을 보상으로 내걸어 충분한 참여자를 끌어들일 수 있는가' 하는 문제. 이는 커뮤니티를 구축하는 데서 가장 중요한 열쇠다. 아울러 채굴은 사람들이 비트코인에 대해 확신하게 만들어주었다. 비트코인은 전통적인 은행과 결제 시스템에서는 찾아볼 수 없던 객관성과 공정성이라는 요소를 제공했다. 다시 말해, 비트코인 시스템에서 이루어지는 거래는 세상 그 누구도 통제할 수 없다. 전 세계에서 일어나는 채굴 작업은 아무런 허가도 필요 없고, 모두에게 개방되어 있기 때문이다.

비트코인이 등장한 뒤 처음 4년 동안, 해시 방정식(알고리즘)을 푸는 하나의 채굴 노드(다시 설명하지만, 노드는 곧 비트코인 네트워크에 참여한 컴퓨터를 말한다)는 10분마다 50비트코인을 벌었다. 평균 10분이라는 간격은 이후로도 지속되어, 때로는 11분 넘게 소요되고 어느 때는 9분이 채 안 걸리는 식이었다. 그러나 채굴에 따른 보상액은 세 차례에 걸쳐 절반으로 떨어졌다. 즉 2009년 당시 50비트코인이던 보상액이 2012년 말에는 25비트코인으로, 2016년 중반에 다시 12.5비트코인으로, 그리고 2020년 중반에는 6.25비트코인으로 떨어져 지금까지 유지되고 있다. 약 4년마다 한 번꼴로 일어나는 '블록 보상 반감'이라는 이 현상은 2140년까지 계속될 것으로 보인다. 그리고 그때가 되면 2100만 비트코인에 달하는 공급 총량이 채굴자들에게 공개 분배되는 일이 막을 내릴 것이다.

채굴에 필요한 장비는 점점 더 정교해지고 값도 비싸졌다. 2011년에 상하이에서 내가 채굴을 시작할 때는 PC게임용 그래픽 카드를 추가한 PC를 사용했다. 나는 전원공급장치를 포함한 모든 부품을 직접 맞춤형으로 개조했다. 당시 내가 다운로드해서 사용했던 소프트웨어는 0.1버전의 비트코인 프로그램 원본을 업그레이드한 것으로, 그보다 10년 전에 외계 신호 탐지용으로 사용했던 SETI@Home이라는 소프트웨어보다 특별히 더 어렵거나 작동에 시간이 더 들지도 않았다. 당시에 이는 또다른 취미일 뿐이었고, 그때만 해도 아직 어렸을 때라 나는 우주와 외계 지적 생명체를 찾는 일에 흥미가 많았다.

2011년, 사토시는 이미 비트코인에 관련된 일을 모두 그만둔 상태였다. 어쨌든 그는 자신이 만든 비트코인토크BitcoinTalk 포럼에 "더 복잡한 아이디어가 떠올라서 그 일을 하기로 했다"는 말을 남기고 사라졌다. 프린스턴에서 컴퓨터과학을 공부하고, 사토시로부터 리더급 자격을 부여받았으며, 비트코인 개발을 담당하는 똑똑한 기술자 그룹의 일원이기도 한 개빈 안드레센이 이후로도 계속해서 버그 개선과 성능 향상에 힘써왔다. 이 일은 비트코인 프로그램이 처음부터 오픈소스 정책을 지향했기에 가능했다.

그해 여름, 나는 수백 달러를 들여 컴퓨터 성능을 개선한 뒤 비트코인을 긁어모으기 위해 조용히 소프트웨어를 돌리기 시작했다. 그렇게 열심히 모아놓은 비트코인은 연말에 상하이―샌프란시스코 왕복 비행기 표 한 장을 사기도 버거울 정도였다. 당시 샌프란시스코에 살던 동생도 비트코인 채굴에 몰두해 있었다. 보상을 향한 경쟁이라고 해봐야 지금과는 비교도 안 되는 수준이던 때였다. 전 세계를 통틀어도 수천 명에 불과한 인원이 대형 전자제품 유통매장이나 온라인 쇼핑몰에서도 살 수 있는 컴퓨터로 이 일을 하고 있었다. 그때 나는 비트코인을 시간을 별로 들이지 않고도 용돈을 약간 쥘 수 있는 재미있는 취미 활동이라고만 여겼다. 그러다 가을에 비트코인 가격이 껑충 뛰는 것을 보면서 예삿일이 아닌가 싶었고, 연말에 다시 5달러 아래로 급락하자 다시 한 번 주목할 수밖에 없었다. 내가 비트코인을 벌어들이는 데서 가장 걸림돌이 되었던 점은 여름에 덥고 습하기로 유명한 상하이의 아파트에서 뜨거운 열기와 싸우면서 전기요금을 별도로 천 달러씩 들여야 한다는 것이었다. 그러나 비트코인은 나의 뇌세포를 일깨웠고, 나는 계속해서 이 분야를 파고들었다.

요즘 사람들 귀에는 내 이야기가 그저 신기하게만 들릴 것이다. 마치 옛날 가게주인과 아마존을 비교하는 이야기 같으리라. 채굴 전용 CPU는 얼마 안 가 그래픽 처리 장치GPU, graphics processing unit에 자리를 내주게 된다. 디지털 이미지 처리 목적으로 20세기 말에 개발된 회로 장치인 GPU는 높은 처리 속도 때문에 고성능을 요하는 비트코인 채굴에 알맞았다. 2013년부터 채굴자들은 비트코인 문제 해결에 특화된 컴퓨터를 사용하기 시작했다. 이런 컴퓨터를 만드는 데 필요한 부품을 주문형 반도체, 즉 ASIC(application-specific integrated circuits, 특정 용도용 집적 회로)이라고 한다. ASIC 기반의 채굴 전용 컴퓨터는 성능도 점점 더 좋아졌지만, 그 가격도 천정부지로 올라 1만 달러 넘는 것까지 등장했다. 컴퓨터를 장시간 가동하는 데 드는 전기요금은 별도이고 말이다. 한편 컴퓨터 계산 1회당 블록 하나를 획득할 확률은 무려 21조 분의 1로 떨어졌다(2021년 3월 기준). 이것은 포커 게임에서 로열플러시가 나오는 것(약 65만 대 1)보다 3200만 배나 더 어려운 확률이다.

비용이 천정부지로 오르고 획득 가능성이 너무나 떨어지자, 비트코인 채굴은 개인이 취미 삼아 할 수 있는 수준을 훨씬 뛰어넘어 일종의 산업 활동으로 변모했다. 그 결과 전문 채굴자 그룹이 형성되었다. 그룹에 속한 인력들이 각자의 처리 능력을 결합하여 함께 방정식을 푸는 방식으로 발전한 것이다. 이렇게 채굴한 비트코인은 다시 각자 공헌한 몫에 따라 분배하게 된다. 이것은 마치 '로또 조합'에 가입하는 것과 같다. 예컨대 회사 동료들이 모두 출자해서 공동으로 로또를 구매한 뒤, 그중에서 당첨 표가 나오면 각자 출자한 금액만큼 상금을 분배해서 받아 가는 식이다. 그렇다고 채굴 그룹이 소심하거나 비트코인에 확신이 부족해서 모인 사람들은 결코 아니다.

중국은 2017년부터 암호화폐 거래를 금지해왔고, 이후로도 계속이 산업을 강력히 통제하고 있다. 그럼에도 중국은 여전히 세계에서 비트코인 채굴 참여자가 가장 많은 나라로, 전 세계에서 중국이 차지하는 채굴 능력은 60퍼센트나 된다. 여기서 채굴 능력을 다른 말로 해시율hash rate이라고도 한다.[1] 2019년 10월 초부터 1년 동안 중국의 4대 채굴 그룹인 F2Pool, AntPool, BTC.com, Poolin이 전 세계 해시파워 중 거의 60퍼센트를 도맡았다. 이들을 제외한 10대 채굴 그룹이 나머지 해시파워의 30퍼센트를 차지하는데, 이들 역시 대체로 중국에 있다. 중국을 제외한 지역에서 가장 큰 채굴 그룹인 비트코인닷컴Bitcoin.com

이 전 세계 해시파워 총계에서 차지하는 비율은 고작 0.5퍼센트뿐이다.

중국이 채굴 업계를 이렇게 압도하는 현상은 중국이 암호화폐에 깊은 관심을 보인다는 뜻이기도 하지만, 가장 큰 이유는 역시 값싼 전기가 풍부하게 공급된다는 점 때문이다. 2011년 내가 처음 비트코인에 관심을 가졌을 당시 중국의 일반 소비자 대상 전기요금은 1킬로와트시時당 0.08달러였다.[2] 참고로 1킬로와트시당 전기요금이 미국은 0.12달러였고, 일본(암호화폐에 가장 우호적인 나라 중 하나)은 0.26달러, 일부 유럽 국가에서는 0.30달러였다. 중국과 이들 주요 선진국 간의 전기요금 격차는 내내 비슷하다. 중국의 전기요금은 킬로와트시당 0.08달러로, 미국의 절반을 약간 상회하는 수준에서 유지되고 있다. 현재 일본의 전기요금은 킬로와트시당 0.29달러이며 독일·벨기에·덴마크 등지에서는 0.3달러가 넘는다.[3]

물론 중국의 전기요금이 이렇게 싼 데에는 느슨한 환경 규제와 열악한 송전 인프라, 노후화된 송전망이 한 몫을 차지할 것이다. 중국의 발전량 가운데 4분의 3은 석탄 연료에서 나온다. 다른 나라들은 모두 대기오염 방지를 위해 석탄 사용을 줄이고 있는데도 말이다.

그러나 중국의 비트코인 채굴은 대부분 다른 에너지원, 즉 수력 발전에 의존한다. 다시 말해 이 전기는 중국의 수많은 하천과 강에 설치된 댐에서 생산된다. 중국에는 미사용 상태로 방치된 수력 발전 전기가 넘쳐나는데, 이는 송전 기반 시설이 취약해서 이런 전기를 다른 지역으로 옮길 수가 없기 때문이다. 물론 정부도 기반 시설 개선을 위해 애써왔지만 이 사업이 완료되기까지는 오랜 시일이 걸릴 전망이다.

중국 채굴자들은 당분간 곳곳에 숨어 있는 이 미사용 전기를 적극적으로 이용할 것이다. 이미 값싼 전력원이 있는 지역으로 이주한 채굴자들이 많다.

금과 비트코인의 공통점 가운데 마지막으로 눈에 띄는 점은, 처음에 개인별로 이루어지던 채굴 작업이 점점 조직화된 그룹으로 발전해 갔다는 사실이다. 금광 산업은 이제 거대 기업의 영역(심지어 국영사업인 경우도 있다)이 되었다. 귀금속 광산은 시간이 지날수록 채굴이 어려워지고 공급이 한정되어 초고성능을 갖춘 장비가 필수적이기 때문에, 이 산업은 점점 에너지 집약적으로 바뀌고 있다.

위에서 내가 말한 내용을 비트코인 채굴을 홍보하는 것으로 오해하지 말기 바란다. 실용적인 관점에서 채굴 장비에 큰돈을 투자하거나 많은 시간을 쏟아붓는 것은 결코 추천할 만한 일이 아니다. 그보다 훨씬 더 쉬운 방법이 있다. 비트코인을 직접 사면 된다. 기존의 투자 포트폴리오에 비트코인을 추가한다는 생각으로 전자지갑을 취득한 뒤 거래소에 계좌를 등록하는 것이다.

두 번째 기사
전자지갑

비트코인을 소유한다는 것은 무슨 뜻일까? 처음 시작하는 사람들에게 이것은 명목화폐를 소유하는 것과는 너무나 다른 일이다.

만약 300달러를 주고 어떤 물건을 산다면, 해야 할 일은 결국 지갑 속에서 달러 지폐를 꺼내는 것이다. 아니면 은행이나 신용카드 회사나 전자결제 서비스를 이용해 그만큼의 금액을 지불하면 된다. 우리는 모두 이런 결제 방법이 어떤 것이고 어떻게 이용하는지 잘 안다. 우리는 이런 방법을 보편적으로 인정되는 가치 단위로 받아들인다. 기존의 금융서비스 기관들도 마찬가지다.

비트코인은 아직 이 단계에 도달하지 못했다. 비트코인은 눈에 보이는 실체가 없다. 물론 황금색 동전에 비트코인 심볼이 들어간 문양이 점점 더 눈에 띄고 있지만 말이다. 비트코인은 손에 쥘 수 있는 물건이 아니다. 비트코인은 결국 디지털 숫자가 여러 개 나열된 것으로, 모든 비트코인 계정은 고유의 배열 순서(개인 키와 그에 해당하는 비트코인 주소로 구성된다)를 지니고 있다. 그리고 이런 디지털 배열은 아직 보편적으로 인정되는 단계에까지 도달하지는 못했다. 피델리티를 비롯한 몇몇 금융 회사들이 비트코인 투자자를 위한 관리 서비스를 시작했지만(그들은 비트코인을 보유하고 성과를 추적하는 전용 공간을 제공한다), 대다수의 다른 금융기관들은 아직이다. 이런 상황도 조만간 틀림없이 변화할 것이다.

물론 관리 서비스는 비트코인의 정신에 배치되는 것이라고 할 수 있다. 그 자체가 외부의 권력 기관이 될 수 있기 때문이다. 비트코인의 장점은 어떠한 중개자나 관리자 없이도 내가 나의 비트코인을 철저히 통제할 수 있다는 사실이다.

비트코인을 소유하고 싶으면 전자지갑 형태로 비트코인 계좌를 만들고 여기에 비트코인을 저장하면 된다. 더 자세히 말하면, 지갑에 담기는 것은 구매나 거래에 사용할 특정 비트코인 계좌(주소)를 나타내는 숫자 배열(개인 키)이다. 전자지갑을 열기 위해서는 마스터 개인 키가 필요한데, 이것은 오직 나만이 배열을 지정할 수 있는, 무작위로 생성된 64비트짜리 숫자다.

한 가지 주의사항이 있다. 여러 거래소에서 제공하는 전용 지갑에 비트코인을 저장할 때는 내 비트코인의 보안을 그 거래소에 위탁할 수밖에 없다는 점이다.

디지털 지갑이라고 하면 기존의 지갑이나 강력한 안전성을 자랑하는 은행 계좌의 이미지가 떠오를 수도 있지만, 지갑이라는 개념으로 그 기능을 제대로 설명할 수만 있다면 괜찮은 표현이라고 생각한다. 단, 오늘날 소비자가 경험하는 은행 시스템에는 정확히 여기에 해당하는 상품이나 서비스가 존재하지 않는다는 점을 분명히 짚어둔다. 비트코인 지갑의 가장 큰 특징은 안전성과 통제력을 겸비하는 방식에 있다. 내가 생각하기에 이것과 가장 유사한 상품은 칩이 내장된 직불카드다. 이것은 겉면에 계좌번호가 적혀 있어 누군가가 나에게 돈을 송금해줄 수 있고, 네 자릿수 이상의 핀코드를 이용해 내가 보유한 자산을 입출금할 수 있다. 그러나 직불 카드가 제아무리 보안 수단을 철저하게 갖추었다 해도 비트코인 지갑의 암호화된 보안에는 도저히 필적할 수 없다.

암호화폐 지갑은 크게 핫 스토리지hot storage와 콜드 스토리지cold

storage라는 두 가지 범주로 나뉘고, 세부적으로는 모두 다섯 가지 종류가 있다. 데스크톱, 모바일, 웹 기반 지갑은 모두 핫 스토리지로 분류된다. 이들은 항상 인터넷에 연결되어 언제든지 작동할 수 있는 상태이기 때문에 '핫' 스토리지에 해당한다. 반면 하드웨어와 종이 지갑은 오프라인 상태를 유지하기 때문에 '콜드'라는 표현을 쓴다. 이들은 인터넷에 연결되지 않아 안전성이 더 높다. 두 가지 범주와 다섯 가지 종류의 지갑은 저마다 안전성과 사용자 친화도 면에서 장단점을 지닌다. 여기서 반드시 기억해야 할 점. 금융서비스 상품을 선택할 때는 항상 그 상품이 제공하는 지갑이 좋은 평판을 듣고 있는지, 나에게 필요한 기능을 갖추고 있는지 주의 깊게 살펴봐야 한다는 것이다.

가장 중요한 점은 내가 손쉽게 사용할 수 있는 지갑을 선택해야 한다는 사실이다. 너무나 당연한 말이지만, 이를 간과하는 사람이 의외로 많다. 금융기술 계통에 밝은 사람 가운데 조금이라도 더 복잡한 방식이 품질도 좋고 안전성도 더 높다고 생각하는 경우를 많이 봤다. 잘못된 생각이다. 사실은 사용에 간편한 상품을 택하는 편이 훨씬 더 나을 것이다. 어떤 상품이 사용하기 어려워서 불편함을 느낄 정도라면, 다른 이들의 평이 아무리 좋다 한들 그 상품을 잘 사용하지 않게 되는 것이 보통이다. 직관적이고, 안전하며, 나한테 잘 맞는 시스템을 선택하는 편이 가장 좋다.

데스크톱 지갑

사용자들은 퍼스널 컴퓨터에 다운로드한 데스크톱 지갑을 사용하여 비트코인 주소를 생성한 다음, 이를 통해 비트코인을 취득하고 전송할 수 있다. 이런 형태의 지갑은 책상이나 부엌, 아니면 거실 테이블처럼 한 장소에서 금융 관련 업무를 모두 처리하고자 할 때 특히 유용하다.

- ◆ **장점** 데스크톱 지갑은 개인 키를 제3자 서버에 저장하지 않으므로 해킹에 노출될 위험이 줄어든다. 별도의 하드웨어 장치를 늘 관리할 필요도 없다.
- ◆ **단점** 보안이 뚫릴 위험을 완전히 차단하는 것이 불가능하다. 암호화폐 자산을 다루는 일을 하나의 장비에만 의존해야 한다. 향후 암호화폐와 관련된 거래가 증대되고, 또 언제 어디서 필요할지 모르는 시기가 올수록 이 점은 점점 더 불편하게 여겨질 것이다. 비트코인으로 상품이나 서비스를 구매하거나 상거래에 사용할 생각이라면, 또는 이동 중에도 비트코인 거래를 하는 등 활발하게 참여할 계획이라면, 데스크톱 지갑은 결코 최상의 선택이 되기는 어렵다.

모바일 지갑

모바일 지갑으로는 작스리버티Jaxx Liberty, 비트페이Bitpay, 브레드월렛BreadWallet 등의 상품이 나와 있다. 말 그대로 모바일 기기에 다운로드해서 사용하는 앱 형태다. 기능은 같지만 데스크톱 지갑보다 훨씬 더 탄력적으로 사용할 수 있다. 스마트폰만 들고 있으면 어디서나 비트코인을 받고 쓸 수 있다는 뜻이다. 이미 QR코드를 찍어 비트코인을 결제 수단으로 사용할 수 있는 유통업체도 나타났다. 그런 곳에서는 비트코인으로 물건을 살 수 있다.

◆ **장점** 이 지갑은 iOS나 안드로이드 기반 기기에서 작동하므로 다른 지갑들보다 훨씬 더 편리하다. 금융업계도 점점 더 모바일 플랫폼으로 옮겨가는 추세이므로, 이 장점은 앞으로도 점점 더 두드러질 전망이다.

◆ **단점** 모바일 지갑은 데스크톱을 포함한 콜드 스토리지 방식에 비해 사이버 공격에 훨씬 더 취약하다. 이런 약점은 악성 소프트웨어의 공격이 주로 모바일 기기에 집중되는 환경에 주된 원인이 있다. 2019년 소프트웨어 및 하드웨어 공급 업체 체크포인트가 조사한 바에 따르면 상반기에 발생한 악성 소프트웨어 공격 빈도가 전년도 같은 기간에 비해 50퍼센트나 증가했다. 비트코인 가격이 상승하자 암호화폐 지갑을 주목표로 한 공격이 증가한 것이다.[4] 물론 휴대폰이 분실되거나 도둑맞거나 또는 심각하게 손상되더라도 암호화폐를 전부 잃어버릴 수 있다. 그러나 이런 일은 매우 드문 경우이며 모두 한 가지 공통점을 가지고 있다. 즉 지갑의 주인이 실수하거나 주의를 소홀히 하는 경우이다. 모바일 지갑도 여느 민감한 기술 제품처럼 여기고 취급한다면 비트코인을 안전하게 지킬 수 있다.

웹 기반 지갑

웹 기반 지갑은 코인베이스Coinbase, 제미니Gemini, 크라켄Kraken, 비트스탬프Bitstamp, 바이낸스Binance 등과 같은 거래소가 제공하는 것으로, 이들은 이용자의 비트코인과 암호화폐 거래를 외부 서버에 저장해준다.

◆ **장점** 역시 우수한 접근성을 들 수 있다. 온라인에 연결만 되면 사실상 모든

컴퓨터나 모바일 기기를 통해서 사용할 수 있다. 설치하기가 쉽고, 다른 지갑에 비해 속도도 빠른 편이며, 여러 가지 암호화폐를 취급하는 것도 가능하다.

◆ **단점** 제3자를 거치기 때문에 나의 자산과 프라이버시에 대한 통제권을 남에게 넘겨줘야 한다는 점이다. 온라인 암호화폐 지갑도 해킹이나 신분 도용, 온라인 사기 등에 취약할 수밖에 없다. 위탁 거래소 자체가 해킹이나 자금 절도의 대상이 될 수 있다는 점도 약점 중 하나다. 비트피넥스라는 거래소가 무려 6500만 달러 넘는 가치의 비트코인을 도난당한 사건이 유명하다. 일부 거래소는 지갑의 소프트웨어 취약성 문제로 고생하고 있다. 은행은 기술 보안 문제와 관련하여 정해진 기준을 충족해야 하지만, 암호화폐 업계는 아직 이런 규제의 사각지대에 놓여 있다. 기술의 안전성과 사용자 친화성을 보장해야 할 거래소 직원들이 보안의 약한 고리가 되어 해커들의 공격 목표가 되는 경우도 간혹 있다. 그러나 이런 문제는 웹 기반 지갑 기술이 발전함에 따라 점차 예외적인 경우가 되어가고 있다.

하드웨어 지갑

하드웨어 지갑은 말 그대로 암호화폐를 하드웨어 기기에 저장해놓은 것이다. 겉모습은 전형적인 USB 드라이브처럼 보인다. 트레저Trezor나 렛저Ledger 등이 잘 알려진 하드웨어 지갑이며, 암호화폐를 오프라인에 저장한다. 물론 거래를 성사하기 위해서는 어느 단계에서든 인터넷 연결이 꼭 필요하다.

◆ **장점** 보안성이 우수하고 암호화폐를 대량으로 저장하기에 좋다.

◆ **단점** 모든 종류의 지갑 가운데서 가장 값비싼 편에 속한다. 트레저나 렛저에서 선보이는 최신 기기의 가격은 100달러가 훌쩍 넘는다. 또 관련 기술에 익숙하지 않은 사람에게는 설치하기가 꽤 어려울 수 있다. 아울러 하드웨어나 소프트웨어가 취약성을 드러낼 가능성이 늘 있고, 향후 소프트웨어 및 펌웨어의 성능 개선이 필요하다. 기기를 다른 곳에 백업해두더라도 그것 역시 분실, 도난, 훼손의 위험이 있기는 마찬가지다.

종이 지갑

종이 지갑이란 개인 키를 종이에 적어놓은 것을 말한다. 따라서 보안 수준에 관한 한 그 어떤 지갑보다 더 뛰어나다고 말할 수 있다. 물론 이 지갑을 안전하게 작성하고 저장도 안전한 장소에 한다는 전제하에서 말이다.

◆ **장점** 종이 지갑의 제작과 사용, 그리고 보안은 전적으로 나의 책임하에 내가 완벽하게 통제할 수 있다. 온라인 해킹이 아무리 극성을 부려도 종이 지갑은 천하무적이다.

◆ **단점** 지갑을 안전하게 보관할 장소를 찾아야 한다. 복사본을 만들어두면 된다고 생각할 수 있겠지만, 그것이 오히려 더 위험하다. 종이와 잉크 역시 찢어지거나, 색이 바래거나, 지워지거나, 습기나 불에 사라질 위험이 있는 취약한 물질이다.

암호화폐 투자자들은 여러 가지 지갑을 함께 사용하여 보관 수단을 다변화한다. 그들 역시 달걀을 한 바구니에 담지 말라는 투자 격언을 충실히 지키고 있는 셈이다. 장기간 보관할 많은 금액의 암호화폐는 하드웨어로 된 콜드 스토리지에, 자주 꺼내 쓸 적은 금액은 핫 스토리지에 해당하는 모바일 지갑을 이용하는 것도 좋은 방법이다. 이에 더하여 자산 일부는 종이 지갑에 보관할 수도 있다.

한 가지만 더 말해둔다. 지금까지 관련 내용을 상세하게 공개하는 차원에서 각 지갑마다 약점까지 모두 설명했다. 그렇다고 독자 여러분에게 경고를 하려는 의도는 아니다. 최근에 나오는 지갑은 모두 기본적인 안전성을 갖추고 있다. 각각의 상품과 서비스에 대해 충분한 시간을 들여서 살펴본 다음 어떤 공급 업체가 가장 믿을 만하고 어느 곳은 문제일지 직접 판단해보기를 바란다.

지갑이 보안 성능을 갖추어야 한다는 건 당연하지만, 보안에는 항상 기술적인 장애가 뒤따른다는 점을 명심하자. 최첨단 보안 기술에는 오히려 더 심각한 문제가 있다. 핵심 기술이 소비자가 감당할 수준을 넘어서면 한 번의 실수가 치명적인 결과를 불러와 자금을 모두 잃어버릴 수도 있다. 이것이 바로 달성 가능한achievable 보안 성능이라는 개념으로, 효과적인effective 보안 성능과의 차이를 고려해야 한다. 실용적인 면에서는 후자가 오히려 사용자에게 이롭다.

세 번째 기사
거래소

자, 이제 암호화폐를 어디에 보관해야 하는지도 알았으니 비트코인을 손에 넣을 준비를 마쳤다. 그러나 많은 신규 투자자가 그렇듯 비트코인을 직접 채굴하기에는 시간도, 돈도, 의지도 부족하다고 가정해보자. 물론 직접 또는 온라인에서 만난 누군가로부터 암호화폐를 취득할 수도 있다. 그러나 그러자면 비트코인 네트워크에 속한 누군가를 찾아내서 직접 또는 다른 어떤 방법으로 거래를 성사하는, 성가신 과정을 거쳐야 한다.

그리하여 등장한 대안이 바로 암호화폐 거래소다. 사실 거의 모든 사람이 이 방법을 사용한다.

여기서 이런 의문이 생길 수 있다. '암호화폐 거래소가 기존의 금융 거래를 지원해온 바로 그 기관이라면, 비트코인의 등장으로 사라진 것은 도대체 뭐지?' 타당한 의문이다. 거래소는 심지어 비트코인을 매수하고 매도하는 데에, 그리고 그 돈을 지갑에 저장하고 다시 현금으로 환전하는 모든 과정에 수수료까지 매긴다. 경우에 따라서는 이 수수료가 꽤나 비싸서 투자금의 상당 부분을 차지할 수도 있다.

따라서 회의론이 대두되는 것도 일면 이해할 만한 일이지만, 암호화폐 거래소는 기존의 금융기관들과는 전혀 다른 존재다. 기존 금융기관들은 일반 소비자의 거래 규모와 시기에 대해 지나치게 규제해왔다. 중앙집권 조직, 즉 현대적인 은행과 비교하면 암호화폐 거래소의 역할은 그리 크지 않으며, 오히려 쇼핑객과 판매상이 다 함께 북적거리는 상점가나 시장에 더 가까운 존재다. 더구나 탈중앙화 거래소 DEX, decentralized exchange가 등장하여 이제는 구매자와 판매자가 중앙 관리 기금의 개입 없이 직접 거래할 수도 있다. DEX에 관해서는 이 장의 후반부에서 따로 설명할 것이다.

거래소는 암호화폐의 구매자와 판매자가 서로 만나 거래하는 일을 용이하게 해준다. 태동한 이후 몇 년간 비트코인이 빠른 성장세를 보이며 전 세계로 보급되는 동안에도 거래소는 극히 드물었다.

나는 이런 종류의 플랫폼이 필요하다는 것을 절감하고 2013년에 BTC차이나 거래소를 출범했다. 아주 기본적인 기능만 갖춘 중국 최초의 비트코인 거래소였다. 나는 회사 내 여러 부서를 이끌며 익힌 훌륭한 비즈니스 노하우를 바탕으로 거래소의 향후 비전을 설계할 수 있으리라 보았다. 나는 자금을 조달했고 경험 많은 소프트웨어 엔지니어를 채용했다.

당시는 비트코인을 둘러싼 상황이 지금과는 사뭇 달랐다. 경쟁이라고 할 만한 것은 없다고 봐도 좋았다. 마운트곡스를 비롯한 여러 거래소를 곤란에 빠뜨린 보안 위협은 등장하지도 않은 때였다. 보안이 문제가 될 정도로 비트코인의 가치가 높지 않았기 때문이다(물론 오래 지나지 않아 상황은 급변했다). 초기 몇 년 동안은 오로지 웹사이트에서만 운영했고, 모바일 앱은 없었다. 사업이 점차 성장하면서 우리는 사용자 관점에서 가장 편리하고 안전한 경험이 무엇인지 알게 됐다. 처음 수천 명으로 시작했던 사용자 수는 내가 그곳을 떠난 2018년에는 1백만 명 이상으로 늘었다.

지금까지 어쩌면 나는 비트코인 업계의 가장 불편한 진실을 외면해온 것인지도 모른다. 보안 문제 말이다.

암호화폐 거래소가 외부 공격에 번번이 뚫려온 것은 이 업계의 취약점 중 하나로, 폭넓은 대중을 상대로 인지도를 높이고 있는 현 단계에서 평판을 해치는 주요 요소다.

그중에서도 가장 치명적이었던 것은 2014년에 마운트곡스가 해킹당한 사건이었다. 2010년 일본에서 출범한 이 거래소는 가파른 성장을 거듭하여 2013년에는 전 세계 비트코인 거래의 약 70퍼센트를 처리하는 수준에 이르렀다. 2014년 초 이 회사는 해커들의 공격으로 약 85만 비트코인을 도난당했다고 발표했다. 이후 마운트곡스는 피해액 추정치를 65만 비트코인 또는 약 45만 비트코인으로 수정 발표하면서 파산을 선언했다. 마운트곡스가 잃어버린 비트코인은 대부분 핫스토리지 지갑에 보관되어 있다가 장기간에 걸쳐 도난당한 것이었다.

마운트곡스는 이어서 비트코인 인출을 유예했고, 나중에는 부채 자산이 두 배로 증가했다고 밝혔다. 그 결과 평소에도 인적 관리와 경영 능력 면에서 혹평에 시달리던《와이어드》*Wired* 지 기사에 따르면, 그는 코딩 작업자들이 플랫폼을 업데이트하면서 동료들의 작업 내용을 덮어쓰는 일을 방지하기 위해 널리 사용되는 버전 관리 소프트웨어를 누락했다고 한다[5] 이 회사의 CEO 마크 카펠레스Mark Karpelès는, 마운트곡스의 재정 문제를 은닉했다는 혐의로 일본 법정에서 유죄를 선고받았다. 카펠레스는

2년 6개월의 집행유예를 선고받았고, 2020년 일본 최고재판소에서 같은 형량이 확정되었다.[6] 그는 시종일관 자신에게는 아무런 잘못이 없었다며 결백을 주장해오고 있다.

2014년 10월, 나는 도쿄에서 마크 카펠레스를 만났다. 개인적으로 친분이 있던 사이는 아니었지만 우리는 둘 다 주요 거래소의 경영자였고 비트코인재단의 이사라는 공통점이 있었다. 서로 사업상 분명히 참조할 점이 있으리라는 생각으로, 도쿄에 잠깐 들르게 된 주말에 이메일로 그와 연락을 취했다. 그는 내 제안을 친절히 수락하며 도쿄 시내의 나지막하고 엘리베이터도 자그마한 빌딩에 있던 자신의 사무실에서 만나자고 했다. 우리는 회색 벽으로 둘러싸인 평범한 회의실에서 만났다.

마운트곡스에 대한 수사가 이미 착수된 시점이었지만, 청바지에 티셔츠를 입은 카펠레스는 품위 있고 유유자적한 모습이었다. 거래소를 경영해온 그간의 경험을 행복한 표정으로 들려주는 그 모습에서는 기술 전문가 특유의 괴짜 같은 면도 약간 보였다. 그는 마운트곡스가 안고 있던 문제를 조금 이야기해주었고, 그것이 의도치 않은 관리 실수 때문에 빚어진 일이라는 설명은 꽤나 설득력 있게 들렸다. 급성장하는 비트코인 거래소를 성공적으로 경영한 바 있는 나도, 이 일이 기술만 잘 안다고 되는 게 아니라는 점을 잘 알았다. 중요한 것은 경영 경험이었다. 나는 회사 몇 곳에서 이 경험을 집중적으로 쌓았다. 마크는 이런 일에 꼭 필요한 경영 경험과 수완이 없어 예상치 못한 일이 닥치자 이를 감당하지 못한 듯싶었다.

마크와의 만남에서 얻은 가장 큰 수확은, 비트코인 거래소 운영에 따르는 책임감을 다시 한 번 절감했다는 것이다. 그해는 우리가 거래 규모 면에서 세계 최대라는 타이틀을 마운트곡스로부터 탈환하게 되는 시점이었다. 여기에다 마운트곡스가 문을 닫으면서 우리는 세계에서 최장기간 생존한 거래소라는 타이틀까지 얻었다. 그러나 지금 와서 생각해보면 그런 타이틀은 별로 중요한 것이 아니었다. 무엇보다 중요한 것은 사용자들이 위탁한 비트코인을 해킹이나 다른 공격으로부터 무사히 지켜내야 한다는 막중한 책임이었다.

마운트곡스가 해킹에 노출되어 절도를 당했다는 뉴스가 보도되고 이에 따라 비트코인 가격이 36퍼센트나 하락한 사건은, 비트코인이 믿을 만한 것이 못 된다는 암호화폐 회의론자들의 주장에 날개를 달아준 셈이 되었다. 게다가 마운트곡스는 이와 비슷한 사소한 해킹을 두 차례나 더 당하는 바람에 아예 암호화폐의 위험성을 널리 알리는 대명사가 되고 말았다.

거래소를 향한 우려는 마운트곡스에만 그치지 않았다. 해커들은 2018년 한해에만 무려 10억 달러 규모의 비트코인을 훔쳐 갔다. 여기에는 일본의 자이프Zaif라는 거래소가 6천만 달러 규모를 도난당한 사건도 포함된다. 2016년에는 비트피넥스가 해커들의 소행으로 7천만 달러가 넘는 비트코인을 잃어버렸다. 2019년에도 업계의 칭송이 자자하던 바이낸스가 약 4천만 달러어치의 비트코인을 도난당하는 사건이 일어났다.

세상에 있는 모든 기술, 그 어떤 것도 난공불락은 아니다. 우리가 집에 자물쇠와 보안 장치를 설치하는 이유도 바로 그 때문이다. 앞으로도 해커들은 비트코인을 훔치려고 끊임없이 시도할 것이다. 사용자들이 암호화폐를 위탁 거래소에 보관하기를 망설이는 것은 그래서다. 거래소가 규제 대상이 된다고 해서 위험이 완전히 해소되는 것도 아니다. 나 역시 가족이나 친구들에게 비트코인을 거래소에 보관하라고 권하지 않을 것이다.

2020년에 리서치 기관 체인애널리시스Chainanalysis가 발간한 보고서에 따르면, 비트코인 거래량이 증가해 거래소의 역할이 중요해지면서 이들이 더욱 해커들의 표적이 되고 있다. 그러나 이 보고서는 한편으로 해킹 발생량이 2018년을 정점으로 감소세를 보인다는 점도 아울러 짚었다.

거래소를 이용하는 것에 두려움을 느낄 필요는 없다. 그들은 이 업계에 꼭 필요한 존재로서, 암호화폐 매매의 중심적 역할을 맡고 있다. 도난 피해의 가능성을 줄이고자 한다면 거래소가 제공하는 위탁 지갑 서비스는 사용하지 않길 권한다. 앞에서 살펴보았듯이 보다 안전하게 비트코인을 보관하는 방법은 그것 말고도 많다.

평판 좋은 거래소는 10여 곳 정도다. 보안은 물론이고 사용자 친화적인 인터페이스를 제공하는 데에도 노력을 기울이는 곳들이다. 여기서 굳이 어떤 업체가 낫다고 서로 비교하거나 모든 업체를 빠짐없이 거명하는 일은 불필요하다.

거래소는 똑같은 영화를 상영하는 지역별 영화관과 같다. 각 나라와 지역에는 마치 영화관처럼 저마다의 암호화폐 거래소가 있다. 비트코인 거래소도 각 나라의 은행 및 결제 시스템과 연결되어야 하므로 이것은 기본적으로 지역 비즈니스일 수밖에 없다. 물론 기본적인 서비스는 같지만, 지역마다 고객 선호에 따라 제공하는 특수한 서비스가 있다. 영화 티켓을 일단 사고 나면 그것을 어떻게 사용하는지는 고객에게 달린 일이다. 비트코인을 한꺼번에 많이 사든, 적게 사든, 아예 사지 않든, 그것은 고객이 결정할 일이다. 직접 조사해보고 자신의 필요에 가장 잘 맞는 거래소를 선택하면 된다. 혹시 거액의 비트코인을 취득하고자 한다면 여러 군데를 이용하는 것도 좋다.

코인마켓캡coinmarketcap.com이라는 웹사이트를 방문하면 300개 넘는 거래소 목록을 볼 수 있다. 이 숫자는 아마 향후 몇 년간 훨씬 더 늘어날 것이다. 이 가운데 3분의 1은 30일간 거래량이 100만 달러에도 훨씬 못 미치는데, 틈새 소비자를 공략하기 위해 맞춤형 전략을 구사하기도 한다. 적극적인 서비스로 업계를 지배하는 거래소는 약 30여 곳이다. 특히 코인베이스, 바이낸스, 비트스탬프 등은 각각 수십억 달러가 훌쩍 넘는 거래량을 자랑한다. 그렇다고 거래 규모만으로 거래소를 신뢰할 수 있는 것은 아니다. 거래량은 거래소가 자체적으로 발표하는 수치로서, 이를 과장할 동기는 충분하다 못해 어마어마하다. 실제로 가짜 거래량을 발표한 사례도 무수하다. 별다른 규제를 받지 않는 곳일수록 심하다.

거래소에서는 여러 단계를 거쳐 계좌를 개설하게 된다. 은행 등 금융기관이 운영하는 계좌 개설 과정도 이와 비슷하지만, 거래소가 더 철저한 보안과 신원 확인 절차를 요구한다. 신분 확인을 위해 여권이나 신분증 사본, 여기에 추가로 자신의 사진을 제출하게 되며, 일부 거래소는 고객의 은행 계좌에 시험 삼아 돈을 예금해보기도 한다. 이런 절차를 마치고 나면 어쨌든 하루이틀 뒤에는 계좌를 개설하여 거래에 나설 수 있다.

암호화폐, 예컨대 비트코인을 구매한다고 해보자. 이때 신용카드 또는 직불카드로 결제하거나 현금을 송금하는 등 여러 방법을 쓸 수 있다. 신용카드나 직불카드를 쓰면 비트코인을 곧바로 받을 수 있지만, 대신 거래 수수료를 더 비싸게 물어야 한다. 은행 계좌에서 송금하는 방식은 수수료는 더 싸지만, 비트코인 확보에 며칠 정도 시간이 더 걸린다. 결제 플랫폼이나 은행 전산을 통해서 송금하는 방법도 있지만, 절차가 좀 더 복잡한 단점이 있다.

주식 거래 계좌와 마찬가지로 암호화폐 역시 시장 거래가나 지정가로 살 수 있다. 시장 거래가 주문 방식을 택하면 판매자가 제시하는 가격, 즉 가장 유리한 가격에 코인을 살 수 있다. 지정가 주문은 구매할 가격의 최대치를 미리 설정하는 방식이다. 후자는 원하는 취득가를 내가 정하는 것이므로 거래에 관한 결정권이 나에게 좀 더 주어진다. 요즘 일부 거래소는 신용거래를 허용하기도 한다. 즉 대출 자금으로 암호화폐를 살 수 있다는 말인데, 위험한 방식이라는 것은 말할 필요도 없다.

유니스왑Uniswap 등과 같은 탈중앙화 거래소DEX는 또 다른 선택지를 제공한다. DEX는 암호화폐를 보관하는 존재가 아니라 암호화폐를 살 사람과 팔 사람이 자유롭게 교류할 '판'을 깔아주는 역할만 수행한다. 즉 사용자의 계좌를 관리하는 중앙 기관은 없다. 이들은 신속한 처리 능력을 갖추고 오픈소스 정책을 채택하기 때문에 적어도 이론적으로는 사용자의 동향에 따른 변화를 신속하게 수용할 줄 알아야 한다. DEX는 그 특성상 암호화폐 간 거래만 다룰 뿐 암호화폐와 명목화폐 사이의 거래는 지원하지 않는다는 태생적인 한계를 안고 있다.

이러한 개인 간 거래소가 탈중앙화를 추구하는 암호화폐의 본질에 좀 더 부합한다고 보는 이들도 있다. 이들은 탈중앙화 거래소가 불법 거래와 가격 조작, 해킹 등에 노출될 위험이 적다고 본다. 왜냐하면 어쩔 수 없이 취약성을 안고 있는 은행을 비롯한 여러 중개 기관들이 거래 과정에 개입하지 않기 때문이다. 이런 거래소는 중앙집중적 플랫폼만큼 사용자의 신원 정보를 수집하지도 않는다. 심지어 공식적인 등록 절차를 아예 생략한 곳도 있다.

그러나 탈중앙화를 지향하는 특성 때문에 중앙집중적 플랫폼에 비해 사용자의 안전을 보장하는 장치가 턱없이 부족한 것도 사실이다. 또 이런 거래소들은 널리 보급되지 않은 경우가 많은데, 이 점 역시 사람들이 선뜻 거래 수단으로 선택하지 못하는 이유가 된다. 탈중앙화 거래소에서는 신용 거래나 대여도 안 되고, 비트코인 가격을 정해서 거래하는 손절매도 할 수 없다. 암호화폐 시장을 아직 완전히 신뢰하지 못해 조심스럽게 접근하는 경우라면 이런 거래 방식이 불가능하다는 이유만으로도 중앙집중적인 거래소를 선택할 수밖에 없을 것이다.

자 여기까지, '암호화폐의 세 기사'를 다 살펴보았다. 어떤가? 확실히 세상의 종말을 부르는 사자는 아님을 알 수 있을 것이다. 이것은 그저 블록을 쌓아 올려 우리가 비트코인에 투자하고 암호화폐 경제에 참여할 수 있게 해주는 수단일 뿐이며, 투자에 없어서는 안 될 존재다. 여러분이 가장 합리적이라고 생각하는 최적의 조합을 찾기를 바란다.

지갑과 거래소에 관한 한 선택지는 너무나 많다. 이렇게 폭넓은 선택지가 존재하게 된 것은 그동안 비트코인이 눈부시게 발전해왔다는 뜻이고, 그것은 내가 암호화폐라는 신세계를 만난 이후 나와 같은 흥분을 간직한 수많은 똑똑한 사람들이 열심히 노력해온 결과이다. 소비자에게 시장이 커져서 다양하고 훌륭한 도구가 등장하는 것보다 더 좋은 일은 없으리라.

현금의
취약점

PART. 03

비트코인의 존재 목적은
오로지 네트워크 구성원의
이익을 지키는 것뿐이다.

사람들은 세상에서 어떤 일이 타당하고 어떤 것이 부당한지 모두 안다. 투자한 대상이 훌륭한 성적을 거두어 더 큰 투자로 이어졌을 때, 이것은 타당한 일이다. 심지어 내가 투자했지만 결과가 좋지 않으리라는 것이 예상된 경우라면, 투자액이 줄어들거나 예상보다 증가액이 많지 않더라도 그것은 타당한 결과라고 볼 수 있다.

하지만 별 이유 없이, 미처 알 방법 없이 투자금이 줄어든다면? 이것은 부당하다. 이런 일은 투자 자문이나 위탁관리자가 무능할 때 발생한다. 혹은 누군가가 헛된 약속으로 소비자를 꼬드겨 서비스에 가입하게 만드는 사기 사건일 수도 있다.

그것도 아니면, 이것은 어떤 금융 서비스나 모델이 특정 자산의 가치를 제한하거나 축소한 결과일 수도 있다. 나는 이것을 조직적인 부주의라고 부른다. 시스템 고유의 이런 특징은 물론 악의적이거나 애초부터 부당한 의도를 안고 있지는 않았겠지만, 시간이 지날수록 투자의 가치를 떨어뜨린다. 이런 수익성 감소는 자산 소유자의 잘못이 아니다.

'조직적인 부주의'야말로 오늘날 은행 시스템이 안고 있는 문제를 가장 잘 표현하는 말이다.

고객에게 유익을 안겨주고자 애쓴다고 주장하는 은행들은 실제로는 고객이 돈을 입수하고 쓰는 능력을 조금씩 훼손하고 있을 뿐이다. 이런 어쩔 수 없는 부주의가 바로 현금의 취약점이다. 그런데도 우리가 이런 시스템에 맞서 싸우지 않는 이유는 이것이 우리의 삶에 너무나 깊이 자리 잡고 있기 때문이다. 우리가 아는 거라곤 부모 세대부터 익숙해졌고 개인의 금융 관리에 필요한 모든 기반 구조를 제공해주는 기존의 금융 시스템뿐이니.

나는 암호화폐 콘퍼런스에 연사로 초대될 때마다 오래된 100달러 지폐를 꺼내 들곤 한다. 내가 보관하는 지폐는 1979년에 발행된 것으로, 털목도리를 두른 벤저민 프랭클린의 얼굴이 가운데 타원형 안에 들어 있고, 위쪽으로 "연방준비은행권"과 "아메리카합중국"이라는 글씨가 익숙한 지폐용 로마자 서체로 인쇄되어 있다. 이 지폐는 디자인과 질감만 보면 마치 유물 같다. 이 옛날 지폐를 처음 손에 넣었을 당시만 해도 이것으로 내가 가장 좋아하는 브랜드였던 나이키의 최고급 운동화를 두 켤레나 살 수 있었다. 지금 이 지폐의 가치는 비슷한 제품의 절반에도 못 미친다. 100달러라는 돈의 가치가 그 당시에 비해 형편없이 떨어진 것이다.

이것은 지금 발행되는 프랭클린 지폐도 똑같이 겪게 될 일이다. 가로 15.6센티미터, 세로 6.8센티미터 크기의 직사각형 중앙부에서 약간 오른쪽으로 치우쳐 푸른 리본이 세로로 그어져 있고, 왼쪽에 프랭클린 얼굴이 크게 그려진 지폐 말이다. 나는 물론 이 지폐도 관객에게 보여준다. 옛날보다 색상이 더 다채롭고 더 빳빳한 이 지폐로 10년 뒤에는 샤워용 나이키 슬리퍼 한 켤레도 살 수 없을 것이다. 화폐의 구매력은 시간이 지날수록 급격하게 줄어든다.

이미 형성된 지 수백 년이 지났고, 우리에게 꼭 필요한 기능을 위해 존재하는 통화 제도에 의문을 제기하는 것은 어쩌면 신성모독에 가까운 일로 보일 수도 있다. 지난 수세기 동안 우리가 누려온 금융 시스템은 신대륙을 발견하고, 귀중한 자원을 개발하며, 위대한 발명을 이루어내고, 역사상 가장 중요한 제조 산업과 기술문명과 농업혁명을 일으키는 데 크게 공헌했다. 미래를 내다보는 혜안과 인류의 잠재력에 대한 깊은 신념을 지닌 위대한 사상가들이 이 시스템을 구축했다. 사실 그들은 은행뿐만 아니라 경제 성장에 미치는 정부와 민간의 역할에 관한 폭넓은 철학적 기초를 마련하기도 했다. 물론 우리가 여러 측면에서 논의할 수도 있겠지만, 그들의 사상은 전체적으로는 중앙집중적 관리라는 개념에 바탕을 두고 있다. 예를 들어보자.

◆ 오랜 옛날 은과 금 및 기타 상품에서 돈의 가치를 발견해낸 이름 모를 금속주의metallism의 창시자.

◆ 계몽사상가 애덤 스미스가 말한 '시장을 움직이는 보이지 않는 손'은 역사상 가장 강력한 영향력을 발휘한 경제 이론이다. 이 이론의 핵심은 시장이 정부

를 비롯한 중개자의 개입이 없어도 스스로 가장 효과적인 방법을 찾아낸다는 것이지만, 여기에서도 은행은 금융 생태계의 일부로 이미 전제돼 있다.

♦ 20세기 초 경제학자 게오르그 프리드리히 냅Georg Friedrich Knapp이 주창한 증표주의chartalism. 화폐의 기원이 국가 권력에 있다는 이론이다.

♦ 20세기 중반 경제학자 존 메이너드 케인스가 확립한 케인스 경제학. 국가가 경제 성장을 주도해야 한다고 말하는 이론이다.

♦ 레이건 대통령 시대에 유행했던 공급 경제학. 정부의 개입을 최소화해야 한다는 주장으로, 오늘날의 경제학적 틀을 형성했다.

투자, 지출, 저축, 비즈니스 거래, 개인별 구매 등은 모두 우리가 꿈에서도 불평할 생각 못하는 중앙집권적 틀 안에서 이루어진다. 우리는 이런 기관들과 너무 깊은 사랑에 빠진 나머지 냉철한 판단 능력을 상실한 채 이들에게 비합리적인 헌신을 바쳐왔다. 우리가 그들을 신뢰하는 이유는 충분한 시간을 들여 그들이 적절한 서비스를 제공하는지 검토해서가 아니라, 그저 그들이 오랫동안 우리의 사적·공적 금융 생활의 관리자 역할을 도맡아왔기 때문이다.

우리는 그들이 어떻게 일하는지 묻지 않는다. 우리는 은행에 맡긴 돈이 왜 매년 가치가 떨어지기만 하는지 의문을 제기하지 않는다. 정부가 항상 낮은 이자율을 유지하겠다고 하는데도 우리는 왜 그래야만 하는지 묻지 않는다.

약간의 인플레이션이 필요하다는 점까지 반박하려는 것은 아니다. 거의 모든 경제학자는 어느 정도의 인플레이션은 소비자들이 내년에 가격이 더 오르기 전에 상품을 구매하도록 유도하고, 또 그에 따른 임금 인상이 노동자들의 기분을 좋게 하고 생산성 향상에 도움이 되므로 결국 경제 성장에 긍정적인 영향을 미친다는 점에 동의할 것이다. 인플레이션이 없다면 기업은 임금을 인상할 동기를 잃게 된다. 아울러 인플레이션은 정부가 세수를 인상해 채무를 상환할 수 있게 해준다.

"인플레이션을 일으키는 주체는 신이 아니다. 인플레이션은 어떤 원인에 따라 일어나는 재앙이나 전염병 등의 질병이 아니다. 인플레이션은 정책이다."[1] 20세기 경제학자이자 철학자인 루트비히 폰 미제스Ludwig von Mises가 쓴 《경제정책론》Economic Policy: Thoughts for Today and Tomorrow에 나오는 구절이다.

폰 미제스는 정부가 인플레이션 정책을 포기할 수 있다고도 주장했다. "정책은 달라질 수 있다. 따라서 그것을 인플레이션에 적용하지 못할 이유는 없다. 인플레이션이 악이라고 생각한다면 그것을 막아야 한다. 다시 말해 정부는 균형 예산을 유지해야 한다. 대중은 당연히 이를 지지할 것이다. 식자들은 사람들이 이 점을 이해할 수 있게 노력해야 한다. 여론의 지지를 확보할 수만 있다면 국민이 선출한 대표자는 당연히 인플레이션 정책을 폐기할 수 있다." 바로 내가 하고 싶은 말이다!

은행이 고객에게 부과하는 비용은 은행 입장에서도 정당화하기 어렵다. 그 비용은 은행이 고객에게 들이는 시간과 노력에 비해 과도하다. 예를 들면 다음과 같다.

◆ 전신 송금 수수료가 무려 30달러 이상이다. 심지어 같은 은행 계좌끼리도 그

런 경우가 있다.

- ◆ 같은 전산망에 속하지 않은 현금인출기를 이용할 때 수수료를 부과한다.
- ◆ 수표 계좌에 현금을 입금한 뒤 이틀이 지나야 그 돈을 사용할 수 있다.
- ◆ 플랫폼을 업데이트할 때는 온라인상에서 계좌에 접속할 수 없다.

우리는 은행의 데이터 수집 활동에는 또 얼마나 순순히 협조하는가. 은행은 심지어 중개인을 고용해 사용자들의 온라인 활동 내역을 분석하고 이를 바탕으로 지출 관련 의사결정을 자극하는 요소가 무엇인지 알아낸다.[2] 어떤 은행은 우리가 소셜미디어에서 어떤 활동을 하는지 온종일 들여다보고 정보를 캐낸다. 이 얼마나 무례한 짓인가!

우리는 또 이메일과 문자 메시지도 받는다. 오로지 우리의 반응을 끌어내기 위해 보낸 이메일과 메시지다. 은행은 우리를 보살핀다는 명목으로 매일같이 이런 활동을 펼치지만, 그들의 진짜 목적은 다른 상품이나 서비스를 팔기 위해 우리를 속속들이 들여다보는 것이다. 즉, 수익을 더 올리겠다는 것이다. 온라인 계좌에 로그인할 때마다 마주치는 맞춤형 메시지에 짜증나는 것이 나뿐일까? 나는 금융기관이든 뭐든, 내 행동을 속속들이 들여다본다는 느낌이 들 때마다 조지 오웰의 소설 《1984》가 생각나 불쾌하다.

우리가 이런 감시 활동조차 아무런 저항 없이 받아들이는 이유는 은행을 너무나 신뢰하고 존중하기 때문이다. 신문 1면이 연일 은행과 관련된 추문으로 장식되는 이 시대에도 사람들은 여전히 은행이 우리의 자산을 지켜주는 수호천사요, 존경받아야 할 대상이라고 생각한다. 그들의 이런 두 얼굴이야말로 명목화폐가 지닌 어두운 측면이다.

어린 시절 부모님과 함께 맨 처음 은행에 들렀던 좋은 추억이 있다. 베이뱅크BayBank는 훗날 내가 처음으로 은행 계좌를 트게 되는 작은 지역 은행이었다. 또한 그곳은 내가 1989년부터 다녔던 기숙학교 로런스빌 스쿨과 무척 가까웠다. 아버지는 내가 학교 다니는 동안 쓰라고 그 지점에 천 달러를 예금해놓았다. 시설도 쾌적한데다 필요한 서류 작업도 척척 처리해주었던 것으로 기억한다. 수년간, 말끔하게 차려입은 그 은행원들은 내가 현금을 인출하려고 들르면 오래된 단골손님들을 대하듯 한결 같은 태도로 맞이해주었다.

나는 세계 굴지의 금융기관에서 일하는 고위직 간부들과 친분을 유지하고 있다. 집을 살 때도 아무 탈 없이 주택담보 대출을 받았고, 그 금융기관들에 돈과 귀중품을 맡기면서 무슨 일이 생기지 않을까 걱정해본 적도 없다. 하지만 그들은 정말 효율적으로, 또 고객친화적으로 운영되고 있나? 더 나은 방법은 없나? 디지털 암호화폐가 보급되어 모든 사람이 스스로 은행이 된 이 시대에, 그들이 더 필요하기는 할까?

돈의
진정한 가치

비트코인에 대해 알면 알수록 나는 기존의 금융기관과 그들의 운영

방식에 의문을 품지 않을 수 없었다. 그러다가 이윽고 기존의 통화 제도를 싫어하게 되었다. 은행이 사사건건 수수료를 물린다는 점 때문만은 아니었다. 통화 제도 전체가 우리의 보유 자산을 이런저런 방식으로 앗아가는 구조로 만들어진, 사실상 우리의 적대 세력이라는 생각이 들었다. 이런 반소비자적인 특성이야말로 우리 통화 제도의 어두운 측면이다.

돈의 가치에 관해 생각해보자. 돈의 가치는 그것을 만드는 재료, 즉 종이나 금속이 아니라 그것을 발행하는 주체, 곧 사람의 결정에 좌우된다. 돈의 가치를 결정하는 수학 공식 같은 건 없다. 특정 시점에 정확히 얼마의 가치가 되어야 하는지를 말해주는 절대불변의 방법도 없다. 차라리 항공기 마일리지 시스템이나 월병 쿠폰의 가치가 더 안정적이다.

반면 맥도날드 햄버거 가격을 보자. 레이 크록Ray Kroc이 맥도날드 가게를 프랜차이즈 사업으로 만들어낸 직후였던 1955년에 개당 햄버거 가격은 15센트였다. 햄버거의 크기, 단백질과 지방의 함량은 그때나 지금이나 거의 차이가 없는데 가격은 2.5달러가 되었다. 시간이 흐를수록 돈의 가치는 떨어진다. 이런 변화가 매일매일 눈에 띄지는 않지만, 수십 년에 걸쳐 쌓이다 보면 엄청난 차이로 드러난다.

왜 이런 일이 일어나는지를 명쾌하게 설명하기는 어렵다. 그저 돈의 속성이 그렇다고밖에 말할 수 없을지도 모른다.

우리는 어떤 것에 매겨진 가격이 심사숙고의 결과이며 모두가 수긍할 수 있는 것이라고 믿는다. 더구나 시간이 흐를수록 개선되는 요소가 있을 것이므로 가격이 오르는 것은 당연하다고 생각한다. 그러나 곰곰이 생각해보면, 아무리 시간이 흘렀다고 해도 재료와 공정이 변한 것도 아닌데 왜 끊임없이 가격이 인상되느냐는 질문에는 뚜렷한 대답을 떠올릴 수가 없는 것이 사실이다. 여기에는 돈의 가치와 관련된 정책을 수립하는 중앙은행 담당자들의 인간적 약점이 반영되어 있다.

은행 관계자들은 자신들을 뽑아준 사람들로부터 침체된 경제에 활력을 불어넣으라는 압박을 받는다. 그 외에도 제반 조건이 변하더라도 경제성장률을 유지해야 한다는 엄청난 정치적 압력도 있다. 2018년 중앙은행이 다른 은행으로부터 조달하는 금리를 인상하겠다는 연준의 결정에 트럼프 대통령이 격노한 사건을 생각해보자. 트럼프는 언제나처럼 끊임없는 공격을 퍼부었고, "미국 경제를 위협하는 단 하나의 거대한 위협"이라는 말로 연준을 몰아붙이면서 제롬 파월 의장을 파면하겠다는 뜻을 내비치기도 했다. 이에 파월은 겉으로는 정치적 압력에 굴하지 않겠다고 했지만, 불과 1년 사이에 금리를 세 차례나 인하했다.

경제성장률이 둔화하고 있던 것은 사실이지만, GDP는 3퍼센트 이상을 유지했으며 일자리는 사상 최대치에 근접하던 시점이었다. 연준의 동향을 비판하던 사람들은 금리 인하와 그런 결정을 내린 파월 의장의 동기에 의문을 제기했다. 연준의장으로서 그토록 훌륭한 평판을 쌓아온 파월이 어째서 경기 침체의 징후가 전혀 보이지 않음에도 경기 활성화의 대표 정책인 금리 인하를 결정했을까? 이것을 정치적 압력 외에 다른 이유로 설명할 수 있을까? 최소한 그 결정의 타이밍만큼은 우려를 사기에 충분했다.

그렇다면 이것이 장기적 관점에서는 올바른 결정이었을까? 안타깝게도 이 질문은 2020년 초에 발생한 코로나19 바이러스 위기로 인해 의미를 상실했다. 이 사태가 초래한 경제 위기가 너무나 심각했으므로, 연준으로서는 정치적으로든 어떤 이유로든 사상 최저 수준의 금리를 유지하는 것 말고 별다른 대안이 없었다.

역사적으로 제반 조건을 엉망으로 만들어버린 것은 바로 중앙은행이다. 사실 이 문제는 도를 넘을 지경이다. 중앙은행은 그들의 결정이 국민의 삶에 어떤 영향을 미치는지에 전혀 무감각할 뿐만 아니라 이해할 능력조차 심각하게 결여했다.

키프러스공화국 사례를 살펴보자. 아프로디테의 고향으로 알려진 이 지중해 동부의 섬나라는 오랜 경기 침체에 상업용 부동산 과잉 투기가 겹치면서 2012년부터 2013년까지 심각한 경제 위기를 맞이했다. 부실 채권 규모는 6퍼센트까지 치솟았는데, 관광업에 의존해 겨우 지탱하는 소규모 경제 국가로서는 경악할 수치였다. 이는 키프러스 은행권에 심각한 여파를 미쳤고, 결국 220억 달러에 달하는 채무를 짊어졌다. 이 나라 GDP를 훌쩍 뛰어넘는 액수였다.

2013년 키프러스 정부는 예금 인출을 전격 동결하고 강력한 긴축 정책을 수립하여 약 230억 유로에 달하는 긴급 구제금융 확보에 나섰다. 정부는 이 정책의 일환으로 키프러스의 양대 은행인 키프러스은행과 라이키Laiki(라이키는 나중에 키프러스 은행과 합병된다)에 대해 보험한도인 10만 유로를 넘는 은행 저축계좌 중 약 50퍼센트를 동결한다고 발표했다. 해당 계좌의 주인들은 키프러스 은행의 주식을 받았는데, 이는 미미한 위로에 지나지 않았다. 키프러스 정부는 '계좌 소유세' 명목으로 마련한 자금이 아슬아슬한 은행과 국가 경제를 안정시킬 것이라고 말했다.

관료 조직의 결정이 대개 그렇듯 여기에는 어두운 내막이 숨겨져 있었다. 《애틀랜틱》 매거진은 키프러스 은행들의 자산이 국가 GDP의 8배에 달하며, 이중 상당 부분이 이른바 "탈세를 일삼는" 러시아인들의 예탁금으로, 이들 중에는 러시아의 "과두 지배층과 조직 폭력배"가 포함되어 있다고 지적하는 기사를 발표했다.[3] 이 기사에 따르면 키프러스는 "중앙은행의 자금에 의존해 겨우 파산을 면하는 신세"였다.

그러나 내 생각에 정부는 10만 유로 이상을 보유한 국민이라면 이 정도 손실을 소화할 여유가 있으리라 판단한 것이고, 어느 정도는 이 점을 명분으로 삼았음이 틀림없다. 물론 나는 그 자금의 일부가 《애틀랜틱》이 지적한 대로 부유한 러시아인들의 세금 회피나 부당이득 세탁 목적으로 유입된 것이라는 사실에도 동의한다.

그 정책의 여파는 나머지 국민에게도 영향을 미쳤다. 계좌 금액이 기준액보다 적은 사람들도 돈을 되찾는 데 혈안이 됐다. 현금인출기 앞이 장사진을 이뤘고, 거리를 메운 키프러스 국민들이 '은행 국유화' '국방 예산 동결' '연방세 신설' 등의 구호를 외쳤다. 2021년 크리스마스를 2주 앞두고 일단의 군중이 국회의사당으로 몰려들어 입법부를 향해 돌멩이와 달걀을 투척했다. 나는 그들의 분노를 충분히 이해한다. 이것이야말로 은행 제도의 가장 큰 취약점이 우리 눈앞에 펼쳐진 사건이었다.

법령에 따라, 별다른 경고도 없이, 금융기관 한 곳에서 수백만 유로의 예탁금이 하룻밤 사이에 사라져버렸다. 마치 그 많은 돈이 아예 존재하지도 않았던 것처럼 말이다. 게다가 키프러스 당국의 조치는 엄밀히 보면 불법적인 것도 아니었다. 이것은 대단히 충격적인 일이다. 키프러스의 경제는 분명히 회복했고, 이후 수년간 GDP도 착실하게 성장했다. 물론 코로나19 바이러스가 발생하기 전까지 말이다. 그러나 여전히 의문이 남는다. 경제 위기가 닥쳤다고 해서 은행이 우리의 계좌, 즉 우리가 힘들게 번 돈을 제멋대로 빼앗아도 되는가? 그들이 내 삶에 그토록 무시무시한 힘을 마구 휘두르도록 놔두어도 괜찮은가?

언뜻, 키프러스에서 발생한 문제는 지구상 어느 외딴 작은 나라에서 일어난 특수한 사건으로 치부할 수도 있다. 그러나 키프러스는 엄연히 입법·사법·행정이 분리된 자유민주주의 국가라는 점에서 미국과 같으며, 따라서 그들이 겪은 문제는 큰 나라들이 역사적으로 경험했던 일과 다를 바가 전혀 없다. 안타깝게도 우리는 이와 같은 일을 다른 나라에서 또 지켜보게 될 가능성이 매우 크다.

미처 한 세기도 지나지 않은 미국의 대공황 시대에 은행 창구 밖으로 수많은 사람이 길게 줄지어 서 있던 유명한 사진을 기억하는가? 은행이 보유한 현금으로 자신들의 계좌를 감당하지 못할까봐 겁에 질린 군중이 빨리 현금을 손에 쥐기 위해 필사적으로 매달리는 모습이었다. 1929년에 시작되어 1930년대 말까지 지속된 경제 불황기에 약 9천 개의 은행이 도산했고, 그중 4천 건이 1933년 한 해에 몰려 있다. 은행이 저지른 엄청난 판단 착오는 예금주들에게 무려 1조4천억 달러의 손해를 끼쳤고, 불황이 깊어질수록 수많은 일터와 사업체가 무너졌다. 프랭크 카프라Frank Capra는 이러한 무력감을 영화 〈멋진 인생〉It's a Wonderful Life에서 훌륭히 그려냈다. 영화에는 '베일리 브러더스 빌딩 앤드 론'이라는 회사에 고객들이 들이닥치는 장면이 나온다. 이곳은 영화의 배경인 베드퍼드 폴스 마을의 기둥 같은 기업이었다.

그로부터 80년이 지나 2008년이 되었다. 이제 환경은 과거와 전혀 달라졌지만, 미국의 은행들은 그때와 똑같이 엄청난 실수를 저지른다. 은행들은 전혀 새로운 자산, 즉 이른바 서브프라임 대출이라는 상품에서 파생된 각종 증권에 과도하게 매달리면서도 그 부작용을 애써 무시했고, 사람들은 그 덕분에 신용대출을 마구 남발하며 주택 매입에 나섰다. 이런 증권에 투자하여 활발한 영업을 펼친 기업들은 짧은 기간에 거액을 손에 쥐었다. 마이클 루이스Michael Lewis가 쓴 《빅 쇼트》The Big Short라는 책에는 어느 투자 은행가가 서브프라임 증권을 사고 팔아 대략 4천만 달러를 벌었다는 이야기가 나온다.

그러나 연준이 금리를 올리자 주택 소유자들이 채무불이행 상태에 빠졌고, 이에 따라 서브프라임 대출에서 파생된 그 많은 증권에 큰 구멍이 뚫렸다. 파산했거나 파산 직전에 내몰린 기관이 얼마나 되는지 구태여 파악할 필요도 없었다. 거대 시중 은행과 투자은행을 전부 나열한 것이 바로 그 명단일 정도였으니 말이다. 그중 리먼브러더스와 베어스턴스는 결국 무너졌고, 미국 최대의 저축 및 대출 규모를 자랑하던 워싱턴뮤추얼의 자산은 JP모건체이스가 인수했다. 총자산 기준 미국에서 네 번째 규모를 자랑하던 와코비아Wachovia는 시티은행에 합병되었고, 메릴린치는 뱅크오브아메리카에 인수되었다.

소비자들은 은행의 엄청난 실수와 부주의에서 비롯된 혹독한 고통을 여러 측면에서 견뎌야 했다. 집을 잃은 사람들이 쏟아져나오면서 주택 시장이 붕괴했다. 철석같이 믿었던 금융기관에 맡긴 투자금을 통째로 날린 사람도 부지기수였다. 워싱턴뮤추얼과 와코비아에 계좌를 가지고 있던 사람은 체이스은행과 시티은행의 고객이 될 수밖에 없었다.

단 한 가지 사건이나 소문 때문에 은행과 그 고객이 곤혹스러운 처지에 빠지는 경우도 있다. 2011년 스웨덴에서는 스웨드뱅크와 SEB 두 은행이 어려움을 겪고 있다는 소문이 돌았다. 그 소문이 나돌자마자, 현금인출기와 은행 창구 앞에는 금세 긴 줄이 늘어섰다. 잔뜩 겁먹은 고객들이 과연 자신의 예금을 찾을 수 있을까 전전긍긍하며 서 있었다.

위기가 닥치면 은행들은 여느 회사와 다를 바 없이 대처한다. 경영자는 그들의 생존과 이익을 가장 먼저 고려하지, 고객의 안위는 염두에 두지 않는다. 그들은 계좌를 옮기고, 자금 인출을 제한하며, 신용대출을 억제하고, 서비스를 뒤로 미룬다. 이런 조치를 하면서도 은행 측이 내놓는 해명은 극히 불투명하고, 그나마 사전에 알려주는 경우도 드물다. 이러한 불투명성이 시중 은행의 가장 짜증스러운 측면이다.

은행은 통화 공급을 통제하여 돈의 가치를 결정한다. 그들은 자신이 가진 신규 화폐 발행권을 통해 금융 시장을 채울 수도 있고, 통화량을 줄일 수도 있고, 아예 하나의 화폐를 모조리 없애버릴 수도 있다. 이런 결정을 내릴 때 내세우는 이유를 보면, 그들이 잘못된 생각을 하고 있다는 것을 알 수 있다. 1차 세계대전 이후의 독일 바이마르공화국을 예로 들어보자. 당시 바이마르공화국은 역사상 어느 선진국도 겪어보지 못한 최악의 초인플레이션에 시달리고 있었다. 이는 가혹한 베르사유조약에 따라 막대한 전쟁 부채를 갚아야 했던 것과도 관련이 있었다. 독일 경제가 휘청거리던 1919년부터 1922년 사이 마르크화의 가치 하락율이 무려 99.999퍼센트에 달한 탓에 독일인들은 아무 쓸모도 없어진 돈을 요리나 난방에 땔감으로 쓰곤 했다. 이 심각한 경제 실패 사태는 히틀러의 국가사회주의독일노동당, 즉 나치의 등장에 직접적인 원인이 되었다.

비록 정치적으로는 큰 영향이 없었지만 통화 가치가 대폭 하락하여 치명적인 사태를 불러온 일이 최근에도 있었다. 1990년 짐바브웨에 새로 들어선 정부는 수십 년간 이 나라를 통치해온 백인 지주와 극빈층에 속하는 흑인 농민들 사이에 토지를 비교적 공정하게 분배하겠노라고 선언했다. 그러나 이 개혁 정책이 시작되자마자 짐바브웨는 곧 경제 위기를 맞이했다. 아무런 준비 없이 시작된 이 정책(흑인 농민들은 대규모 농장을 운영할 지식과 경험이 전혀 없었다)은 외화 벌이 비중의 3분의 1을 차지하는 농업을 완전히 망쳐버렸다.

유럽 각국과 미국이 짐바브웨 독재정권 제재에 나선 가운데 식량 생산량이 줄어들고 부패가 만연함에 따라 짐바브웨의 은행은 무너졌다. 정부는 경제를 되살리기 위해 짐바브웨 달러를 발행했는데, 그 총량은 마치 보드게임에서나 구경할 만한 수준이었다. 새로 발행된 짐바브웨 은행권 중에는 천억 달러와 1조 달러짜리도 있었다. 나중에는 차라리 모노폴리 게임에서 쓰는 돈이 짐바브웨 달러보다 더 가치 있을 정도였다! 이 화폐에 가치를 부여할 만한 근거는 아무데도 없었다. 국민과 외국 투자자, 기업가 등 사업을 할 만한 사람들은 모두 정부에 대한 신뢰를 잃어버린 상태였다.

국가는 화폐를 대체하거나 없애버릴 수 있다. 물론 그 힘을 부분적으로만 행사할 수도 있다. 2016년 인도의 나렌드라 모디Narendra Modi 총리는 아무 예고도 없이 TV 화면에 나타나, 정부가 시장에서 통용되는 500루피와 1천 루피 지폐를 즉각 회수하겠다고 폭탄선언했다. 위조지폐가 불법 행위와 테러에 사용되는 일을 원천적으로 차단하기 위한 조치라면서 말이다. 이후 오랜 시간이 지나고 정부는 500루피와 2천 루피 지폐를 신규 발행했지만, 고객들이 은행에서 교환할 수 있는 금액과 계좌에서 인출 가능한 금액에 제한을 두었다. 이 과정이 이어지는 수개월 동안 인도 경제는 거의 멈추기 직전까지 내몰렸다.

현금 부족은 폭력 사태를 불러와, 돈을 교환하거나 인출하기 위해 은행 앞에 줄 서서 기다리던 고객들이 목숨을 잃는 일까지 있었다.[4] 농업과 제조업이 갑자기 추락하고 트럭 운전사들이 연료비를 치르지 못해 운송업이 마비되는 등의 여파로 GDP는 무려 절반 가까이 뚝 떨어져버렸다. 인도 주식시장 지수는 6개월 만에 최저점을 기록했다. 인도 경제학자들은 신속하게 생각을 고쳐먹었다. 그들 가운데는 애초에 정부 정책을 지지했던 사람도 있었다.

기존 지폐의 소유자들이 선택할 방법은 별로 없었다. 구권을 제때 신권과 바꾸지 못해 오랫동안 힘들게 벌어서 모은 돈을 고스란히 잃어버린 사람도 있었다. 이 사건은 국가기관이 은행과 고객의 관계를 얼마나 제멋대로 좌지우지할 수 있는지를 보여준 또 하나의 씁쓸한 사례다.

인도 정부가 내린 결정과 판박이처럼 닮은 일이 미국에도 있었다. 1969년 닉슨 대통령은 500달러와 1천 달러 지폐의 유통을 금지했다. 두 화폐에는 각각 윌리엄 매킨리와 그로버 클리블랜드의 얼굴이 그려져 있었다. 닉슨은 두 고액권 지폐를 국제 범죄조직이 운반하기 쉽다는 명분을 들었다. 이 글을 쓰고 있는 현재 유럽중앙은행은 500유로 지폐의 유통을 중단하는 방안을 고려하고 있다. 어떤 화폐가 범죄자들 손에 몰래 사용된다고 해서, 법을 꼬박 잘 지키는 선량한 시민까지 그 화폐를 못 쓴다는 것이 말이 되는가? 정부는 마음만 먹으면 얼마든지 특정 화폐를 추적·관리할 수 있으면서도 그저 사용 금지라는 편한 방법만 택하는 것 같다. 나는 이와 같은 행태에 격렬하게 반대한다.

더 최근에는 베네수엘라 경제가 사상 최악의 추락을 거듭하여 이 나라 화폐인 볼리바르가 휴지 조각이 되었다. 베네수엘라는 원래 남미에서 가장 부유한 나라였다. 풍부한 산유량을 자랑하는 데다 남미의 다른 나라들처럼 정치 변동으로 고생한 일도 거의 없었다. 그러나 우고 차베스가 등장하고 그 뒤를 이어 부패한 니콜라스 마두로 정권이 들어서면서 이 나라는 줄곧 잘못된 방향으로 나아갔다. 그중에서도 미국의 반감을 산 것이 가장 큰 실책이었다. 미국은 마두로 정권에 제재를 발동했고 그 결과 베네수엘라의 원유 비축량이 급감했다.

인플레이션율은 무려 100만 퍼센트까지 치솟았으며, 미국 달러 대비 볼리바르화의 가치는 95퍼센트나 떨어졌다. 2018년 BBC의 보도에 따르면 2킬로그램짜리 닭 한 마리 가격이 1400만 볼리바르였고, 1킬로그램 정도의 육류를 사려면 무려 1천만 볼리바르가 넘는 돈을 내야 했다.[5] 2019년《뉴욕타임스》에는 무려 10퍼센트 넘는 인구가 나라를 떠났다는 기사가 실렸다.[6] 떠나지 못하고 아직 남아 있는 사람들은 냉장 보관도 하지 못한 고기로 식사하고, 깨끗한 물과 생필품을 구하느라 갖은 고생을 다 하는 중이다. 전기 공급이 제대로 안 된 건 이미 오래다.《뉴욕타임스》는 이 나라의 상황이 "남북전쟁 이후 지난 반세기 동안 전 인류를 통틀어 가장 큰 비극"이라는 하버드 대학교 경제학자 케네스 로고프Kenneth Rogoff의 말을 전했다.

고객님, 인출금이 거액입니다

2018년, 나는 라스베이거스에서 열린 포커 월드시리즈World Series of Poker, WSOP 본선에 출전하려 했다. 이 대회는 총상금이 수백만 달러에 달하는 세계에서 가장 권위 있는 포커 대회다. 나는 대학 졸업 후 포커를 배워 소액 포커 게임을 즐겨왔다. 특히 BTCC를 매각한 뒤로는 여유가 생겨 대회에 여럿 참가하며 본격적으로 실력을 쌓았다. 쟁쟁한 선수들을 이기는 경험을 하면서 연례 WSOP 대회에서도 내 실력이 충분히 통하리라는 자신감이 생겼다. 포커계의 전설들과 새롭게 떠오르는 스타들을 모두 상대할 수 있는 이 대회에 참가하기 위해 나는 참가비 1만 달러를 냈다. 포커 대회 참가비로는 세계에서 가장 비쌌다. 이는 실력이 못 미치는 사람들이 재미 삼아 참가하는 것을 차단하는 장치이기도 했다.

나는 25년 넘도록 웰스파고 은행에 예금계좌를 보유하고 있었고, 본 계좌에는 참가비를 인출하고도 남는 돈이 들어 있었다. 나는 우선 2만 달러를 찾아서 1만 달러는 WSOP 참가비로 쓰고, 나머지 1만 달러는 포커 게임에 쓰거나 카지노의 다른 테이블에서도 좀 즐길 생각이었다. 그런데 저 유명한 라스베이거스 스트립에서 약 8킬로미터 떨어진 한 은행에 현금을 찾으러 들렀을 때, 나는 30분 가까이 황당하고 곤혹스러운 일을 겪었다. 의혹에 찬 눈길로 나를 보는 창구 직원과 한 술 더 떠 본격적으로 나를 의심하는 지점장으로부터 연이은 질문 공세에 시달린 것이었다.

그들은 물론 선의로 한 질문이었겠지만, 내가 그 현금으로 무언가 불법적인(아니면 최소한 쓸데없는) 일을 하려는 것은 아닌지 알아내려 했다. 창구 직원은 인출액이 자신의 권한을 넘는다며 지점장에게 업무 처리를 떠넘겨버렸다.

지점장이 말했다. "고객님, 인출금이 거액입니다. 자기앞수표로 찾는 건 어떠신지요?" 나는 곧바로 이를 사양하고 현금을 요구했다.

"무슨 일에 이렇게 큰돈이 필요하십니까?"

"이보세요, 여기 라스베이거스 아닙니까! 카지노에 가서 도박할 겁니다."

"어떤 종목을 하실 건데요?"

나는 크랩스와 포커를 한다고 말했고, WSOP 본선 참가비를 내야 한다고도 설명했다.

지점장은 수표로도 카지노에서 참가비를 낼 수 있다고 끈질기게 물고 늘어졌다. 그러나 지점장이 말하지 않은 내용이 있었다. 은행은 자기앞수표를 발행한 고객에게는 수수료를 물릴 수 있지만, 내가 현금을 인출하면 떨어지는 게 하나도 없다. 사실 나로서는 내 돈을 되찾는 것뿐인데 말이다.

"아닙니다. 현금으로 주십시오."

처음에 나는 거액의 잔고를 보유한 오랜 단골로서, 웰스파고가 나의 불쾌한 감정을 알아주기를 바랐다. 하지만 결국에는 또 다른 의심을 사지 않으려면 그들의 질문에 성실히 답변하는 게 낫겠다고 판단했다. 지점장에게 대회 참가비를 내야 한다는 것과 대회에 관한 세부 사항 몇 가지를 설명해주었다. 내가 내 돈으로 뭘 하는지를 그들이 정말 알아야 하나? 이 돈이 만약 은행 융자금이었다면 그것은 또 다른 이야기다. 그러나 지금 내가 찾으려는 돈은 원래 내 돈이다! 내 돈을 가지고 왜 은행이 유세를 떠는가?

100달러 지폐를 세느라 또 시간이 소요되었다. 은행에서는 돈을 두 번 센다. 기계로 한 번 세고, 은행원이 내가 보는 앞에서 100달러짜리를 한 장 한 장 손으로 또 한 번 센다. 이윽고 깔끔한 현금 뭉치가 10개 만들어졌다. 나는 재빨리 현금 뭉치를 봉투에 담은 뒤 가져간 검은색 백팩에 집어넣었다. 물론 거액의 현금이 불법적인 방식으로 오가는 것도 사실이다. 그러나 내가 겪은 일을 곰곰이 생각해볼수록 점점 더 신경이 쓰였다. 우리에겐 과연 소유한 돈을 마음대로 처분할 자유가 있을까? 도대체 은행은 무엇 때문에 그토록 큰 권한을 가지는가? 우리가 마치 어른들에게 매일매일의 선택과 행동을 허락받아야 하는 어린이라도 되는 듯이 말이다.

은행이 여러 가지를 꼬치꼬치 캐물었던 것은 내 프라이버시를 정면으로 침해하는 행위였다. 만약 곧이곧대로 대답하지 않았다면 아마도 그들은 내 현금 인출 요청을 거부하고 부정 및 자금세탁 방지에 관한 법과 규정을 들먹였을지도 모른다. 그러면서 보안을 지키고 나를 보호하기 위해 현금 인출을 못 해준다고 변명을 늘어놓거나, 최악의 경우는 내 계좌에 빨간딱지를 붙이거나 이른바 고액거래신고서를 은행 규제 당국에 제출했을지도 모른다. 만약 그랬다면 어떻게 됐으려나? 거기까지는 나도 모르겠다.

그 돈으로 내가 포커대회 참가비를 내든, 동네 할인점에서 하와이안 셔츠를 300벌 사든, 지정 상점에서 마리화나를 사든(현재는 라스베이거스에서 기분전환용으로 마리화나를 피우는 것이 합법이다), 그들이 상관할 바 아니다. 게다가 그들은 내 계좌에 관해 알고 싶은 게 있을 때 언제든 컴퓨터 화면만 들여다보면 된다. 그런데도 은행은 계좌의 보안을 유지하기 위해서라며 늘 이런 쓸데없는 질문을 늘어놓는다. 그렇다고 은행을 비롯한 금융기관들이 고객의 사적 정보를 제대로 지키기나 하는가? 이런 모순이 또 어디 있는가?

2019년에 캐피털원Capital One에서 일어난 정보 유출 사고가 가장 대표적인 사례다. 이 사건으로 무려 1억 명이 넘는 고객 정보가 위태롭게 되었다. 소프트웨어 엔지니어 단 한 명이 회사의 플랫폼에 침투해 정보를 훔칠 수 있었다고 한다. 웰스파고 사례도 생각해볼 만하다. 이 은행의 고위 경영자들은 아무것도 모르는 고객들에게 가짜 신용카드 및 직불카드, 신용대출 수수료를 부과하는 프로그램을 승인한 일이 있었다. 웰스파고는 이런 속임수를 쓰는 바람에 무려 1억8500만 달러의 벌금을 물었고, CEO 존 스텀프John Stumpf는 평생 다시는 은행 업계에 발을 들일 수 없다는 징계를 달게 받았다. 웰스파고는 이 일로 무너진 평판을 회복하느라 아직도 고생 중이며, 마케팅 슬로건은 여전히 신뢰 문제에 초점을 맞추고 있다.

나는 오랫동안 중국에 있는 친구나 가족에게 돈을 보낼 때 위챗페이WeChat Pay라는 결제 플랫폼을 사용했는데, 여기에도 문제가 많았다. 위챗페이는 연간 거래 한도 금액을 약 3만 달러로 정해놓았다. 그래서 송금을 할 때마다 연간 계획을 미리 고려하여 세심하게 균형을 맞춰야 했다.

내가 중국에서 거래하는 또 다른 은행은 최근에 계좌 현황을 공지하는 문자 메시지에 수수료를 부과하기 시작했다. 나는 평소 그 은행 계좌는 잘 이용하지 않는다. 그런데 그 은행에서 매달 딱 한 통씩 문자 메시지가 온다. 바로 그 문자 수수료가 내 계좌에서 빠져나갔다는 것을 알려주는 내용이다. 따지고 보면 그 은행은 매달 내 돈을 가져간다는 내용을 알려주는 대가로 돈을 받아 가는 셈이다. 문자 메시지 수수료, 위챗페이, 웰스파고 은행과 같은 일들은 모두 내 돈이 완전히 내 것이 아니라는 현실을 잘 보여주는 사례다.

다시 한 번 말하지만, 기존의 통화 제도에 반기를 들 생각은 전혀 없다. 우리 집안 자체가 명목화폐 제도를 통해 부를 일구었다(그리고 부모님이 홍콩에서 새로운 삶을 시작할 수 있었던 것은 금이 있었기 때문이다). 부모님은 현금을 가지고 사업을 일으켰다. 특히 1970년대에 부모님이 아이보리코스트의 상업 중심지 아비잔에 정착했을 때는 현금이야말로 만국 공통어였다. 이때 현금은 미국 달러인 경우가 많았다. 고무줄로 묶은 달러 뭉치를 한가득 쌓아놓고 사업을 하셨다고 한다. 우리 가족은 구식 은행 창구에서 현금을 찾았고, 한 번 계좌를 틀었다 하면 오래오래 거래를 이어갔다.

세계 최강의 경제력에 바탕을 둔 달러는 그 자체로 신뢰도의 상징이다. 그 누구도 달러의 위력이 오랫동안 변함없으리라는 것을 의심하지 않는다.

부모님은 나를 포함한 자녀들에게 통화 제도를 어떻게 이용해야 하는지 말과 행동으로 보여주셨다. 현금을 어떻게 사용해야 하는지, 저축은 어떻게 하는지, 은행은 어떻게 이용해야 하는지. 예금계좌·수표계좌·거래계좌의 차이에 대해, 돈을 어떻게 쓰고 어떻게 계획해야 높은 생활수준을 누릴 수 있는지도. 부모님이 어떤 노력으로 아이보리코스트까지 왔고, 어떻게 사업을 일으켰으며, 마침내 고된 노동의 열매를 마주하게 되었는지에 관한 이야기는 정말 셀 수 없이 많이 들었다.

나는 현금을 벌고 이를 관리하여 성공한 사업가와 투자자가 된 덕분에 더욱 폭넓은 분야를 탐구할 수 있었다. 나는 미국과 중국에 집이 있고, 언젠가 내 자녀들도 내가 그랬듯이 미국 대학에서 공부하게 될 것이다. 나는 헨리 데이비드 소로의 말에 동의한다. 그는 단순한 삶의 미덕을 예찬한 것으로 유명하지만, 한편으로는 이런 말도 남겼다. "부"가 있어야만 "인생의 진정한 의미를 온전히 깨달을 수 있다"고 말이다.

비트코인을 취급하는 사업체들이 지금보다 훨씬 많아지기 전까지는 나도 지금까지 그래왔던 것처럼 현금과 신용카드, 각종 결제 시스템, 기타 개인 금융 수단들을 이용하며 살아갈 것이다. 나는 달러 계좌와 위안화 계좌를 가지고 있다. 최근 고객 서비스 향상을 위해 개발되는 핀테크 기술에도 박수를 보내고 싶다. 그 덕분에 이제 우리가 가진 스마트폰이 작은 은행으로 변하고 있다.

내가 하고 싶은 말은, 명목화폐에 대한 나의 공격이 결코 사적 감정 때문이 아니라는 것이다. 나는 기존 비즈니스 관행을 무너뜨리려는 반체제 운동가가 아니다.

만약 18세기 중부 유럽의 은행들이 애국자들에게 자금을 지원하지 않았거나, 새로 설립된 국립은행이 남북전쟁에서 북군을 돕지 않았다면 우리가 아는 미국은 존재하지 않았을 것이다. 역사적으로 은행은 수많은 탐험과 기업 활동, 사유재산권 확립을 위해 자금을 지원해왔다.

은행 대출이 없었다면 샘 월튼(월마트 창업주.—옮긴이)은 자신의 잡화점을 오늘날의 유통 제국으로 성장시키지 못했을 것이다. 은행 대출은 지금까지도 벤처캐피털의 주목을 받지 못하는 소규모 자영업자들에게 큰 도움이 되고 있다. 2019년에 웰스파고는 앞서 말했던 역경들을 멋지게 이겨낸 뒤 고객들에게 약 850억 달러를 대출했다. 뱅크오브아메리카의 대출 실적도 550억 달러에 달했다.

전통적인 통화 제도는 당분간 본래의 위치를 고수할 것이다. 우리는 기존 통화 제도에 근거하여 상품과 서비스의 가치를 평가하며, 공정한 금융거래를 수행한다. 개인적으로는 고등학교 신입생 시절, 뉴저지 로런스빌에 있던 베이뱅크 은행에 처음으로 수표계좌를 개설하러 갔을 때 아버지와 내가 앉았던 그 푹신한 의자가 좋은 기억으로 남아 있다.

그러나 냉정하게 생각해보면 우리 사회의 통화 제도와 금융기관은 오로지 제 이익을 위해서만 존재한다는 것을 분명히 알 수 있다. 이 낡은 제도는 도저히 통제할 수 없을 정도로 비대해졌다. 우리가 가진 돈은 해마다 가치가 떨어진다. 그 가치는 우리 생각은 요만큼도 안 하는 관료주의자들의 손에서 결정된다. 반면 비트코인은 시간이 갈수록 통화량이 줄어드는 특성 때문에 점점 가치가 올라간다. 이것은 애초에 비트코인을 설계할 때부터 의도적으로 부여했던 특성이다.

은행은 우리가 우리 돈으로 무엇을 하는지를 지나치게 간섭하고, 서비스를 이용하는 대가로 우리에게 너무나 많은 개인정보를 요구하며, 앞으로 계속 이용하고 싶을 정도의 안전함과 서비스는 제공하지 못한다. 그들은 거대한 통화 제도의 틀 안에서 움직이고 있어 관점을 바꿔야 한다는 절박함을 전혀 느끼지 못한다. '은행은 소비자의 희생을 발판으로 운영되고 있다'는 비판에도 대체로 무감각하다. 오래 지속되어온 시스템이 늘 그렇듯이, 그들의 가장 큰 관심사는 그저 자신을 보호하는 것이다. 반면 비트코인의 존재 목적은 오로지 네트워크 구성원의 이익을 지키는 것뿐이다.

답답한
규제 당국

PART. 04

우리는 우리 자신보다
더 높은 권위로부터
승낙을 받고자 하는
본성을 지니고 있다.

사람들이 평화롭고도 활기차게 살아가는 데 꼭 필요한 규제란 어느 정도일까? 사람들이 규정과 제한 때문에 마음대로 행동하지 못하고 발목을 잡히거나 간섭을 받는 경우는 과연 언제일까?

철학자들은 인간이란 본래 선한 존재라고 보았고 내가 보기에도 타당한 가정이지만, 우리의 충동을 조금 억제하고 모호한 부분을 명확하게 해줄 규정집이나 법전이 필요하다. 이는 인간사의 모든 영역에 해당한다. 통화 제도, 심지어 비트코인까지도 말이다. 우리는 규칙을 별로 좋아하지 않지만, 어쨌든 어느 정도 필요한 것이 사실이다.

"인간이 천사라면, 정부는 필요 없을 것이다."

이 말은 제임스 매디슨과 알렉산더 해밀턴이 공동 집필한 총 82권의 《연방주의자 논고》*The Federalist Papers* 중 제51권에 나오는 유명한 문장이다. 여기에 이런 말이 덧붙어 있다. "정부의 틀을 마련하고 그에 따라 사람이 다른 사람을 다스릴 때 가장 어려운 점은, 정부는 먼저 국민을 통제할 수 있어야 하고 다음에는 정부 자신을 통제해야만 한다는 사실이다."

매디슨은 정치 지도자라면 누구나 마주하는 조직의 문제를 이해했다. 나 역시 비트코인에 몰두하면서 이 문제를 깊이 고민하기 시작했다. 일단 그런 생각이 들자, 정부를 비롯한 여러 기관이 내 삶을 편하게 해주기는커녕 더 복잡하게 만들었던 일들이 잇달아 뇌리에 떠올랐다.

지구상의 여러 문명은 문화에 따라, 사회적·경제적 과제에 따라, 정치 지도자에 따라 이 문제에 각기 다른 대답을 내놓았다. 규제는 오래전부터 우리 삶에 존재해왔다.

기원전 2500년부터 기원전 1700년 사이에 서구 문명의 4대 요람 중 하나인 티그리스강과 유프라테스강이 만나는 지역에서 인류 최초의 성문법전이 태동했다. 그중에서도 가장 널리 알려진 함무라비 법전(바빌론의 강력한 통치자의 이름에서 따온 명칭)은 검은색의 거대한 도리아식 기둥에 새겨져 있었다. 그중 일부는 오늘날 루브르 박물관에 전시되어 있다.

위대한 군사 지도자였던 함무라비는 빠르게 성장하는 자신의 제국에 적절한 통치 수단이 필요하다는 사실을 잘 알았다. 바빌론 제국의 강역은 무려 78만 제곱킬로미터에 달했고, 오늘날의 이라크·터키·이란·시리아 지역에 걸쳐 있었다. 그는 282개 조로 구성된 이 법전을 집대성하여 사회생활과 상업 분야에서 올바른 행동 양식을 확립하고자 했다.

함무라비 법전의 조항 가운데서 상당히 잔인한 내용도 발견되지만, 한편으로는 합리적인 면모를 보여주기도 한다. 이 법에 따르면 기록을 온전히 보존하기 위해 곡물·양모·기름 상인에게서 물건을 산 고객은 자신이 산 상품의 가격을 제대로 적어두어야 하고, 자신이 치른 액수만큼의 영수증을 반드시 받아야 한다고 규정했다. 법전 제105조에는 이런 내용이 명시되어 있다. "대리인이 부주의로 영수증을 받지 아니한 경우, 그는 영수증이 발급되지 않은 돈에 대해 어떠한 소유권도 주장할 수 없다."

이 법전에는 임금 체계에 관한 내용도 기술되어 있다. 현장 노동자는 한 해에 곡물 8구르gur를 급료로 받는다. 목동은 6구르다. "소 한 마리를 빌리는 사람은 매일 20실라sila를 대여료로 내야 한다." 의사들은 한 사람의 목숨을 살릴 때마다 2에서 10셰켈을 받는데 이 금액은 환자의 계급에 따라 달라진다. 자유인과 평민, 노예는 각각 목숨 값이 달랐다.

그 뒤를 이어 등장한 이집트, 그리스, 로마제국 등도 수천 년에 걸쳐 각자의 규칙과 규정을 확립했다. 그중 상당수는 금융에 관한 것으로, 광활한 영토에 걸쳐 질서를 유지하는 수단이었다. 이런 규정의 바탕에는 자신을 지배하는 규칙 없이는 사람들이 서로를 공정하게 대하지 못할 것이라는 관념이 자리하고 있었다. 고대 제국의 체제에는 처음부터 개인을 법의 지배하에 두는 장치가 내재해 있었다. 금융 네트워크나 법적 토대를 마련하여 거기에 속한 사람들 간의 거래에는 그 정확성을 검증해줄 제3자가 필요 없게 한다는 개념은 아직 뿌리를 내리지 못한 상태였다.

문자가 남아 있는 조형물을 찾아보기는 힘들지만, 이집트의 마트 Ma'at라는 개념을 블록체인의 기초가 될 만한 원형으로 볼 수도 있다. 정확하게 번역하기는 어려우나 이것은 '법치를 바탕으로 한 자연스러운 균형' 정도로 설명할 수 있다. 마트는 이집트 문화의 모든 측면에 적용되었다. 일의 완수나 개인 간의 교류 등까지 말이다. 이 개념 덕분에 이집트인은 신에 가까운 존재인 파라오에서부터 가장 가난한 농부에 이르기까지 모두 고결한 태도를 유지할 수 있었다.

이집트의 법률 체계는 백성의 삶에 관계된 문제도 다루었다. 19세기 팔레르모의 상인이 샀다고 해서 팔레르모석Palermo Stone으로 명명된 돌은 아마도 지금까지 남은 가장 오래된 고대 이집트의 연대기일 것이다. 이것을 보면 이집트인이 인구조사의 필요성을 이해했고, 나아가 개인의 재산과 토지 내역을 기록하여 이를 바탕으로 소유권을 남에게 이전할 수도 있었음을 알 수 있다. 라훈 2세 치세에 작성된 파피루스 법률 문서에는 어떤 이가 부친이 생전에 남에게 빌려준 돈을 회수하려 시도했다는 기록이 남아 있다.[1] 토지 매매계약 기록도 남아 있으며, 남에게 어떤 일을 해주는 대가로 물건을 받기로 했다는 합의 내용도 찾아볼 수 있다.

아리스토텔레스는 도시 국가야말로 인간이 지닌 정치적 속성과 질서 유지 욕구가 조직적으로 확장된 완벽한 형태라고 보았다. 인간은 도시 국가라는 체계 속에서 가장 도덕적이고, 안전하게, 생산성을 발휘하며 살 수 있다. 여기에서 규칙의 중요성이 대두된다. 아리스토텔레스는《정치학》에서 이렇게 말했다. "인간은 완벽한 상태에 도달하면 만물의 영장이지만, 법과 정의를 저버리는 순간 미물에 불과한 존재로 전락한다."

《정치학》은 금융 문제도 광범위하게 다루어, 탈레스도 언급된다. 고대 그리스의 수학자이자 천문학자이며 최초의 현자라고도 일컬어지는 탈레스가 선물 거래와 개인 간 협업의 효시가 되는 일을 했다는 것이다. 아리스토텔레스에 따르면, 탈레스는 올리브유 압착기를 가진 주인들에게 미리 돈을 주고 이듬해 압착기 사용권을 사서 그 대가로 짭짤한 수익을 올렸다. 그는 올리브 농사가 풍작을 맞이할 것을 일찌감치 내다보고 투자한 것이다. 이 책에 규제 기관이 있었다는 이야기는 없다. 탈레스는 거래 상대와 직접 교섭했다. 탈레스야말로 최첨단 P2P 금융 시스템의 원조가 아닐까?

아리스토텔레스는 인류 최초로 '돈이 무엇인가'를 정의한 인물이기도 하다. 그는 돈이란 교환과 회계의 수단이 되는 재화 또는 가치 단위라고 했다. 그는 번거롭고 불편한 물물교환이 당연한 일로 여겨지던 당시에, 통화 제도가 훨씬 더 이점이 많은 방식이라고 목소리를 높였다. 단, 운반과 저장과 계산에 편리한 교환 수단을 찾을 수만 있다면 말이다. 그뿐만 아니라 교환 수단은 쉽게 훼손되지 않아야 하고 그 자체로 가치를 지닌 것이어야 한다.

그는 《니코마코스 윤리학》에서 이렇게 말했다. "돈은 우리가 장차 어떤 것을 가지고 싶을 때 그것을 손에 넣을 수 있는 보증서와 같다. 우리에게 새로운 욕망이 일어날 때 그것을 만족시켜주는 수단이 바로 돈이다." 나는 이 정의를 좋아한다.

시간이 지날수록 가치가 증대되는 비트코인보다 더 확실한 보증서가 어디 있을까?

기원전 반세기쯤 전, 웅변가 키케로는 로마공화국에서 법치가 무너지는 광경을 지켜봤노라고 한탄했다. 새롭게 떠오르는 정치 지도자이자 훗날 공화국의 두 집정관(공동 황제) 가운데 한 명이 되는 키케로는 견제와 균형이 절묘하게 공존하며 운영되어야 할 정부 체제가 정치를 책임지는 상류층과 지방 총독들이 뇌물 수수와 착취 행위를 일상적인 관행으로 만드는 바람에 서서히 무너지고 있다는 것을 알아차렸다. 키케로는 이런 풍조로 인해 결국 인권이 경시되고 독재가 기승을 부리게 될 것을 우려했다.

이 모두가 중앙 권력이 도를 넘어서 벌어진 일이었다. 어디서 많이 들어본 소리 아닌가?

키케로는 뒤에 《국가론》과 《법률론》 등 두 권의 저서와 유명한 연설을 통해 로마공화국이 자연법을 준수했던 명예로운 시절로 돌아가야 한다고 역설했다. 그는 자연법칙이야말로 사람들의 행동을 안내하는 유일한 지침이라고 보았다. "법은 자연 속에 숨 쉬는 지고지순의 이성으로, 당연히 이루어져야 할 일을 명령하고, 그 반대의 일을 금지한다." 《법률론》의 구절이다.

키케로는 법이 만인에게 동등하게 적용되어야 하며, 그래야만 정의로운 사회를 구현하고 개인의 자유를 보장할 수 있다고 보았다. 법이 존중될 때라야 비로소 훌륭한 정부가 들어설 수 있고, 올바른 행동을 장려할 수 있으며, 그릇된 행동을 책망할 수 있다. 오늘날 입법부가 지향하는 바도 결국 이것이 아닌가?

이러한 철학적 사색의 바탕에는 '개인과 기관의 행동을 통해 사회가 어떻게 공정함과 균형을 달성할 수 있는가'라는 고민이 놓여 있다. 한 가지 분명한 사실은 국가는(모든 형태의 정부라고 말해도 좋다) 싫든 좋든 국민에게 제약을 가하는 존재라는 점이다.

누가 내 돈을
지켜줄 수 있을까?

그로부터 천 년이 넘는 시간이 흐른 뒤 마그나 카르타Magna Carta, 즉 대헌장이 수립되었다. 이것은 영국 국왕의 권력을 법의 지배하에 둠으로써 인류를 전제 군주의 통치에서 벗어나게 한 역사적인 첫걸음이었다. 즉, 대헌장으로 인해 영국 국왕조차 의회의 동의 없이는 조세를 독단적으로 신설하거나 징수할 수 없게 된 것이다. 더 나아가 자유민은 누구나 재판을 받을 권리를 얻게 되었고, 이는 미국 수정헌법 제5조의 기초가 되었다. 중앙집중형 권력 기관이 법을 마음대로 좌우하는 체제와 좀 더 분권화된 체제를 바탕으로 개별 주와 도시, 그리고 개인에게 더 많은 자율권이 부여되는 시스템 사이의 대결 구도가 날이 갈수록 두드러지면서 많은 사람의 사고에 선명한 인상을 남겼다.

18세기부터 19세기까지 살았던 정치철학자 토머스 홉스가 남긴 저작은 결국 사람들이 생존을 위해 무엇을 타협하고 거래하는가에 관한 내용이었다. 그와 동시대를 살았던 계몽주의 정치사상가 존 로크는 정부를 "생명과 자유, 그리고 재산"이라는 자연법의 권리를 보호하는 수단이라고 보았다. 로크가 주창한 원칙은 토머스 제퍼슨이 미국 독립선언서를 쓰는 과정에, 또 제임스 매디슨을 비롯한 국부들이 미국 헌법을 제정하는 데 강력한 영향을 미쳤다. 제퍼슨은 각 주의 권리를 옹호했으며 단일 중앙정부의 권력은 최소한으로 억제해야 한다고 생각했다.

이후 오랫동안 권력 구도는 중앙집중형과 분산형 사이에서 오락가락했고, 개인의 자유 역시 증감이 반복되었다. 이 자리에서 나의 정치적 신념을 밝힐 생각은 없지만, 객관적으로 볼 때 최근 들어 우리 사회는 제약이 줄어드는 방향으로 발전해왔고, 특히 금융 관련 부문에서 그런 경향이 뚜렷했다고 생각한다. 이런 경향은 책임 있는 자리에 있는 사람들에 대한 불신을 반영한다. 이것은 도시, 주, 전국 단위 선거 때마다 사람들이 어느 후보에 대해서도 선뜻 호감을 보이지 않고 정부를 비판해온 것만 봐도 알 수 있다. 사람들의 그런 태도는 대기업에 대해서도 마찬가지다. 그것은 정부와 대기업이 그동안 곤혹스러운 추문에 시달려온 일이 너무나 많았고, 그로 인해 사람들에게 나쁜 기억을 안겨주었기 때문일 것이다.

코로나19 사태가 악화일로에 치달았을 때, 나는 은행이 과연 내 돈을 지켜줄 수 있을지 확신할 수 없었다. 특히 대공황이 막 시작되던 시기에 수많은 가정이 경험했던 일을 생각했다. 오랜 세월에 걸쳐 힘들게 성장한 이 체제는 과연 이런 어려움을 견뎌낼 수 있을까? 존경해 마지않는 우리 사회의 각 기관을 운영하는 이들은 과연 올바른 결정을 내리고 있는 것일까? 이 질문에 대해 앤드루 소킨은 자신의 책《대마불사》*Too big to fail*에서 단호하게 아니라는 대답을 내놓았다.

우리가 최근 일어난 사건에서 교훈을 얻을 수 있다면, 그리고 그 영향이 앞으로도 지속된다면, 중앙 권력의 간섭에서 자유로운 대안 체제를 기대하는 심리는 날로 증대될 것이다. 앞에서 이미 언급했듯이, 비트코인이 더 이상 낯설지 않게 될 때가 머지않았으며, 그 틀림없는 논리와 효율성, 비용 절감 효과에 관심을 기울이는 사람은 점점 더 많아질 것이다. 더구나 시대의 조류가 점점 더 자유주의적 방향으로 흘러가는 한, 사람들은 통제권과 자유를 향한 갈증을 다름 아닌 비트코인에서 채울 수 있을 것이다. 사람들은 중앙은행 주도의 기존 통화 제도에 내재된 간섭이 없는, 누구나 이용할 수 있는 금융 시스템이라는 개념이 무엇인지 결국 이해할 것이며, 이를 환영할 것이다. 사람들은 마침내 순수한 금융 독립 상태를 만끽하게 될 것이다. 은행도, 카드도, 중앙 권력기관도 없는 세상 말이다.

규제가
거의 없는
비트코인

여기서 다시 한 번 인간의 독특한 본성과 마주치게 된다. 즉 사람은 최대한의 자유를 원하면서도 한편으로는 모두가 합의하는 규칙이 있어야 한다고 생각한다. 비트코인을 사용하는 데는 다른 사람의 도움이 별로 필요 없다. 이것은 비트코인의 가장 큰 장점이다. 그러나 인간은 질서를 갈망하는 존재이므로, 이를 충족하기 위해 어느 정도의 지침이 필요한 것은 사실이다. 비트코인은 다른 종류의 자산, 예컨대 상장지수펀드나 뮤추얼펀드, 주식 등과 비교해 어떻게 평가할 수 있을까? 이 영역에 선한 의도와 올바른 방법을 갖춘 기업가가 뛰어들지 누가 보장할 수 있을까? 혹시나 불법행위라도 일어나면 소비자들은 누구에게 하소연할 것이며, 어떤 대책을 마련할 수 있을까? 누군가가 비트코인(혹은 다른 암호화폐)으로 이윤을 거두거나 보상받았을 경우, 세금은 어떻게 납부할까?

"투명한 규제 환경을 통해 혁신을 장려하고 투자자를 보호하는 것은 디지털 화폐 혁명이 기술로 발전하는 중요한 첫걸음이다. 투명한 규제 환경은 디지털 화폐 업계에 기업가적 활동을 촉진하여 새로운 상품과 서비스를 창출하고, 이는 결국 소비자와 기업에 두루 유익을 안겨주게 될 것이다."

_2018년 3월 13일자 '코인베이스' 블로그[2]

나 역시 이 말에 전적으로 동의한다.

디지털 화폐가 기술적으로 구현되기 수십 년 전에 이미 마련된 법제가 어느 정도 지침을 제공하나, 그것이 오늘날 암호화폐가 마주한 여러 문제를 고려하지 못했다는 것은 너무나 당연한 일이다. 1933년에 제정된 〈증권법〉과 대공황의 여파로 그 이듬해 다시 마련된 〈증권거래법〉의 주요 목적은 부정행위로부터 투자자를 보호하는 것이었다. 따라서 이 법규는 기업이 사업 내용과 경영 주체, 재무 실적, 나아가 그들이 제공하는 증권의 성격에 관해 투명하고 정확한 정보를 제공함으로써 공정한 투자 환경을 보장할 것을 규정한다. 〈증권거래법〉에 따라 태동한 증권거래위원회Securities and Exchange Commission, SEC는 오늘날 미국에서 가장 두려운 규제 기관이다.

1946년 증권거래위원회와 하위 사W. J. Howey Co. 간 분쟁에 대한 연방대법원의 판결은 투자의 정의를 분명히 밝힌 판례가 되었다. 대법원은 판사 총 9명 중 6대 1 판결에 따라(대법관은 공석이었고, 나머지 한 명인 로버트 잭슨 판사는 선고 공판에 참석하지 않았다), 1933년 〈증권법〉에 근거한 투자를 "어떤 사람이 자기 돈을 공동회사에 투자하여 오로지 해당 사업의 주최자 혹은 제3자의 노력에 따라 발생하는 수익만을 기대할 때, 이와 관련해 맺은 계약이나 거래, 또는 계획의 일체"라고 정의했다.

오늘날 일부 입법기관을 비롯한 관계자들은 암호화폐가 증권에 해당하는지를 결정하기 위해 암호화폐와 관련된 여러 이슈를 '하위 테스트'에 적용하여 조사하고 있다. 그들은 비트코인 투자를 투기 활동으로 간주하여, 투자자들이 주식을 매도할 때 부과하는 자본소득세를 여기에도 마찬가지로 적용해야 한다고 본다. 그러나 규제 당국은 아직 이런 주장을 완전히 받아들이지 않고 있다.

2019년 중반 이른바 폐쇄형 투자펀드에 속하는 사이퍼테크놀로지 비트코인 펀드Cipher Techonologies Bitcoin Fund가 '비트코인을 증권으로 간주해야 한다'고 주장하자 증권거래위원회는 이를 기각했다. 증권거래위원회의 논거는 다음과 같았다. "우리는 오늘날 비트코인 구매자들이 이윤을 창출하는 데 꼭 필요한 타인의 경영 활동이나 기업가적 노력에 기대어 그 구매 결정을 내렸다고 볼 만한 이유를 찾지 못했다."

나는 이 판결이 타당하다고 생각한다. 비트코인 자체는 이윤 추구 활동이 아니다. 그것은 기존 통화 제도의 대안으로 마련된 탈중앙화 네트워크에 불과하다. 비트코인 네트워크에 어떤 목적이 있다면, 기존 통화 제도에 문제를 느끼고 이것을 선택하는 사람들이지, 이윤 그 자체가 아니다. 비트코인은 일종의 디지털 재화, 즉 자산이라고 보는 것이 더 정확하다.

2020년 7월, 한 연방 판사가 미국정부 대 하먼 사건과 관련된 모든 사실을 검토한 결과 내린 판결도 위에서 말한 바와 대동소이했다. 즉 비트코인은 일종의 돈이라는 것이다.[3] 베릴 홀 미국 지방법원 판사는 판결문을 통해 이렇게 말했다. "돈이란 일반적으로 교환이나 지불 또는 가치를 저장하는 수단이다. 비트코인은 이에 해당한다고 볼 수 있다." 이 판결에 따라 검찰은 〈워싱턴DC 송금업법〉에 의거, 무면허 비트코인 거래소를 운영해온 래리 딘 하먼에 대해 자금세탁 혐의 수사를 진행했다. 이 판결은 비록 좁은 관할 지역 내에서 발생했지만, 비트코인을 자금세탁의 관점에서 바라보는 연방 및 각 주립 기관의 시각과도 정확히 일치했다.

비록 그 대상이 일정한 한계를 지니고 있지만, 이는 비트코인의 앞날에 좋은 징조가 될 수 있는 매우 의미 깊은 판결들이다. 우선 이 판결들은 비트코인에 화폐의 지위(그리고 그 유용성)를 부여하고 있다. 그뿐만 아니라 앞으로 다가올 실질적이고 광범위한 규제를 통과할 가능성이 충분하다는 희망도 얻을 수 있다. 기업이 제기한 규제 관련 질문에 증권거래위원회와 법원이 제한된 범위에서나마 응답한 것을 보면, 정부 기관들이 훨씬 더 폭넓은 포고령을 내릴 가능성이 충분하다. 물론 그들이 폭넓은 판결을 하기 위해서는 비트코인의 작동 원리를 이해하고, 비트코인을 다른 자산과 똑같이 보고 똑같은 방식으로 규제하면 안 되는 이유를 분명히 파악해야 할 것이다.

한 가지 더 경고하고 싶은 것이 있다. 규제 당국이 비트코인의 사용을 심각하게 제한하거나 더 심한 조치를 취할 권한을 가지고 있다고 착각해서는 안 된다는 것이다. 그것은 마치 맨손으로 호랑이를 붙잡아 우리에 집어넣을 수 있다고 생각하는 것과 같다.

규제 당국은 이미 한참 동안 암호화폐와 관련된 대부분의 규제 이슈를 정리해왔다. 암호화폐 옹호자로서, 나는 그다음 단계로 넘어가기를 간절히 바란다.

물론 세금과 보안 분야에 해결해야 할 약간 골치 아픈 문제가 있다. 전미 콘퍼런스에서 분명히 드러난 바처럼 일부 심리적 요인도 있다. 사람들은 나에게 향후 상장지수펀드의 적법성과 소비자 보호 문제를 물어보는 경우가 많았다. 그들은 법제화나 행동 강령 같은 형태로 정부로부터 보장을 받고 싶어 하는 듯했다. 비트코인 사용자만큼 자유주의적 성향을 지닌 사람도 드물 텐데도 역시 어쩔 수 없이 인간의 본성을 드러내는구나 싶다. 다시 말해, 우리는 우리 자신보다 더 높은 권위로부터 승낙을 받고자 하는 본성을 지니고 있다.

늦은
출발

정부는 원래 늦게 움직인다. 정책 입안자들은 자기 행동이 장차 자신의 정치적 입지에 미칠 영향력을 따진다. 기존 업무 방식에 의문을 제기하는 것은 그 배후의 제도와 기관의 필요성에 의문을 제기하는 것이나 다름없다. 암호화폐의 경우 그 기관은 상업은행과 막강한 중앙은행이다. 상업은행은 엄청난 규모를 자랑하는 금융서비스 산업의 주요 구성원인 동시에 정책에 영향을 미치는 주요 세력이다. 물론 정치인들이 중요한 결정을 앞두고 여러 측면을 고려하다 보면 어느 정도 시간이 필요하다는 사정을 모르는 바는 아니지만, 내 생각에 그들이 시간을 끄는 이유는 은행을 공격하지 않으려고 애쓰기 때문인 것 같다.

미국 의회와 각 주의 입법기관이 규제에 늦게 뛰어들었다는 점에 주목하자. 그들은 중국을 비롯한 여러 나라들이 비트코인 관련 법안을 수립하고도 몇 년이 지난 뒤에야 처음으로 관련 청문회를 열었다. 예컨대 2013년에 중국 국영 중앙은행인 중국인민은행People's Bank of China, PBOC은 비트코인이 화폐가 아니라고 선언하며 자국 은행과 기업의 비트코인 취급을 금지했다. 물론 나는 이것이 잘못된 결정이라고 생각하지만, 어쨌든 그들은 비트코인에 관해 공식적인 입장을 밝혔다.

다른 나라들에서 벌어지는 규제 논란을 보면 별로 중요하지도 않은 문제인 경우가 종종 있다. 예컨대 암호화폐라는 명칭을 사용할 것인지에 관한 논란. 나라마다 뭐라고 부르는지 보자.

- ◆ **디지털 화폐** 아르헨티나, 태국, 호주
- ◆ **가상 재화** 캐나다, 대만, 중국
- ◆ **크립토 토큰** 독일
- ◆ **결제 토큰** 스위스
- ◆ **사이버 화폐** 이탈리아, 레바논
- ◆ **전자화폐** 콜롬비아, 레바논
- ◆ **가상 자산** 온두라스, 멕시코

보다시피 모두 다르다! 내가 보기에는 암호화폐가 가장 무난한 명칭이고, 더구나 비트코인이라는 이름을 바꿔야 할 필요는 전혀 없다고 생각한다. 이 이름이 꼭 온라인 게임용 화폐처럼 들린다는 사람도 있지만 말이다. 이런 논의가 벌어지는 이유는 무언가 새로운 일이 일어날 때마다 사람들이 불안감을 느끼기 때문이리라.

이 책에서 '암호화폐'는 디지털 화폐 운동을 의미하고, '비트코인'은 때에 따라 비트코인 플랫폼을 의미하기도, 비트코인 화폐를 가리키기도 한다. 이 세 가지는 각각 서로 다른 주체다. 수많은 입법기관과 투자자들이 비트코인과 암호화폐를 서로 혼동한 채 언급한다. 비트코인 플랫폼의 탄생이 오늘날의 암호화폐 운동으로 이어졌다. 비트코인이 없었다면 오늘날의 암호화폐는 존재하지 않았다고 해도 과언이 아니다.

일부 법안 중에는 블록체인을 참조해 제정된 것도 있다. 알다시피 블록체인은 비트코인의 기반이 되는 기술이다. 이 법안을 지지하는 사람들은 비즈니스, 오락, 정부 및 기타 분야에서 더욱 폭넓고 획기적인 응용 사례가 싹트기를 바라는 사람들이다. 지금부터는 블록체인에 초점을 맞춘 개별 법안을 설명하기보다는 비트코인의 영향력과 그 기반이 되는 탈중앙화된 블록체인 기술이 얼마나 중요한가라는 관점에서 설명할 것이다.

2018년 7월, 미 하원 농업위원회가 개최한 비트코인 관련 청문회에서 당시 상품선물거래위원회CFTC 연구팀 연구책임자였던 대니얼 고핀Daniel Gorfine이 발언했던 내용에 주목해보자.[4] 유능한 변호사인 그는 금융업계가 지금처럼 "기술주도형 혁신"의 분위기로 충만하다면, 앞으로도 "급속한 발전"이 지속되리라는 낙관적인 견해를 밝혔다.

> "기술 혁신으로 시장 참여자들이 상호작용하고 거래하는 과정, 위험을 평가하고 회피하는 방법, 비즈니스 활동을 수행하는 방식이 모두 바뀌었습니다. 오늘날 사람들은 직접 대면이나 전화 통화만으로 거래하지 않습니다. 시장은 점점 더 전자화·디지털화되었고, 서로 복잡하게 연계되었습니다. 이렇게 등장한 새로운 세상은 다시 새로운 시장을 창출하고 있으며, 규제와 관련해서도 새로운 기회와 과제와 위험을 낳고 있습니다."

여기에는 당연히 암호화폐도 포함된다. 고펀은 암호화폐가 더 큰 목표를 달성하기 위해서는 "시장에 투명성과 확실성을 불러올 더 큰 공동의 목표"가 필요하다고 역설했다. 그러면서도 "이런 혁신 분야의 발전을 빗나가게 하거나 방해하지 않으려면" 더욱 "세심한" 접근 태도가 필요하다고 말했다.

> "지금 당장 분명한 선을 그어달라고 말하는 사람도 있지만, 성급한 규제 정책은 일을 그르치고 의도치 않은 결과를 초래하거나, 새로운 상품이나 사업 모델이 지닌 중요한 의도를 놓칠 가능성이 훨씬 더 큰 것이 현실입니다."

고펀은 이렇게 덧붙였다. "우리는 〈증권법〉을 적용할 범위가 어디인지, 상품의 틀을 어떻게 잡아야 하는지 성급하게 파악하려고 해서는 안 됩니다."

상품선물거래위원회 의장을 역임하고 현재 MIT 미디어랩 수석 고문으로 재직 중인 개리 겐슬러Gary Gensler가 같은 하원 청문회에 고편 다음으로 출석해 했던 발언도 역시 긍정적인 내용이었지만, 그의 어조는 다소 신중했다. 그는 블록체인 기술과 암호 금융이 "과거 19세기에 등장한 철도나 20세기 말에 출현한 인터넷과 유사한 신기술"이라고 설명하며, 과거에도 이런 신기술로 인해 규제와 관련된 심각한 논의가 촉발되었다고 언급했다.

> "그러나 시장을 정책의 틀 안에서 운영한다는 원칙이 지난 수십 년간 전통적 자본 시장의 성장에 일조해왔고, 이것은 암호 금융에도 똑같이 중요한 의미를 띱니다. 물론 목표 달성을 위한 세부 사항은 신기술을 수용하는 방향으로 조정되어야겠지만 말입니다."

겐슬러는 암호화폐라는 틀이 제공하는 이점을 간략히 나열했다. 즉 과세 정책 면에서의 순기능과 자금세탁 및 테러 자금 조성 방지, 금융 안정화, 경제적 문턱 완화 및 성장 촉진, 투자자와 소비자 보호 효과 등이었다.

> "광범위한 정책 목표를 달성하는 과정은 경제 성장을 촉진할 뿐만 아니라 혁신을 앞당긴다는 목표와도 부합합니다. 투자자를 보호하고 시장

의 일관성을 유지한다는 원칙은 투자의 형식과 관계없이 미국의 증권법과 상품거래법에 내재한 고유 가치입니다. 그런 상식에 기반한 규칙은 시장에 확신을 안겨주어 우리 경제의 체질을 강화할 것입니다."

의회 위원회에서 발언하고 부정적 반응에 직면한 인사도 있었다. 예컨대 당시 JP모건의 블록체인 정책을 주도했으며 현재 블록체인 스타트업 클로버Clovyr의 공동창업자인 앰버 볼데트Amber Boldet나 IT 벤처 투자 전문 회사 앤드리슨 호로위츠Andreessen Horowitz의 경영 파트너 스콧 쿠포Scott Kupor 등은 미네소타주 민주당 의원 콜린 피터슨Collin Peterson으로부터 암호화폐가 "폰지 사기"와 다를 바 없다는 식의 말을 들었다. 피터슨 의원은 "암호화폐의 가치를 뒷받침하는 것이 무엇인가"라고 질문했다. 피터슨 의원이 이해하지 못했던 것은, 어떤 것이 가치를 띠기 위해서 반드시 다른 무언가의 뒷받침이 필요하지는 않다는 사실이다. 돈의 가치와 관련해서 사람들이 가장 오해하는 점이 바로 이 대목이다.

이러한 회의론이 특정 정파에만 국한된 것은 아니었다. 예를 들어 미네소타주 공화당 의원 릭 앨런Rick Allen은 "또 다른 화폐가 공급되는 셈인데, 이것이 과연 어떻게 유효한지 이해할 수 없네요"라는 발언으로 의심을 드러냈다. 그는 "미국 달러가 세계의 표준인 상황에서 말입니다"라고 말했다. 명목화폐와 가치 있는 상품의 차이를 이해하지 못하는 것이다. 전자의 가치는 공식적인 명령에 근거하는 데 비해, 후자는 그 유용성과 희소성에서 비롯된 내재적 가치를 지닌다. 예를 들어 금을 생각해보자. 금은 산업 및 기타 비즈니스 목적(예컨대 장신구)으로 사용될 수 있고, 고유의 화학적 성질(밀도가 높고, 반응성이 없고, 화학적으로 안정되어 있음)을 지니며, 그 자체로 희소(다른 금속이나 천연자원에 비해)하다는 점 등으로 인해 내재적인 가치를 지닌다.

이보다 더욱 심하게 혹평한 인물도 있다. 캘리포니아주 민주당 의원 브래드 셔먼Brad Sherman이 가장 두드러진 사례로, 그는 2018년 미 의회의 자본시장 및 증권, 투자 소위원회 청문회에서 암호화폐를 "쓰레기"라고 매도했다. 그는 심지어 암호화폐가 일련의 불법행위와 깊은 관련이 있다는 식으로 말하기도 했다.

> "암호화폐 때문에 테러리스트와 범죄자들이 돈을 전 세계에 제멋대로 옮기고 있습니다. 스타트업이 사기 행각으로 돈을 버는 데에도 이용되고요. 물론 암호화폐가 유용한 사업을 일으키는 측면도 아주 조금은 있겠지만, 감히 말하건대 세상의 모든 도둑질과 범죄도 무언가 유용한 것을 만들어내는 데 아주 조금은 기여하는 바가 있습니다."

1년 뒤 셔먼은 암호화폐 사용 전면 금지를 요구했다. 그렇게 해야만 미국 달러의 구매력과 세계 시장 장악력을 보존할 수 있다고 주장하면서 말이다. 셔먼은 이렇게 말했다.

> "미국이 가진 국제 경쟁력의 상당 부분은 달러화가 국제 금융과 무역 거래의 표준이라는 사실에서 옵니다. 암호화폐를 지지하는 사람들은

달러화를 무력화하고 싶어 하죠. 암호화폐가 지존의 위상을 자랑하는 달러보다 설령 나은 점이 있다 해도, 그것은 오로지 미국과 법치주의를 무너뜨리는 데 사용될 뿐입니다."

1년 뒤 페이스북이 만든 '리브라'라는 암호화폐가 논란을 일으켰을 때, 셔먼의 동지로 잘 알려진 민주당 의원 맥신 워터스Maxine Waters 가 청문회에 나와 "프라이버시와 무역 거래, 국가안보, 통화 정책"에 관한 우려를 제기했다.[5] 그러나 이 내용은 모두 암호화폐가 아니라 다른 형태의 자산에서 발생하는 문제였다.

나는 셔먼이나 워터스 같은 사람들이 지닌 부정적 시각과 우려가 점점 소수의 목소리로 전락하고 있다고 생각한다. 한 번이라도 암호화폐를 자세히 살펴본 입법기관 관련자라면 누구나 그 잠재력을 이해하며, 최소한 비트코인이 불법이라는 프레임에 얼마나 단단히 둘러싸여 있는지, 또는 규제로 꽁꽁 묶여 있는지 알 수 있다. 나아가 나는 현재의 반대자 가운데 상당수는 열렬한 지지자로 탈바꿈하리라고 기대한다. 미네소타주 공화당 의원 톰 에머Tom Emmer는 2018년 의회 자본시장 및 증권, 투자 소위원회 청문회에서 이렇게 말했다.

"사람들은 자신이 잘 모르는 일에 두려움을 품기 마련입니다. 콜럼버스 시대에 바다를 항해하던 사람들이 지구가 평평하다고 생각했다면, 우리는 신대륙 발견이라는 위업을 누리지 못했을 것입니다."[6]

무척 훌륭한 발언이다. 독자 여러분도 콜럼버스처럼 세상이 평평하다는 기존 관념에 과감하게 반기를 들었기 때문에 이 책을 펼치게 된 것이다. 여러분이 비트코인에 관해 알아보려 노력하는 것은, 콜럼버스가 용감하게 세상의 끝을 지나 서쪽으로 항해한 것과 본질적으로 같은 행동이다. 그는 세상의 절벽에서 곤두박질치기는커녕 새로운 시작을 위한 기반을 만들었다. 비트코인도 마찬가지다.

입법기관의 지나친 열정이 암호화폐 업계의 '기업가 정신'을 짓누를 위험이 있다고 경고했던 바로 그 에머 의원조차 어느 정도의 규제가 필요하다는 점은 인정했다. 그는 2018년 9월에 총 세 건의 암호화폐 및 블록체인 법안을 내놓았다. 디지털 화폐와 블록체인 기술 활성화를 위한 결의안, 블록체인 규제 확실성에 관한 법안, 분산 자산 보유자 납세 유예기간에 관한 법안 등이다.

결의안에는 의회가 미국 암호화폐 업계의 발전을 지지한다는 선언과 함께, 연방정부를 향해 지나친 간섭을 지양하고 일관되고 간명한 법적 환경을 조성할 것을 권고하는 내용이 담겼다. 다른 두 법안은 채굴자를 비롯한 기타 블록체인 주체와 다른 모든 암호화폐를 포함한 분산 자산 보유자를 보호한다는 내용을 담았다. 에머 의원은 이 법안들을 공표하면서 이렇게 발언했다.

"미국은 블록체인 기술 발전 가속화를 우선순위에 포함하여 미국의 민간 영역이 혁신과 성장을 지속할 수 있는 환경을 조성해야 합니다. 입법기관은 신기술을 적극적으로 수용하여 이것이 미국에서 번성할 수 있도록 투명한 규제 시스템을 마련해야 합니다."

1년 뒤 에머는 다른 의원 스무 명과 함께 찰스 레티그Charles Rettig 국세청장에게 납세자들이 암호화폐 소득을 어떻게 신고해야 하는지 분명한 지침을 달라고 요청했다. 특히 암호화폐 자산의 원가 기준, 즉 취득 가격에 다른 요소를 더한 값을 어떻게 계산하고 추적해야 하는지를 밝혀달라고 했다. 당시 에머는 1년도 안 되는 사이 벌써 두 번째로 지침을 요구한 것이었다. 에머는 요청서에서 이렇게 밝혔다.

> "지침은 이미 한참 전에 마련되었어야 합니다. 이는 새로운 형태의 자산을 정확히 보고하는 데 꼭 필요한 일입니다. 이 서한이 초당파적인 지지를 얻고 있다는 사실만 보더라도 국세청이 가상화폐 보고서 작성 지침을 분명히 밝히는 일이 얼마나 긴요한 일인지 알 수 있습니다."

나 역시 에머의 말에 동의한다. 그가 지적한 논점도 모두 훌륭하다. 그러나 그가 비트코인과 암호화폐를 '가상화폐'라고 불렀다는 점만은 마음에 들지 않는다. 정부나 입법기관에서는 유독 이 표현을 고집하는데, 누가 뭐라고 해도 나는 이것이 비트코인을 거칠고 부정확하게 일컫는 용어라고 생각한다. 비트코인에는 그 어떠한 '가상'의 요소도 없다. 이메일이나 웹사이트에 오늘날 아무도 가상이라는 개념을 부여하지 않듯이 말이다. 비트코인은 실재하는 자산이며, 여느 화폐와 다를 바 없는 어엿한 화폐다.

에머의 요청서는 이렇게 마무리된다. "동료 의원들과 저는 납세자들의 보고서 작성상의 이러한 고충을 헤아려 국세청이 지침을 발표할 것임을 추호도 의심하지 않습니다."[7]

그다음 달, 국세청장은 지침을 '조만간' 발표하겠노라 약속했다. 그러나 이후에도 국세청은 미적미적 시간을 끌다가 2019년 7월에 이르러 총 1만 명에 달하는 암호화폐 투자자들에게 관련 거래에 따른 세금 납부 안내서를 발송하기 시작했다.[8] "국세청은 납세자들이 자신의 의무를 충분히 이해하고 이를 준수할 수 있도록 돕는 한편, 법 규정을 집행하는 데 최선을 다하고 있습니다." 국세청이 이 서신을 발송한 것은 이른바 '가상화폐 의무 규정'을 홍보하기 시작한 지 1년이 지나서였다.[9]

2019년 7월, 노스캐롤라이나주 공화당 의원 패트릭 티머시 맥헨리Patrick Timothy McHenry는 페이스북의 리브라 암호화폐 문제를 논의하는 미 의회 금융위원회에 출석해서 "사토시 나카모토가 꿈꾸고 다른 사람들이 구축하고 있는 세계"를 "멈출 수 없는 세력"으로 묘사했다. 맥헨리는 에머와 마찬가지로 입법기관이 자신의 힘을 과신하는 경향에 우려를 내비쳤다. "우리는 이런 혁신을 멈추려고 해서는 안 됩니다. 정부도 멈출 수 없습니다. 과거에 그런 시도에 나섰던 이들은 이미 실패했습니다."[10]

같은 달 상원 금융위원회가 주최한 리브라 문제 관련 청문회 두 건에서, 아이다호주 공화당 상원의원이며 금융위원장인 마이크 크레이포Mike Crapo는 프라이버시 침해 문제에 우려를 표했지만, 암호화폐 진영에 대해서도 단호한 태도를 취했다.

"디지털 기술 혁신은 말릴 수 없는 현실이며, 유익한 결과를 낳을 수 있다고도 봅니다. 미국 정부는 이런 혁신을 주도해야 하고, 혁신 과정에 어떤 규칙이 필요한지도 선도적으로 고민해야 합니다. 디지털 화폐와 블록체인 생태계는 다양한 발전 양상을 보이고 있으므로, 기존의 틀에 어떤 틈이 존재하는지 파악하고, 이를 바탕으로 종합적인 계획을 수립할 때는 보다 세심하게 주의를 기울여야 합니다."[11]

이 책이 출간된 시점에 의회는 이미 규제의 방향을 명확히 밝히는 암호화폐 관련 법안을 최소한 30건 이상 발의한 상태였다. 그 가운데 3분의 1 이상은 암호화폐와 블록체인에 대한 기초적인 규제 표준안을 마련하는 것이 주목적이었다. 그리고 거의 이것과 비슷한 수의 법안은 암호화폐가 자금세탁과 인신매매, 테러리즘 등에 사용되는 것을 방지하는 내용이었다. 나머지 법안은 미국 정부가 블록체인 기술과 디지털 달러를 사용할 경우를 가정하여 마련된 내용이었다.

페이스북이 암호화폐 업계에 진입하거나 다른 거대 기술기업이 자사의 자원과 지지 세력을 등에 업고 새로운 화폐를 도입할 가능성에 대비한 법안도 최소 두 종류나 되었다. 다시 한 번 말하지만, 리브라를 비롯한 다른 암호화폐 가운데 비트코인이 지닌 '보편적 가치 저장 수단이자 전 세계적으로 인정받는 교환 수단'이라는 고유의 특성에 필적하는 것은 없다. 이런 법안이 상정하는 이슈들이 중요하게 대두할수록 사람들이 비트코인에 대해 기대하는 가치는 더욱 커지게 될 것이다.

〈시장 조작 방지법〉은 헤수스 가르시아Jesús Garcia(일리노이주 민주당)와 러시다 털리브Rashida Tlaib(미시간주 민주당) 의원이 발의한 법안으로, 암호화폐를 개발하여 성공을 거둔 기업들이 금융기관과 똑같은 규제·감독을 받도록 하기 위해 마련되었다. 미국 재무부 산하 금융안정감독위원회Financial Stability Oversight Council는 '도드 프랭크법'Dodd-Frank bill에 따라 2007년에 발생한 은행 붕괴의 재발 위험으로부터 소비자를 보호하기 위해 마련된 기관이다. 이 기관은 암호화폐를 금융시장에 필요한 도구, 다시 말해 결제 시스템의 일종으로 본다. 가르시아 의원은 법안을 발의하며 이렇게 말했다.

> "최근 페이스북이나 구글과 같은 빅테크 기업들이 금융서비스 분야에 진입하여 기존 은행 중심의 금융 규제를 회피하고 있습니다. 의회는 노동자 계층을 보호하고 은행과 산업자본의 분리 원칙을 고수해야 할 책임이 있습니다."[12]

이 자리에서 다시 한 번 밝힌다. 나는 비트코인의 열렬한 옹호자로서 암호화폐의 밝은 미래를 확신하는 사람이지만, 그럼에도 규제가 필요하다는 점은 이해한다. 아울러 현실적으로 비트코인(아울러 암호화폐 업계 전체)은 지금 발전 초기 단계이며 아직도 기초적인 문제(그리고 더 골치 아픈 몇 가지 문제)를 해결하는 중이지만, 언젠가 비트코인이 극히 자연스럽게 느껴질 날이 오리라고 본다. 규제는 새로운 비즈니스 혁신이 일어날 때마다 늘 따르는 문제 규명 과정이다. 이 문제에 비길 수는 없겠지만, 내 조부모님이 정착했던 서아프리카 국가들도 외국 기업들과 이와 비슷한 과정을 겪었다. 정부는 과연 어디까지 허용할 것인지 결정해야 했는데, 외국 기업이 자국 경제에 활력을 불어넣을수록 이런 문제를 결정하기가 점점 더 쉬워졌다.

해외의
규제 논의

암호화폐에 관한 규제 논의는 결코 미국만의 문제가 아니다. 암호화폐 문제에서 이미 훨씬 앞서가고 있는 나라도 있다. 물론 잘못된 판단으로 규제를 가하는 나라도 있다. 중국이 암호화폐의 전면 금지를 앞두고 있다거나 권위주의 국가들이 유사한 정책을 추구하는 것이 그런 예에 속한다. 이제 막 첫걸음을 뗀 나라도 있다. 그런 국가에서는 대중의 관심과 기대는 이미 높아졌으나 무엇을 어떻게 해야 할지 갈피를 잡지 못하는 형편이다.

이런 국가들의 공통점은 암호화폐 문제에서 소비자가 입을 피해를 우려한다는 것이다. 2018년 의회 법률도서관 산하 글로벌 법률연구센터는 세계 130개국의 암호화폐 규제를 대상으로 설문조사를 실시했다. 이 보고서에 따르면 각국 사법부 가운데 상당수가 암호화폐 시장의 위험을 공지했다.[13] 경고의 주체는 주로 중앙은행이었고, 내용은 대체로 국가가 발행한 명목화폐와 암호화폐 사이의 차이점을 설명하는 데 초점을 맞추었다. 또한 이러한 공지문들은 위험과 변동성에 대해서도 언급하면서 "암호화폐 거래를 중개하는 기관의 상당수는 규제 대상에서 제외되어 있다"라고 밝혔다.

2018년의 이 보고서에는 각국 정부 가운데 상당수가 소비자의 실수나 착오로 손실이 발생하더라도 정부에는 이를 되찾아줄 법적 수단이 마련되어 있지 않다고 소비자들에게 경고했고, 나아가 암호화폐가 불법적인 용도, 특히 자금세탁과 테러에 이용될 수 있다는 점을 부각했다는 내용이 나온다. 앞에서 이미 언급했듯이 비록 마운트곡스 사건을 비롯한 심각한 해킹 피해 사례가 있지만, 이를 근거로 비판하는 사람들은 비트코인을 비롯한 암호화폐가 해킹과 오용에 취약하다는 점을 지나치게 과장하는 반면 전통적인 금융기관 중심의 각종 증권이 가진 취약점에는 너무나 쉽게 눈을 감는다.

이 보고서는 여러 국가가 암호화폐 거래를 다루는 방향으로 기존의 자금세탁 및 조직적 금융 범죄 관련 법을 개정하는 움직임을 보였다고 밝혔다. 오늘날 그 나라들은 은행을 비롯한 다른 금융기업에 더욱 철저한 조사를 요구하고 있다.

가장 엄격한 수준으로 규제하거나, 전면 혹은 부분 금지 조치를 내린 나라들은 대개 권위주의 정부가 들어선 곳들이다. 이 책이 출간된 시점을 기준으로 암호화폐와 관련된 활동을 전면 금지한 나라는 알제리, 모로코, 볼리비아, 파키스탄 등이다. 이 나라들이 주로 독재정권이나 입헌군주제, 또는 일당 통치하에 국정을 운영하고 있다는 사실은 별로 놀랍지 않다. 카타르와 바레인은 전통적으로 제약이 심한 편이지만, 소비자들이 암호화폐와 관련된 활동에 참여하는 것을 허용했다. 단, 국경을 벗어난 지역에 한한다는 조건을 달았다. 중국과 이란을 포함한 최소한 대여섯 개 국가는 국내 금융기관의 암호화폐 관련 상품의 판매나 구매 등 거래를 금지했다. 이런 소규모 동향이 시사하는 바는 매우 명확하다. 권위주의 정권과 심각한 사회적·경제적 문제를 안고 있는 국가의 정부일수록, 자국 경제의 어떤 측면에 대해 조금이라도 통제력을 상실하는 상황을 두려워할 수밖에 없다는 것이다. 특히 교환 수단에 대해서는 더 말할 것도 없다.

그러나 그들은 이 문제에 관한 한 완전히 잘못된 편에 서 있다. 나는 하나의 국가 안에도 여러 가지 정치 체제가 뒤섞여 있을 수 있다는 점을 어른이 되어서야 깨달았다. 스스로 민주주의나 사회주의를 표방하는 체제도 권위주의 요소를 띠는 경우가 있으며, 반대로 권위주의적으로 보이는 정부도 사안에 따라서는 민주적 개혁 정책을 도입할 수 있다.

중국은 지난 20년간 자유시장 경제에 가까이 다가갔다. 그 결과 엄청난 GDP 성장과 사상 유례 없는 부의 축적과 사치품 소비가 일어났으며, 1990년대 이전에는 찾아볼 수 없던 자유로운 중산층이 형성되었다. 우선 나부터도 미국 여권을 지닌 채 오랫동안 상하이에서 아무런 방해 없이 일했고 이후에는 창업을 하기도 했다. 이 사실만으로도 수십 년간의 가혹한 권위주의 통치 끝에 맞이한 새로운 자유를 보여주는 증거가 될 수 있으리라. 그러나 홍콩의 사례에서 알 수 있듯이,

중국은 일부 지역에서는 오히려 더 강압적인 정책을 취했다. 나는 중국에서는 입 밖에 내는 말에 좀 더 조심해야 하고, 미국과 똑같은 수준의 자유를 누리지는 못한다는 것을 안다. 좋을 때도 있지만 그렇지 못할 때도 있는 이 복잡한 환경은 비트코인에 대한 나의 확신을 더욱 강화하는 요인이다.

비트코인은 규제를 포함한 어떤 종류의 제약도 넘어서는 존재다. 왜냐하면 비트코인은 결국 정보이기 때문이다(전자지갑에 들어 있는 개인 키가 바로 비트코인이다). 비트코인은 전자식 디지털 정보일 뿐이며, 눈으로 보거나 만질 수 있는 것이 아니다. 비트코인은 비록 눈에 보이지는 않지만, 개념으로서나 일상적 용도로서나 막강한 위력을 지니고 있다. 그것이 지닌 기능의 원천은 오로지 전자지갑의 개인 키를 통해 내가 내 돈의 통제권을 온전히 누릴 수 있고, 익명으로 비트코인 네트워크에 안전하게 참여할 수 있다는 사실에서 나온다. 개인 키를 남에게 발설하지 않고 제대로 관리하기만 하면 이를 통해 비트코인을 취득하거나 판매할 수도 있고, 상품과 서비스를 구매하는 데 사용할 수도 있다. 무엇보다 비트코인을 사용하면 중개 기관이나 제3자에 의존할 필요가 없다. 언제나 내가 내 재산을 전적으로 통제할 수 있다. 이것이야말로 비트코인의 뛰어난 점이다.

더구나 비트코인은 수백, 수천, 아니 수만 달러 규모의 거래도 마음대로 할 수 있다. 시간과 장소의 제약도 없다. 비트코인은 아무런 제약이 없으며, 그 누구의 승인이나 허가도 필요 없다. 정부가 아무리 권위적으로 변해 엄격한 제한을 가하더라도 비트코인의 프로세스는 바뀌지 않는다. 비트코인은 검열과 탄압에도 끄떡없다. 애초에 설계할 때부터 그렇게 만들어졌다. 한 번 채굴된 비트코인은 절대로 사라지지 않는다. 생각해보라. 지금까지 12년 동안 비트코인을 옥죄려는 시도가 그렇게 많았음에도 여전히 아무 탈 없이 잘 운영되고 있다.

암호화폐를 전혀 모르거나 이제 막 시작 단계에 있는 나라들조차 디지털 화폐와 그 배후 기술의 미래 잠재력을 알아채고 있다는 사실은 매우 고무적이다. 그들은 암호화폐 친화적인 규제 환경을 만들기 위해 진심으로 애쓰고 있는 것으로 보인다. 우선 스페인이 이 그룹에 포함될 수 있다. 그뿐만 아니라 국가가 주도해서 별도의 암호화폐를 개발하고 있는 사례도 있다. 이것 역시 매우 흥분되면서도 다소 이상하게 여겨질 수 있는 일이다. 비트코인과 직접 관련은 없지만, 비트코인의 영향력을 증명하는 사례임은 분명하다. 마치 호수 위에 던진 돌이 계속해서 파장을 일으키고 있는 형국이다. 그러나 혼동하지 말기 바란다. 비트코인이야말로 원본이며, 다른 모든 암호화폐는 그저 이를 따라한 복제품일 뿐이다.

ICO 코인은
비트코인이 아니다

초기코인공개initial coin offering, ICO에 대해 간략히 설명하고자 한다.

이른바 코인공개 열풍이 엄청나게 불어닥친 뒤 즉각 규제 검토 대상이 된 적이 있었다. 그중에서도 2017년과 2018년의 두 건은 각각 10억 달러를 넘어섰다. ICO란, 어떤 기업이나 프로젝트팀이 블록체인 출범 프로젝트를 발표하면서 이를 위한 자금을 시장에서 조달하기 위해 코인을 발행하는 것을 말한다. 투자자들은 명목화폐나 비트코인, 혹은 그 밖의 암호화폐를 사용하여 이 코인을 구매할 수 있고, 프로젝트가 성공하면 건전한 수익을 확보할 수도 있다. 암호화폐 업계에서 널리 알려진 풍문과 달리, 이런 ICO 코인은 비트코인과는 아무런 상관이 없다.

암호화폐를 지하철 토큰이나 오락실 게임머니와 비교해보면 이해하기 편하다. 그런 것들은 가치를 발휘하는 영역이 구분되어 있으며, 모두가 똑같은 투자 효과를 발휘하지 않는다. 물론 나는 이것이 흥미로운 시도이며, 충분히 혁신적인 프로젝트가 될 수 있다고 생각한다. 이들 중에는 블록체인 기술을 새롭게 응용하는 방법을 개척하는 사례도 있다. 그러나 다시 한 번 강조하지만, 블록체인 그 자체는 비트코인 네트워크가 아니며 ICO가 곧 비트코인 거래로 이어지는 것은 더더욱 아니다.

내가 여기서 ICO를 언급하는 이유는 규제 당국과 대중이 여기에 관심을 보이고 있기 때문이다. 그들은 모두 ICO에 엄청난 자금이 몰리는 광경을 놀라움과 걱정이 섞인 눈으로 지켜보았다. 이 현상은 지금까지 자금 모집에 나섰던 수많은 기업이 그랬던 것처럼, 새로운 유행에 편승하여 한몫 잡으려는 욕망이 드러난 장면에 불과할까? 그들은 과연 사기 판을 벌이고 있는 것일까? 그중에는 아직 최종 결과물 완성까지 너무나 거리가 먼 프로젝트도 있다. 투자자들은 가치가 있을 수도, 그렇지 않을 수도 있는 아이디어나 아이디어 초기 단계에 돈을 거는 것 같다. 그들은 프로젝트 주체가 내건 광고에 혹하여 돈을 내지만, 자신보다 더 광고에 잘 넘어가는 바보들에게 그것을 팔아넘기려는 속내를 숨기고 있는지도 모른다.

2017년부터 2018년까지는 마치 내가 만나본 블록체인 및 암호화폐 분야의 모든 청년 기업가들이 ICO를 준비하고 있는 듯한 분위기였다. 그들 중에는 블록체인 응용 기술을 열심히 파고드는 사람도 많았지만, 기껏해야 설익은 아이디어만 가진 채 그저 또 다른 유행에 올라타지 못할까봐 조바심을 내는 사람도 많이 눈에 띄었다. 이렇게 도박판이 한창 벌어지고 있을 때, 수많은 블록체인 프로젝트가 내놓는 코인을 마치 약속어음처럼 사느니 차라리 주식시장에서 유망 기술기업 주식을 사는 것이 더 낫겠다는 생각이 들었다.

특정 프로젝트를 혹평하고자 하는 마음은 전혀 없지만, 다음에 나열한 프로젝트를 살펴보면 하나하나가 다 엄청난 돈을 끌어모았다는 것을 알 수 있다. 논란도 함께 말이다.

◆ 블록닷원Block.one(혹은 이오스EOS라고도 한다)은 블록체인 기술을 목표로 오픈소스 소프트웨어를 구현하는 업체로, 공식 프로젝트를 출범하기도 전에 이미 41억 달러를 모집했다.

◆ 암호화 메시지 앱인 텔레그램Telegram은 사람들이 메시지와 사진, 음성 파

일 등을 주고받을 수 있는 서비스를 제공한다. 17억 달러를 모집했다.

◆ 분산형 파일 저장 서비스를 제공하는 파일코인Filecoin은 2억5800만 달러를 모집했다.

◆ 테조스Tezos는 분산형 데이터베이스 기술업체로, 《뉴욕타임스》에 소개되어 유명해졌다. 2억3200만 달러를 모집했다.

그러나 ICO에도 많은 문제가 발생한다. 실패하는 프로젝트는 물론이고, 심지어 자신들이 도저히 감당할 수 없는 내용을 약속하는 프로젝트도 있다. 이런 프로젝트 중에는 아직도 제대로 자리 잡지 못한 것들이 허다하다. 텔레그램은 미등록 주식을 공여한 혐의로 증권거래위원회로부터 1850만 달러의 벌금형을 선고받은 뒤 플랫폼 출범을 연기하고 투자자들에게 새로운 투자금 반환 조건을 제시했다. 테조스는 최고경영자들이 기업의 전략 방향과 재무 관리 문제를 놓고 서로 이견을 보이면서 한동안 홍역을 치렀다. 여러 건의 법률 분쟁도 겪었다.

확실히 암호화폐의 가격이 내려가면서 ICO의 열기도 차츰 식어갔다. 그러나 일부 국가들이 자국 소비자에게 피해를 미칠까봐 걱정했던 것은 앞으로 등장할 사기성 ICO일지도 모른다. 이 책이 출간된 시점에 ICO를 전면 금지한 국가는 중국과 마카오, 파키스탄 등이다. 뉴질랜드와 네덜란드는 자국의 규제 기관 중 어떤 곳이 ICO를 규제하는데 적합한지 검토했는데, 이것은 특정 ICO를 증권으로 분류하느냐 다른 자산으로 보느냐에 따라 달라졌다. 미국은 증권거래위원회 규정을 준수하도록 했기 때문에 ICO를 개시하는 것이 무척 어렵게 되었다.

어떻게
과세할까?

과세 문제는 미국뿐만 아니라 많은 나라에서 여전히 골치 아픈 주제다. 이 문제는 입법기관과 규제 당국, 그리고 기업 경영자들이 암호화폐가 점점 더 보편적으로 사용되는 현실에 적응해갈수록 저절로 해법이 드러날 것이다. 물론 채굴 수익에 세금을 부과하는 나라는 거의 없지만, 현재 전 세계적으로 여러 가지 접근 방식을 짜깁기한 과세 방식이 제시되고 있다. 그 결과를 보면 과세 체계뿐만 아니라 이를 받아들이는 수용도 면에서도 나라마다 큰 차이를 보인다는 것을 알 수 있다. 정도의 차이는 있지만, 과세 방식은 암호화폐를 어떤 범주의 자산으로 분류할 것인가라는 근본적인 문제와 관련되어 있다. 채굴 수익이나 비트코인을 비롯한 기타 암호화폐의 매도 행위를 포함해서 말이다. 암호화폐와 관련된 수익은 과연 자본 수익일까, 소득일까, 아니면 다른 어떤 것일까? 과세 기관은 기업과 소비자를 다르게 보고 있을까? 현재까지 나온 해결책은 다음과 같다.

◆ 기술 혁신의 중심 국가로 떠오르는 이스라엘은 암호화폐를 금융 자산으로 보고 과세한다.

◆ 스위스의 추크Zug 지역은 암호화폐 및 블록체인 분야에서 세계의 허브 역할을 하는 만큼, 이 나라는 암호화폐를 해외 통화로 인식한다. 스위스의 전통적

인 금융 중심가에서 그리 멀지 않은 추크와 티치노 지역은 이미 비트코인을 하나의 결제 수단으로 인정하고 있다. 이점에서는 멕시코와 맨섬도 마찬가지이며, 앞으로 이런 지역이 점점 더 늘어날 것으로 보인다.

◆ 영국은 암호화폐를 취득한 기업에 대해 법인세를 부과한다. 비법인기업에 대해서는 소득세를 부과하며, 개인에게는 양도소득세를 부과한다.

비트코인이나 다른 암호화폐를 관망하는 이들 가운데는 규제 정책이 일관되지 못하고 미래가 불확실하다는 점 때문에 선뜻 참여하지 못하는 이들도 있다. 지금쯤은 규칙이 마련되었어야 한다고 생각하는가? 물론이다. 진작에 마무리되었어야 할 이런 일로 지금 와서 불필요하게 골치를 썩고 있다고 보는가? 당연하다.

그러나 나는 지금의 상황만으로도 기분이 좋다. 불과 십수 년 만에 이 업계가 얼마나 발전했는가를 생각해보자. 사토시 나카모토가 비트코인 백서를 세상에 내놓았을 때도 톰 에머는 미네소타주 입법 의원이었다. 비록 에머를 만나본 적은 없지만, 그가 2014년에 연방의회에 진입하기 전까지 암호화폐는 그의 관심사가 전혀 아니었을 것이다. 사실 입법권자 대부분은 그것이 무엇인지도 잘 몰랐으리라.

그런데 지금은 의회 내에 정식으로 블록체인 코커스caucus(이익단체 협의회)가 결성되었고, 수많은 위원회와 소위원회가 정기적으로 전문가들을 불러 비트코인이 미국 금융계에 미칠 영향에 관해 몇 시간이나 토론을 벌인다. 그 토론은(브래드 셔먼이나 맥신 워터스나 다른 회의론자들이 뭐라고 하든) '비트코인이 과연 일상의 현실이 될 수 있을 것인가'

가 아니라 '언제, 그리고 어떻게 될 것인가'에 초점이 맞춰져 있다.

나는 마이크 크레이포 상원의원이 금융위원회에서 낙관적인 발언을 해준 데 대해 특별히 감사드리고 싶다. 크레이포 의원은 기술에 익숙한 밀레니얼이니 뭐니 하는 세대가 아니다. 그는 하버드 출신의 변호사이며 이제는 머리가 뒤로 벗어진 70대로서, 미국에서 가장 좌파 성향이 강한 주에서 살아온 사람이다. 그곳은 최신식 문물과 가장 거리가 먼 지역이다. 아이다호주에서 가장 유명한 산업은 감자 농업이다. 이제는 과학기술 부문이 아이다호 경제의 4분의 1을 차지한다지만 아직도 농업과 제조업과 서비스업이 더 주류다. 그러나 센스 있게 파란 양복을 차려입고 국회의사당에서 연설하던 크레이포는 암호화폐(그리고 비트코인)의 가치를 명확히 이해하고 있었다. 곰곰이 생각해보면 이것은 당연한 일이다. 아이다호주는 미국에서 가장 세율이 낮고 규제가 가장 적은 곳 중 하나로,[14] 기업친화적인 환경을 갖추고 있다. 앞에서도 말했듯이 이른바 좌파 성향으로 알려진 지역이 오히려 자유주의적 가치를 선호하는 경우가 허다하다. 따라서 나는 입법기관과 규제 당국이 비트코인과 암호화폐에 우호적인 법안을 충분히 통과시키리라고 보고 있다.

아울러 나는 새로운 법안이 비트코인의 독특한 특성을 지켜줄 것이라고 확신한다. 입법기관은 대체로 기업친화적인 상품과 서비스를 좋아하는데, 세상에 암호화폐보다 더 기업친화적인 상품은 찾아보기 힘들다. 시장 참여자들이 직접 상호작용하는 일이 허용된다면, 암호화폐는 거래에 끼어들어 간섭하는 모든 프로세스를 일소하는 역할을 하게 될 것이다.

암호화폐의
전제 군주

―――――――――

지금부터는 탈중앙화를 지향하는 나의 지론과 다소 상반되어 보이는 두 가지 제안을 내놓고자 한다. 나는 크립토 차르crypto czar, 즉 암호화폐 업계의 전제 군주가 등장하는 것에 찬성한다. 다시 말해 규제를 비롯해 암호화폐와 관련된 모든 문제를 일괄 감독하는 연방정부 차원의 기구가 필요하다고 생각한다.

최근 역사에서 정부 차원의 차르 기구는 적절한 권한과 명확한 지침만 주어지면 미국의 국익에 큰 도움을 주었다. 이러한 기구는 단기 목표를 위해서나 장기 목표를 위해서 꾸려졌다. 프랭클린 델라노 루스벨트는 2차 세계대전 중 선전전의 승리와 식량 생산 및 공급 사슬의 원활한 관리를 위해 여러 개의 차르 기관을 동원했다. 버락 오바마는 2008년 경제 위기 이후 금융산업의 회복을 견인하기 위해 차르 기관을 임명했다. 같은 기간 설치된 에이즈AIDS 차르는 당시 보건 위기의 해결책을 모색하는 데 일조했다. 최근 5년 동안 국토안보부는 정치적 문제로 숱한 비판을 받기는 했어도 전체적으로 볼 때 공항을 더욱 안전한 곳으로 만드는 데 성공한 것은 분명한 사실이다.

차르가 항구적인 기관이 되어야 하는지 단기적 해결책에 머무르는 것이 좋은지는 나도 잘 모르겠다. 그 문제는 암호화폐가 얼마나 빨리 많은 사람에게 받아들여지느냐에 따라 저절로 해결되리라고 본다. 분명한 것은 차르 기관이 출현한다고 해도 암호화폐 관련 법 제정 과정에 직접 개입할 필요는 없다는 것이다. 그보다는 입법기관과 기업 경영자, 소비자의 발목을 잡는 여러 가지 복잡한 문제를 해결해주는 안내자 역할을 하는 것이 바람직하다. 업무 영역이 중복되는 여러 기관을 뒤섞어 문제를 더 복잡하게 만들기보다는 단일 전문가 집단으로 형성하는 것이 논의의 방향을 뚜렷하게 하는 데 더 도움이 될 것이다. 그렇게 해서 분명한 메시지가 나온다면 이는 다시 암호화폐의 법제화와 올바른 인식 확산에 긍정적인 영향을 미치게 된다. 차르 기관은 업계를 옭아매기보다는 발전시키는 힘이 되어야 한다.

차르 기관을 책임지는 인사는 업계 내부에서 나와야 한다. 투자자, 기업가, 기술 전문가, 또는 이 세 영역을 겸비한 인물로 전문적이면서도 다양한 식견을 갖춘 사람이 좋다. 암호화폐 업계에 속한 다양한 이해당사자의 주요 관심사를 두루 파악하고, 소비자들의 우려를 이해하며, 변화에 열린 태도를 보여줄 수 있는 사람이어야 한다. 아울러 그는 입법기관과 금융 업계 리더들과 좋은 관계를 유지할 수 있어야 한다. 반드시 지켜야 할 일은 철저히 밀고 나가더라도 때로는 긴장을 가라앉힐 줄 아는 외교 역량도 필요하다. 그래야 정책 방향을 올바르게 관리해나갈 수 있다. 나아가 일반 대중과 폭넓은 산업계, 정책 입안 기관과 선출직 대표자들이 암호화폐에 대해 품고 있는 오해를 풀고 그들에게 이 분야를 명확하게 설명할 수 있어야 한다.

두 번째로 제안하고 싶은 내용은, 암호화폐 차르 기관이 들어선다면 그 기관이 주체가 되어 일종의 '암호화폐 권리장전'을 제정해야 한다는 것이다. 사람들이 암호화폐를 통해 무엇을 추구할 수 있는가에 관한 내용, 정부를 비롯한 기타 기관의 암호화폐 저해 행위를 제한하는 내용을 분명하고 간결한 문장으로 선언하는 것이다. 권리장전이 마련되면 소비자와 기업, 법조계가 쉽게 참조할 수 있고, 이를 통해 암호화폐는 금융서비스 분야에서 투자와 가치 저장 및 거래 수단으로 확고한 지위를 확보하게 될 것이다. 권리장전은 정부를 비롯한 어떤 기관도 암호화폐 사용을 제멋대로 제한할 수 없다는 사실을 뚜렷하게 천명할 것이다. 이것은 미국 헌법에 담긴 권리장전처럼 인류의 기본적 권리를 수호한다. 암호화폐 권리장전은 개인과 기업이 자신이 선택한 합법적인 화폐로 거래할 권리를 옹호한다. 만약 내가 권리장전 수립에 참여한다면 여기에 다음과 같은 권리를 포함하고 싶다.

◆ 소비자는 어떠한 제한도 없이 암호화폐를 매매할 권리가 있다.

◆ 소비자는 어떠한 제3자나 권위자의 개입도 없이 암호화폐를 사용하여 합법적인 거래를 수행할 권리가 있다.

◆ 소비자는 암호화폐를 중심으로 구성된 펀드, 예컨대 뮤추얼펀드나 상장지수펀드 등에 투자할 권리가 있다.

◆ 소비자는 암호화폐를 직접 취득할 권리가 있으며, 여기에는 아직 소유권이 확정되지 않은 전자지갑에서 개인 키를 관리할 권리, 이 과정에서 정부에 정보를 제공하지 않을 권리도 포함된다.

◆ 정부는 합법적인 거래소를 운영할 권리, 기타 서비스 제공업자들이 사람들의 암호화폐 취득과 거래를 지원할 권리를 보장한다.

◆ 정부는 암호화폐가 명목화폐를 비롯한 기타 자산과 똑같은 조건으로 운영될 수 있도록 보장한다.

◆ 정부는 암호화폐 소유권을 임의로 박탈할 수 없다.

◆ 정부는 기타 자산에 부과되는 수준을 넘어서는 세금을 암호화폐에 부과해서는 안 된다.

이상의 내용으로 모든 문제가 해결될 수 있을까? 절대로 그렇지 않을 것이다. 비트코인 네트워크와 암호화폐 업계가 발전할수록 여기에 내용이 추가되리라 기대한다. 미국 헌법의 권리장전이 그랬듯이 말이다. 또 장차 암호화폐 감독 기관의 활동에도 변화가 일어날 수 있다. 비트코인 네트워크는 현재 여느 때처럼 불확실한 규제 환경 속에서 옥석이 가려지는 단계이다. 중요한 점은 비트코인 업계의 기초가 대단히 튼튼하며, 이에 대한 일반의 인식도 점점 개선되고 있다는 사실이다.

더욱 고무적인 것은 지금까지 그 어떤 자유주의 국가에서도 비트코인이 불법으로 규정된 바 없다는 사실이다. 이 사실은 회의론자들조차 아직 가장 강력한 반대 근거를 제시하지 못했다는 명백한 신호다. 어찌 보면 너무나 당연한 일이다. 비트코인이란 알고 보면 전자지갑에 담긴 개인 키의 형태를 띤 디지털 정보이자, 비트코인 네트워크상의 노드를 운영하는 오픈소스 소프트웨어일 뿐이기 때문이다. 비트코인을 불법으로 규정하는 나라는 권위주의 국가들뿐이다. 그들은 대개 자신에게 위협이 된다고 판단되는 것은 무엇이든 불법으로 규정한다. 블라디미르 푸틴이나 시진핑이 자신의 통제권을 완전히 넘어서는 비트코인을 싫어한들 과연 그것이 놀랄 일인가? 게다가 현실이 이러한데도 러시아와 중국에서 비트코인은 오히려 번창하고 있고, 심지어 그 나라들은 이런 현상을 막아서지도 못한다.

멀리 갈 것도 없이 스스로 질문해보자. 그저 문자와 숫자가 길게 연결된 것일 뿐인 비트코인을 과연 어떤 주체가 금지하거나 삭제할 수 있을까? 고문이나 협박을 동원해 누군가에게 자신의 개인 키를 공유하라고 강제할 수 있을까? 만약 이런 일이 가능하다면 그런 나라가 안고 있는 문제는 새로운 통화 제도가 불러올 위험 따위와는 비교도 안되게 클 것이다.

비트코인 네트워크는 마치 어린아이가 넓은 목초지에 서 있는 것과 같다. 앞으로 여기에 들어와 노는 아이들이 많아지면 당국은 모두가 안전하게 놀 수 있도록 몇 가지 규칙을 마련하게 될 것이다.

그러나 아직 이곳이 무한한 가능성을 간직한 큰 목초지인 것은 틀림없다.

돈은 인간의
기본권

PART. 05

마침내 우리는
모든 사람이
진정한 돈의 자유를
누릴 수 있는 기술을
손에 넣게 되었다.

돈을 기본권이라고 말하는 것이 이상하게 들릴 수도 있으리라. 기본권이란 '인간은 무엇인가'라는 존재론적 의미를 규명하는 개념이다. 19세기 영국의 철학자 존 로크와 그의 후학들은, 인간에게는 빼앗을 수 없는 권리가 있어서 어떠한 기관이나 개인도 이를 부정할 수 없다는 사상을 주창했다.

"인간은 평등하고 독립된 존재이므로 그 누구도 다른 사람의 생명과 건강과 자유와 소유를 해칠 수 없다."

존 로크의《통치론》에 나오는 구절이다. 그로부터 약 1세기가 흐른 뒤, 영국의 정치가 에드먼드 버크Edmund Burke는 존 로크의 이론에 나오는 인간의 본성과 통제권을 "인류의 기본권이자 신성불가침의 영역"이라고 설명했다.

물론 구두쇠들도(그리고 불황을 맞아 신경이 곤두선 소비자들도) 돈을 신성한 것으로 여길 수 있겠지만, 이때 신성하다는 말은 버크가 사용한 것과는 다른 의미다. 솔직히 말하자면 나 역시 평생 돈이 기본권에 속한다고 생각해본 적은 거의 없다. 나에게 돈이란 동전이나 지폐처럼 매일 사용하는, 눈에 보이고 만질 수 있는 실체였다. 그런 점에서는 칫솔이나 머그컵과 다를 바가 없었다.

그러나 비트코인에 관심을 가진 뒤, 나는 돈을 좀 더 추상적인 시각으로 바라보기 시작했다. 즉 돈은 본질상 가치를 저장하는 수단이며 어쩌다 보니 물질적인 실체를 가지게 되었을 뿐이라는 것. 수많은 문명이 만들어낸 화폐는 가치 저장이라는 효용을 현실에 구현해내는 해결책이었다. 이것 말고 어떤 방법이 있었겠는가? 최초의 동전을 탄생시킨 바빌로니아인, 최초의 지폐를 발행한 당나라의 지배 계층, 메디치 가문과 그 뒤를 이어 20세기 내내 전 세계에 다양한 중앙은행을 만들어 운영해온 세력들도 가치를 표현하는 다른 방법을 생각해내지 못했다. 이를테면 비트코인 같은 것을 말이다.

나는 비트코인 덕분에 비로소 돈을 다른 관점에서 생각할 수 있게 되었다. 나는 돈이야말로 사람들이 수세기 동안 교환 수단으로 인정해온 물리적 실체, 즉 달러·프랑·마르크·페소·엔·유로 및 기타 화폐보다 훨씬 더 심오한 어떤 것임을 알게 되었다. 이런 명목화폐는 다양한 세계에 속한 사회의 유물이며, 급격한 기술 발전과 경제적·정치적 변화 속에서 부상하는 새로운 도전에는 전혀 대응하지 않는다. 명목화폐는 전통적인 상업 시스템에서 벗어나고자 몸부림치는 소비자와 기업을 옥죈다.

돈의 본질에 대해 깊이 고민할수록 나는 돈이 우리 노동의 결실이라는 점을 절실히 깨달았다. 즉 우리가 과거에 했던 일의 결과가 바로 돈이다. 그리고 지금 당장 쓰지 않는 돈이 있는 한 우리는 그것을 장래에 사용하기 위해 저축할 수 있다. 돈은 누군가가 일을 했다는 증거이자 나중에 쓸 수 있는 가치가 저장된 실체이다.

생각이 여기까지 미치자, 나는 돈을 기본권으로 바라보게 되었다. 즉 돈은 누군가에게 자신이 원하는 시간과 장소에서 무엇이든 할 수 있는, 날 것 그대로의 순수한 자유를 부여한다. 그 어떤 기관도 이 자유에 간섭할 수 없다. 사물의 가치를 매기는 시스템을 통제하는 것은 우리가 이 세상에서 자유롭고 안전하게 살아가는 것만큼이나 기본적이고 자연스러운 일이다. 실제로 돈과 인생과 자유와 재산은 모두 연결되어 있다고 나는 생각한다.

모든 사람이 내 생각을 이해하거나 받아들이지는 않으리라는 것은 나도 안다. 사람들은 어려서부터 명목화폐 제도가 우리를 위해 존재한다고 여기며 살았다. 명목화폐 제도에 내재한 약점을 안다고 한들, 그것은 원래 그런 것이려니 주입식으로 받아들였다. 무엇보다 사람들은 자신의 돈을 사용하는 데서 완전한 자유를 누리고 있다고 착각한다. 사람들이 모두 그렇게 알고 있는데 무슨 수로 그게 아니라고 설득한단 말인가?

내가 창안한 이른바 '돈에 관한 자유도 테스트'라는 것이 있다. 사람들은 진실을 마주하고 나면 우리가 돈에 관한 한 완벽한 자유를 누리기는커녕 그 근처에도 가지 못하고 있음을 깨닫게 될 것이다. 사람들은 그제야 비트코인이 일정한 자유를 안겨준다는 사실, 그리고 돈이 기본권이 틀림없다는 사실을 깨닫게 될 것이다.

독자 여러분이 먼저 한 번 검증해보기를 바란다. 이것은 모두 일곱 가지로 구성된 질문에 '예' '아니오'로 답하는 테스트다. 오답이 있는 것은 아니다. 그저 자신의 경험에 비추어 자유롭게 답변하면 된다.

1. 계좌에 예금하고 난 뒤, 즉각 전액을 출금할 수 있는가?

2. 수표계좌나 예금계좌, 또는 단기금융시장에 맡겨둔 돈을 언제든지 마음대로 꺼낼 수 있는가? 다시 말해, 지갑에 든 현금 외에 내 돈을 언제 어디서나 원하는 대로 쓸 수 있는가?

3. 누군가에게 돈을 보내고자 할 때, 은행이나 기타 금융기관의 간섭 없이 즉각 송금을 완료할 수 있는가?

4. 언제든지 원하는 금액을 인출하거나 송금할 수 있는가?

5. 은행에 과도한 수수료를 치르지 않고도 송금, 결제, 인출을 마칠 수 있는가?

6. 이자를 포함한 현재 계좌 금액은 맨 처음 그 돈을 은행에 맡겼을 때 만큼의 구매력을 발휘하는가?

7. 지갑에 들어 있는 현금을 제외한 내 돈을, 제3자의 개입 없이 마음대로 쓸 수 있는가?

이상의 질문에 대해 한 번이라도 '아니오'라고 대답했다면, 여러분은 돈에 관해 진정한 자유를 누리지 못한다고 보아야 한다. 사실 비트코인을 오랫동안 취득해온 나 역시 똑같은 문제를 안고 있다. 나도 항상 명목화폐를 소지하고 기존의 금융기관과 거래하는 이상 완전한 돈의 자유를 누리지 못한다. 비트코인을 받는 기업이 불과 얼마 되지 않는 이유도 바로 그것 때문이다. 내가 아무리 향후 수십 년 사이에 상황이 달라지리라 낙관한다고 해도 지금까지는 이것이 현실이다. 돈이 기본권이라는 근거는 너무나 충분하며, 비트코인이 완벽한 돈의 자유를 안겨주리라는 것 역시 명약관화하다.

위의 일곱 가지 질문은 제3자가 개입하는 한 결코 내 돈을 완벽하게 통제할 수 없다는 것을 보여준다. 냉정하게 말해, 금융 거래에 금융기관이 막강한 힘을 앞세워 개입하는데도 우리는 속수무책으로 당할 수밖에 없다. 그들이 수수료를 부과할 때도, 그들이 우리의 개인 및 사업상의 금융 활동에 제약을 가할 때도 우리에게는 아무런 발언권이 없다. 포커 게임에 비유하자면, 우리가 어떤 카드를 들고 있든지 상관없이 그들은 항상 로열 스트레이트 플러시를 손에 쥐고 있는 셈이다. 나는 이런 상황이 마음에 들지 않는다. 적어도 나는 내가 원하는 대로 이룰 수 있다고 믿고 싶다.

2018년에 내가 웰스파고 은행에서 2만 달러를 찾아 포커 월드시리즈 참가비를 내고 나머지로 포커 게임을 하려고 했을 때, 은행 사람들이 이것저것 캐물으면서 시간만 끄는 것이 참 난감하면서도 어이없었다. 2년 뒤 같은 은행(이번에는 캘리포니아주 샌타모니카에 있는 지점이었다)

에서 홍콩에 사는 친구에게 10만 달러를 보낼 때도 똑같았다. 이번에는 심지어 빠르다는 뜻의 스위프트SWIFT 국제금융통신망을 사용했음에도 은행은 나를 한 시간 이상 기다리게 했다.

은행이 사용하는 기술은 아주 정교한 것이었고, 나는 28년간 거래해온 단골에다 정부가 발행한 신분증을 소지하고 있었지만 아무 소용없었다. 아마도 거액을 해외 계좌로 송금한다는 사실 자체가 은행 측의 심기를 불편하게 만든 것이리라. 은행 측 담당자는 송금을 못 해주는 이유로 '나를 보호하기 위해서'라는 변명을 댔다. 그들은 내가 사기에 가담하거나 그 피해자가 될 것을 우려하는 눈치였다.

그들이 내 돈을 점유한 이상 나는 그들이 정한 규칙을 따라야 했다. 게다가 시종일관 모든 일이 불투명하게 진행된다는 사실이 더욱 짜증스러웠다. 물론 10만 달러는 엄청나게 큰돈이다. 그것도 홍콩에 송금하겠다고 했으니 말이다. 은행 지점장이 사기 거래 담당 부서의 허락을 얻는 동안 나는 줄곧 기다렸다. 게다가 사기 거래 조사 담당자가 고민하는 내용이 무엇인지, 거래를 승인하는 최종 책임자가 누구인지도 전혀 알 수 없어 답답할 노릇이었다.

그 돈은 내 것이다. 나는 웰스파고의 돈을 빌려서 홍콩으로 보내려고 한 것이 아니다. 내가 지정한 사람에게 송금하는 것을 은행이 도대체 무슨 권리로 거부한단 말인가? 게다가 운영 자산이 무려 2조 달러에 달하는 웰스파고는 몇 해 전에 일어난 사기 스캔들로 실추된 명예를 회복하려 애쓰고 있다면서, 고객을 대할 때 이렇게나 비협조적이고 퉁명스럽다. 그 사실이 내 가슴을 더욱 후벼팠다. 그때 내 거래를 신속히 처리해주지 않다가 결국 승인한 최종 결정권자가 누구인지, 나는 아직도 모른다. 그해 겨울에 나는 트위터로 불만 사항을 은행 측에 알렸다. 며칠 뒤 웰스파고의 고객관리부 중역이 전화를 걸어와 내가 호소하는 내용을 꼼꼼히 청취했다.

웰스파고도 내가 거래하는 중국 은행과 다를 바가 없었다. 중국 은행은 해외 송수신 한도액을 연간 5만5천 달러로 제한한다. 이것은 중국의 자본 관리 규정에 따른 것이다. 이 은행은 그저 중앙은행이 정한 규칙을 따르는 것뿐이며, 그 규칙은 다시 중앙정부에서 내려온 것이다. 정부의 의도는 이른바 경제 성장을 촉진하기 위해 해외 입출금 흐름을 통제하겠다는 것이다. 어째서 자본시장의 자유와 경제 성장이 양립할 수 없다고 생각하는 것일까?

내 돈을 달라고
빌다

은행과 고객의 관계를 생각하면 부모와 어린아이가 떠오른다. 아이들은 뭔가를 사려면 부모의 허락을 얻어야 한다. 은행은 내 계좌에 들어 있는 현금이 얼마든, 내가 얼마나 오랫동안 거래해왔든 상관없이 일방적으로 규칙을 정한다. 은행이 규칙을 정하면 모두가 이를 따라야 한다. 이는 은행의 고객이 되는 데서 피할 수 없는 일이다. 은행이 쓸

데없이 시간을 끌고 일방적으로 규칙을 정한다고 이에 대해 항의하는 사람은 거의 찾아볼 수 없다. 그렇게 해서 소모되는 시간은 너무나 비싸고, 비생산적이며, 무엇보다 불신을 심는다.

나는 비트코인을 깊이 파고들면서 사람들이 항의하지 않는다는 사실에 당황했다. 마치 돈을 은행에 건네주고 나면 다들 좀비로 변하는 것 같았다.

사람들이 이 점을 깨닫지 못한다는 것이 너무도 이상했다. 특히 자유라는 기본권이 무시되는 현실에 맞서 세워진 나라인 미국에서라면 더더욱. 미국인이라면 누구나 독립선언서의 첫 구절을 대강이나마 알 것이다. "모든 인간은 생존과 자유, 행복을 추구할 절대적 권리를 부여받았다." 토머스 제퍼슨이 독립선언서에서 밝힌 행복이 과연 어떤 의미인가에 대해서는 역사적으로 다소 논쟁이 있었다. 존 로크가《통치론》에서 개인의 "생존과 자유와 재산"을 지키는 것이 정부의 존재 목적이라고 말한 대목이 그 출처로 보이기는 하지만 말이다.

로크가 살던 시대에 재산이란 곧 토지를 의미했다. 영국에서 토지는 이른바 암흑시대(서유럽에서의 암흑기란 5세기부터 중세 초기에 해당하는 10세기까지를 가리키는 용어다.—옮긴이)부터 부를 구성하는 주요 원천이었다. 토지의 취득과 사용은 대체로 아무런 견제를 받지 않았으나 정복왕 윌리엄 1세 시대에 와서 사정이 달라졌다. 그는 영국 정복 이후 조세의 기반이 되는 토지 현황을 조사하였고, 이를 바탕으로 이른바 '둠스데이 북'을 편찬함으로써 영국 최초의 재산법을 제정했다. 프랑스의 귀족 출신인 윌리엄 왕이 1066년에 헤이스팅스 전투에서 해리

왕을 격퇴한 것을 기념하는 자수 작품이 바로 바이외 테피스트리(영국 최초의 왕이 프랑스인이며, 당시에는 영국의 공식 언어도 프랑스어였다는 점을 생각하면 늘 재미있다)로, 이를 통해 토지의 소유와 과세에 관한 규칙이 포함된 법전이 탄생했다. 윌리엄 왕의 선견지명에 따라 둠스데이 법전은 이후에 성립된 영국법뿐만 아니라 영국이 식민지로 삼은 모든 나라의 법체계를 이루는 기초가 되었다. 이로써 점령지에 대한 일정한 보호 및 제한 요건이 마련되었고, 이 체계는 수세기 동안 반복적으로 강화되고 개선되었다.

영국의 재산법은 화폐에 대해 아무 언급도 하지 않는다. 주로 영국이 유럽의 패권국과 끝없이 벌이는 전쟁 자금을 마련하기 위해 17세기에 탄생한 영국중앙은행은 이후 수세기 동안 영국의 통화 정책을 세우는 역할을 맡았다. 중앙은행은 돈을 빌려주고, 거래 규칙을 수립했다. 그리고 당연히 법정 통화를 발행했다. 정부의 신용 상태가 볼품 없던 당시에, 중앙은행은 현금을 조달하는 귀중한 수단이었다. 이 은행은 이후 계속 민간 소유로 남아 있다가(사실상 주주가 지배하는 구조였다) 20세기 중반에 와서 비로소 국유화되었다. 영국중앙은행은 거래 규칙을 결정하고 법정 통화를 발행할 권한을 자신의 체제 모델에 포함하여 상업 및 경제의 거의 모든 분야를 포괄하는 역할을 맡아왔다.

이미 언급했듯이 이 중앙집권 체제도 수많은 결점과 과잉 통제, 정책결정권자인 은행주의 엉뚱한 오판에 시달리기 일쑤였다. 이 자리에서 그 점을 심하게 비난할 생각은 없다. 중앙은행을 설립한 사람들은 당시 자신들이 동원할 수 있는 자원과 지식을 모두 쏟아부어 최선을 다했다. 중앙은행에는 지정학적 위기에 대응하여 시작된 20세기 최초의 혁신 사업, 즉 미국 연방준비제도이사회도 물론 포함된다. 당시의 기술로 이보다 나은 해결책은 없었다고 보아야 한다.

역시 이미 말했듯이 프랑스, 독일, 일본, 그리고 이제는 중국의 중앙은행까지 포함된 이 기관들은 지금까지 제 역할을 충분히 해냈다. 전쟁에 필요한 자금을 댔고, 전후 회복 과정에서 산업·의료·기술 혁명을 지원했다. 또한 중산층이 형성되는 데 기여하여 이들로부터 연간 수십억 달러의 소비를 끌어내 경제 성장을 촉진하기도 했다. 중앙은행은 기업가 정신이 싹트는 데 필요한 자원을 제공했고, 개발도상국 시장이 부상하고 세계 경제가 글로벌화된 것도 따지고 보면 중앙은행의 공이다. 중국과 인도가 성장한 배경에는 중앙은행의 영향력이 최소한 일부분은 포함되어 있다. 그러나 그들이 가진 본질적인 약점은 세상이 변화할수록 더욱 눈에 띈다.

중앙은행을 이끄는 지도자들은 곤혹스러운 상황에 빠져 있다. 그들은 시대 변화에 대응이 늦고, 기업과 개인이 진정한 자유를 누릴 수 있는 환경을 만들거나 지키는 역할을 제대로 수행하지 못한다. 따라서 각 경제 주체는 자신이 원하는 바를, 원하는 시간과 장소에서 영위하는 데 제약을 받는다. 그들이 운영하는 확고한 체제는 그 의도가 아무리 선하다고 해도 돈의 자유라는 개념과는 정반대에 위치한다. 불과 얼마 전까지만 해도 돈의 자유라는 개념은 그리 중요하지 않았지만, 이제 상황이 달라졌다. 마침내 우리는 모든 사람이 진정한 돈의 자유를 누릴 수 있는 기술을 손에 넣게 되었다. 공개된 블록체인 상에 구현된 탈중앙화 디지털 암호화폐라는 모습으로 말이다.

비트코인의
다섯 가지 특징

그러나 현실적으로, 과연 돈이 기본권이 될 수 있을까? 진정한 돈의 자유를 누린다는 것이 가능한 일일까? 사람들은 변화를 향한 욕구를 품고 있을까? 그렇다면 그것은 어떤 모습이 될 수 있을까? 이미 수백만 명이 그랬듯이 사토시 나카모토가 제시한 개인 간 화폐 시스템의 잠재력을 인정한다면, 이 질문에 대한 답은 이미 나와 있다. 처음 세 가지 질문 모두 그 대답은 두말할 필요도 없이 '예'라는 것이다. 비트코인 거래량은 출범 당시 보잘것없던 수준에서 지금은 수백만 건으로 성장했다. 비트코인 네트워크의 처리 능력을 나타내는 해시율 지표는 매년 성장을 거듭하여 그 한계를 가늠하기 어려울 정도다. 직접 방식의 거래 모델을 갖춘 비트코인 네트워크는 막힘없는 국제 결제를 지원함으로써 비즈니스를 더욱 쉽게 만들고 있다. 영리한 비즈니스맨이라면 도저히 거부할 수 없는 제안이다.

나는 고위 경영자와 기업가의 역할을 맡아오면서 효율을 증대하는 방법이 무엇일까 늘 고민했다. 내가 아는 다른 경영자나 기업가들도 모두 마찬가지다. 그들은 모두 절약의 원칙을 신봉하는 사람들이다.

바로 윌리엄 오컴의 유명한 말, "쓸데 없이 많은 것을 가정해서는 안된다"에서 유래된 '오컴의 면도날' 원칙 말이다.

다시 말해 가장 단순하고 직접적인 해결책이 최선의 방책이라는 것.

그들은 복잡한 해결책은 뚜렷하지도 않고 오히려 생산성을 저해한다는 생각으로 조직의 중요한 부분을 일구어왔다. 바라건대 서브프라임 대출 위기를 비롯한 최근의 수많은 금융 실패를 야기한 장본인들은 머니게임에서 이길 방법을 궁리하는 대신 바로 이런 지혜를 깊이 고민해보면 좋겠다.

비트코인의 철학에 오컴의 면도날보다 나은 점이 있다면 그것은 무엇일까? 어떤 통화 제도가 좀 더 철저한 효율을 달성하고, 완벽에 가까운 돈의 자유를 안겨줄 수 있을까? 나아가 우리 사회가 거대 조직에 대한 신뢰를 잃고 자유주의적 철학을 좀 더 수용하는 날이 왔을 때(최소한 미국에서만큼은), 대중의 정서에 보다 부합하는 제도는 어떤 것이 될 수 있을까? 최근 수십 년간 우리 사회에는 좀 더 높은 생산성과 수익성을 위해 오컴의 면도날을 적용하고자 애쓰는 소수의 효율성 전문가 집단이 모인 소규모 산업이 등장했다. 그리고 이제 이 원칙이 구현된 새로운 통화 제도가 형성되었다. 이것을 가능케 한 기술이 예전에 존재했더라면, 그때 이런 요소를 조합할 생각을 품은 사람이 있었더라면 좀 더 일찍 이런 시대를 맞이했을 것이다.

'직접 거래와 공개 장부를 바탕으로 모든 거래를 즉각 기록한다'는 개념을 만들어낸 비트코인 창시자는 어쩌면 오컴의 면도날 원칙을 생각하고 있었을지도 모른다. 사토시는 사이퍼펑크의 초기 멤버 중 한 명이었을까? 아니면 그 뒤를 이은 세대 가운데서 정부나 금융기관의 간섭을 깊이 염려한 사람이었을까? 그가 누구든, 더 효율적이고 새로운 상거래 수단을 만들고자 했던 것만큼은 분명하다.

사토시가 이루어놓은 일은 사회가 성숙해지는 과정이라고 봐도 좋다. 새로운 것이 나타나더라도 적절한 때와 조건이 무르익지 않으면 사회에 받아들여지기 어렵다. 이 조건에는 정치적·사회적 분위기가 가장 중요하게 작용한다.

오늘날에는 비트코인이 확고하게 자리 잡았지만, 불과 2~30년 전까지만 해도 이것은 도저히 불가능한 일이었다. 요즘 사람들은 아무런 간섭 없이 하고 싶은 일을 하고자 한다. 최근 미국과 유럽, 세계 여러 곳에서 찾아볼 수 있는 권위주의적 기류와는 상관없이 이런 흐름은 앞으로도 지속될 것이다. 그리고 이런 환경 속에서 사람들은 우리 통화 제도 속에 숨은 비용과 통제의 손길을 극도로 혐오하게 될 것이며, 기존 체제에 맞서 싸우게 될 것이다. 비트코인은 이들에게 새로운 길을 제시한다. 이와 함께 돈의 자유를 위해 싸워온 기업들은 대중의 정서가 이런 방향으로 바뀌고 있음을 감지했다.

진정한 돈의 자유는 다름 아니라 오늘날 사회가 더욱 완전하게 추구하는 자유가 무엇인지 보여주는 최근의 추세다. 이것은 생명과 자유, 재산과 함께 법률로 보장되며 그 누구도 침해할 수 없다. 여러분이 환영해 마지않는 표현의 자유, 종교의 자유와 다를 바 없는 기본권이라는 말이다. 돈의 자유가 보장하는 것은 우리 사회의 어떤 기관이 우리의 돈을 빼앗거나 동결하거나, 그 가치를 떨어뜨리는 것을 방지하는 일이다. 아울러 그들은 남의 거래를 함부로 중단하거나 연기할 수 없고, 그 누구에게도 자신의 돈을 어떻게 사용할 건지 물어볼 수 없다. 합법적인 카지노에서 현금을 사용하는 일을 포함해서 말이다. 또 위기를 빙자해 새로운 규칙을 만들어서도 안 된다. 사실 금융 위기를 만든 장본인은 주로 그들 자신이다.

이것은 미국 헌법과 다른 정부도 충분히 보장할 수 있는 자연스러운 상태이자 고차원적인 존재 방식이다. 또한 에드워드 벨러미의《뒤돌아보며》를 비롯한 여러 과학소설이 제시하는, 높은 효율을 향한 이상적인 비전과도 같다.

그러나 민주주의를 지탱하는 핵심 권리가 대부분 그렇듯이, 새롭게 등장한 이 권리 역시 대중의 마음을 사로잡으려면 투쟁을 거쳐야 한다(물리적인 투쟁을 말하는 것은 아니다. 희망을 걸어보자). 토머스 제퍼슨이 만약 오늘날 살아 있었다면 틀림없이 비트코인을 지지했을 것이다. 존 애덤스와 알렉산더 해밀턴이라면 어땠을지 다소 확신이 떨어진다. 특히 해밀턴은 중앙은행 제도를 놓고 제퍼슨과 갑론을박을 주고받은 적이 있었기 때문에 흥미로운 상상이 떠오르기도 한다. 그러나 대체로 그들은 모두 시장경제의 신봉자였으므로 비트코인에 대해 찬성과 수용의 태도를 보였을 것으로 생각한다.

비트코인은 그 자체로 돈의 자유를 상징한다. 비트코인은 우리에게 은행과 정부의 속박으로부터 완벽한 자유를 약속할 뿐만 아니라, 지금까지 전례 없던 선택권을 안겨준다.

비트코인을 사용해보라. 여기에 투자하라. 그리고 팔아라. 무엇이든 마음대로 해도 좋다.

　디지털 화폐와 기존 화폐는 평화롭고 생산적인 공존이 가능하다. 그러나 한두 세기 전에 일어났던 일이 미래에 반복되어 비트코인을 비롯한 디지털 화폐가 주류가 된다고 해도 전혀 이상한 일이 아닐 것이다. 특히 비트코인이 통용되는 사회에서 자라나는 오늘날의 10대 청소년들이 결국은 연방준비제도를 비롯한 전 세계의 상업은행과 규제 기관을 이끌게 될 것이므로, 충분히 실현 가능한 시나리오다. 이 젊은이들은 또 언젠가는 의회에 진출해 디지털 암호화폐를 감독하는 중요한 위원회의 의장직을 모두 맡게 될 것이다. 오늘날 우리가 컴퓨터, 스마트폰, 인터넷 등을 일상으로 생각하듯이 그들은 비트코인과 암호화폐를 너무나 자연스럽게 여길 것이다.

　비트코인은 지금이나 미래에나 진정한 돈의 자유를 실현한다는 성격을 그대로 유지할 것이다. 비트코인의 어떤 특성이 진정한 자유를 약속한다는 말일까? 다음 다섯 단락에서 그 특성을 요약해보았다.

가치를 보존하고 키운다

나는 밀턴 프리드먼을 비롯한 통화주의자들이 왜 어느 정도의 인플레이션은 경제에 도움이 된다고 생각했는지 안다. 사람들은 인플레이션을 가정하여 무작정 저축만 하는 것이 아니라 상품을 구매하고, 이는 다시 경제에 활력을 불어넣는다. 그러나 인플레이션은 제멋대로 날뛰는 경우가 너무 많다. 게다가 정부가 자초한 위기를 다스린답시고 통화를 남발하는 방식에는 깊은 우려를 느낀다. 통화량이 늘어나면 사람들이 안심할 거라는 잘못된 생각으로 정부가 화폐를 마구 찍어대는 조치가 지난 세기 내내 얼마나 경제에 악영향을 미쳤는지 생각해보라. 베네수엘라의 인플레이션율이 6500퍼센트(2020년 1월 기준)에 달한다[1]는 사실만 봐도 이런 생각이 얼마나 잘못되었는지 알 수 있다. 게다가 이와 비슷한 일을 겪은 나라는 셀 수 없이 많다.

정상적인 환경에서도 돈의 가치는 너무나 빨리 하락한다. 슬프게도 우리는 이런 현상을 당연한 일로 여긴다. 나는 콘퍼런스 연단에 설 때마다 벤저민 프랭클린의 얼굴이 조그맣게 나온 100달러짜리 옛날 지폐 한 장을 꺼내 청중에게 보여준다. 그 지폐가 내 손에 들어왔던 1980년대에는 그 돈으로 지금보다 훨씬 더 많은 것들을 살 수 있었다. 이 지폐와 2013년에 100달러로 매입한 비트코인을 비교해보자. 둘의 가격 차이는 상상을 초월한다. 그 비트코인을 지금 쓴다면 새로 나온 테슬라 모델 3이나 심지어 테슬라 사이버트럭도 살 수 있을 것이다. 앞으로도 비트코인 가격은 큰 폭의 등락을 반복할 수 있겠지만, 전체적으로는 상향 곡선을 그리면서 대성공을 거둘 것이다.

간섭 없이 사용할 수 있다

내가 가진 비트코인은 전적으로 내 것이다. 돈을 찾거나 자산으로 보유하기 위해 수수료를 물지 않아도 된다. 제3자를 자처하는 누군가의 질문에 대답할 필요도 없다. 1만 달러를 포커 대회 참가비로 쓰든, 마리화나를 사든(그렇다고 내가 피운다는 말은 아니다), 아무에게나 그냥 줘버리든 내 전자지갑에 비트코인이 들어 있는 한 마음대로 할 수 있다.

거래를 중개하는 사람도 없고, 법적 규제 기관이 개입하지도 않으며, 누군가가 나의 행동을 판단하거나 지원하거나 거부하지도 않는다. 다른 결제 시스템에서는 찾아볼 수 없는 신속성은 덤이다. 단 몇 초 만에 전 세계 어디와도 거래할 수 있고, 이를 몇 번이고 반복할 수도 있다. 그러면 몇 분 이내에 누군가의 전자지갑으로 돈이 들어간다. 비트코인 네트워크를 떠나는 순간 이런 자유는 포기해야 한다. 이런 권리를 매일 누릴지, 이따금 그럴지, 아예 담을 쌓고 살지는 내가 선택하는 것이다. 이것은 명목화폐로는 도저히 누릴 수 없는 권리다.

거래 액수가 무제한이다

기존의 통화 제도에서는 외부의 권위자가 거래를 지연하고 검열하는 일을 저지르는데도 우리는 결제, 송금, 심지어 선물을 통해 그들에게 돈을 줄 수밖에 없다. 거래 당사자 중 어느 한쪽의 배경이나 거래 성격 자체가 그들의 눈에 거슬리면 어느 샌가 끼어들어 우리 행동을 막아선다. 그들은 우리가 송금하는 액수를 서슴없이 검열한다. 정상적인 기준선에 못 미치는지, 이를 넘어서는지도 그들이 판단한다. 그렇다고 소액은 제한하지 않느냐 하면 그런 것도 아니다. 그들은 일상적인 거래도 수수료를 통해 제한한다.

만약 온라인 이체로 1달러씩만 송금한다고 하자(물론 그럴 일은 흔치 않지만). 그래도 수수료는 많은 액수를 보낼 때와 똑같이 15달러를 물어야 할 가능성이 크다. 거래 은행과 계좌 종류에 따라서는 남이 송금한 돈을 받을 때도 수수료를 문다. 다른 사람에게 소액 송금을 여러 번

해야 하는데 그 사람이 하필 수수료가 비싼 계좌를 가지고 있다고 생각해보자. 얼마나 화가 날지 상상이 되는가. 실제로 가난한 나라에 사는 가족에게 송금하는 사람들은 이런 어려움을 늘 겪는다. 유엔 보고서에 따르면 그저 한 곳에서 다른 곳으로 돈을 옮기는 데 드는 수수료가 평균 7퍼센트라고 한다.[2]

언제 어디서나 거래할 수 있다

비트코인이 아니어도 이제 우리는 모바일 앱을 통해 언제 어디서나 비즈니스를 처리할 자유를 누린다고 말할 사람도 있을 것이다. 그러나 그런 앱은 기존 조직의 규정과 규칙이 여전히 적용되는, 그들이 운용하는 도구 중 하나일 뿐이다. 진정한 돈의 자유란 소비자와 기업이 명목화폐를 사용할 때 안게 되는 부담에서 벗어나 오로지 자신이 원하는 대로 비즈니스를 수행할 수 있는 상태를 말한다.

우리는 명목화폐에 익숙한 나머지 지금껏 당연하게 생각했지만, 이제 와 생각해보면 이해할 수 없는 제약 사항도 많다. 예컨대 거의 모든 은행이 주말 동안에는 전신 송금 서비스를 해주지 않는다. 특히 기업 간 거래는 대부분 거래할 수 있는 시간과 상대 기업의 국적에 제약이 따른다. 세상에는 은행 서비스를 간편하게 이용할 수 없는 곳이 너무 많다. 비트코인을 사용하면 이런 장애물을 간단하게 뛰어넘을 수 있다. 은행의 정규 영업시간이란 이제 옛 이야기가 될 날이 머지않았다.

중개자가 필요 없다

진정한 돈의 자유란 내 돈을 언제나 내 마음대로, 그리고 오직 나만이 처분할 수 있는 것이다. 거래 대상이 개인이든 기관이든 나는 그들과 직접 상대한다. 내가 직접 거래하고 돈을 보낸다. 중간에 그 누구도 개입하지 않으며, 내가 누군가의 승인을 받을 필요도 없다. 돈은 바야흐로 공기나 중력처럼 지극히 자연스러운 존재가 된다. 지금까지 이런 자유가 존재하지 않았던 이유는 그것을 만드는 데 필요한 기술과 지식과 자원이 없었기 때문이다. 이제 우리는 비트코인을 통해 이런 자유를 누리게 되었고, 덕분에 우리가 일하는 방식도 획기적으로 변화할 것이다.

비트코인,
진화하다

PART. 06

비트코인의 총 시장가치,
즉 시가총액은
미국 기업 역사의 아이콘들이
조그맣게 보일 정도로 커졌다.

이 책을 쓰기 시작하면서 나는 바야흐로 비트코인의 시대가 왔다고 생각했다. 다시 말해 비트코인은 이제 광적인 기술 전문가들 덕분에 잠깐 눈에 띄는 특이 현상이 아니라 우리 생활의 일부가 되었다. 어쨌든 비트코인의 시가총액은 이미 2천 억 달러 규모를 돌파했고, 장기적으로 더 큰 규모로 성장할 것이다. 비트코인을 제외한 기타 암호화폐의 시가총액도 6백억 달러를 넘어 1천억 달러 고지를 눈앞에 두고 있다 (2021년 2월, 비트코인 시가총액은 1조 달러에 도달했다).

   이 책을 쓰기 시작했을 때는 비트코인 업계의 다른 핵심 지표들도 상당히 고무적인 수치를 나타내고 있었다. 10대 거래소의 일일 거래량은 150억 달러를 넘어섰고, 그중 대부분은 비트코인이었다(2021년 1월 말 기준, 10대 거래소 일일 거래량은 300억 달러를 초과했다). 비트코인 전자지갑 개설 건수는 5천만 개에 가까워졌다. 이것은 사용자들이 더 편리하고 안전하다고 느낄 만한 신상품이 거의 매일같이 출시되는 시장 환경에 힘입은 결과다. 사토시 나카모토가 애초에 제공한 2100만 비트코인 중 약 300만 비트코인 이상의 분량이 유통되고 있었다(현재 유통되지 않는 분량은 250만 비트코인 미만이다). 확인된 암호화폐 거래자 수는 최소 1회 이상의 건전한 거래 실적이 있는 등록 계좌 수로만 따져도 이미 수천만 건에 달했다(현재는 5천만 건에 육박한다).

내가 채굴에 나서기 위해 처음으로 그래픽카드를 샀던 2011년 당시나, 아니면 불과 몇 년 전으로 돌아가더라도 오늘날의 상황은 모든 사람의 기대를 만족시키기에 충분한 증거가 되고도 남는다. 이미 시장은 엄청나게 커졌고 지금도 급속히 성장하고 있다. 단기간의 부침은 신경 쓰지 말라고 말하기도 했지만, 그것과 상관없이 비트코인은 이미 그 어떤 것도 따를 수 없는 성공 신화를 써가는 중이다.

최근 투자업계에서 이와 유사한 성장 사례로 들 만한 것은 그나마 아마존이 유일할 것이다. 아마존이 상승일로를 걷게 된 것은 자동차 타이어부터 실로폰까지 그야말로 '모든 것을 파는 것'으로 사업 모델을 변경한 뒤에 일어난 일이다. 아마존이 책만 팔던 시절이 이제는 잘 기억나지 않을 지경이 되었다.

비트코인의 총 시장가치, 즉 시가총액은 이제 IBM, 제너럴일렉트릭, 보잉, 존디어, 제너럴모터스, 뱅크오브아메리카 등 미국 기업 역사의 아이콘들이 조그맣게 보일 정도로 커졌다. 더구나 이런 기업들이 그 자리에 올라가는 데는 수십 년이 필요했다. 제너럴모터스, IBM, 뱅크오브아메리카 등은 모두 1910년 전후로 창립된 기업들이다.

비트코인의 시장가치를 경제 규모로 환산하면 세계 25위에 해당하며, 원유 매장량이 풍부한 아랍에미리트나 암호화폐 기술의 천국이라 할 이스라엘, 노르웨이, 오스트리아, 남아프리카공화국 등을 훨씬 앞지른다. 계좌를 개설한 사람 수가 2500만 명뿐이고(그중에는 복수로 개설한 사람도 있다), 그 외에는 아무도 비트코인에 관심이 없다고 가정하더라도(물론 그렇지 않다), 비트코인 네트워크에 속한 사람 수는 벨기에와 그리스 인구를 합한 것보다 더 많다.

책을 쓸 때 좋은 점 가운데 하나는 평소 확실하다고 생각했던 내용도 다시 한 번 깊이 고민할 기회를 얻는다는 것이다. 여러 주장을 하나하나 분리하여 각각에 대한 비판론을 더 깊이 숙고해보고, 새로운 시각으로 관련 정보와 사건을 다시 들여다볼 수 있다.

그래서 이번에도 과연 비트코인의 시대가 왔다고 말할 수 있는지, 혹시 내가 빠뜨린 것은 없는지 깊이 생각해보았다. 혹시 세부 사항이나 반론 중에서 내가 더 깊이 고려하지 못한 것은 없을까? 나는 지금까지 비트코인 업계의 전도사가 되기에 부족함이 없는 경력을 쌓아왔다고 자부한다. 수많은 사람의 생각과 마음을 비트코인이 지닌 대의명분을 향해 돌려세웠고, 그중에는 원래 회의론을 펼치던 사람도 적지 않았다.

그러나 내가 진정으로 내 역할에 부응하기 위해서는 보다 냉철한 태도를 갖추고, 수학적 논리로 뒷받침된 가장 기본적인 가정조차 비판적인 시각으로 볼 수 있어야 한다.

"측정할 수 있다고 모두 중요한 것은 아니며, 중요한 것을 모두 측정할 수 없는 경우도 많다." 흔히 알베르트 아인슈타인의 발언이라고 알려진 이 말은, 20세기 중반의 사회학자 윌리엄 브루스 캐머런의 책에 나오는 구절로, 수학적 측정에 포함된 오류를 간파한 내용이다. 한 마디로, 숫자가 모든 것을 말해주지는 않는다는 뜻이다.

"수학은 인간의 정신으로 모두 파악할 수 없을 정도로 크다. 그러나 인간의 정신은 한낱 기계장치를 넘어서는 존재이기도 하다." 아인슈타인의 절친이자 그와 함께 프린스턴에서 교수로 일했던 또 한 사람의 천재, 쿠르트 괴델의 말이다.

성공의 척도를 수학적 계량화에서만 찾는다면 오류가 빚어질 수 있다. 브랜드 인지도나 신규 상품이나 서비스(기술 및 기타 분야를 막론하고)가 시장에 수용되는 과정에는 여러 가지 변수가 작용하며, 그중에 상당수는 주관적인 성격을 띤다. 비욘세가 가수로서 지닌 위대함과 문화적 영향력을 알기 위해 꼭 그녀의 앨범 판매량을 알아야 할까? 뉴욕 양키스의 애런 저지가 꼭 홈런 개수 1위를 달리고 있어야만 그가 가장 무서운 강타자라고 할 수 있는 것일까? 틱톡TikTok 앱이 우리 사회에 깊숙이 자리 잡고 있음을 아는 데 사용자 수를 정확히 파악하는 일이 굳이 필요할까?

비트코인을 사용하는 사람이 얼마나 많은지 계산하는 일은 생각보다 만만치 않다. 비트코인은 개인 신분을 철저하게 보호하는 시스템이기 때문이다. 전자지갑의 주인이 실제로 누구인지 우리는 모른다. 비트코인 네트워크에 참여한 사람의 신분을 모두 밝혀내려면 정부가 나서서 법적 행정력을 동원하더라도 실로 어마어마한 노력이 소요될 것이다. 비트코인의 독특한 장점은 프라이버시 보호와 탈중앙화 분산 원장 기술이 합쳐졌다는 점이다. 이 시스템을 뚫느니 차라리 은행 금고를 여는 것이 훨씬 더 쉬울 것이다.

비트코인 투자자는 비트코인이 안겨주는 자산 통제권과 프라이버시, 안전성을 높이 평가한다. 거액의 비트코인을 보유한 사람 중에는 여러 개의 전자지갑을 운영하며 만약의 사태에 대비하는 사람이 많다. 그런 사람들은 복수의 계좌를 이용해 여러 번에 걸쳐 비트코인을 구매할 것이다. 내 전자지갑은 노트북과 휴대폰, 그리고 발렛Ballet에 각각 설치되어 있다. 발렛은 최근에 내가 새로 창립한 벤처기업이다. 해커들이 내 전자지갑을 해킹하더라도 나는 내 재산의 극히 일부만 도둑맞을 뿐이다. 내가 가진 나머지 비트코인은 여러 곳에 분산되어 있고 개인 키도 각각 다르므로 안전하게 보전할 수 있다. 누군가가 내 계좌를 추적했다고 해도(이것조차 거의 불가능한 일이지만), 그것을 사용하려면 더 큰 장애물을 돌파해야 한다.

다른 유명 투자자 중에도 이와 비슷한 전략을 구사하는 사람들이 있다. 그들은 휴대폰, 노트북, 하드 드라이브를 비롯한 콜드 스토리지에 나누어 지갑을 운용한다. 마치 비트코인 요새를 구축한 듯하다.

타일러 윈클레보스Tyler Winklevoss와 캐머런 윈클레보스Cameron Winklevoss라는 쌍둥이 형제가 있다. 그들은 단기간 내에 전 세계 비트코인의 1퍼센트를 점유한 뒤 개인 키를 4개 만들어서 각각을 세 조각으로 나눈 다음, 이것을 미국 중부를 중심으로 남들 눈에 잘 띄지 않는 은행의 안전 금고에 보관했다.[1] 그들은 개인 키를 만들 때부터 주사

위를 던져서 나온 숫자로 번호를 만들었다. 다른 사람이 숫자 패턴을 추측할 수 없도록 말이다. 이 경우도 마찬가지다. 해커들은 애초에 자신이 해독하려고 하는 개인 키가 그 형제의 것인지 다른 누구의 것인지 알 수 없다. 그뿐만 아니라 윈클레보스 형제가 추가적인 보안을 위해 오랜 세월 공들여 전자지갑을 여러 개 만들어왔다는 사실도 해커들은 알 턱이 없다.

비트코인 생태계에서는 특정 시점에 누가 어떤 행동을 하고 있는지 알 방법이 없다. 하나의 지갑을 소유한 사람, 즉 암호화폐 거래소에 등록된 계정 하나가 반드시 한 명이라는 보장도 없다. 통계 수치를 파악할 때는 특정 시점에 비트코인을 소유한 사람이 얼마나 되는지 그저 어림짐작만 할 수 있을 뿐이다.

업계의 관측자 가운데는 주요 거래소 활동을 기록한 일일 거래량이야말로 비트코인 업계의 현황을 가장 잘 보여주는 지표라고 주장하기도 한다. 맞는 말이다. 거래량의 규모가 점점 성장해서 이제 수십억 건에 육박한 것은 대단히 인상적인 일이다. 무엇보다 이것은 상당히 활기차고 거대한 비트코인 네트워크가 이미 형성되었다는 것을 의미한다. 그러나 이 자체로는 비트코인(혹은 다른 암호화폐)을 취득하는 사람과 매도하는 사람이 몇 명인지 정확히 파악할 수 없다. 같은 사람이 거래를 여러 번 할 수도 있다. 거래량만으로는 과연 비트코인의 시대가 온 것인지, 아니면 한때 반짝하다가 곧 사라지게 될 것인지 분명하게 말할 수 없다.

비트코인이 우리 사회에 뿌리를 내리고 위력을 발휘하고 있다는 사실은 수치로 보이는 것 이상으로 뚜렷하게 그 징조를 드러내고 있었다. 비록 주관적이기는 했지만 수많은 분석가의 이목을 집중시키기에 충분할 만큼 설득력 있는 신호였다.

이 신호들을 6개의 범주로 나누어보았다. 이 범주들은 질문 형식을 띠고 있으며, 특별한 순서 없이 나열되었다. 이 질문들에 대한 대답은 비트코인이 국제 금융계에서 빠질 수 없는 수단이 되어왔고, 앞으로도 그 중요성이 더욱 커질 수밖에 없다는 내 믿음을 반영한다.

그러나 내 주장과 상관없이 독자 여러분이 적극적으로 사유하고 질문해보길 권한다. 비트코인은 합리적인 논쟁을 거치면서 더욱 강한 모습으로 성장해갈 것이다.

비트코인을 대체할 만한 것이 있는가?

비트코인이 성장해온 모습을 신세계를 열어줄 것 같았지만 결국 더 나은 상품에 길을 내주고 사라져갔거나 곧 그렇게 될 최근의 기술 현상들과 비교해보자.

기존 것보다 수요 충족 능력이 부족한 상품이나 서비스에는 미래를 기대할 수 없다. 이런 현실을 가장 잘 보여주는 분야가 바로 소비자

금융 기술일 것이다. 1980년대 후반에 선보인 드라이브스루 은행 창구 서비스는 공기 압축 튜브와 음성통신 시스템을 예금·인출 작업에 활용하는 모습을 보여주며 한때 미래 기술로 주목받았다. 당시로서는 대단히 혁신적이었던 이 기술은 터치스크린으로 무장한 드라이브스루 현금인출기ATM가 등장하면서 순식간에 흔적도 없이 사라져버렸다. 아예 창구 담당자가 필요 없는 ATM에 상대도 되지 않았던 것이다.

그렇게 등장한 ATM이 지금도 사용되고, 이제는 인공지능과 머신러닝 기술까지 적용되었지만(이런 서비스를 경험할 때마다 좀 으스스한 기분이 든다), 그 숫자는 전에 비해 줄어드는 추세다.[2] 기업 업무의 온라인화 비중이 늘고 사람들도 휴대폰으로 거의 모든 은행 업무를 처리하는 시대가 되었기 때문이다. 만약 누군가와 내기를 한다면, ATM의 미래에 그다지 큰돈을 걸 생각은 없다. 싫든 좋든, 실물화폐는 멸종의 운명을 맞이할 것이다.

인증 기술은 또 어떤가? 신용카드나 직불카드에 인쇄된 마그네틱 띠를 매장마다 있는 소형 인증 장치에 꽂아서 한 번 밀기만 하면 되는 이 기술은 최고의 효율과 편리를 보장하는 것 같았다. 이 기술이 비록 그전 기술보다 까마득히 앞선 것 같지만, 밀려난 쪽도 그 이전 20여 년이나 사용되던 투박한 신용카드 인식 장치보다는 훨씬 개선된 기술이었다.

신용카드가 처음 등장한 것은 불과 1950년대의 일이었다. 아메리칸익스프레스가 신용카드를 출시하기 전에는 원래 유명한 여행자 수표 발행사였다는 사실을 알고 있는가? 수표를 발급받으려면 아멕스

본사 건물이나 제휴 은행을 찾아가야 했다. 사람들은 수표 발급을 위해 한 시간씩이나 기다려야 하는데도 불편을 기꺼이 감수했다. 거액을 소지하는 것보다는 수표를 쓰는 편이 더 안전했기 때문이다. 수표를 소지한 사람이 이를 거래에 사용하려면 수표에 기입된 서명이 자신의 것과 일치하는지를 보여주어야 했다. 지금은 인식 장치에 긋거나 삽입할 필요 없이 결제 화면 앞에서 흔들기만 하면 되는, 이른바 비접촉 카드라는 것도 등장했다. 코로나19 바이러스가 유행한 뒤 등장한 이 카드는 바이러스를 옮길 염려가 없어, 유행병학자들이 말하듯 앞으로 대 유행병이 또 발생하더라도 쓰임새가 있을 것으로 보인다. 애플페이는 비접촉카드 기술의 대표적인 예로, 나도 항상 사용한다. 손목에 차고 있는 애플워치를 흔들어서 결제할 때도 있다.

소비자를 상대하는 업계에서 일어나는 전면적인 변화 사례는 이 외에도 많다. 하이브리드 자동차 기술은 유례없는 연비를 달성하여 운전자에게 연료 절감 효과를 선사했지만, 아예 연료가 한 방울도 들지 않는 전기 자동차가 등장하자 이미 맥을 못 추고 있다. 최근에 출시된 맥북에어의 무게는 900그램 남짓으로 초기 모델의 절반도 되지 않으면서 이전 모델보다 저장 용량과 처리 능력이 향상되었다. 모바일 기기는 모두 매끄럽고 강력한 성능을 자랑한다. 개인용 컴퓨터(노트북을 비롯한 기타 소형 기기를 모두 포괄하여 이렇게 부르겠다)는 이제 가정용 사물인터넷 기술의 통제 센터 역할을 한다. 사용자들은 컴퓨터로 가전제품의 전원을 켜고 끄며, 온도를 조절하고, 보안 시스템을 들여다본다. 인터페이스 화면은 마치 항공기 조종간처럼 보인다.

이상에서 설명한 모든 것에는 합당한 대체재가 있다. 이제 기존 통화 제도의 대안으로 등장한 비트코인을 생각해보자. 비트코인은 더욱 안전하고, 프라이버시가 보장되며, 즉각적인 결제 시스템을 만들어냈다. 이는 과거에 사람들이 금융서비스를 이용하면서 추구하던 바로 그 특성이다. 경제 활동이 더욱 세계화되는 오늘날 비트코인은 세상의 가장 먼 곳과도 제3자의 개입 없이 곧바로 금융거래를 할 수 있게 만들었다. 이것은 불과 몇 년 전까지만 해도 불가능한 일이었다. 무엇보다 비트코인 네트워크는 너무나 잘 만들어진 체계다.

1. 비트코인을 대체할 수 있는 것이 있을까?
2. 기존의 통화 제도에서 가장 눈에 띄는 문제를 더 잘 해결할 수 있는 방편이 있을까?
3. 앞으로 더 발전하는 데서 기술적으로 부족한 점은 무엇일까?

내가 미처 생각하지 못한 부분을 찾아내지 못하는 한, 이 세 가지 질문에 '아무것도 없다'고 답할 수밖에 없을 것이다. 비트코인의 뒤를 이을 만한 것은 논리적으로 아무것도 없다. 그 어떤 프로젝트나 서비스도 비트코인이 제공하는 가치를 제시하지 못한다. 비트코인을 대체할 수 있다고 생각하며 다른 암호화폐를 지지하는 사람도 있다. 그들의 의견에 반대할 생각은 추호도 없다. 반대는커녕 나는 이더리움과 라이트코인을 비롯한 여러 암호화폐의 철학과 기술 수준에 경탄하곤 한다. 그들은 비트코인이 미처 다루지 못하는 문제를 해결하며, 관련 분야를 새롭게 개척한다. 더구나 그들은 암호화폐 기술에 대한 더욱 폭넓은 호기심과 포용력을 보여준다.

특히 이더리움의 스마트 계약 플랫폼의 영향력이 과연 어디까지 미칠지에 관심이 간다. 어쩌면 이것은 통화 제도 이상으로 확장될지도 모른다. 이 플랫폼은 법조계나 대출업계, 공식 문서 관리를 비롯한 많은 분야에서 일하는 방식의 혁신을 불러올 수 있다. 그러나 이더리움이 과연 전 세계적 거래 단위, 즉 글로벌 준비 통화의 위상을 확보할 수 있느냐는 점에서는 비트코인에 못 미친다고 봐야 한다. 설사 현재 기준으로 공급이 제한되어 있고(사실은 그렇지 않다), 거래량과 시가총액이 더 크다고 하더라도 이더리움 프로젝트의 주 관심사는 통화나 가치 저장이 아니다. 앞으로도 여러 병행 시스템이 싹틀 가능성은 충분하지만, 비트코인이 가진 보편성과 인지도에 버금가는 것은 없다. 가장 중요한 사실은 새롭게 등장한 대안 화폐 중 어느 것도 '비트코인이 가장 먼저 출현했다'는 사실을 극복할 수 없다는 점이다.

지금까지 나온 결제 플랫폼 가운데서 중앙집중형 구조를 탈피하고 비트코인보다 나은 것을 아직 본 적 없다. 탈중앙화 원칙에 기반한 어떤 것이 등장한다면 나는 언제고 적극적으로 환영할 준비가 되어 있다.

비평가들은 중심을 잡아줄 기둥이 없거나, 성장 전략과 안전성과 마케팅을 책임지는 회사가 부재한 시스템이 과연 지속력을 발휘할 수 있을까 의구심을 품기도 한다. 이것은 아마도 '지금까지 기업이 어떻게 운영되어왔는가'에 관한 인식의 차이를 보여주는 것일지도 모른다. 그리고 '기존 체제를 대체할 만한 것이 무엇인가'에 관한 논의가 바로 이 대목에서 시작될 수도 있으리라. 비트코인의 강력한 잠재력은 별다른 추가 노력 없이도 이 문제를 충분히 해결할 수 있다는 데 있다. 암호화폐의 사용 과정, 작업검증 시스템, 모든 참여자가 정확성을 감시하는 분산원장 시스템이 바로 비트코인 네트워크에 구현된 안전 보장 구조다.

비트코인 네트워크가 발전해온 모습에서 가장 고무적인 부분은 이것이 오로지 유기적인 특성을 보이며 성장해왔다는 점이다. 비트코인 네트워크의 인구가 수천만에 이르는 동안 마케팅 관련 업무를 맡아 수행한 조직은 어디에도 없다. 다시 말해 비트코인은 그 자신의 장점을 바탕으로 스스로 성장해왔다는 뜻이다. 그것을 경험한 한 명이 다른 사람에게 전달하는 과정을 거쳐, 사람들이 각자의 기기를 통해 그 유용성과 투자 잠재력을 이해하게 되었다는 말이다. 기업 세계에서라면 상식에 속하는 여러 지원도 전혀 없이 이런 상승 작용이 진행되어 왔으며, 그동안 겪어온 여러 하락세와 추문, 그리고 추문에 가까웠던 일들은 오히려 비트코인의 영속성과 웬만해서는 이를 대체할 존재가 없으리라는 사실을 입증하는 근거가 된다. 마찬가지로 내가 이 책을 쓰는 이유도 비트코인 네트워크가 전하는 메시지를 더욱 확산하려는 것이다. 독자 여러분도 비트코인을 향한 호기심 때문에 이 책을 펼쳤을 것이며, 역시 머지않아 그 철학을 받아들이게 될 것이다.

비트코인 기사가
1면을 장식하는가?

2014년 초 내가 BTC차이나를 중국 최초의 주요 서비스 업체로 키워낸 지 얼마 안 됐을 때, 중국의 유명 경제 해설가 랑시엔핑Larry Hsien Ping Lang의 초청으로 그가 진행하는 TV 프로그램에 출연한 적이 있었다. 랑시엔핑은 다채로운 성격의 인물로, 꾸밈없는 어투로 관객과 소통하며 저잣거리에서 통용될 법한 지혜를 전하는 역할을 자처했다. 나는 중국에 사는 동안 그가 TV에서 기업을 해부하고 여러 사건과 흐름에 대해 기업 경영자들과 재치 있게 환담을 주고받는 모습을 지켜봤다. 아울러 그의 태도에서는 중국 당국의 환심을 사기 위해 조심하는 모습도 눈에 띄었다. 당국은 중국 경제를 조금이라도 비판하는 듯하면 대단히 민감하게 반응하기 때문이다.

정부 당국에는 이미 비트코인에 관한 소문이 시끌벅적하게 퍼져 있었고, 그들은 비트코인의 인기가 국가의 통화 정책, 나아가 통제와 명령으로 이루어진 그들의 정치 철학에 위협이 된다고 판단했다. 나는 랑시엔핑이 비트코인이 실패했다는 인식을 주면서 회의론자를 자처하리라는 것을 이미 알고 있었다. 심지어 청중도 그의 편을 들 것이 뻔했다. 나는 그 자리에서 비트코인을 변호하는 악역을 맡아야 했다.

그러나 나는 많은 TV 시청자 앞에서 비트코인 예찬론을 펼칠 기회가 왔다는 사실만으로도 감사했다. 그전까지 중국에서 몇 차례 인터뷰를 한 적 있지만, 주로 작은 경제 전문지였다. 주류 언론은 아직 비트코인에 별 관심이 없었다. 당시만 해도 비트코인은 이름도 이상하고 이해하기도 힘든 별난 것 정도로 인식되었다.

지금 와서 생각하면 당시 뉴스 매체들은 신비의 인물 사토시 나카모토와 그를 따르는 추종자들의 이야기가 기삿거리로 다룰 만하고, 디지털 화폐에 보이는 중국의 열렬한 관심도 주목할 만하다고 판단했던 것 같다. 그러면서도 비트코인의 장래를 그리 밝게 보지는 않았던 것 같다. 일단 이해하기 어려운 데다 비트코인이 취약하다고 오해하고 있었기 때문이다. 어쨌든 랑시엔핑이 나를 초청했으니 비트코인을 있는 힘껏 홍보해보자고 결심했다.

지금도 나는 2014년 랑시엔핑과의 그 토론에서 내가 승리했다고 생각한다. 그 일 이후 형성된 흐름이 그 사실을 입증한다.

BTC차이나의 고객 수와 매출은 물론 그전에도 성장하고 있었지만 이후 계속해서 급격한 상승세를 보였고, 채굴에 따르는 해시율도 마찬가지였다. 이것은 비트코인을 향한 중국인의 열정과 세계적인 관심을 보여주는 뚜렷한 증거였다. 토론이 점점 열기를 더해가던 중 내가 공짜로 100비트코인을 주겠다고 제안하자 랑시엔핑은 두 손을 내저으며 딱 잘라 거절했다. 그때 우리가 공방을 주고받는 장면과 동영상은 암호화폐 관련 '밈'이 되어 소셜미디어와 인터넷에 널리 퍼졌다. (지금도 중국에서는 비트코인 가격이 신기록을 경신할 때마다 랑시엔핑을 놀리는 소재로 당시 그 장면과 동영상이 회자된다.)

나는 당시 그에게 왜 공짜 돈을 마다하느냐고 물어보았다. 그는 비트코인이 전혀 가치가 없기 때문이라고 답했다. 그때가 2014년 초였으니 100비트코인의 가치는 미국 돈으로 5만 달러에 불과했다. 이 책이 출간된 지금 100비트코인의 가치는 5천만 달러가 넘는다. 그리고 앞으로도 계속 오를 것이다!

그 당시 만약 내가 매주 언론의 취재 요청을 받고 콘퍼런스 연사로 불려다녔더라면, 랑시엔핑과의 토론도 여럿 중 하나에 불과했을 것이다. 그랬다면 그때처럼 열정과 기백을 다해서 비트코인을 변호하지는 못했을지 모른다.

당시와 지금의 내 이메일 수신함은 하늘과 땅 만큼 차이 난다. 요즘은 거의 정기적으로 각종 언론 해설이나 콘퍼런스 연설 요청이 들어온다. 나는 블룸버그, CNBC, BBC 등에 출연했고,《뉴욕타임스》《파이낸셜타임스》《월스트리트저널》《이코노미스트》등 세계 유수의 경제지와 주류 언론에 기고했다.

그동안 암호화폐 관련 출간물을 다루는 소규모 산업도 싹을 틔웠다. 코인데스크CoinDesk는 음악 스트리밍 앱으로 성공을 거둔 스포티파이Spotify에 자금을 투자한 어느 벤처캐피털이 세운 회사로, 창업 시기는 바로 내가 랑시엔핑과 토론을 벌이던 즈음이었다. 현재 코인데스크는 매월 300만 명 이상의 순 방문자 수를 자랑하며,[3] 전 세계에서 여러 콘퍼런스를 운영한다. 2018년에 개최된 뉴욕 대회에는 무려 9천 명이 넘는 참가자가 몰려 뉴욕 힐튼 컨벤션센터의 수용 인원을 초과해버렸다.

그뿐만 아니라 비트코인은 이제 각종 산업전시회에서 꾸준히 다루는 주제가 되어 이 분야를 선도하는 유력 인사들이 참여하고, 그중에는 성공한 투자자들도 다수 포함되어 있다. 전시회는 일정 규모에 도달한 주제가 아니면 다루지 않는 것이 보통이다. 새롭게 등장한 어떤 자산이 돌파구를 마련하려면 일정 수준의 대중적 인지도를 확보해야 하는 것은 당연하다. 비트코인은 아직 이른바 팡FAANG(페이스북, 애플, 아마존, 넷플릭스, 구글의 줄임말) 주식의 반열에는 오르지 못했더라도 그 수준에 근접하고 있고, 자주 거론되는 일부 중소기업 못지않게 중요한 주제가 되었다. 물론 산업전시회 측 조언을 무조건 따르라고 권하는 것은 아니다. 주최측의 주요 관심사는 전시회 참관객의 단기 이익에 맞춰져 있어 여러분의 투자 스타일과 반드시 일치하지 않을 수도 있다. 그러나 언론의 관심이 증대되고 있다는 사실 자체는 비트코인의 시대가 도래했다는 가장 크고 확실한 신호다.

비트코인에 관해
구체적인 대화가 오가는가?

이 항목은 앞의 주제와 연결된다. 어떤 추세나 산업이 성숙했는가를 알기 위해서는 사람들이 주고받는 대화를 살펴보면 된다. 사람들이 아직 기초적인 지식도 없고 이제 막 알기 시작한 단계인가? 사람들이 전체적인 윤곽에 관해 질문하는가(언제, 어디서, 무엇을, 어떻게 등의 질문),

아니면 이미 패턴을 익힌 뒤 구체적인 내용을 질문하는가? 뒤의 경우라면 사람들이 이미 출발점을 지나 해당 추세나 산업을 좀 더 항구적인 존재로 인식하기 시작했다는 것이다. 뻔한 말일 수도 있지만, 경제 추세를 포함한 모든 일을 분석하기 위해서는 우선 상식적인 관찰이 바탕이 되어야 한다.

수많은 기자와 해설가들의 질문과 다루는 주제 역시 시간이 흐르면서 점점 변해왔다. 랑시엔펑과의 토론 이후 3년 동안, 비트코인 가격이 마술 같은 1천 달러 문턱을 돌파하고 BTCC(BTC차이나는 2015년에 중국 외 지역으로 사업을 확장하기 위해 회사명을 BTCC로 바꿨다)가 비트코인을 사기 위해 소비자들이 몰려드는 유력 플랫폼으로 성장하기까지는 나에게 질문하는 사람들의 관심사는 주로 기초 원리와 가격 추이 같은 것이었다.

나는 TV 방송에 어울릴 만한 간단하고 쉬운 문구를 골라 요점을 미리 정리하곤 했다. 같은 주제가 반복되더라도 개의치 않았다. 내 사업을 홍보하는 것만이 아니라 비트코인 산업 전체를 대변한다는 생각을 품고 있었으니까. 그래서 파워포인트로 자료를 만들 때마다 해야 할 말을 꾸준히 반복해서 담았다.

나는 몇몇 중요한 단어를 사람들의 뇌리에 각인시키자고 마음먹고 그것을 알기 쉬운 용어로 풀어서 설명했다. 예컨대 '탈중앙화'는 어려서부터 기존 금융 시스템에 젖어 있던 사람들로서는 이해하기 어려운 개념이었다. '분산원장'은 비교적 설명하기 쉬웠다. 온라인상에서 여러 계좌가 작동하는 구조를 그려서 보여주기만 하면 되었다. '암호 방식'은 비트코인 네트워크에 참여하는 데 필요한 일종의 특급 비밀번호라는 식으로 설명했다. '디지털 화폐'란 빛나는 물체는 아니지만 마치 금과 같은 것이라고 말했다. 나는 비트코인 가격이 1만 달러 대를 무난히 돌파할 것이고, 10만 달러, 100만 달러 대까지도 갈 수 있다는 예측을 꾸준히 반복했다. 물론 어떤 수준을 언제 달성할지에 대해서는 확신이 없었지만 말이다. 현명한 투자자라면 긴 안목을 가지고 진득하게 버틴다는 자세로 비트코인에 접근해야 한다는 말도 빼놓지 않았다. 나는 그때의 관점을 지금도 그대로 고수하고 있다.

2017년을 기점으로, 마치 우주로켓의 1단 엔진이 추진력을 발휘하듯 비트코인 가격이 다시 2만 달러까지 상승하자 사람들이 던지는 질문의 성격이 달라졌다. 물론 사람들이 매력을 느낀 대목은 여전히 가격이었다. 그런 생각을 탓할 수도 없는 것이, 당시는 모두가 한몫 잡을 꿈을 꾸던 광란의 시대였기 때문이다. 그러나 기자나 앵커들이 던지는 질문 가운데는 규제나 보안과 관련된 사안, 펀드를 비롯한 기타 금융 상품에 비트코인이 미칠 영향 등의 주제도 포함되기 시작했다. 한번은 리샤드 살라맛Rishaad Salamat이 진행하는 블룸버그TV 방송에 출연해서 중국이 암호화폐를 단속하는 상황이 어떤 의미인지 꽤 오래 설명한 적이 있었다. 또 다른 방송에서는 비트코인 상장지수펀드의 실현을 방해하는 요인과 그것을 승인할 수밖에 없는 이유를 설명했다. 그때는 기본적인 사항이나 가격에 관한 질문은 전혀 없었다. 이런 상황은 콘퍼런스에 연사로 나갔을 때도 마찬가지였다. 질문이 점점 숲보다는 나무를 향한다는 느낌을 강하게 받았다.

각종 조사 결과도 내 경험과 맞아떨어졌다. 2018년 영국의 조사기관 유고브YouGov가 실시한 설문조사에 따르면 10명 중 7명이 비트코인에 대해 들어봤다고 답했고,[4] 2019년 크립토 레이더Crypto Radar 보고서는 미국인 중 비트코인을 이미 보유한 사람이 6퍼센트, 앞으로 살 계획이 있다고 답한 사람이 7.5퍼센트라는 결과를 발표했다.[5] 등장한지 10여 년에 불과한 이 업계가 성장세에 접어들었음을 뚜렷하게 보여주는 수치였다. 내가 사람들과 나눈 대화의 내용만 봐도 그들의 이해도는 이미 깊은 수준에 도달해 있었는데, 이는 오로지 이 주제가 주류 언론에 깊숙이 파고들었기 때문에 가능한 일이었다.

가격 문턱이
오르는 추세인가?

지금부터 하는 이야기는 앞에서 수치와 가격에 너무 매달리지 말라고 했던 내 말과 다소 상충되는 듯 느껴질 수도 있다. 그러나 나는 분명히 통계 수치가 전체적인 그림을 그리고 추세를 확실한 용어로 표현하여 직관적인 관찰 결과를 확인하는 데 도움이 된다고도 말했다. 통계 수치는 특정한 심리적 문턱을 넘어서는 순간을 분명히 알려주는 수단이 되기도 한다. 어떤 산업이나 흐름이 특정 성장 단계에 도달하면 대중의 여론을 사로잡는 상징적인 가치를 획득하게 된다.

일부 관측자들은 비트코인 네트워크가 이미 그런 전환기를 통과했음을 수치로 확인할 수 있다고 생각한다. 2011년에 비트코인 가격이 미국 달러와 같아진 뒤 1년 남짓 사이에 10달러와 100달러를 연달아 돌파한 사건은 아마도 그들이 제시할 만한 훌륭한 사례일 것이다. 달러와 같아진 것이 어쩌면 어떤 사람들에게는 비트코인을 여느 화폐처럼 생각하게 만든 계기일 수도 있다. 당시에는 유로 가격도 달러보다 조금 높은 수준이었다. 사람들은 2013년 초 10달러와 100달러를 잇달아 돌파한 장면에 경악을 금치 못했다. 비트코인이 싸구려 주식 가격으로 거래되던 때가 바로 엊그제 같은데 이렇게 빨리 그 수준에 도달하다니.

그러나 나는 비트코인 가격이 1천 달러와 1만 달러를 통과한 시점을 더 중요하게 본다. 1천 달러를 돌파한 시점은 2013년 11월 말로, 대중의 시선을 사로잡았던 것도 바로 그 엄청난 상승 속도였다. 비트코인 가격은 그해 내내 100달러 이상을 간신히 유지했고, 9월 중순까지도 여전히 그 정도 선을 맴돌다가 10월 셋째 주부터 본격적으로 오르기 시작했다.

당시 나는 BTC차이나의 서비스에 대한 수요가 폭발적으로 증가해 고객서비스 담당 및 소프트웨어 엔지니어를 추가로 모집하느라 눈코 뜰 새 없었다. 그러는 동안 비트코인 가격은 어느새 800달러까지 오른 다음 900달러에 도달해서는 마치 애를 태우듯 며칠간 그 자리에 머물렀다. 나는 이 기간에도 꾸준히 가격 추이를 확인했다. 어느 날 아침, 여느 때처럼 정각 7시에 눈을 뜨고 보니 거래 가격이 1천 달러를 넘어서 있었다. 그 순간 나는 우리가 새로운 경지에 들어섰고, 비트코인의 세계에 근본적인 변화가 일어났음을 알았다.

나의 예측이 맞아떨어진 것과 내가 보유한 물량의 가치가 급증한 것이 기쁘지 않았다고 말한다면 거짓말일 것이다. 내가 보유한 비트코인은 가격이 겨우 한 자릿수이던 시점에 산 것이었다. 그래도 아직 은퇴해서 태평양의 어느 섬으로 떠날 정도는 아니었다. 내가 기뻤던 이유는 비트코인이 중요한 전환점에 도달하는 장면을 볼 수 있어서였다. 800달러나 900달러라고 해서 1천 달러와 크게 차이 나는 것도 아니었지만, '네 자릿수'에는 미디어와 대중의 상상력을 새로운 지평으로 넓혀주는 중요한 의미가 있었다. 당시에는 금 가격도 이것보다 그리 높지 않았고, 아마존도 아직 1천 달러가 되지 않았으며, 구글은 그 절반에도 미치지 못한 상태였다.

1만 달러를 돌파하고 그 이후에 일어난 일은 실로 비트코인 가격에 대한 나의 예상을 훨씬 뛰어넘는 일대 사건이었다. 1천 달러를 돌파하고 얼마 지나지 않아 몇 번 가격이 주저앉아 회의론자들의 놀림감이 되었을 때도, 나는 BCT차이나 직원이나 업계에 처음 발을 들인 사람들이 조언을 청할 때마다 비트코인이 향후 3~4년 안에 더 큰 급등세를 보일 것이라고 말해주곤 했다. 그런 나조차 상승세가 그토록 엄청난 모습으로 펼쳐질 줄은, 그로 인해 사람들의 걱정이 눈 녹듯 사라지고 비트코인이 마침내 주류에 성큼 다가서게 될 줄은 미처 몰랐다.

비트코인은 2017년에 약 1천 달러 근처에서 출발한 뒤 상승을 시작하자마자 금세 3배나 뛰어올라 3천 달러에 도달했다. 그 시기에 급등세를 보이던 주식시장의 어느 주식도 이 성적에 필적하지 못했고, 이만큼의 잠재력을 지닌 것도 없었다. 신규 진입자들이 시장에 열풍을 일으킬 때는 보통 남들이 누리는 기회를 나만 놓칠까봐 두려워하는 마음, 즉 포모FOMO, Fear of Missing Out가 그 원인이 되는 경우가 많다. (비트코인 네트워크에도 신규 투자자들이 대거 진입하여 갑자기 막대한 주문을 쏟아내면 가격이 비정상적으로 상승하는 이른바 포모 랠리가 벌어진다.)

그 시점에 투자자들이 비트코인을 자세히 파악하고 올바른 자세로 시장에 진입했든, 아니면 단기 이익을 바라고 그릇된 태도로 접근했든, 광란이 미친 효과에는 변함이 없었다. 비트코인이 마침내 낯설고 두려운 존재에서 벗어나는 중요한 단계로 진입한 것이었다. 그동안 갑자기 나타난 이 소동을 오랫동안 외면하며 수면 아래를 깊숙이 주시하던 사람들도 비트코인의 가격을 합리적인 논리로 파악할 수 있게 되었다. 그들은 마찬가지로 최근에 등장해 빠른 주가 상승을 보여준 아마존·구글·페이스북 등의 다른 기술기업들을 참고하며 수긍할 수 있었다. 이 기업들도 모두 등장하자마자 맹렬한 속도로 날아오르다가 가파른 하락을 경험한 뒤 머지않아 다시 상승하기 시작해 최고점에 도달하는 패턴을 보여주었다. 변덕이 심해서 불안하다고? 기술주를 비판하는 사람들은 이 회사들이 투자시장에 모습을 드러낸 초기부터 변동성 이슈를 제기하며 맹공을 퍼붓지 않았나? 기술주는 늘 투자 포트폴리오에서 고위험군으로 분류되는 것 아닌가?

이후 몇 달 동안, 심지어 2017년 11월에 비트코인이 2만 달러 고지를 잠깐 돌파했다가 다시 두 달 뒤 7천 달러 아래로 떨어지는 와중에도 주류 언론은 그동안 한 번도 보여주지 않던 기세로 이 현상을 집중 조명했다. 몇몇 언론이 암호화폐 전담 취재반을 운영하기 시작했다. 어떤 곳은 특집 스토리를 다루기도 했다.《뉴욕타임스 매거진》은 ICO가 떠오르는 현상을 표지 기사로 실었다.《뉴욕타임스》는 2017년에 2억3200만 달러의 거액을 조달한 테조스를 집중 보도했다. 암호화폐 관련 주요 간행물의 온라인 방문자 수는 몇 배로 증가했고, 콘퍼런스를 비롯한 각종 행사의 참가자 수도 하늘 높은 줄 모르고 치솟았다. 비트코인을 다루는 간행물이나 기업 블로그 및 포럼 등이 거의 매주 새롭게 선을 보였다.

그때 마침 중국 정부의 거래소 단속 정책에 따라 중국 내 거래소 운영을 중단할 준비를 하고 있던 나는 이런 상승세를 보며 특히 감개무량했다. 중국은 그 당시에도 이미 전 세계에서 가장 많은 비트코인 투자자가 나오던 지역이었다. 가장 큰 시장에서 무시무시한 장애 요인이 새로 등장하는데도 비트코인이 번창한다는 사실은 좋은 징조가 아닐 수 없었다. 비트코인은 마침내 어떤 기관이나 강제력으로도 감독하거나 막아설 수 없는 존재가 되고 있었다. 약 1만 달러 안팎에 도달한 시점에 경제 및 정치 분야의 리더들이 비트코인을 주목하게 된 것 같다. 그보다 훨씬 더 일찍부터 주시해왔는지도 모르지만.

비트코인은 언제나처럼 지금도 수많은 두려움과 똑같이 싸우고 있다고 볼 수도 있다. 다만 이제는 조그마한 요란 법석에도 동요하는 사람의 수는 점점 줄고, 비트코인을 옹호하는 사람은 거의 군단을 이루다시피 확대되는 추세다. 그간의 오해 및 의심과 싸워온 결과 비트코인은 한 해 두 해 시간이 지날 때마다 더 많은 사람의 인정을 받고 있다. 여기에는 최초로 1만 달러를 돌파했다는 사실이 큰 역할을 담당했다. 그것은 비트코인의 시대가 왔다는 신호였다. 심지어 가격이 늘 1만 달러를 상회하지 않더라도 말이다.

정부의 개입이 느는가?

나는 정치적인 인물이 아니다. 워싱턴DC의 권력 암투나 중국 중앙위원회의 사정을 속속들이 알고 있지도 않다. 자유와 해방의 가치를 존중한다는 점에서 나는 자유주의자에 가깝다. 가능한 한 정부가 내 인생(사회적·경제적 및 기타 측면)에 간섭하지 않을수록 좋다고 생각하지만, 한편으로 정부가 제공하는 핵심 서비스의 중요성은 충분히 인정한다. 의회가 비트코인에 관해 검토하는 내용을 세세하게 파악하지는 않는다. 어떤 위원회나 소위원회가 청문회를 여는지, 누가 거기에서 암호화폐와 블록체인을 대변하는지 일일이 살펴본 적도 없다.

이미 여러 차례 설명했듯이 블록체인은 탈중앙화 기술을 통해 디지털 화폐라는 혁신을 이룩한, 말 그대로 블록이 연결된 사슬을 말하는 것이며, 비트코인 네트워크는 2009년에 발명된 블록체인을 기반으로 한 탈중앙화 디지털 화폐 시스템을 가리킨다. 비트코인 네트워크는 블록체인이 탄생하여 소규모 기술 전문가 집단을 뛰어넘는 규모로 성장하는 모태가 되었다.

나는 어느 정파 주최든 청문회에 출석하여 증언한 바가 없다. 물론 누가 증언했는지 몇몇은 알지만 말이다. 누군가를 대상으로 로비 활동을 펼친 적도 당연히 없다. 그러나 비트코인을 지지하는 국회의원들이 누군지는 안다. 켄터키주 공화당 하원의원 토머스 매시Thomas Massie는 연방준비제도이사회 감사 법안을 입안했고, 2013년 자유주의 성향의 한 콘퍼런스에 참석해서는 비트코인이 언젠가 연준을 대체할 수도 있을 거라고 농담하기도 했다.[6] 내가 매시를 눈여겨본 이유는 그가 MIT에서 공학을 전공한 인재답게 자신이 살 태양광 주택을 직접 짓는 등 비트코인 네트워크에 꼭 어울리는 혁신적인 사고의 소유자였기 때문이었다. STEM(Science, Technology, Engineering, Mathematics. 과학·기술·공학·수학을 말함)의 소양을 갖춘 자유주의자인 그는 암호기술과 수학을 이용해 화폐와 거래의 투명성을 보장하는 개인 간 네트워크의 출현이 무엇을 의미하는지 이해했다. 매시가 국회의원 가운데서 최초로 비트코인에 관해 언급했는데, 지금 와서 생각해보면 그 내용이 그대로 언론에 보도된 것도 전혀 놀라운 일이 아니다.

보수 성향의 미네소타주 하원의원 톰 에머에 관해서는 이미 언급한 바 있다. 역시 연준을 강력하게 비판하는 편인 그는 암호화폐와 블록체인을 열광적으로 지지해왔고, 2020년 8월에 의회 최초로 암호화폐 관련 토론회를 개최했으며, 2020 총선에서 비트코인 지원 정책을 재선 공약으로 내걸기도 했다. 그는 암호화폐의 미래가 시장에서 결정되어야 하며, 비트코인의 기반 기술을 환영하고, 과도한 규제에 반대한다는 견해를 밝혔다. 한편으로는 의회 블록체인 코커스에서 플로리다주 민주당 의원 대런 소토Darren Soto와 함께 공동의장을 맡아 암호화폐 및 금융서비스 상품의 과세에 관한 투명한 지침을 마련하라고 국세청을 압박하는 활동을 펴고 있다. 에머는 암호화폐가 팬데믹 이후에 더 큰 역할을 하게 될 것이라는 낙관론을 펴는데, 그 점에는 나도 동의한다. 반드시 그렇게 될 것이 분명하고, 이제 세상은 결코 암호화폐가 없던 시절로 돌아갈 수 없을 것이다.

> "우리가 이 위기에서 벗어난 이후에도 비트코인은 사라지기는커녕 더 강력해질 것입니다. 물론 세상에는 가치 있는 것이 많지만, 비트코인은 사람들이 기꺼이 위험을 감수할 만한 가치를 지니고 있으며, 앞으로도 계속 발전할 것입니다."

이 말은 국회 토론회를 개최하기 얼마 전 에머 의원이 모건크리크 디지털애셋Morgan Creek Digital Assets의 창업자 앤서니 폼플리아노 Anthony Pompliano가 진행하는 폼프팟케스트에 출연해서 한 말이다.[7] 나는 다른 비트코인 예찬론자들의 말과 함께 그의 이 말을 무척 좋아한다.

기업가로서 2020년 대선에 출마했던 앤드루 양Andrew Yang도 비트코인을 인정하고 있고, 와이오밍주 상원의원 신시아 루미스Cynthia Lummis는 달러화 가치가 하락하는 현상에 우려를 표명한 적 있다. 콜로라도주 민주당 주지사이자 두 개의 기술기업을 창업한 이력을 지닌 재러드 폴리스Jared Polis는 2014년에 비트코인을 비판하는 사람들을 향해 아무런 규제를 받지 않는 미국 달러화도 교환 수단으로 쓰이는데 차라리 이것을 금지하는 편이 낫지 않겠느냐고 비꼬는 투의 글을 썼다. 모두가 알다시피 자금세탁이나 테러 자금 등을 비롯한 수많은 범죄가 미국 달러를 통해 저질러진다. 아무도 미국 달러를 금지하라고 요구하지 않는다는 사실만큼 위선적인 일이 또 어디에 있단 말인가.

도널드 트럼프도 비트코인에 반대하는 목소리를 낸 적 있다. 그는 2019년 6월 트위터에다 여러 차례 비트코인은 "돈이 아니"며, "어디서 나타난 것"인지도 모르는 것이라고 했다. 당시 대통령 비서실장이던 믹 멀베이니도 이 말에 찬동했다. 전 국가안보보좌관 존 볼턴John Bolton의 회고록《그 일이 일어난 방》*The Room Where It Happened*에는 트럼프가 재무장관 스티브 므누신Steve Mnuchin을 향해 "비트코인이 가짜지 조사나 좀 해봐" 하고 호통치는 장면이 나온다. 그 말이 무슨 뜻인지는 아직도 잘 모르겠다. 비트코인을 도대체 어떻게 조사한다는 말인가? 물론 우리가 비트코인을 지지하는 대통령을 뽑았다면 좋았겠지만, 트럼프는 비트코인을 이해할 의지나 능력이 전혀 없는 구시대 인물이므로 별로 기대할 가치도 없다. 어쨌든 그는 수많은 기업을 소유한 사람이니까.

찬성이든 반대든 나는 정치인들의 관심이 점점 더 커지고 있다는 사실 자체가 비트코인의 앞날에 또 다른 큰 계기가 되리라고 본다. 매시 의원이 비트코인은 중앙집중형 통화 제도의 합리적 대안이 될 수밖에 없다는 말로 자신의 꿈을 표현하긴 했지만, 전 세계 다른 권력 집단은 고사하고 아직 미국 의회에서조차 아무도 '비트코인 네트워크'를 거론한 적이 없는 것 같다. 왜? 그들의 지역구 주민 중에 비트코인이 뭔지 아는 사람이 극히 드물기 때문이다. 정치인들은 표가 걸린 문제를 거론하는 존재다. 그러나 이제는 시대가 달라졌고, 입법기관이 이 문제에 점점 더 많은 관심을 기울이고 있다는 사실은 이 세력의 크기와 속도를 그들이 감지하고 있음을 말해준다.

누가
비트코인을
지지하는가?

역시 앞에서 다룬 내용과 연결되는 주제다. 어떤 운동이나 사업의 진정성을 확인하고 싶을 때는 그것을 통해 어떤 회사가 이득을 보는지를 살펴보면 된다. 이해 당사자나 관련자가 누구인가? 누가 실질적인 운영자인가? 그들이 오랫동안 좋은 평판을 쌓아온 사람이라면 거기에는 뭔가 잠재력이 숨어 있다고 생각해도 좋다. 그런데 관련된 인물을 조사해볼수록 의혹만 불거진다면 그 운동은 십중팔구 오래 가지 못할 것이다. 물론 여러분도 이런 판단을 내리기까지 누구보다 먼저 스스로 자세히 조사해보았을 것이다. 신문 기사, 연차 보고서를 비롯한 각종 재무 문서를 확인하고, 때로는 신원을 조회하여 특정 인물이나 그들의 기업에 대한 헌신도를 확인할 수 있다.

이것은 투자에서도 마찬가지로 적용되는 원칙이다. 어떤 사업 설명회에 참가해야 한다면, 우선 버크셔헤서웨이 자료를 찾아보거나 경험 많은 자산관리사나 저명한 자산관리회사에 문의해보는 것이 좋을 것이다. 물론 나도 공짜 스테이크를 주겠다며 사업 설명회에 참석해 달라는 연락을 받는다. 나도 맛있는 스테이크를 좋아하지만, 사기성 투자 권유 이메일은 받자마자 곧바로 휴지통에 던져버리는 편이다.

나는 늘 누군가로부터 투자 정보를 들으면 신중하고 균형 잡힌 태도를 유지하려고 애썼다. 유명인이 무언가를 보증하면 관심을 기울이게 된다. 그러나 내가 관심을 기울이게 되는 것은 '왜 내가 더 큰 관심을 기울여야 하는지 과연 그 유명인이 입증할 수 있는가'이다. 래퍼 스눕독Snoop Dogg은 연예계 활동으로도 많은 돈을 벌었지만 그 외에도 티모바일, 펩시, 아디다스, 크라이슬러 등의 광고 모델을 맡은 것으로도 유명하다. 스눕독은 포커 게임도 곧잘 즐기고 비트코인에 대해서도 좋은 말을 한 적이 있다. 그 점에 관해서는 나도 고맙게 생각한다. 그러나 과연 그가 이 분야에 관해 얼마나 알고 있을까? 찰스 포티스가 쓴 〈더 브레이브〉True Grit라는 영화의 원작 소설에 나오는 구절처럼 "물을 두 어깨에 질 수는 없는 노릇이다".

비트코인의 진정한 지지자는 어떤 자리라도 당당히 나가 비트코인을 변호할 수 있는 사람이다. 그는 존경받는 투자자일 수도 있고, 기업가 또는 대기업의 경영자일 수도 있다. 나는 그런 그룹에 포함될 수 있노라고 감히 자처한다. 나는 거의 20여 년간 세계 유수의 기술기업에서 일했다. 기업에서 일하는 동안에는 훌륭한 전문가들로 부서를 꾸려 운영했고, 나중에 직접 회사를 차려서는 동종 업계에서 가장 큰 업체로 키워낸 뒤 외부 세력의 음해에 시달리기도 했다. 그런 세력의 농간으로 업황이 악화되어 기업이 망하기 전에 BTCC를 제때 매각한 것은 현명한 대처였다고 볼 수 있다.

물론 나보다 비트코인을 더 많이 확보할 정도로 똑똑한 사람도 많지만 나 역시 많은 양의 비트코인을 채굴했고, 그것이 세상에 미칠 잠재적 가치를 미리 내다볼 정도의 안목은 가졌다. 나는 워런 버핏의 철학에 따라 가장 보수적인 투자 전략을 구사했다. 사실 그의 철학은 벤저민 그레이엄Benjamin Graham으로부터 물려받은 것이었다. 이는 '내가 가장 잘 알고 믿을 수 있으며 남들이 제공하지 못하는 소중한 가치를 제공하되 시장에서 저평가된 대상을 찾은 다음, 다른 사람이 어떻게 행동하든 두려움 없이 끈질기게 보유하라'는 메시지로 요약된다. 아마도 내 행동 가운데 논란거리가 될 만한 것이 있다면 온라인 포커 게임을 현금으로 즐긴다는 것 정도이리라. 그나마 그것조차 내 분수를 벗어난 적은 한 번도 없다. 내 행동에는 누가 뭐래도 충분한 근거가 있는 편이다.

나와 같은 처지에 있는 사람들, 즉 비트코인의 열렬한 전도사이자 가장 큰 투자자인 그들 가운데는 역사상 가장 큰 성공을 거둔 첨단 벤처기업에서 당당히 주역을 맡아온 사람들이 허다하다. 그들 중 몇몇

과는 개인적으로도 친분을 나누고 있다. 그들은 모두 시장 수요와 타이밍을 알아채는 뛰어난 감각을 지녔다. 그들은 자신이 투자할 분야를 세심히 관찰하고 숙고한다.

비트코인 업계가 변덕스럽다는 소리를 듣곤 하지만, 이는 이 플랫폼에 참여하는 사람들이 모두 막대한 위험을 기꺼이 무릅쓰거나 단기 수익을 노리는 사람들뿐이라는 오해에서 나온 말인 경우가 많다. 그러나 사실은 전혀 다르다. 비트코인 업계에서 가장 큰 몫을 차지한 사람들은 냉철하고 분석적인 태도로 제 할 일을 했기 때문에 그 자리까지 갈 수 있었다. 그들은 그저 상식적인 투자 원칙을 비트코인에 그대로 적용했을 뿐이다. 다음의 성공 사례들을 보라. 그중에는 미국에서는 덜 알려진 인물도 있다.

아르헨티나의 억만장자 웬스 카사레스Wences Casares는 이 나라 최초의 인터넷 서비스업체인 인터넷아르헨티나Internet Argentina SA와 온라인 중개회사 파타곤Patagon을 창업했다. 그는 나중에 파타곤을 스페인의 최대 은행 산탄데르Santander에 매각했다. 이어서 그는 게임 회사 하나와 브라질의 방코레몬, 디지털 지갑 회사 한 곳을 창업한 뒤 이 셋을 모두 매각해 수천만 달러를 손에 넣었다. 그리고 곧장 비트코인에 집중했다. 그가 총 4천만 달러의 자금을 모집해서 설립한 회사가 바로 저 유명한 암호화폐 플랫폼 자포Xapo다. 지금 이 기업의 시장가치는 무려 100억 달러가 넘는다. 2017년 글로벌 경제 뉴스지《쿼츠》Quartz 기사에 따르면[8] 그는 마이크로소프트 창업자 빌 게이츠와 링크드인 공동창업자 리드 호프먼Reid Hoffman 등 유수의 기술기업가들에게 비트코인을 사두라고 열심히 설득하고 있다고 한다.

그런 웬스조차 자신의 안목이라는 한계를 벗어나지는 못한다. 비트코인이 막 2천 달러를 넘어서던 2017년 6월 그는 자포 블로그에 "비트코인 시장이 실패할 확률이 최소 20퍼센트에 달한다. (…) 어쩌면 우리가 미처 대응할 사이도 없이 빨리 망할지도 모른다"라고 썼다.[9] 그는 사람들에게 각자의 손실 허용 범위 내에서만 비트코인을 사라고 조언했는데, 이는 대다수 사람에게는 "순자산의 1퍼센트" 정도였다.

비트코인이 1천 달러를 돌파하기 약 1년 전 타일러 윈클레보스와 캐머런 윈클레보스 형제가 합류한 덕분에 업계는 좀 더 활력을 띠었다. 윈클레보스 형제가 페이스북 창업자 마크 저커버그와 다툰 일은 기술업계 역사에서 매우 유명한 사건으로, 그 내막은 베스트셀러《소셜네트워크》*The Accidental Billionaires*와 아카데미상을 수상한 동명의 영화에 잘 그려져 있다. 책과 영화는 무려 6500만 달러의 상속 재산을 보유한 이 쌍둥이 형제를 마치 사회 부적응자이자 악당인 것처럼 묘사하고 있다. 그들이 온라인 소셜미디어의 잠재력을 알아본 안목과 기술에 대한 깊은 이해를 지닌 뛰어난 사업가였다는 내용은 드라마에 전혀 나오지 않는다. 윈클레보스 형제는 비트코인의 미래에 대한 확신을 자신들의 은행 계좌로 충분히 증명할 수 있다고 생각했다. 캐머런은 그들의 첫 투자회사를 상장시키고 얼마 후인 2013년에 CNBC의 〈딜북〉Dealbook에 출연해 말했다. "사람들은 비트코인을 이 시대에 등장한 금의 후예라고 생각합니다." 기술적인 측면에 대해서는 이렇게 소개했다. "앞으로 결제란 점점 비트코인 같은 네트워크를 통해 전 세계로 돈을 보내는 개념이 될 것입니다."[10]

나중에 그는 이렇게 덧붙였다. "가상화폐가 이미 보편화되었다는 데 거의 모든 사람이 동의하고 있습니다."

같은 자리에서 타일러는 기존 통화 제도에 비해 프라이버시와 안전이 훨씬 더 보장되는 금융 거래를 구현해준다는 점이 비트코인의 장점임을 내비쳤다. "비트코인은 암호 기술에 대한 믿음과 사람에 대한 불신을 기반으로 구현되었습니다."

과연 그들이 벤 메즈리치Ben Mezrich가 쓴 책《비트코인 억만장자》 *Bitcoin Billionaires*의 제목처럼 암호화폐 업계에 들어왔기 때문에 큰 부를 획득한 것일까? 나도 그것이 진실이기 바란다! 그러나 그것이 사실이든 아니든 나는 그들의 참여를 환영하며, 그들이 가격을 비롯한 여러 문제에 대해 상식을 바탕으로 한 낙관을 보여준 데 대해 감사한다. 타일러는 바로 〈딜북〉과의 인터뷰에서 "조금만 급증 장세를 보여도 시장가치는 충분히 4천억 달러를 돌파할 수 있습니다"라고 말했다. 당시 비트코인의 실제 시장가치는 약 43억 달러 정도였다. 그리고 타일러는 지금 당장 100배 이상으로 오르지 않는 것이 "어떻게 보면 더 이상한 일"이라고 말했다.

트위터와 스퀘어Squre를 창업한 잭 도시Jack Dorsey는 아마도 기술 업계에서 가장 강력하고 꾸준하게 비트코인을 지지하고 홍보해온 인물일 것이다. 그는 한때 스퀘어 현금 앱의 주간 허용 한도인 1만 달러를 매주 비트코인을 사는 데 쓴 적도 있다.[11] 그 당시 그는 이미 스퀘어 암호화폐 단위를 만들어서 언젠가 비트코인을 사는 데 조금씩이나마

쓰는 날이 오기를 기다렸다. 다음은 2020년 1월 스퀘어 블로그에 올라온 글이다.[12]

> "비트코인이 보편적인 글로벌 통화로(그 누구도 멈추거나, 꺾거나, 조작할 수 없는 위상으로) 올라서기 위해서는 비트코인(의 사용자 경험) 개선, 보안, 프라이버시, 그리고 가격 조정이 꼭 이루어져야 한다."

2018년 5월, 비트코인 가격이 연초에 비해 3분의 1 수준으로 주저앉은 시기였음에도 도시는 《런던 타임스》 *Times of London* 기사에서 비트코인이 어떤 장애물도 뛰어넘을 것으로 내다보았다.[13]

> "세계는 결국 단일 통화로 연결될 것이고, 인터넷에서도 단일 통화가 사용될 것입니다. 저는 그것이 비트코인이 될 것으로 믿습니다. 어쩌면 10년 뒤, 또는 그보다 일찍 벌어질 수도 있는 일입니다."

2014년 6월, 트위터·트위치·바이두·테슬라·스카이프 등 마치 모든 빅테크 기업에 투자하려는 듯한 벤처투자업계의 거물 팀 드레이퍼 Tim Draper가 각 언론의 1면 기사를 장식했다. 미국 연방법원이 경매에 부친 실크로드Silk Road의 압류 자산을 그가 3만 비트코인에 낙찰받았기 때문이었다. 실크로드는 불법 마약을 포함한 온갖 상품과 서비스를 살 수 있는 온라인 장물 시장 플랫폼이었다. 그는 코인베이스에 투자할 때부터 2023년이 되면 비트코인 가격이 최소 25만 달러에 이를 것이라고 꾸준히 예측해왔다(그럴 때마다 그는 자신의 트레이드마크처럼 비트코인 넥타이를 매고 있었다). 2020년 2월 25일, 그는 CNBC 채널에 출연해서 자신은 이미 그 전해에 주식을 모두 매도한 뒤 투자 포트폴리오 중 상당 비율을 비트코인으로 옮겨놓았다고 말했다.[14] 드레이퍼는 CNBC에서 이렇게 말했다. "확신이 있었으니까요. 저는 제가 본대로 말합니다. '어, 이게 더 좋은데'라고 말입니다. 장기적으로 보면 사람들은 더 나은 쪽으로 몰려올 수밖에 없습니다."

댄 모어헤드Dan Morehead는 암호화폐와 블록체인 분야에서 가장 공격적인 투자자로 손꼽기에 모자람 없는 인물이다. 2013년 모어헤드가 운영하는 샌프란시스코 소재 판테라캐피털은 최초의 비트코인 펀드인 '판테라 비트코인 펀드'Pantera Bitcoin Fund를 내놓았다. 고액 순자산을 보유한 개인과 기업을 상대로 보관 방법을 걱정할 필요 없이 비트코인에 투자할 기회를 제공하는 이 펀드는 일종의 위험한 초기 투자인 셈이었다. 비트코인 가격이 아직 60달러 선에 머무르며 금융서비스 회사들의 관심을 끌기에는 한참 모자라던 시절이었기 때문이다. 그렇다고 모어헤드가 도박을 한 것은 아니었다. 그는 프린스턴에서 토목공학과를 최고 우등생으로 졸업한 뒤 골드만삭스, 뱅커스트러스트, 도이체방크 등에서 트레이더와 경영자로 10년간 일했다. 그 뒤에는 헤지펀드 한곳에서 CFO를 맡아 온라인 외환 거래 플랫폼을 설립했다.

모어헤드가 2003년에 설립한 판테라캐피털은 거시전략을 구사하는 글로벌 헤지펀드로 시작했지만, 이후 크게 동요하는 세계 경제의 방향을 정확히 읽어내려는 노력을 통해 회사의 집중 분야를 재조정했다. 《뉴욕타임스》 기사는 그가 2008년 초에 투자자들에게 보낸 서신 내용을 공개했다.

> "우리는 세계의 종말이 눈앞에 왔는지(여전히 가능성이 있다고 생각합니다), 아니면 세계 경제 폭락이 이번 미국 연휴 기간에 750억 달러 규모의 선물 청산 여부에 달려 있는지 판단하는 중입니다."[15]

판테라가 비트코인에 집중하게 된 것은 기술 및 일부 분야에서 선두를 달리던 3대 투자회사, 즉 포트리스 인베스트먼트그룹Fortress Investment Group, 벤치마크Benchmark, 리빗캐피털Ribbit Capital 등과 제휴를 맺은 뒤부터였다. 벤치마크는 이베이와 우버의 초기 투자자였고, 스냅챗, 인스타그램, 질로우Zillow 등의 지분도 소유하고 있었다. 리빗은 투자 플랫폼인 로빈후드Robinhood와 보험회사 루트Root에 투자했다(리빗은 바로 전해에 출범한 암호화폐 거래소 코인베이스의 투자자이기도 했다).

그 이름에서도 알 수 있듯이, 판테라캐피털은 판테라 비트코인 펀드의 최대 지분을 소유하고 있었다. 이 펀드는 코인베이스, 폴리체인Polychain 등과 같은 블록체인 및 암호화폐 분야에서 가장 유명한 스타트업, 암호화폐 회사인 리플Ripple · 지캐시Zcash · 비트페사BitPesa 등에 투자했다. 특히 비트페사는 사하라사막 이남의 막대한 송금 산업을 타깃으로 삼은 회사였다. 모어헤드의 마음속에는 마치 비행기 조종사 같은 자신감이 있었다. 그는 비트코인이 거쳐온 다양한 부침을 함께 견디면서 주식시장을 훨씬 뛰어넘는 성과를 맛본 경험이 있었다. 2017년 말쯤에는 그의 펀드 역사상 최고 기록인 2만5천 배의 수익을 거두기도 했다.[16] 그는 비트코인 펀드를 처음 출범하면서 1300만 달러의 자금을 조달했고, 두 번째 펀드에서는 거의 그 두 배를 달성했으며, 2019년에 총 1억7500만 달러로 펀드를 마감했다.[17] 비트코인이 사람들의 뇌리에 또 한 번 깊이 각인되는 순간이었다. 그는 2020년 5월에 투자자들에게 보낸 장문의 뉴스레터에서 2021년 8월까지 비트코인이 11만5천 달러까지 오를 것으로 예측했다.[18] 다음은 그 뉴스레터의 일부다.

"깊은 고통과 엄청난 혼란이 난무하는 시대입니다. 주변에서 일어나는 일 가운데 99퍼센트는 어떤 방향으로 진행될지 도무지 알 수 없습니다. 그러나 이런 상황이 암호화폐 가격에는 매우 긍정적으로 작용할 것이 틀림없다고 봅니다."

"투자 포트폴리오에 포함된 종목에서 우리가 제시하는 가장 중요한 포인트는 비트코인 가격의 9년간 연평균 성장률이 209퍼센트라는 사실입니다. 주식, 채권, 원유, 그리고 다른 모든 자산과 비교해도 장기적 상관성이 전혀 없지요. 포트폴리오 이론의 관점에서 생각해보겠습니다. 한 세기에 한 번 있을까 말까 한 대위기 속에서도 상승하는 어떤 것을 발견했다면, 그것을 포트폴리오에 넣는 것은 너무나 당연한 일입니다."

2013년 9월 윈클레보스 형제와 모어헤드가 비트코인에 뛰어든 지 얼마 지나지 않아 투자은행장을 지냈던 배리 실버트Barry Silbert가 비트코인 인베스트먼트 트러스트Bitcoin Investment Trust, BIT를 설립했다. 이것은 미국에서 최초로 설립된 비트코인 전문 민간투자 기관이었다. 실버트가 기존에 운영하던 회사 세컨드마켓Second Market의 자회사로 설립한 BIT는 설립 7개월 뒤 10만 비트코인을 취득했다. 이것은 당시 기준으로 4천만 달러 넘는 금액이었고, 이로써 BIT는 소매투자자를 상대로 서비스에 나설 기반을 마련했다. 이것은 비트코인 역사에서 작지만 중요한 전환점으로, 일반 투자자도 거래소를 통하지 않고 비트코인에 투자할 수 있게 되었다. 그때까지 BIT는 소수의 선별된 투자자를 상대로만 영업하고 있었다. 2015년에 실버트는 세컨드마켓을 나스닥에 상장한 뒤 디지털커런시그룹Digital Currency Group, DCG을 출범했다. 이는 출범 이후 비트코인과 암호화폐 분야의 초기 기업에 전문적으로 투자하는 가장 중요한 벤처캐피털로 손꼽히게 되었다. DCG의 계열사인 디지털 화폐 자산관리사 그레이스케일 인베스트먼트Grayscale Investment가 운용하는 자산만 해도 270억 달러가 넘는다.[19] 실버트는 업계에서도 가장 낙관적인 것으로 이름난 인물이다. 2015년에 벌써 실버트는 조만간 월스트리트가 비트코인 거래에 나설 것이며 은행도 비트코인 서비스를 시작할 것으로 내다보았다. DCG의 투자 포트폴리오 중에는 비트플라이어bitFlyer, 코인베이스 등과 같은 거래소에다 암호화폐 결제 플랫폼인 라이트닝네트워크 Lightning Network 등이 포함되어 있다(내가 운영하는 스타트업 BTCC에도 투자했다). 이 회사는 암호화폐 업계에서 가장 널리 알려진 언론사인 코인데스크도 소유하고 있다.

BIT가 출범하던 바로 그달, 바트 스티븐스Bart Stephens와 브래드 스티븐스Brad Stephens 형제가 블록체인캐피털Blockchain Capital을 열었다(이 회사도 BTCC에 투자했다). 샌프란시스코에 자리한 이 벤처캐 피털은 주로 개발도상국을 겨냥한 결제 플랫폼인 비트페사, 크라켄 Kraken 거래소 등 비트코인 업계의 가장 중요한 회사에 투자했고 페 이스북이 만든 암호화폐 리브라도 포트폴리오에 포함했다. 스티븐스 형제는 둘 다 금융업계에서 15년 이상 경력을 쌓은 뒤 비트코인과 블 록체인 기술 분야에 관심을 기울여왔다.

그러던 2021년 2월, 테슬라의 창업자 일론 머스크가 자신의 회사 를 통해 15억 달러 상당의 비트코인을 매입했다고 발표하면서 비트코 인 가격의 폭등을 촉발했다. 이 발표가 있기 약 한 주 전에 그는 자신 의 트위터 프로필에 '#비트코인'이라는 표시를 올려놓았고, 음성 소셜 네트워크 플랫폼인 클럽하우스Clubhouse에서는 좀 더 일찍 비트코인 을 사지 않은 것을 후회한다고 말했다. 머스크는 "비트코인을 지지한 다"며 비트코인이 "일반 금융 소비자들로부터 광범위한 지지를 얻을 날이 머지 않았다"고 덧붙였다.[20]

비트코인 업계에는 앞서 거론한 인물 외에도 존경스럽고 뛰어난 이력을 소유한 이들이 많다. 코인베이스의 CEO 브라이언 암스트롱 Brian Armstrong은 오랫동안 딜로이트에서 기업 위험관리 컨설턴트로 활약해온 인물이다. 내 동생 찰리 리는 구글에서 소프트웨어 엔지니어로 일하다가 코인베이스에 합류했다. 컨센시스ConSensys의 공동창업자 조지프 루빈Joseph Lubin은 골드만삭스 출신이다. 비트코인 결제서비스 회사 비트페이의 CEO 스티븐 페어Stephen Pair는 IBM에서 소프트웨어 엔지니어로 일했다. 암호화폐 및 파생상품 거래소 비트멕스의 공동창업자 겸 CEO 아서 헤이스Arthur Hayes는 도이체방크에서 주식 파생상품 트레이더로 경력을 쌓았다.

전통적인 경력을 쌓지는 않았지만, 현상에 도전하는 일을 즐기는 사람도 많다. 그들이 보여주는 다소 정상을 벗어난 듯한 모습은 디지털 화폐 업계에서 사이퍼펑크가 시작할 때의 모습과 일치하는 면이 있다. 그들은 모두 기존 제도가 안은 오류와 심지어 악행에 가까운 현상에 주목했다. 나는 비트코인의 이런 점도 너무나 마음에 든다. 신념과 배경에 상관없이 모든 사람을 수용하는 플랫폼이라는 점 말이다. 맞다. 여기에는 비트코인에 투자하고 이를 발표하는 것만으로 신문 1면에 기사가 나는 유명인도 당연히 포함된다.

한 가지 분명히 해두고 싶은 것이 있다. 나는 50센트와 마이크 타이슨, 카녜이 웨스트Kanye West 등이 비트코인을 지지하는 것에는 그다지 큰 의의를 두지 않는다. 물론 윌리엄 샤트너William Shatner(스타트렉 오리지널 시리즈에서 제임스 커크 선장 역을 맡았던 배우)가 비트코인을 받아들이고 일리노이 채굴농장을 지지하는 면모에서는 시적인 낭만을 느낀다. 스타트렉에 화폐가 소재로 등장한 적이 있는지는 기억나지 않지만, 그 시리즈가 재개봉한다면 외계 악당이 은하계 디지털 화폐 시장을 독점하는 장면이 나올 수도 있지 않을까?

그보다는 기존 기관의 리더들이 비트코인을 지지하거나 인식을 새롭게 하는 모습이 더 중요하다. 그런 점에서 가장 먼저 떠오르는 이름은 피델리티Fidelity의 CEO 애비게일 존슨Abigail Johnson이다. 금융기관 중 피델리티보다 더 튼튼한 기반을 확보한 곳이 또 있을까? 피델리티는 확고한 소비자 금융서비스를 바탕으로 거의 2조5천억 달러에 달하는 자산을 운용하고 있다. JP모건의 CEO 제이미 다이먼Jamie Dimon이 절반 정도는 항복한 모습을 보여준 데 경의를 표하며(그 덕분에 그 회사가 암호화폐 개발에 나설 수 있게 되었다), SMH캐피털의 CEO 조지 볼George Ball이 그동안 비트코인에 강력한 반대 의사를 고수해오다 최근 태도를 바꾼 것에도 감사를 드린다. 볼은 2020년 8월 로이터와의 화상 인터뷰에서 "지금까지 말한 적은 없지만, 그동안 저는 블록체인, 암호화폐, 비트코인 반대자였습니다. 하지만 지금 상황을 보자면, 언제까지고 정부가 시장에 활력을 불어넣을 수는 없죠"라고 말했다.[21]

리드 호프먼이나 심지어 빌 게이츠가 비트코인에 관해 발언한 내용도 대단히 고무적이다. 그들이 보유한 비트코인이라고 해봐야 자신의 전 재산에 비하면 극히 일부겠지만 말이다. 빌 게이츠는 암호화폐 관련 어느 포럼에 보낸 영상에서 이렇게 말했다.

"우리가 만약 지금 아무것도 없는 상태에서 금융 시스템을 구축한다면, 그 바탕은 디지털 플랫폼이 되어야 할 것입니다. 디지털 방식을 취하는 것만으로 각종 거래 비용을 90퍼센트나 낮출 수 있고, 혁신적인 금융

상품 및 서비스를 모든 사람이 이용할 수 있게 될 것입니다."[22]

누구보다 비트코인에 회의적인(적어도 지금까지는 그렇다) 워런 버핏에 관해 말하자면, 그조차 잠깐이나마 비트코인을 보유했었다는 점을 짚고 넘어가야 한다. 한 자선경매 행사에서 460만 달러를 치르고 버핏과의 저녁 식사 기회를 얻은 트론Tron의 창업자 겸 CEO 저스틴 선 Justin Sun 덕분이었다.[23] 그는 식사 자리에서 버핏에게 휴대폰에 저장된 비트코인을 선물로 주며 그의 태도를 약간이나마 돌려보려 했다. 그러나 여전히 확신하지 못한 버핏은 그 비트코인을 자선단체에 기부해버렸다. 그 단체가 너무나 부럽다.

단기 등락을
무시하라

PART. 07

비트코인은
아직 13번째 생일도
맞이하지 않았다.

2020년 7월 27일, 비트코인은 거의 1년 만에 처음으로 1만1천 달러를 돌파하고도 1400달러가 더 올랐다가 열두 시간이 채 안 되어 1만1천 달러대 중반으로 후퇴했다. 그날 나는 트위터 계정에 2017년 10월 1일에 작성한 트윗을 고정해두었다. 당시에도 비슷한 가격대를 향해 맹렬한 상승장이 전개되고 있었다. 나는 그때 이렇게 썼었다.

> "지금 #비트코인을 사도 #너무늦지않은이유는, 그래도 약 7억 명의 다른 사람을 앞설 수 있기 때문이다. #금에 비견될 자산을 99퍼센트 할인된 가격에 살 수 있는 기회다."

그리고 나는 그 밑에 이렇게 추가했다.

"거의 3년이나 지났지만, 지금도 이 말은 유효하다."

우쭐대려고 한 말이 아니었다. 사실 약간은 그랬는지도 모르겠다. 비트코인에 관해 내가 말한 대로 되는 모습을 볼 때마다 기분이 좋다. 특히 모든 사람이 비관론을 펼 때는 더더욱. 그때가 바로 사람들에게 사라고 설득할 기회라고 생각한다. 얄궂게도 가격이 상당히 오르는 시기에는 이것이 너무나 쉬운 일이 된다. 2주 뒤인 2020년 8월 10일, 비트코인 가격이 1만1천 달러를 거뜬히 유지하고 있을 때, 나는 두 번째 2017년 트윗을 고정했다(그해 2월에 쓴 글이었다). 거기서 나는 2020년에 블록의 세 번째 "반감기가 지난 뒤에는" 비트코인 가격이 5천 달러에서 1만1천 달러 사이가 될 것으로 예측했다. (2020년에 블록이 반감기를 거치고 나면 매 10분당 채굴자에게 돌아가는 비트코인 보상액은 12.5비트코인에서 6.25비트코인으로 줄어드는데, 나는 이것이 비트코인 가격에 더 긍정적인 영향을 미친다고 보았다.)

"괜찮은 예측이었군."

2017년의 예측 밑에 달아놓은 2020년 8월 트윗이다.

사실 2017년의 예측은 대략만 맞는 말이었다. 급등세가 언제 시작될지 정확하게 짚어내지도 못했을 뿐 아니라 당시 비트코인 가격이 1,165달러였던 것을 생각하면 지금 기준으로는 웃음이 날 정도로 애매모호했다. 기술 투자시장의 추세를 조금이라도 아는 사람이면 누구나 나와 비슷하게 예측할 수 있었다.

2020년, 비트코인 가격이 대략 1만 달러를 오가던 당시 나는 또 한 번 대담한 예측을 했다. 나는 6월 2일에 테슬라 창업자 일론 머스크에게 트위터로 이렇게 말했다.

> "내년에 나올 #사이버트럭이 기대됩니다! 그때쯤 되면 1비트코인만 있으면 살 수 있을 겁니다. 2021년 말까지 만약 비트코인 가격이 3만 9900달러(사이버트럭의 출시 예정 가격)를 넘긴다면, 제가 @테슬라 사이버트럭 한 대를 사서 공짜로 드리겠습니다."

2021년 첫 주말이 되자 비트코인이 급등하더니 4만 달러를 뛰어넘었다. 따라서 나는 연말에 비트코인 가격이 얼마가 되든 상관없이 사이버트럭 한 대를 그에게 선물할 예정이다.

2017년과 2020년의 예측에는 큰 진실이 숨어 있다. 첫째 비트코인은 예측할 수 없고, 둘째 그 예측 불가능성은 무시해도 좋다는 것이다.

첫 번째 진실의 요점은 비트코인이 짧은 기간마다 어떤 행보를 보일 것인지 미리 내다볼 수 있는 사람은 아무도 없다는 것이다. 질주할 수도, 가라앉을 수도, 심장박동 곡선처럼 갈지자 행보를 보일 수도 있다.

두 번째 요점의 의미는 이렇다. 일단 비트코인을 사고 나면 변동성은 당연하게 받아들여야 한다. 특히 단기간에 벌어지는 등락에 일희일비할 필요가 없다. 이미 말했고 앞으로도 몇 차례 더 언급하겠지만, 현명한 비트코인 투자자는 단타 매매를 할 것이 아니라 장기 투자자가 되어야 한다.

그런 점에서 내 비트코인 투자법은 옳았다. 나는 다른 사람보다 비트코인에 대해 더 잘 알았고, 하루 이틀 사이의 움직임에는 그리 매달리지 않았다. "비트코인은 비트코인일 뿐이지." 내가 늘 하던 말, 변동이 심한 가격을 보고 하던 말이다.

활발한 친구도, 조용한 친구도 모두 친하게 잘 지내듯이 비트코인의 특성도 그렇게 생각하고 받아들이는 편이 좋다. 다양한 성격마다 다 단점이 있지만, 그들은 모두 내 인생을 풍성하게 가꾸어준다. 그들의 모든 면을 인정하고 함께 사는 법을 배우는 것이 인생이다. 당분간 크게 움직이지 않는 분야에 투자하고 싶다면 채권이나 기간산업 주식을 사면 된다. 단기간에 비트코인이 어떻게 움직일지는 아무도 모른다. 비트코인은 일반적인 분석을 번번이 뛰어넘는다.

2020년 6월의 거대한 상승장으로 다시 돌아가보자. 당시 가격 상승은 여러 가지 일들이 서로 엮여 벌어진 특이한 움직임 때문에 초래된 결과로 보인다.

이해하기 쉬운 측면을 보자면, 급등이 일어나기 하루쯤 전에 미 재무부 산하의 국립은행 규제 업무를 담당하는 통화감독청이 은행의 암호화폐 펀드 보유를 허용하겠다고 발표했다. 그 발표는 비트코인 측의 작지만 의미심장한 승리였다. 이제 투자자들이 은행에 비트코인을 저축할 방법이 마련된 셈이니까. 은행은 잘 알지만 디지털 지갑은 모르는 사람이 많다. 또 중요한 점은 그것이 은행과 정부가 디지털 화폐를 인정하는 방향으로 나아가는 한 가지 단계였다는 사실이다.

또 하나 당연한 측면을 든다면, 신용카드 업계의 거인 마스터카드가 바로 그날 암호화폐 서비스업체 와이렉스와 제휴를 맺고 소비자들이 암호화폐를 명목화폐로 교환할 수 있는 결제카드를 출시할 계획이라고 발표했다. 비트코인에 우호적인 또 다른 언론사로부터는 러시아가 비트코인을 자산의 일종으로 인정했다는 기사가 나왔다. 그 소식은 러시아가 비록 디지털 화폐를 국내에서 결제 수단으로 쓰는 것은 여전히 불법화하고 있지만, 마지못해 그 존재나마 인정한다는 인상을 주었다.

그것과 거의 비슷한 시기에 코로나19 팬데믹이 전 세계 경제를 강타했다. 미국 전역의 주요 도시에서 시민들의 소요가 일어났고, 다가오는 미국 선거에서 과연 투표가 제대로 진행될 수 있을지를 걱정하는 목소리가 제기되었다. 이런 모든 불확실한 상황 때문에 일부 투자자들은 전통적으로 가장 안전한 자산인 금으로 눈길을 돌렸다. 금 가격은 사상 최고액인 온스당 1776달러를 돌파한 지 한 달이 채 안 되어 온스당 1940달러로 올라갔고, 2020년 8월 6일에는 드디어 사상 최초로 2천 달러 고지를 돌파했다. 나는 7월 28일에《비트코인 매거진》의 존 리긴스John Riggins가 진행하는 팟캐스트에 출현해서 이렇게 말했다. "금 가격이 폭등한 시기는 1980년과 2011년 금융위기 이후였습니다. 금값이 오르는 장면은 늘 흥미진진하지요."

그렇다고 그 월요일 상황의 배경이 전 주나 혹은 그달의 다른 주 상황과 비교해 뚜렷이 달라진 건 아니었다. 코로나 바이러스로 인한 전면 폐쇄는 미국을 비롯한 전 세계가 똑같이 겪는 상황이었고, 미국에서는 일일 감염자와 치사율이 연일 최대치를 경신하고 있었다. 주요 서구 선진국에서는 제조업의 둔화와 함께 실업률이 두 자릿수를 넘거나 그에 근접하게 되었다. 소비자 지출과 GDP가 계속 줄어드는 가운데 모두가 효과적인 백신이 나왔다는 뉴스만 기다리는 상황이었다.

그리고 팬데믹의 와중에도 이상하리만치 높은 지수를 끈질기게 유지하던 주식시장은 또 한 번 성공적인 기록이 될 만한 날을 맞이했다. 다우존스 산업평균지수가 100포인트 상승하면서 S&P500과 나스닥이 동반 상승했다. 그동안 주식시장의 활황을 떠받쳐온 이른바 팡 주식, 즉 페이스북·애플·아마존·넷플릭스·구글이 강한 상승세를 보였다. 관망세로 돌아선 일부 투자자들이 그랬듯이, 만약 안전한 투자처를 찾고자 한다면 비트코인 외에도 대안은 얼마든지 있었다. 그날 상황의 요점은 바로 여러 개의 주요 신호가 복합적으로 작용했다는 것이다.

비트코인이 비상관 자산의 성격을 띤다는 말은, 이런 사건 중 어느 하나 혹은 복합된 요인에 깊은 의존성을 지니지 않는다는 말이다. 사토시 나카모토가 구상했던 내용 중 일부는, 기존 통화의 발목을 잡았던 일반적인 사건의 진행 상황과 인간의 판단으로부터 자유로운 화폐를 만드는 것이었다.

시간을 앞당겨 2020년 노동절 주말을 생각해보자(미국과 캐나다는 9월 첫 주 월요일이 노동절이다.—옮긴이). 실제 기후와 상관없이 여름이 상징적으로 막을 내리는 이때는 기업들도 연휴를 맞이하느라 별다른 일이 없는 것이 보통이다. 비트코인은 1만1500달러 선을 맴돌고 있었고, 일부 관측가들은 다시 한 번 1만2천 달러를 돌파하여 2021년에 더 높이 올라갈 기반을 마련할 것으로 내다보았다. 윈클레보스 형제는 트위터에 제미니 거래소Gemini Exchange를 출범했음을 알리며 환호성을 올렸다. 비트코인 업계의 다른 유명 인사들도 낙관적이기는 마찬가지였다. 팬데믹이 발발하기 전에 중국에서 이사해 라스베이거스의 집에 있던 나도 마찬가지로 낙관적이었다. 존 리긴스와의 인터뷰에서 나는 말했다. "이번에는 느낌이 좀 다르군요." 비트코인은 9월부터 계속해서 상승세를 보였다.

비트코인은 이전에도 종종 그랬듯이 아무 예고 없이 큰 폭의 움직임을 보였다. 9월 1일부터 5일까지 무려 2천 달러나 떨어져서 1만 달러 아래로 내려가더니, 이후 6주 정도 1만 달러와 1만1천 달러 사이에서 왔다갔다 했다. 하락을 점치는 것은 쉬운 일이 아니었다. 특히 한여름에 인상적인 성적을 보인 직후에 벌어진 일이라 더욱 그랬다. 현실적으로는, 비트코인의 변동성과 그로 인해 투자자들이 안게 될 위험을 다시 꺼내 드는 회의론자들의 말에 귀가 솔깃할 수밖에 없다.

그러나 나는 비트코인의 하락을 보면서도 한 달 전보다 그다지 속이 상하지 않았다. 비트코인은 그저 또 한 번의 등락을 반복하고 있을 뿐 기본 성질에서는 변한 게 전혀 없었다. 여름에 보여준 성적을 보면 여전히 훌륭한 투자처였다. 팬데믹이 서서히 시작되던 3월에 비트코인을 산 사람이 있었다면 그때쯤 200퍼센트의 가치 상승을 만끽하고 있었을 것이다. 심지어 7월 말에 비해서도 약 5퍼센트나 올라 있었다. 대단히 큰 폭이라고 할 수는 없겠지만, 그래도 다른 주식보다는 훨씬 나은 성적이었다.

회의론자들은 늘 그렇듯이 하루나 며칠 사이에 일어나는 일만 들여다보면서 큰 그림을 놓치는 실수를 반복했다. 비트코인은 변동성이 있는지도 모른다. 그러나 그 정도는 다른 분야에 투자하는 사람도 대부분 똑같이 겪는다. 워런 버핏마저도. 비트코인과 달리 버크셔헤서웨이 주가는 2020년 여름 동안 겨우 3퍼센트가 올랐을 뿐이다.

버크셔헤서웨이가 전성기의 면모를 되찾게 된 것은 버핏이 기술주를 위험한 것으로 치부했던 자신의 오랜 고집을 버리고 애플의 최대 주주가 된 직후의 일이라는 것을 주목하라. 사람들은 어떤 자산이 잘 나갈 때는 그것이 약세를 보였던 시절을 곧잘 잊고, 뛰어난 투자자도 실수를 저지른 뒤 종종 태도를 바꾼다. 워런 버핏을 포함해, 누구든 열린 마음으로 임하면 얻는 것이 있는 법이다.

단기적 가격 변동 현상은 비트코인이라는 세계의 완벽한 축소판이다. 비트코인은 급속히 상승해서 장밋빛 전망을 한바탕 불러일으켰다가 똑같은 기세로 갑자기 하락해 가장 생각이 앞서 있는 사람들조차 의심에 휩싸이게 만든 적이 한두 번이 아니다. 한편으로는 이런 장면을 처음부터 끝까지 지켜보는 것이 사려 깊고 열린 마음을 가진 투자자들에게는 훌륭한 교훈이 될 수도 있으리라. 무엇보다, 변동성이란 게 늘 심각한 오해에 시달리고 있으며 꼭 나쁜 일이 아니라는 것을 알 수 있다. 실제로 이 과정을 묵묵히 견딘 투자자들은 2020년 말 3만 달러에 근접한 비트코인 가격으로 충분한 보상을 얻었다.

변동성에 대한
오해

변동성volatility이란 무엇인가? 아니, 어쩌면 더 중요한 질문은 '변동이 아닌 것은 무엇인가'일지도 모른다. 그리고 사람들은 왜 그것을 두려워하는가?

간단하게 정의하면 변동이란 어떤 자산의 가격이 오르거나 내리는 정도를 가리키는 말이다. 자산의 변동성(혹은 실현 변동성이라고도 한다)은 대개 과거부터 지금까지 보여온 성적에 좌우된다. 여러 분석 보고서에 나타난 변동성은 분석 주체들이 가장 적합하다고 생각하는 가격 사이클에 맞추어 다양한 방법으로 계산한 결과이다. 내재 변동성 implied volatility이라는 것도 있다. 이것은 미래 가격 변동을 예측하기 위해 나온 개념이다.

투자자들이 변동을 두려워하는 것은 사실이다. 이는 큰 폭의 가격 변동이 잦은 비트코인에 가장 큰 장애물로 작용해왔다. 2020년에 피델리티 디지털애셋이 실시한 설문조사에 따르면 사람들이 비트코인을 취득하지 않는 가장 큰 이유도 바로 변동성 때문이었다.[1]

'CBOE 변동성' 지수라는 것이 있다. 이것은 S&P500에 포함된 기업들의 내재 변동성을 계산한 결과이다. 이것의 별명이 무엇인 줄 아는가? 바로 '두려움 지수'Fear Index다.

그러나 변동성이 곧 위험과 같은 것은 아니다.

우리가 이 둘을 혼동하는 이유는 우리 마음속에 주변 환경을 통제하고자 하는 욕구가 있기 때문이다. 변동성은 우리의 통제 범위를 벗어난 것이다. 따라서 그 자체로 위험하다는 인식을 준다. 이것을 투자에 적용해보자. 우리는 우리가 보유한 자산의 가치가 줄어들거나 심지어 완전히 가치가 없어질지도 모른다는 의심을 떨치지 못한다. 우리는 그런 가능성과 그것이 안겨줄 고통을 두려워한다. 위험은 앞으로 어떤 일이 일어날까를 두려워하는 것이다.

이런 반응은 이성적이라기보다는 감정적인 것에 더 가깝다. 투자를 위해 자신의 안녕이 위험에 노출되는 것을 감내할 사람은 드물다. 우리는 위험을 분산할 방법을 모색하며, 두려움의 원인이 되는 상황에 너무 가까이 가지 않으려고 애쓴다. 그러나 한편으로는 투자 결과 손실된 가치는 곧 큰 회복의 기회가 된다는 사실을 자주 망각한다.

역사를 돌이켜보면 '커다란 회복'이 실현되었던 장면이 숱하게 많다. 헨리 포드는 파산을 겪은 뒤 자동차 회사를 성공시켰다. 월트 디즈니도 두 번이나 파산했다. 그는 마지막 순간에 확보한 은행 대출금으로 〈백설 공주〉를 완성했고, 그것을 발판 삼아 다시 시작했다. 에이브러햄 링컨도 잡화점을 운영하다 망할 지경에 이른 뒤 일어섰다. 알고 보면 이들이 운영한 사업은 모두 그다지 위험한 것이 아니었다. 그저 그들이 경영을 잘못해서 어려움을 겪었을 뿐이다.

물론 애초에 위험이 내포된 자산이 있는 것도 사실이다. 이런 종류의 투자에 관해 더 깊이 거론할 생각은 없다. 비트코인은 위험과는 거리가 먼 자산이며, 종종 나타나는 급격한 가격 변동은 언젠가 멈출 것이기 때문이다. 다만 여기서는 '위험 투자'란 대개 더 큰 차원의 기술 트렌드에서 파생된 스타트업이나 새로운 요법을 연구하는 바이오 기술과 관련된 경우가 많다는 점만 말해둔다. 그런 분야는 벤처캐피털, 크라우드펀딩이나 큰 이익을 노리는 투기적 저가주 투자자의 영역이다.

전문 투자기관이나 노련한 개인 투자자는 투자한 사업이 실패했다고 놀라는 법이 없다. 그들은 위험한 자산에 투자하면서도 시장의 흐름과 불규칙한 성장 패턴을 잘 읽어낸다. 앞서가는 벤처캐피털들은 수학적 모델링을 동원하여 투자 대상과 성공률을 계산한다. 더구나 그들은 어느 정도의 손실은 충분히 감내할 수 있는 자원을 보유하고 있다. 더 크고 장기적인 그림에 비하면 변동성이 그들의 사고에서 차지하는 비중은 미미하다. 즉 그들이 떠안고 있는 위험은 충분히 계산된 것이다.

변동성은 특정한 규칙에 따라 작용한다. 우리는 그것을 측정할 수 있으며, 심지어 언제 일어날지 미리 예측할 수도 있다. 변동성은 좋든 나쁘든 여러 사건과 관련이 있다. 그런 점을 고려하고 작용 원리를 이해하면 올바른 결정을 내리는 데 도움이 된다.

투자자가 보기에 기초가 튼튼하고 성장 잠재력이 높아 제 실력을 발휘하는 과정에서 어느 정도 가격 변동이 발생하더라도 기꺼이 견딜 만하다고 판단하는 자산이 있게 마련이다. 우리에게 필요한 것은 끈기와 냉정이다. 이것은 비행기 조종사에게 필요한 자질과 정확히 일치한다.

비트코인에 투자할 생각이 있다면 매일매일 가격 추이를 놓치지 않고 추적하는 것이 좋다. 비트코인이 단지 호기심의 대상일 뿐이거나, 가격 등락의 원인을 설명해주는 특이한 사건이 발생한 경우가 아니라면 말이다. 그런 연습이 쌓이다 보면 다른 사람은 보지 못하는 패턴이나 연관관계를 찾아낼 수 있다. 비트코인의 열렬한 지지자이더라도 비트코인 가격은 매일 확인하자. 나 역시 오랫동안 그래왔고, 지금은 애플워치를 이용해 더 수월하게 확인할 수 있다. 지지자라면 누가 물어도 비트코인의 현재 상황을 즉각 대답할 수 있을 정도가 되어야 한다.

나는 성공한 투자가 다 그렇듯, 비트코인은 끈덕지게 기다려야 하는 대상이라는 것을 진작 파악했다. 비트코인 투자는 단거리 경주가 아니라 마라톤이다(앞으로 수십 년이 걸리는 초장거리 마라톤은 아직 시작되지도 않았다).

첫 급등세에도
냉정을 유지하라

2018년 11월 28일, 비트코인의 시작 가격이 처음으로 1천 달러를 넘어 1003달러가 되었을 때, 나는 투자에 관심 있거나 혹은 이미 샀을지도 모르는 모든 이들에게 그대로 보유하고 있으라고 말했다. 그러나 보유하라는 권유는 그로부터 3주가 지나서야 비트코인토크bit-cointalk.org 포럼 사이트에 올라왔다.[2] 글을 올린 사람은 hold로 써야 할 철자를 뻔히 잘못 써놓고도 'HODL'이라고 대문자로 강조까지 해놓았다. 그는 밤에 술을 한잔 마시고 쓴 글이라고 털어놓았다. 어쨌든 그 이후 온라인에서는 HODL이라는 단어가 퍼져나가기 시작했다. 비트코인을 장기적으로, 가능하면 영원히 보유하고 있어야 한다고 말할 때 그렇게 표기하는 게 유행이 되었다. 나중에는 거꾸로 HODL이 다른 의미의 약자가 되기도 했다. 즉, "목숨 걸고 보유하라"Hold On for Dear Life를 뜻한다는 것이다. 맞는 말이다. 비트코인의 변동성을 이겨내려면 목숨을 걸고서라도 끈질기게 보유할 필요가 있다. 나는 이것을 부정적인 말로 보지 않는다.

여러분은 비트코인을 HODL 하고 있는가? 적어도 나는 그렇다.

1천 달러 고지에 올라선 것은 비트코인의 상징적인 순간임이 틀림없다. 합리적인 결과이든 아니든 그 자체로 상징적인 가치가 있는 일이었다. 백 단위보다는 천 단위가 훨씬 더 깊은 인상을 안기므로, 비트코인에 투자하면 좋다는 메시지를 그 어느 때보다 강력하게 던지고 있었다. 투자자들은 어떤 기념비적인 사건에서 자신의 투자를 입증받으려는 습성이 있다. 그런 점에서 보면 최근 1만 달러를 돌파한 사건은 훨씬 더 큰 이정표라고 볼 수 있다. 이제 1만 달러를 넘어선 이상, 비트코인의 시대가 도래했다고 생각할 수밖에 없다.

비트코인이 처음으로 급등하여 경제지로부터 상당한 주목을 받은 것은 그 자체로 상전벽해와 같은 변화였다. 업계 내부자들끼리만 주고받던 자산이 일반 대중의 광범위한 주목을 받는 존재로 격상하는 일이었기 때문이다. 비트코인이 등장한 뒤 처음 3년간 그 가격은 작은 동호회 규모의 사람들이 주고받으면서 결정되었다. 그들은 비트코인을 사토시 나카모토로부터 직접 받거나, 초기부터 활동하던 사람들로부터 받거나, 직접 채굴하는 방법으로 취득했다. 2011년에는 전 세계 비트코인 투자자가 모두 모여봤자 큰 회의실 하나에 다 들어갈 수 있는 수준이었다. 거래소는 아직 낯선 개념으로, 운영하는 곳은 극소수에 지나지 않았다(그나마도 많은 문제를 안고 있었다). 사람들이 어느 정도 모이는 것은 1년 남짓 지난 뒤에나 일어날 일이었다. 오늘날 가장 성공적으로 운영되는 거래소 중 하나인 코인베이스는 내가 시작한 BTC 차이나보다도 1년이나 늦은 2012년 중반에야 등장했다. 바이낸스는 그보다 훨씬 뒤인 2017년에 문을 열었다.

비트코인마켓닷컴BitcoinMarket.com과 마운트곡스가 최초의 거래소로 널리 알려져 있는데, 특히 후자가 그렇다. 이 두 거래소는 2010년에 불과 몇 달 차이로 설립됐다. 그들은 원대한 눈으로 시장을 바라보며 뛰어들었고, 상당한 규모로 성장한 것도 칭찬받기에 부족함이 없다. 그들은 눈앞의 이익보다는 비트코인의 역사에 일익을 담당한다는 자세로 사업에 임했다. 비트코인마켓닷컴은 심지어 비트코인과 기존 통화 제도 사이에 관계 수립이 꼭 필요하다고 생각하여 결제서비스 업체 페이팔과 제휴를 맺고 사용자들이 명목화폐를 비트코인과 교환할 수 있는 길을 트기도 했다. 그러나 끝내 불안한 플랫폼 문제를 해결하지 못하는 바람에 거래소 역사의 주역이 되지 못하고 조그마한 보조 역할에 머물렀다.

비트코인 가격이 겨우 두 자릿수에 머무르던 시절에 마운트곡스가 업계의 거인으로 성장하여 거래를 손쉽게 만든 것이 과연 놀라운 일일까? 어떤 상품(투자든 어떤 분야든)이 번영을 누릴 때는 반드시 폭넓은 참여자가 나올 수 있도록 인프라가 마련돼 있어야 한다. 마운트곡스가 기술적 개선을 이룩하고 새로이 소유주가 된 마크 카펠레스가 공격 경영으로 시장을 확대하기 몇 주 전까지 비트코인 수요는 계속해서 증가하고 있었다.

비트코인을 새롭게 알게 된 사람들이 점점 늘어갔고, 그중에는 기술 분야의 문외한도 많았다. 마운트곡스 플랫폼은 그들에게 손쉬운 투자 방법을 제공했다. 증가한 거래량은 새로운 투자자들이 안심하고 합류할 수 있는 근거가 되었고, 그 결과 그들의 활동과 입소문 덕분에 가격도 착실히 상승했다.

마운트곡스를 잠깐 소개하겠다. 도쿄에 자리 잡은 이 회사가 가난뱅이에서 부자가 되었다가 다시 빈털터리가 된 이야기는 업계에 널리 알려져 있다. 이 회사는 실크로드라는 플랫폼의 악행과 연결되면서 억울한 오명을 뒤집어썼다. 첫인상은 떨쳐내기가 어렵다. 특히 수억 달러를 굴리고 법정에 서야 했다면 말이다.

마운트곡스는 2006년에 설립되었다. 비트코인이 발명되기도 한참 전이다. 원래는 판타지 게임을 즐기는 사람들이 온라인에서 카드를 거래할 수 있는 플랫폼으로 출발했다. 그 카드 게임의 이름인 매직 더게더링Magic the Gathering의 앞 글자를 따서 회사명을 MTGOX로 정했다. 여기서 OX는 온라인 거래소Online Exchange를 뜻한다. 이 회사가 65만 비트코인이라는 손실액과 함께 몰락한 것은 비트코인 역사에서 몇 안 되는 비극이었지만 언젠가 이 일이 비트코인과는 전혀 무관한 것으로 밝혀지리라고 생각한다. 왜 무관하냐고? 글쎄, 한번 생각해보자. 17세기 금은보화를 가득 실은 무역선을 강탈한 해적들이 오늘날 사회적 측면에서 문제시 되는가? 아니. 단언컨대 지금으로부터 4세기 뒤에는 마운트곡스가 당한 대규모 해킹 사건도 그 옛날 강도 사건과 전혀 다를 바 없을 것이다. 게다가 중요한 것은 그런 일이 일어났다고 해서 비트코인의 유용성이나 가치가 조금이라도 손상되지는 않았다는 사실이다.

나뿐만 아니라 많은 사람이 비트코인은 전적으로, 또는 많은 경우에 다른 경제 요인과 상관없는 비상관성 자산이라는 점을 굳게 확신하고 있다. 그러나 2012년 말부터 2013년 초까지 비트코인 가격이 눈에 띄게 상승한 데에는 작용한 요인이 있었다. 이미 18개월 전부터 존재했던 암호화폐 결제업체 비트페이가 '2012년 말까지 약 1천 개 이상의 업체에서 비트코인을 받기로 했다'는 소식을 전했다. 비트페이의 본사가 있던 애틀랜타는 어느 모로 보나 기술기업의 총본산이라고는 할 수 없지만, 이는 거꾸로 비트코인이 실리콘밸리나 보스턴 등의 기술 중심지를 벗어나 보편적 현상이 되고 있다는 점을 보여주는 대목이었다. 오케이큐피드OKCupid를 비롯한 주요 만남 사이트들이 비트코인을 받기로 했다는 소식도 눈길을 끌었다. 아프리카의 대규모 모바일 결제업체 엠페사M-Pesa가 비트코인과 연동하기로 계약을 맺은 일은 더 큰 주목을 받았다.

그러나 나는 이런 모든 사건, 2013년 11월 30일에 비트코인이 그해 최고가인 1200달러에 도달한 일도 그리 중요하게 보지 않았다. 그후 열흘도 안 되어 다시 700달러 아래로 내려온 일, 2014년 4월 12일에 351달러까지 떨어진 일, 마침내 2015년 1월에 171달러까지 폭락한 일도 마찬가지였다. 비트코인에 찾아온 첫 겨울은 길고 가혹했다. 그러나 겨울은 늘 그런 법이다. 1777년부터 1778년까지 조지 워싱턴 장군이 이끄는 대륙군도 밸리 포지에 주둔하며 영하의 날씨를 견딘 뒤에야 미국 독립전쟁에서 승리를 거두지 않았나.

세 자릿수를 오르내리는 변동이, 그것도 잘못된 방향으로 향한다면, 과연 그것은 불안하게 봐야 할 일일까? 물론이다. 그러나 다시 한 번 강력하게 권고하건대, 그렇다고 해서 그것이 비트코인의 거래를 그만둘 일까지는 아니다. 여기서 다시 한 번 비트코인의 경구를 상기하자. 비트코인을 하려면 고집이 필요하다. HODL 하라. 목숨을 걸고 보유하라.

다시 찾아온 비트코인의 급등세에서도 마찬가지 교훈을 얻어야 한다. 2016년부터 전 세계적으로 증가하는 수요에 발맞추어 여러 거래소와 각종 서비스 기관이 우후죽순처럼 생겨나면서 비트코인 가격이 상승하기 시작했다. 이 당시 업계 정보를 찾아보는 대표 사이트였던 코인마켓캡에 따르면 3천만 달러에서 출발한 일일 거래량이 2억 달러까지 올라가 있었다. 2017년 초에 이르러 비트코인 가격은 2013년 급등장 이후에 발생한 손실을 거의 모두 만회하여 사상 두 번째로 높은 가격인 1천 달러에 도달했다. 그 과정에 일어난 몇몇 작은 일도 이 불길에 연료가 되었다. 2016년 7월에 미국·영국·독일의 연구자들은 사용자들이 비트코인을 "범죄"보다는 "합법적인 사업" 목적으로 더 많이 쓴다는 연구 결과를 발표했다.[3] 같은 해에 비트코인닷컴이 밝힌 내용에 따르면 학자들을 비롯한 여러 저자들의 논문에 비트코인이 언급된 빈도가 4년 전에 비해 7배나 늘었다.[4, 5]

다음 해인 2017년 1월 NHK는 세계 3위의 경제 규모를 자랑하는 일본의 유통업체 중 비트코인을 받는 곳이 약 5배나 증가했다고 보도했다.[6] 그해 4월에 일본 정부는 비트코인을 합법적인 결제 수단으로 인정했다. 이런 일 하나하나가 그 자체로 큰 여파를 불러오지는 않았다. 그러나 이것들이 모여서 거대한 폭풍이 형성되고 있음을 알 수 있었다. 비트코인에는 너무나 좋은 폭풍이었다.

2017년 8월 초가 되자 비트코인 가격은 세 배 이상 올랐다. 한편 BTCC와 관련해, 나는 중국 정부가 비트코인 세력의 중심지 역할을 통제하기 위해 국내 거래소를 단속하리라는 징후를 읽고 이 문제에 골몰하고 있었다. 그러나 이내 미소를 지을 때가 왔다. 비트코인은 내가 예측한 그대로 움직이고 있었다. 그러다 본격적인 상승을 시작하더니 큰 폭의 세 자릿수 고공비행에 나섰다. 10월 중반이 되어서는 이미 5천 달러를 한참 뛰어넘은 상태였다. 11월 말에는 1만 달러를 통과했다. 며칠 뒤, 시장에 대한 확신이 두둑해진 나는 2013년에 취득한 비트코인 중 일부를 팔아 이익을 실현하고, 중국에 출시된 테슬라 모델X를 13만 달러에 충동 구매했다. 12월 7일에 비트코인은 다시 한번 3700달러나 껑충 뛰어 1만7천 달러가 넘어갔다. 열흘 뒤에는 사상 최고액인 2만89달러까지 급상승했다. 거기는 절대적인 꼭지점이었다. 적어도 다음 급등세가 형성되기 전까지는 말이다.

나는 뛸듯이 기뻤지만 좋은 시절이 그리 오래 가지 않으리라는 것도 알았다. 어떤 사람들은 가격이 오른 이유가 비트코인을 대량 보유한 누군가가 비트코인에 대한 세간의 관심을 끌기 위해 행동에 나섰기 때문이며, 그 투자자는 이미 자신의 목적을 달성한 뒤 빠져나갔다는 주장을 폈다. 나는 그 이론에 동의한 적이 없다. 비트코인은 어느 한 개인이 좌지우지하기에는 너무나 큰 시장이 된 지 오래다. 내가 동의하는 이론은 좀 다르다. 비트코인은 다른 기술 투자 분야에서는 상식에 속하는 FOMO(남이 다 누리는 기회를 나만 놓치기 싫다) 이론에 따라 역사적으로 검증된 급등장세를 한 번 더 겪었을 뿐이다. 그러니 머지않아 또 빠르게 내려가 속이 뒤틀릴 정도로 훨씬 더 낮은 수준에서 가격이 안정될 게 뻔했다. 그 폭이 얼마나 될지는 몰랐지만 2018년 봄에 6천 달러 근처에서 자리를 잡는 것을 보면서도 나는 전혀 놀라지 않았다.

가격이 이렇게 큰 폭으로 흔들려도 우려되지 않았다. 나는 비트코인 베테랑이며 이런 상황에 익숙했다. 갑자기 신규 투자자 수만 명이 비트코인 바람을 타고 위태할 정도로 몰려드는 장면은 너무나 헛되게 보인다. 비트코인을 수용하는 환경이 과거와는 달라졌다지만 이토록 까마득히 올라갈 만큼 급격한 요인이 있었던 것은 아니다. 신규 투자자를 비롯한 많은 이들은 그러다가도 또 갑자기 돌변해서 보유량을 일부 혹은 전부 내다 팔기도 하는데, 그것 역시 지나치다. 비트코인의 가치는 그 정도로 몇 주 사이에 떨어지지 않는다. 당시 BTCC를 홍콩의 다른 회사에 매각한 뒤였으므로, 나에게는 대중의 정서를 찬찬히 고찰해볼 시간이 있었다. 가장 극심한 반대론자들은 비트코인이 마침내 조종을 울렸다는 말을 서슴없이 내뱉었고, 심지어 가까운 지인이나 과거 BTCC에서 같이 일했던 직원 중 일부도 회의론을 내비쳤다. 너무나 놀랍고 실망스럽게도 그들 중 몇몇은 가지고 있던 비트코인을 전부 내다 팔았다.

내가 생각하는 비트코인의 미래와 최선의 투자 전략은 여전히 확고하다. 다시 한 번 말하지만 HODL 해야 한다. 사람들이 말하는 격동은 그저 여러 차례의 조정 과정에 지나지 않는다. 정말로 확신이 있는 사람은 투자 목표를 길게 잡는다. 심지어 수십 년 앞을 내다보기도 한다. 그들은 가격 변동에 일희일비하지 않는다. 나 역시 그들 중 한 명이다. 비트코인을 믿는 진정한 신자다.

과거나 지금이나 달라진 것은 없다. 비트코인에 투자하려면 큰 폭의 가격 변동도 있는 그대로 받아들여야 한다. 비트코인에 영향을 주는 요소들이 아니라 이 자산 자체가 보여주는 모습을 봐야 한다. 비트코인은 아직 13번째 생일도 맞이하지 않았다. 다시 말해 아직 10대 축에도 못 끼는 나이다. 그런데도 빠른 성장을 거듭해왔고, 12년 만에 엄청난 성과를 거두었다. 비트코인이 18세나 21세가 되면 그 누구도 넘볼 수 없는 진정한 위력을 발휘할 것이다. 그날이 기대된다.

정말 근본적인 이야기를 해야겠다. 비트코인이 아무리 변동이 심하다 한들 그저 시장의 힘이 작용하는 대로 따라왔을 뿐 그보다 더 심했던 적은 없다. 18세기 스코틀랜드의 철학자 애덤 스미스가 주창한 보이지 않는 손 이론은 자본주의 사회의 기반이 되어왔다. 애덤 스미스가 현대에 살아난다면 틀림없이 비트코인의 열렬한 팬이 될 것이다.

비트코인은
강하다

PART. 08

비트코인 네트워크에는
시스템 전체를
무너뜨릴 수 있는
하나의 목표 지점이 없다.

슈퍼맨의 약점은 크립토나이트다. 아킬레스의 경우는 발뒤꿈치다.

1927년도에 베이브 루스와 루 게릭이 활약하던 뉴욕 양키스를 다들 역사상 최강의 야구팀으로 생각하지만, 의외로 6위를 달리던 클리블랜드 인디언스만 만나면 쩔쩔맸다.

스탠더드오일Standard Oil은 제 몸집 때문에 결국 분사되고 말았다.

투자은행 업계의 거인 리먼브라더스와 베어스턴스는 한때 1조 달러가 넘는 자산을 운용하며 월스트리트에서 가장 똑똑한 사람들이 모인 집단이라는 소리를 들었지만, 서브프라임 대출 위기를 맞아 자신들의 탐욕 앞에 무릎 꿇었다.

신용평가기관 에퀴팩스Equifax는 고객사가 제공한 개인 금융 정보를 철저히 보호하는 능력으로 유명했지만, 사이버 보안 분야에서 빈틈을 보이는 바람에 해커들의 공격을 받아 무려 1억4300만 명의 고객

데이터가 유출되었다. 휴렛팩커드, IBM, 후지쯔, 타타 컨설턴시 서비스, NTT데이터, 디멘션데이터, 컴퓨터사이언스 코퍼레이션 등 하나같이 기술혁신의 선두주자로 이름을 날리던 이 기업들은 어이없게도 사이버 첩보전의 희생양이 되었다. 모두 중국공산당 국가안전부의 소행으로 의심되고 있다.

자연에서 얻은 소재인 금(원소기호는 AU이며 주기율표상의 원자번호는 79다)은 자연계에 존재하는 다른 어떤 물질로도 없앨 수 없지만, 거시경제적 사건에서 비롯된 가격 변동이나 신용 사기에 번번이 이용되어 왔다는 점에서 보면 분명히 약점이 있다. 남북전쟁 영웅이었던 율리시스 그랜트 장군은 1869년에 대통령에 선출된 뒤, 처남과 지인 둘이 정부의 금 매매 금지 정책에 영향을 미쳐서 금을 독점한 사태가 자신의 명예에 누가 되리란 걸 알았다. 그 정책은 남북전쟁 기간 중 발생한 막대한 정부 부채를 갚기 위한 것이었다. 그랜트가 그들의 소행을 눈치 챘을 때는 이미 금 가격이 온스당 160달러 선에서 140달러 아래로 곤두박질친 뒤였다. 나중에 이 사건에 붙여진 이름이 바로 '블랙 프라이데이'다. 금값과 함께 주식시장도 따라서 폭락했고 수사도 이루어졌다. 수사 결과 이 북군의 존경받는 리더의 결백이 밝혀졌지만, 훌륭했던 평판은 이미 훼손된 뒤였다.

누구나, 어떤 것이나, 어느 조직이나, 크든 작든, 가공의 것이든 사실이든, 인생의 모든 측면에는 약점이 존재한다. 이 세상 모든 것은 어떤 식으로든 공격받을 수 있고, 혹은 다른 어떤 사건으로 인해 해를 입을 수 있다. 취약성은 인간이 어쩔 수 없이 떠안아야 하는 조건이다.

누구나 다른 이에 비해 더 취약한 면이 있는 것이 사실이다.

그랜트 대통령의 일화와 다른 몇몇 사건이 있었지만 금은 웬만한 힘으로는 훼손되지 않는 특성 때문에 논란이 된 적이 별로 없다. 물론 금은 형틀에 부어 여러 가지 모양으로 만들 수 있으나 그 가치를 결정하는 기본 성분은 변하지 않는다. 금은 자연계에 존재하는 원소로서 다른 물질들을 활용해서 만드는 화합물·혼합물이나 합금과는 다르다. 금은 전 세계 어디에서나 똑같은 성질을 띤다. 금은 가열해도 녹거나 다른 모양으로 변할 뿐이다. 밀도가 대단히 높아서 무거우므로, 그보다 더 가벼운 소재를 사용해서 모조품을 만들기가 어렵다. 가치 저장 수단으로 사용되어온 역사가 긴 만큼 극적인 가격 조작이나 음모 행위에도 쉽게 흔들리지 않는다. 금은 특정 권력 기관에 굴복하지 않는다. 금이야말로 탈중앙화 자산을 대표하는 실체적 표본이다. 누구나 금을 찾아낼 수 있고, 누구나 금을 소유할 수 있다.

〈007 골드핑거〉의 감독 이언 플레밍Ian Fleming은 금의 영원불변한 성질을 깊이 이해했던 것이 틀림없다. 그 영화에 나오는 악당 이름을 오릭 골드핑거Auric Goldfinger라고 지은 것만 봐도 알 수 있다. 그는 세계 최대 금 저장고를 털고자 한 것이 아니라, 58년간이나 지속되는 방사능으로 그곳을 모두 오염시키고 자신이 보유한 물량의 가치를 높이려 했다. 본드 팬들의 뇌리에는 방사능 폭탄이 7초간 멈췄다가 폭발하는 장면이 아직도 생생하다.

이 장에서는 비트코인 네트워크가 과연 취약한지를 살펴볼 텐데, 그 답은 이미 간접적으로 말한 것이나 다름없다. 비트코인은 취약하다. 그러나 이 점에서 비트코인은 가장 자주 비교되는 금과 또 다른 공통점이 있다고 볼 수도 있다.

비트코인의 신자라더니 거의 신성모독에 가까운 발언이 아닌가 생각하는 분이 있을지도 모르겠다. 그러나 지지자라면 정직한 평가도 할 줄 알아야 한다. 너무 낙관적으로만 그려놓으면 의심부터 생기게 마련이다. 오히려 흠은 흠대로 지적해야 믿음이 간다.

세상에 완벽한 것은 없듯이 비트코인도 절대로 안전한 것만은 아니다.

비트코인 역시 금처럼 세상의 그 어떤 가치 수단보다 더 안전하다. 비트코인은 무너뜨릴 수도, 부술 수도, 망칠 수도 없다. 비트코인은 애초에 물질이 아니므로 파괴할 것이 아예 없다. 물론 지갑이 담긴 하드드라이브나 종이가 있기는 하다. 그 경우에도 요령 있는 투자자라면 다른 방법으로 개인 키를 익혀두거나 적절한 백업 장치를 마련해둔다. 비트코인은 특정 장소에만 존재하는 물리적 실체가 아니다. 동전이나 지폐의 형태로 존재하지 않는다. 비트코인 시스템은 특정 개인이나 회사나 기관에 의존하지도 않는다. 비트코인에는 그 전체를 위태롭게 하는 딱 한 곳의 공격 포인트라는 게 없다. 비트코인 '시스템'은 전 세계에 퍼진 인터넷상에 존재하며 이것은 ① 수십만 수백만 대의 기계장치, 즉 노드 ② 수백만의 사용자 ③ 그들이 소유한 컴퓨터 장치로 구성되어 있다. 이런 존재를 어떻게 파괴하거나 꺼버릴 수 있겠는가?

비트코인의 취약성은 다름 아닌 개인의 실수와 무대응에서 비롯된 펀드 손실에서 온다. 지갑 소유자가 자신의 키를 함부로 공개한다든지 보안과 관련된 주의사항을 제대로 지키지 않는다면 비트코인을 잃어버릴 수 있다. 여기서 지적해둘 점은 만약 코인을 잃었다 하더라도 비트코인 그 자체가 사라지는 일은 없다는 사실이다. 왜냐하면 애초에 최대 2100만 비트코인은 세상 어디엔가 존재할 수밖에 없도록 시스템이 설계되었기 때문이다. 비트코인이 취약한 측면이 또 하나 있는데, 비트코인 네트워크의 기반 구조가 확대되면서 그것을 구성하는 여러 서비스 제공 업체 중 하나가 실수를 저지르는 경우다. 실수의 원인은 개인의 비행 때문일 수도 있지만 그보다는 오판에서 비롯되는 경우가 더 많다. 예를 들어 기업의 보안 관련 허점을 관리자가 놓친다거나 새롭게 등장한 위협에 신속히 대응하지 못하는 경우다. 이것은 모두 충분히 있을 수 있는 문제들이다.

모든 것은
취약하다

어떤 산업, 어떤 시스템에서든 참가자 모두가 도덕적이고 유능하며 올바른 방식을 따른다고 보장할 수 없다. 유타주의 한 은행에서 강도 사건이 났다고, 또는 JP모건체이스에서 무려 700만 명의 고객 정보가 유출되는 큰 사건이 났다고 해서 은행 업계 전체를 기소할 수 있을까?

또는 일부 의혹이 발견되었다고 해서 관련 업계 전체가 부패에 빠졌다고 볼 수 있을까? 예컨대 웰스파고 은행이 서비스를 요청하지도 않은 고객에게 요금을 청구했다든가, 2020년에 뱅크오브아메리카·웰스파고·JP모건체이스·US뱅크 등이 급여보호프로그램 대출제도를 개편하여 부당이득을 취하려 한 혐의로 대규모 소송이 벌어진 일들을 생각하더라도 말이다. 이 책이 출간된 시점까지도 해결되지 않은 채 진행 중인 이 소송은 최근 일어난 사건 중 은행 산업 전체의 명성에 가장 큰 타격을 입혔다. 그러나 분명히 말하지만, 소송이 제기된 바로 다음 날에도 전국의 은행은 정상적으로 운영되었다. 그것 말고도 다른 골치 아픈 일들을 숱하게 겪어온 은행들답게 말이다. 2014년《네이처》지에 실린 한 논문이 은행 문화가 부정의 온상이 되어왔다는 사실을 훌륭하게 논증한 적이 있다.[1] 그러나 그것 때문에 은행이 문을 닫는 일은 일어나지 않았다(공정하게 말하자면, 2019년 베를린에서 발표된 또 다른 논문은 앞서 언급한 연구에 의문을 제기했다[2]).

항공기와 열차에서도 사고가 빈번하게 일어나지만 여전히 꿋꿋하게 운영된다. 자동차 산업은 그 많은 리콜 사태를 겪었음에도 여전히 건재하다. 그럴 수 있는 것은 그들 모두 튼튼한 기초를 바탕으로 계속해서 가치 있는 상품과 서비스를 제공해주기 때문이다.

비트코인도 마찬가지 시각으로 보면 어떨까 생각한다. 이 산업에서 발생한 문제는 다른 산업에서도 똑같이 일어났던 일들이다. 특히 개발 초기에는 어디나 다 마찬가지다. 그런 문제를 마치 비트코인 자체에 포함된 근본적인 문제인 양 생각하는 것은 오해다. 비트코인 네트워크를 만들어낸 작동 원리는 오늘날 그 어느 때보다 더 튼튼하게 잘 돌아가고 있다. 그리고 비트코인의 작동 원리는 다양한 업체들이 제공하는 더 넓은 범위의 거래 및 고객 서비스 환경과는 다른 것이다. 비록 그 업체 중 일부에 문제가 있다고 해도 그것 때문에 비트코인이나 다른 암호화폐 시스템이 무너지지는 않는다. 이 시스템의 기초는 원래부터 튼튼하기 때문이다.

여기서 다시 한 번 비트코인이라는 단어에 두 가지 다른 뜻이 있다는 점을 언급하기로 한다. 대문자 B로 시작하는 비트코인은 플랫폼 전체를 가리킨다. 이 바탕 위에서 암호화폐가 세상에 꾸준히 유통될 수 있고 투자자들은 그것을 보유 및 거래할 수 있다. 비트코인의 앞자리가 소문자 b로 되어 있을 때는 화폐 단위라는 뜻이 된다. 이것은 취약성과는 아무 상관 없는 문제다. 혹시 비트코인 서비스 제공 업체들을 대문자 B의 비트코인, 즉 비트코인 시스템의 일부라고 생각할 수도 있겠지만 그것 역시 완전한 오해다. 빗썸bithumb이나 바이낸스 등 주요 거래소의 보안시스템이 뚫리는 사고에 대해 늘 비트코인 시스템 전체를 욕하면 안 된다. 그것은 마치 골드만삭스, 도이체방크를 비롯한 수많은 은행과 금융기관에서 크고 작은 강도 사건이나 보안 사고가 일어났다고 해서 그것이 모두 연방준비제도이사회의 책임은 아닌 것과 마찬가지다.

어떤 산업이든 유행이든 규모가 충분히 커졌는데도 아무 문제 없는 경우를 본 적 있는가. 있다면 알려주시길. 내가 아는 한 그런 경우는 없었으니까. 참가자들이 늘어나 시스템 기반을 마련할 때쯤 되면 오히려 그들의 움직임을 통제하거나 추적할 수 없어서 여러 문제가 일어나는 것이 보통이다.

최선의 보호책은
무엇일까?

많은 사람이 탈중앙화를 추구하는 비트코인 네트워크의 성격을 다수의 공격 포인트를 허용하는 요인으로 생각한다. 그들의 눈에는 중앙권력이 없는 비트코인 네트워크가 주민을 보호하는 보안관이 없는 마을로 보이는 것이다. 이론적으로는 어떤 참가자든 비트코인 네트워크를 공격할 수 있다. 그러나 이런 생각을 하는 사람이야말로 기존의 중앙집중형 제도에 기울어져 있어 그 취약성을 미처 보지 못하는 것 같다.

　탈중앙화야말로 모든 보호책 중 으뜸이다. 거기에는 시스템 전체를 무너뜨릴 수 있는 하나의 목표 지점이 없다. 비트코인 네트워크에는 특정 IT 부서가 관리하는 중앙 컴퓨터 시스템이 없으므로 공격당할 대상이 아예 없다. 그러니 악의적인 사업자가 시스템 내부의 누군가와 결탁하여 통제 센터의 열쇠나 사람들의 정보, 심지어 자산을 몰래 빼돌릴 수도 없다. 비트코인에서 안전은 참여자 전체가 책임진다. 시스템 내에 앞뒤가 맞지 않는 무언가가 있다면, 반드시 누군가의 눈에 띄게 되어 있다.

수십만 명이 지켜보는 앞에서 은행 금고를 턴다고 생각해보라. 모든 거래는 딱 맞아떨어져야 하고, 중복이 없어야 한다. 그래야 채굴자가 공개원장에 올릴 수 있다. 그것이 바로 블록체인이다. 더구나 채굴자는 자신의 활동으로 비트코인이라는 보상을 받으므로, 그 수는 점점 더 늘어난다. 비트코인 네트워크는 자기강화 시스템이다.

애초에 이렇게 설계되어 있으므로 긍정적인 자기강화 과정이 반복된다. 비트코인 네트워크는 심각한 공격에 끄떡없다는 것을 스스로 입증하므로 가치가 올라가고, 그에 따라 사람들에게 시스템에 대한 확신을 심어주며, 그로 인해 시스템을 감시하는 눈길이 더 많아지고, 이는 다시 안전성 향상으로 이어지고, 가치도 점점 더 올라간다. 더 쉽게 말하면, 전 세계의 해시파워 총량이 증가할수록 비트코인의 안전성은 더 향상된다. 전 세계 정부와 규제 기관이 아무리 발을 동동 굴러도 비트코인은 이제 사실상 디지털 화폐의 세계 표준이 되고 있다. 이 업계를 조금이라도 아는 사람에게 물어보면 알 수 있는 일이다.

비트코인에서는 그 구성 요소가 한데 어우러져 그 어떤 사악한 의도에 대해서도 '거의' 난공불락에 가까운 요새를 형성한다. 뛰어난 방어력과 자기 치유 능력, 그리고 네트워크가 커질수록 이런 특성이 점점 더 강력해진다는 점에서 가히 획기적인 과학적 성과라고 할 수 있다. 비트코인이 안전하지 않다고 주장하는 것은 과학적 논리를 부정하는 것과 같다.

'거의'라고 쓴 이유는 이 장의 서두에서도 밝혔다시피 세상에 완전한 것은 없기 때문이다. 극히 희박한 가능성이지만 비트코인에도 빈

틈이 있다면 그것은 이른바 '51퍼센트 공격'이다. 악한 의도를 품은 채 굴자들이 암호화폐 네트워크가 보유한 전체 연산 능력의 절반 이상을 점유하여 시스템의 능력을 저하하거나 거래를 통제하는 경우를 말한다. 실제로 2016년에 다소 지명도가 낮은 암호화폐인 크립톤과 시프트를 이런 방법으로 공격해서 성공을 거둔 적이 있다. 그러나 특정 세력이 비트코인이라는 방대한 네트워크를 대상으로 그때와 비슷한 결과를 거둘 가능성은 극히 희박하다. 그 정도의 공격을 감행하려면 어마어마한 규모의 통제 및 조율 능력이 필요할 텐데 현재 전 세계에 퍼져 있는 채굴자 그룹의 규모를 생각하면 거의 불가능에 가까운 일이다. 51퍼센트 공격이 실현될 가능성은 거대 운석의 공격으로 지구가 위태롭게 될 확률에 가깝다고 생각한다. 가능성이야 물론 전혀 없지는 않겠지만 실제로 일어날까를 묻는다면 아니라고 대답하고 싶다.

그러나 고정관념을 바꾸는 것은 어려운 일이다. 여러 서비스업체에서 일어난 사이버 보안 관련 사건 때문에 비트코인이 기존 통화보다 취약하다는 잘못된 관념이 팽배해 있다. 그런 사건에서 비트코인이 취약성의 원인이 된 적은 한 번도 없다. 오히려 문제가 된 것은 서비스업체들의 중앙통제형 운영 구조였다. 심지어 사람들은 비트코인과 아무 상관 없는 일로 비트코인을 비난하기도 한다. 예를 들어 2020년 7월 트위터가 해킹된 사건을 두고 비트코인 비판론자와 일반 독자들은 곧바로 비트코인에 비난의 화살을 날렸다. 주로 《뉴욕타임스》[3]나 BBC 같은 세계 유수 언론의 머리기사 때문이었다. 기사 제목에는 한결같이 "비트코인 사기"라는 표현이 들어 있었다. 그 사건은 누군가가 트위터의 보안상 취약점을 공격하여 버락 오바마, 빌 게이츠, 카녜이 웨스트, 일론 머스크 등 세계적인 인물의 계정에 접근한 뒤 12만 달러를 비트코인으로 송금해주면 두 배로 돈을 불려주겠다는 사기성 메시지를 사람들에게 무작위로 살포한 일이었다. 트위터 해킹 사건이 알려진 지 하루 뒤, 각종 문화 이슈에 날카롭고 재치 있는 논평을 날리기로 유명한 〈레이트 쇼〉The Late Show의 스티븐 콜베어는 방송을 시작하면서 "비트코인 강도"라는 표현을 썼다. 가장 권위 있는 간행물로 자부하는 《와이어드》조차 이 사건을 "트위터 비트코인 해킹"이라고 썼으니 본질을 제대로 전달하지 못한 셈이었다. 비트코인은 원래 해킹을 할 수 없고, 트위터가 해킹당한 사건과는 아무 상관이 없다.

이후 경찰은 17세의 해커를 체포했다. 사이버 보안 전문가들은 이 사건이 어떤 암호화폐와 관련해서든 일어날 수 있고, 아마추어 수준의 해커조차 트위터 사용자를 속일 수 있는 흔한 일이라고 설명했다. 비트코인은 그저 우연히 그의 범죄 도구가 되었을 뿐이다. 범죄 현장에 서 있던 구경꾼이 결백한 것처럼 말이다. (온라인 해킹 사건이 날 때마다 비트코인이 항상 그들의 절도 대상이나 인질의 몸값으로 요구하는 수단이 된다는 점을 눈치 챘는가? 왜 그럴까? 비트코인만이 가진 진정한 장점이 있고, 해커들조차 그것을 인정한다는 뜻이 아니고 무엇이겠는가?)

그러나 이 사건은 비트코인이 취약하다는 선입견을 극복해야 한다는 과제를 다시 한 번 상기시켰다. 그 사건과 뒷이야기를 특유의 자세한 필치로 다룬 《뉴욕타임스》 기사를 살펴보았다. 그 제목을 단 기자가 그저 아무 생각 없이 대중의 편견을 이용한 것뿐인지, 아니면 절묘한 표현을 찾아내다가 자신들의 편견을 무심코 드러낸 것인지 궁금해졌다. 어쩌면 둘 다일지도 모른다.

비트코인이 세간의 오해와 싸워야 하는 어려운 상황을 나는 "마운트곡스 증후군"이라고 부른다. 당시 비트코인에 관심이 있던 사람들은 막대한 비트코인 절도 사건으로 깊은 상처를 받았다(마운트곡스 계좌 보유자 가운데 은퇴 자금으로 비트코인을 보유하고 있던 이들은 이후 아예 비트코인 네트워크를 떠난 경우도 많았다). 이는 상당한 시간이 지난 뒤 합류한 사람들에게도 미묘하게 영향을 미쳤다. 그들은 비트코인의 취약성이 마운트곡스를 통해 가장 극명하게 드러났다는 말을 전해 들었다.

비트코인에 대한 평가가 마운트곡스를 기준으로 이루어진다는 것은 너무도 부당한 일이다. 그렇게 따지면 다른 건강하고 활기찬 산업 분야들도 모두 그들이 드러내는 흠결에 따라 평가해야 하지 않겠는가. 조금 다른 각도에서 살펴보자. 웰스파고가 고객을 속인 사건이 처음 드러났을 때 그들이 운영하던 자산은 총 1조5천만 달러였다. 지금은 그것이 2조 달러로 증가했고 고객 수는 7천만 명이 넘는다. 그중 압도적인 다수는 웰스파고 은행에 대해 확고한 신뢰를 보낸다. 최소한 거래 은행을 바꿀 정도로 불신하지는 않는다.

그뿐만 아니라 금융 생태계에 존재하는 약점과 비트코인 그 자체를 혼동하는 사람도 아직 너무 많다. 이 둘을 혼동한다는 것은 결국 투자자들이 상대하는 회사가 무슨 역할을 하는지 아직 모른다는 뜻이다. 어쩌면 이 업계의 기업들이 대개 업체명에 비트코인이라는 말을 썼다는 점이 영향을 주는지도 모른다. 비트코인이라는 말이 들어 있다고 해서 다 비트코인인 것은 아니다.

게다가 이미 말했듯 명목화폐의 책임자들은 기회가 있을 때마다 결코 정당화될 수 없는 걱정거리를 증폭하거나 규제 수준에 걸림돌을 조성하는 등 문제를 더욱 심각하게 만든다. 그들은 비트코인에 약점이 있다는 의혹을 제기하여 사람들을 겁준다. 그들의 말을 자세히 들어보면 전혀 사실과 다른 이야기를 한다는 것을 알 수 있다. 제2장을 다시 읽어보면 비트코인에 참여하는 다양한 주체들이 무슨 일을 하는지, 어떤 방식으로 안전성 확보에 도움을 주는지 알 수 있다.

취약성에 대한 오해를 푸는 데는 분명 시간이 걸릴 것이다. 사람들이 비트코인을 우려하는 이유를 이해해야 하며, 잘못된 점을 논리적으로 또 끈기 있게 설명하는 작업이 필요하다. 나아가 분명한 메시지를 발신하면서 사람은 누구나 자신에게 이익이 되는 일은 기꺼이 배우려고 한다는 점을 꾸준히 믿고 기다려야 한다.

비트코인 예찬론자 중에도 이런 원리를 미처 깨닫지 못한 채 자신이 많은 재산을 투자했다는 이유만으로 사람들을 장황한 말로 설득하려 하는 사람이 있다. 그저 비트코인은 대단한 것이고, 앞으로도 가격은 계속 오른다는 말만 반복한다. 그러면서 열심히 설명하기만 하면 언젠가는 알아들을 것으로 생각한다. 이것은 기업가 정신이 충만한 사람들이 보이는 전형적인 태도로서, 사실상 비트코인 초창기에 참여한 사람들은 모두 이런 모습이었다고 보면 된다.

나 역시 콘퍼런스에 나가 연설할 때는 한 명이라도 더 설득하려는 생각에 말이 빨라지고 많은 이야기를 하려고 한다. 그럴 때마다 내가 아는 지식을 좀 더 효과적으로 전달하려면 어떻게 해야 하는지 고민하고, 로런스빌이나 스탠퍼드 시절에 훌륭한 선생님들은 어떻게 했었는지를 떠올리며 배울 점을 찾거나, 경영자들 가운데서 본받을 만한 커뮤니케이션 스타일을 따르려고 애쓰기도 한다.

그들은 모두 분명하고 간결하며 세심한 태도로 정보를 전달했다. 모든 질문에 존중하는 태도를 보였고, 사람마다 지식을 받아들이는 데 필요한 시간이 다르다는 점을 인정했으며, 가르치는 사람의 목적은 결국 모든 사람이 주어진 지식을 다 이해하도록 만드는 것임을 잘 알았다. 그들은 똑같은 내용을 반복하길 주저하지 않았다. 그래서 나도 비트코인을 의심하는 사람들과 의견을 주고받을 때 이 원리를 적용했다.

이제 거의 주문처럼 되어버린 말을 또 한 번 반복하겠다. 비트코인은 다른 어떤 금융 플랫폼보다 더 안전하다. 얼마나 안전한지는 수치로도 보여주었고, 여러 차례 발생한 해킹 사건은 비트코인 그 자체가 아니라 해당 사건에 연루된 사람과 기업의 문제였다는 것도 분명히 밝혔다. 기존의 제도와 기관들은 그 자체의 허점을 안고 있으며, 큰 규모의 사이버 범죄에 고스란히 노출되기도 했고, 그 모든 과정을 견뎌오기도 했다. 이것이 바로 비트코인 전도사들이 언론을 상대로 의혹을 불식시키기 위해 전달해온 내용의 핵심이다. 이 장에서 말했듯이 골드만삭스가 해킹당하거나 뱅크오브아메리카에 강도가 들었다고 해서 미국 달러의 가치가 훼손되지는 않는다.

앞으로도 비트코인 서비스업체들의 보안망이 뚫릴 수 있을까? 물론이다. 지금까지 상상도 못했던 해킹 사건이 앞으로 일어나게 될까? 거의 틀림없이 그럴 것이다.

여러 산업계와 각종 분야가 발전하는 만큼이나 이들을 대상으로 사기 행각을 벌이려는 악당들도 발전한다. 비트코인 산업이 존재하는 한 이곳에 침투해서 뭔가를 훔칠 기회를 엿보는 사람들도 존재할 수밖에 없다.

그러나 그들 앞에는 가파른 오르막길이 기다리고 있다. 비트코인이 취약하다는 말은 새빨간 거짓말이며, 이 네트워크의 실체가 사람들에게 널리 알려지고 참가자가 늘어날수록 곧 사라지게 될 미신에 지나지 않는다.

사람들의 다섯 가지
공포

PART. 09

비트코인은
가만히 내버려둬도
알아서 잘해왔다.
두려워할 일은
전혀 없다.

나는 사람들의 두려움을 이해한다. 누구에게나 두려움이 있다. 자신에게 해가 된다고 생각하는 일에 강하게 반응하는 것은 모든 인간의 본능이다. 이런 자극에 사람마다 다양한 반응을 보이는 것도 너무나 자연스러운 일이다. 고소공포증을 가진 사람이 있는가 하면 오히려 즐기는 사람도 있지 않은가?

나는 원래 스트레스를 잘 받지 않고 번지점프나 공포 영화에도 무덤덤한 편이지만, 털북숭이 거미만 보면 유독 질색한다. 그래서 종종 친구들의 놀림거리가 되곤 한다. 그러나 그들에게도 나로서는 이해할 수 없는 저마다의 두려움이 있다. 그들 역시 나처럼 각자 분야에서는 두려움을 모르는 유능한 경영자들인데도 그렇다.

전문가들은 두려움이란 통제 불능 상황이 바로 눈앞에서 펼쳐질 때 오는 것이라고 말한다. 예를 들어 커브 길에서 난간을 들이받은 경우라든지, 파도 속에서 거대한 백상어를 만났을 경우 등이다. 이럴 때 우리는 그 자리에서 재빨리 벗어나려고 수단과 방법을 가리지 않는다. 당연한 일이다. 그러나 우리가 반응하는 상황은 이것 말고도 또 있다. 어떤 일이 또 다른 사건을 촉발하여 장차 우리에게 피해를 미칠 것으로 생각되는 경우다. 공포 영화는 우리 마음속 깊이 숨겨진 이런 감정을 건드려 반응을 촉발한다. 심리학의 새로운 분야인 영화신경학 neurocinematics은 영화에 나오는 장면이 두뇌에 미치는 영향을 연구하는 학문이다. 20세기 공포 영화의 거장 앨프리드 히치콕 감독은 이렇게 말한 바 있다. "관객이 마치 거대한 오르간과 같다는 생각이 들 때가 있습니다. 건반을 여기저기 누를 때마다 오르간이 다른 음을 낸다는 점에서 말이죠."

히치콕을 비롯한 공포의 대가들은 상상의 위력을 이해했다. 공포에 질리면 재빠르게 행동하기도 하지만 한편으로는 몸이 얼어붙기도 한다. 유튜브에서 식스플래그스Six Flags라는 놀이공원에 설치된 기구 '렉스 루터: 드롭 오브 둠'Lex Luther: Drop of Doom을 검색해보라. 40층 높이를 5초 만에 곤두박질하려면 그야말로 숨이 멎겠지 싶다. 혹은 히치콕의 영화 〈사이코〉에 나오는 유명한 샤워 신을 생각해보면 된다. 저명한 연사들도 콘퍼런스 연단에 올라서기 전에는 누구나 긴장한다. 미리 외워둔 내용을 잊어버리거나 관객의 반응이 신통치 않을까봐 두려운 것이다. 아리스토텔레스는 이렇게 말했다.

"두려움은 악을 예측하는 데서 오는 고통이다."

그렇다면 사람들은 왜 비트코인을 두려워할까? 비트코인은 어느 모로 보더라도 공포 영화나 머리카락이 쭈뼛 서는 놀이기구, 또는 생명의 위협을 느끼는 상황과는 비슷한 구석이 전혀 없다. 그것은 그저 교환 수단일 뿐이고, 상거래를 손쉽게 해주며, 장차 개인의 재정과 사회를 구성하는 일상의 거래를 뒤바꿔놓을 수단이다. 이것은 누구도 그 어떤 것도 위험에 빠뜨리지 않는다. 심지어 일부 전통적 금융기관을 신봉하는 사람들이 비트코인에 자리를 내줄까 두려워하는 명목화폐에도 전혀 영향을 미치지 않는다. 비트코인은 이런 제도를 보완하는 역할을 수십 년, 혹은 그 이상 해나갈 것이다. 즉 모든 거래에서 더 유용하다는 점이 입증되기 전까지 말이다. 그때쯤 되면 가장 완고한 전통주의자들도 비트코인을 인정하리라고 생각한다.

일부 비판론자와 일반 소비자들은 비트코인이 과연 얼마나 가겠느냐고 말하기도 한다. 투자자들이 싫증을 낼 수도 있고, 모종의 약점을 드러내거나 더 나은 어떤 것이 출현할지도 모르는 한때의 유행이 아니냐는 것이다. 그들은 유행이 끝나는 순간 수요가 급감하고 시장은 말라붙을 거라고 주장한다. 그렇게 되면 투자자들이 상당한 손해를 보거나 심지어 비트코인이 완전히 사라지고 말 거라고. 터무니없는 인식이지만 실제로 이런 얘기가 심심치 않게 등장한다. 비트코인 네트워크가 얼마나 튼튼한지를, 그리고 그것이 비트코인의 가장 큰 장점임을 모르는 사람이 아직도 너무 많다. 사용자가 꾸준히 계속 늘어나고 있다는 사실이 그 점을 여실히 보여준다. 수많은 똑똑한 사람들이 새롭게 합류하고 있으며 이 추세는 앞으로도 바뀌지 않을 것이다.

미래에 더 나은 것이 출현할 가능성에 관해서라면, 나는 뭐든 두 팔 벌려 환영한다. 그러나 더욱 완벽한 구성 요소들을 동원해서 더욱 소비자 중심적이고 더 좋은 거래 시스템을 새로 만들어 이를 세계적 차원의 디지털 가치 저장 수단으로 삼는 일은 지금보다 훨씬 더 어려운 일이 될 것이다.

큰 그림으로 보면 비트코인의 변동성은 그리 심하지 않다는 점을 앞 장에서 설명했다. 사람들이 비트코인을 위험하다고 생각하는 가장 큰 이유가 바로 변동성일 것이다. 가격이 급락해 싸구려 주식 수준으로 떨어지거나 어느 순간 완전히 증발해버릴까봐 비트코인 사기를 주저하고, 사더라도 금세 시장을 빠져나간다. 비트코인이 예나 지금이나 정면을 바라보고 전진하고 있음을 생각하면 그것이 얼마나 큰 오판인지 알 수 있다.

여기에 사람들은 여러 가지 사건이나 범죄도 취약성 못지않게 두려워한다. 과거 비트코인과 관련된 부도덕한 기억들(매년 발생하던 해킹 사건과 그로 인한 비트코인 손실)은 그것이 여전히 민감한 문제라는 것을 알려준다. 그들은 규제 정책의 지연을 걱정한다. 비트코인이 정말 경제 성장에 꼭 필요한 것이라면 왜 규제 당국이 빠르게 움직이지 않겠느냐는 것이다. 사회적 여파가 큰 이슈들이 투자 결정에 영향을 미치기도 한다. 이를테면 비트코인이 환경에 미치는 영향에 점점 더 많은 관심이 쏠리고 있다. 채굴 그룹이 상당량의 전기를 소모하는 탓이다.

비트코인 회의론자와 그 의견을 지지하는 사람들에게는 또 다른 두려움이 있다. 그런 두려움은 업계가 아직 충분히 발전하지 못한 데 원인이 있을 수도 있다. 그들은 비트코인이 지금까지 이루어온 일보다는 왜 더 잘하지 못했는가에 더 관심을 쏟는다. 최근에는 더 그렇다. 그들은 단기 이익을 노리거나 신속한 수익을 보장하는 투자 환경이 조성되기를 바란다. 그런 태도 역시 인간 본성의 일부인 것은 사실이다. 비트코인 가격이 신기록을 경신했다는 뉴스가 거의 모든 주요 업계 소식지 1면에 실리는 상황에서 장기적인 투자 관점을 심어준다는 것은 너무나 어려운 일이다.

그러나 사람들의 두려움 가운데는 비트코인에 관한 근본적인 오해에서 비롯된 것도 있다. 사람들은 비트코인의 본질과 상관없는 특성에 너무 매달린다. 그들은 비트코인을 가격 등락, 의심스러운 거래, 사이버 장난질, 극도의 복잡함 등으로 파악할 뿐 그 너머에 있는 본질적인 장점을 들여다보려고 하지 않는다. 비트코인이 더욱 폭넓은 용도를 찾아 뻗어나가는 길이 막혔던 건 그래서다.

암호화폐 대출 플랫폼 크레딧코인이 2018년 조사한 결과에 따르면 비트코인에 관한 가장 큰 걱정거리가 무엇이냐는 질문에 소비자 44퍼센트는 '구매하기 어려운 점'이라고 답했다.[1] 나도 크게 동의한다. 나는 두 번째 장애물로 '비트코인을 어떻게 보관하는지 알기 어려운 점'을 꼽는다. 크레딧코인의 조사는 1천 명을 대상으로 이루어졌는데, 그 결과 드러난 또 한 가지 사실은 현재 미국 인구에서 가장 큰 비중을 차지하는 밀레니얼 세대 가운데 3분의 2가 보안 문제를 우려하고 있었다는 것이다. 어려서부터 기술에 익숙한 환경에서 자라난 그보다 젊은 인구 역시 똑같은 걱정을 했다. 암호화폐 투자펀드 업체이며 코인데스크의 자매회사인 그레이스케일이 2019년에 실시한 또 다른 조사에 따르면 전체 투자자 중 비트코인을 보유하지 않은 비율이 65퍼센트에 달했고, 그중 90퍼센트가 '비트코인에 관심이 없는 이유는 비트코인을 잘 모르기 때문'이라고 응답했다.[2] 나로서는 그저 그들이 모두 이 책을 읽기를 바랄 뿐이다!

기술 벤처를 통해 억만장자가 된 마크 큐번Mark Cuban은 2019년에 《와이어드》지의 유튜브 채널에 나와 대담을 나누면서 이렇게 말했다.[3] "99퍼센트의 사람들은 암호화폐를 너무 복잡하다고 여깁니다. 사람들은 이렇게 묻습니다. 기기에 담을 수 있는 건가요? 출력을 할 수 있나요? 해킹은 어떻게 막지요? 서비스 주체가 누굽니까?"

소설 《모비딕》의 화자 이스마엘이 기괴한 인물이자 작살잡이인 퀴퀘그를 처음 만나 두려워하면서 했던 유명한 말이 있다. "무지는 두려움의 아버지다." 낯선 것에 대한 두려움을 극복하는 방법은 먼저 그것을 이해하는 것이다. 그러기 위해서는 일단 반대 주장과 우려를 낱낱이 해부해야 한다. 이스마엘도 그렇게 했고, 그 결과 퀴퀘그의 문신뿐만 아니라 늘 가지고 다니는 쪼그라든 사람의 머리, 그 밖의 모든 것을 존중하게 되었다.

앞서 사람들이 비트코인에 대한 두려움을 극복하려면 먼저 깊이 몰입할 의지가 있어야 한다고 했지만, 시간과 노력만 있다면 결국 그렇게 될 것으로 생각한다. 그러자면 먼저 비트코인의 단점을 냉철하게 볼 수 있어야 한다. 20세기 자기계발 작가의 선구자 데일 카네기는 대표작《인간관계론》*How to Win Friends and Influence People*에 이렇게 썼다.

> "무관심에서 의심과 두려움이 자라난다. 반면 행동은 확신과 용기를 북돋운다. 두려움을 정복하고자 한다면 가만히 집에 앉아 생각이나 하고 있어서는 소용없다. 지금 당장 밖에 나가서 바쁘게 움직여라."

비트코인이야말로 이 말이 그대로 적용되는 분야다. 어서 가서 비트코인을 사는 것이 가장 좋은 방법이다.

독단적인 취재 철학을 지닌 헌터 톰슨Hunter Thomson 기자는 카운터 컬처를 주제로 한 자신의 자전적 취재기《라스베이거스의 공포와 혐오》*Fear and Loathing in Las Vegas*에서 이렇게 말했다.

> "표를 샀으면 무조건 올라타라."

이어지는 단락을 통해 사람들이 비트코인에 대해 품는 5가지 두려움을 살펴보고 왜 이것이 잘못된 생각인지를 설명할 것이다. 그러나 굳이 이 내용에 얽매일 필요는 없다. 자신만의 고민을 더 깊이 이해할수록 비트코인을 더 편하게 대할 수 있고, 결국 투자에 성공할 가능성이 높아진다.

비트코인에는
연방예금공사도
보험도 없다

프랭클린 루스벨트 행정부는 1933년 은행법이 제정되자 그에 따라 연방예금보험공사Federal Deposit Insurance Corporation, FDIC를 설립했다. 이 법을 입안한 두 명의 의원 카터 글래스와 헨리 스티걸은 연방예금보험공사에 소속된 상업은행의 주식 거래, 비투자 등급 주식의 매입, 비정부 증권의 인수 및 유통 활동을 금지했다. 이런 활동이 투기 행위로 낙인찍혀 금지되자, 1920년대 말 수천 개에 달했던 상업은행이 파국을 맞이했고 결국 대공황을 불러왔다. 글래스-스티걸 법은 상업은행은 대출과 예금이라는 주 업무에 집중하고, 투자은행은 주식시장만 전담하되 상대 업무 영역은 관여하지 못하도록 규정했다.

연방예금보험공사는 은행이 파산하는 경우 소비자들이 입는 손실을 보전해주는 장치였다. 연방예금보험공사의 수익은 소속 회원 은행 평가 및 기타 투자 활동에서 나왔다. 오늘날 미국 은행의 한 계좌당 예금 보호 한도는 25만 달러까지다. (이 금액은 얼마 전까지 10만 달러에 불과했다. 이 사실은 중앙은행 조직조차 시간이 지날수록 돈의 가치가 떨어진다는 사실을 알고 있음을 강하게 시사한다.) 주로 은행장 출신 중 대통령이 지명한 인사로 구성된 5명의 위원이 이 정책을 감독했다. 이 위원회야말로 명목화폐 제도의 가장 핵심적인 내부 조직이었고, 말 그대로 중앙집중적인 권력이었다.

반면 비트코인에는 애초에 그 성격상 연방예금보험공사를 비롯한 그 어떤 보험 성격의 조직(정부 기관이든 아니든)도 필요 없다. 실패할 가능성이 있는 중앙 조직이나 단체도 없다. 금을 예로 들어봐도 마찬가지다. 금의 가치를 보증하는 세계기구 같은 것은 없다. 금을 잃어버리면 그것은 당사자의 손실이다! 비트코인도 소비자가 거래와 관련된 모든 측면을 책임지며, 자신이 소유한 디지털 비트코인은 전적으로 자신이 통제한다. 개인 키를 잊어버리거나 극히 희박한 일이지만 전자지갑을 도난당해 비트코인을 잃어버린다고 해서 보험회사가 어떻게 그 사태를 보전해줄 수 있겠는가? 만약 어떤 기관이 전 세계 비트코인 보유자를 상대로 어떻게든 보험을 제공할 수 있다 하더라도 비트코인을 소유하던 상태를 원상회복할 방법은 없다. 주지하다시피 비트코인은 일단 거래가 발생해서 블록체인에 전송 및 확정되고 나면 다시 되돌릴 수 없고, 상환할 방법도 없다. 마찬가지 원리로 만약 사토시 나카모토가 만든 총 2100만 비트코인 중 어느 하나라도 사용자의 실수나 개인 키 분실 등의 이유로 잃어버린다면 그것은 영원히 다시 찾을 길이 없다. '잃어버린' 비트코인도 블록체인상의 총 2100만 비트코인 중 어디엔가 존재하는 것은 사실이지만, 그것을 내 손에 넣을 방법은 없는 것이다. 그런 일이 일단 발생하면 더 이상 내 것이 아니게 된다.

마운트곡스에 계좌를 가지고 있던 그 누구에게 물어보더라도 잃어버린 65만 비트코인 중 어느 하나라도 돌아온 것을 본 사람은 없다. 혹은 제럴드 코튼Gerald Cotten 사건을 살펴보자. 그는 캐나다 기업가로, 2019년에 크론병으로 인한 합병증 때문에 30세의 나이에 요절했다. 그가 운영하던 퀴드리가Quadriga CX라는 이름의 거래소에는 투자자들이 보관해둔 총 1억4천만 달러어치 이상의 비트코인과 기타 암호화폐가 들어 있었는데, 그는 그 모두에 해당하는 개인 키를 아무에게도 알려주지 않고 세상을 떠나버렸다. 투자자들은 낭패였다. 퀴드리가 거래소가 신용사기를 저질렀다고 주장하는 사람도 있었고, 코튼의 아내에게 살해 협박을 하며 그의 시신을 부검하자고 요구하는 사람도 있었다. 그의 죽음이 위장이라는 것이었다. 이 책이 출간되는 순간까지도 이 문제가 캐나다 법정에서 다루어지고 있지만, 결국 완전히 해결될 수는 없을 것으로 보인다.

비트코인의 특성을 금과 비교해보자. 만약 금괴나 금 세공품을 어디선가 사서 유람선 여행에 나섰다가 그것을 실수로 바다에 빠뜨렸다면, 그것은 영영 잃어버린 것이다. 실제로 내 조부모님도 젊은 시절에 금을 소지한 채 배를 타고 국외로 밀반출했다. 그야말로 엄청난 위험을 감수했던 것이다. 금을 꿰매 넣은 겉옷을 누군가 훔치기라도 했다면 그 금은 영영 되찾을 수 없었을 것이다. 그것이 아니더라도 입국 심사원의 의심을 사서 금을 압수당했더라면, 설사 그중 일부를 돌려받았다 하더라도 대부분은 잃었을 것이다. 비트코인도 바로 이런 경우와 같다.

이런 모든 경우에는 공통점이 있다. 중앙 기관이 있어도 아무 소용이 없다는 것이다.

연방예금보험공사 같은 조직이 존재한다는 사실 자체가 비트코인의 필요성을 역설한다고 볼 수도 있다. 이 기관의 목적은 자신이 포함된 전체 시스템을 보호하는 것이다. 과연 연방예금보험공사가 자신의 존재를 부정하는 결과로 이어지는 노력을 기울일까? 세상의 모든 규제 기관과 마찬가지로, 연방예금보험공사는 자신이 영원히 살아남는 방법을 모색할 것이다. 그렇지만 논의를 이어가기 위해, 은행의 도산으로 소비자의 기금이 손실되는 일을 막기 위해 당시 연방예금보험공사 외의 다른 방법을 도입했다고 해보자. 어떤 방법이 있었을까? 틀림없이 연준이 다른 금융위기 때와 마찬가지로 추가 통화를 발행했으리라고 생각한다. 이미 언급했듯 그런 조치야말로 우리 통화 제도가 안고 있는 가장 큰 맹점이다. 통화 가치를 떨어뜨리는 영원한 악순환을 초래할 뿐이기 때문이다. 통화 발행은 인플레이션으로 이어져 화폐 보유자의 구매력을 떨어뜨린다. 사실상 전체 인구를 대상으로 불법 포괄 과세를 신설하는 것이나 마찬가지다. 나는 그런 방법에 반대한다.

비트코인 환경의 물리적인 부분에 대해서는 분명히 합리적인 보장책을 마련할 수 있다. 예컨대 하드웨어나 종이 지갑, 또는 어떤 식으로든 자산을 거래소에 안전하게 보관하는 방법을 마련하는 것이다. 이는 나의 선택이고, 소액인 경우 그런 노력을 기울일 만한 가치는 없을 것이다.

비트코인의 가장 큰 보호책은 비트코인을 완전히 독점할 수 있는 정보(개인 키)를 내가 통제할 수 있다는 것이다. 나를 대신하여 그것을 지켜주는 제3자는 없다. 가능한 한 개인 키를 안전하게 보관하고 적절하고 안전한 백업 방안을 마련해두어야 한다. 심지어 믿을 수 있는 가족이나 친구에게 내 비트코인 정보를 알려주는 것도 고려해볼 필요가 있다. 그렇게 하면 만약 나에게 무슨 일이 생겨도 주변 누군가가 관리할 방법이 남는다.

지금까지 보안 유지 방안을 몇 가지 다뤄보았다. 여러분에게 가장 잘 맞는 방법을 선택하면 된다. 분명한 것은 어떤 방법을 택하든, 여러분이 가진 비트코인을 지켜줄 중앙 정부기관은 존재하지 않는다는 사실이다.

비트코인은
잃어버릴 수 있다

누구나 물건을 잃어버린다.

대표적인 것이 양말이다! (서랍장을 열어보면 한 짝만 남은 양말이 가득하다!) 마지막 두 장을 마저 못 읽고 미뤄놓은 책도 많다. 집 열쇠도 있다. 심지어 컴퓨터 파일이나 USB 드라이브도 어디에 놔뒀는지 왕왕 잊어버린다.

뻔한 소리를 하려는 게 아니다. 정리정돈을 잘한다고 자부하는 편이지만, 나도 이따금 이런저런 물건을 어디 뒀는지 잊어버리곤 한다.

그럴 때면 짜증이 나지만 자잘한 물건들을 잃어버리는 것 정도야 바쁜 일상의 부산물로 여기고 넘어갈 수 있다. 중요한 정보를 잊어버리는 게 문제다. 인간의 기억은 오류로 가득하다. 우리 두뇌는 꼭 기억해야 하는 일조차 제대로 처리·기억 못하는 경우가 많다. 비트코인에 절대로 잊어버릴 수 없는 마법 같은 기능이 있다면 나도 물론 좋겠지만, 세상의 다른 모든 물건과 마찬가지로 비트코인도 충분히 잃어버릴 수 있다. 다른 물건과 유일하게 다른 점이 있다면 개인 키를 분실하면 십중팔구 거액의 돈을 손해봐야 한다는 사실이다.

어쩌면 거액을 보유한다는 사실 자체가 손실에 대비한 가장 큰 보호책일지도 모른다. 결국 소중한 물건일수록 그것을 지키기 위해 더욱 집중하게 된다. 우리는 거액의 돈이나 소중한 보석을 아무렇게나 두지는 않는다. 온라인 은행 계좌의 비밀번호를 정할 때는 잊어버리지 않게 이중 삼중의 보완책을 마련하고 조심에 조심을 거듭한다. 그러나 민감한 정보를 보호하기 위해 아무리 주의를 기울여도 완벽한 보안을 달성했다고 보장할 수는 없다. 여기에는 비트코인도 포함된다. 우리는 인간이기 때문에 만에 하나 우리가 어떻게 했는지 잊어버릴 가능성이 있고, 만약을 대비해 백업 수단을 마련해두었다고 해도 어딘가 잘못될 위험이 늘 존재한다.

우리가 할 수 있는 일은 비트코인 저장 수단을 꼼꼼히 고안해내 그런 엄청난 낭패가 일어날 가능성을 최대한 줄이는 것뿐이다. 이 점에 관해서는 이 장의 앞부분에서 어느 정도 다루었다. 나에게 가장 잘 맞는 보관 수단을 선택하는 게 중요하다는 점을 다시 한 번 강조한다. 내 경우에는 다양한 저장 수단을 여러 곳에 분산하는 복잡한 시스템을 구축했다. 다소 난해하지만, 충분한 공학 지식을 갖췄고 비트코인 분야를 오래 경험해온 나에게는 가장 잘 맞는 시스템이다. 그보다 좀 덜 어려우면서도 여전히 안전하고 만족스러운 방법을 각자 찾아낼 수 있을 것이다.

온라인 지갑이나 거래소가 운영하는 지갑을 선택할 때는 업체가 제공하는 안내서를 잘 읽어보고 적절한 사용법을 익혀야 한다. 가장 중요한 것은 비트코인을 위탁 지갑이나 서비스업체에 보관할 때 그에 따른 위험, 즉 제3자 리스크가 존재한다는 점을 미리 염두에 두어야 한다는 것이다. 그저 내 경험에서 나온 말일 뿐이지만, 이런 서비스업체가 제공하는 보안 성능은 그들이 주장하는 것보다 수준이 떨어지는 경우가 많다.

종이나 하드웨어 지갑을 이용해서 직접 보관하는 쪽을 선택하는 경우, 보관 장소를 잘 기억하는 것은 물론이고 혹시나 본 지갑에 무슨 일이 생길 것에 대비해 이중 삼중의 백업 장치를 마련해두어야 한다. 백업 장치의 중요성은 아무리 강조해도 지나치지 않다. 단, 믿을 만하면서도 도난으로부터 안전한 백업 장치를 구성하는 지혜를 발휘할 줄 알아야 한다(복사본을 많이 만들수록 도난의 위험이 커지는 것은 상식이다).

안타깝게도 새로운 사용자들일수록 안전하고 효과적인 백업 장치를 마련하는 요령이 부족할 수 있다. 기껏 백업 시스템을 구축했더니 오히려 지갑의 보안 수준을 떨어뜨리게 될 수도 있다. 그러나 명심해야 할 것은, 이런 모든 어려움 속에서도 비트코인을 잃을 것이 무서워 투자를 아예 단념하는 것은 어리석은 일이라는 사실이다.

정부 단속의
피해 가능성

나는 지금까지 비트코인의 짧은 역사에서 두 번의 중요한 단속을 경험했다. 그 두 번은 모두 중국에서 일어났다. 내가 BTC차이나 거래소의 경영권을 인수한 해인 2013년 11월 당시는 중국 전역에 비트코인 열풍이 불던 때였다. 그달에 정부는 비트코인이 화폐가 아니라고 하면서 모든 은행과 결제업체들의 비트코인 거래를 금지하고 총 3주간에 걸쳐 단속에 나섰다. 그달 셋째 주말이 되자 비트코인 가격이 거의 절반으로 떨어졌고 11월 말에는 1천 달러 선마저 무너졌다. 가격 하락은 이듬해까지 이어져 2016년까지 저점을 벗어나지 못했다. 어느 때는 몇 번이나 300달러 이하로 내려갔다.

정부의 조치가 그때까지 꾸준히 증가하던 채굴 및 거래량까지 얼어붙게 했는지는 알 수 없다. 중국은 당시에 이미 압도적인 채굴 해시 파워를 자랑하면서 세계에서 가장 활발한 비트코인 네트워크를 형성하고 있었다. 내가 BTC차이나와 BTCC의 잠재력을 높이 평가했던 것도 바로 그 때문이었다. 이 모든 상황이 뜻하는 바는 무엇이었을까?

중국 최대(그리고 한때는 세계 최대) 비트코인 거래소의 CEO를 맡아 동분서주하던 내가 얼마나 큰 스트레스에 시달렸을지 짐작이 가는가?

4년 뒤인 2017년, 중국 정부가 또 한 번 공격에 나서서 암호화폐 거래소 전체의 활동을 금지했다. 중국의 채굴 및 암호화폐 활동이 다른 모든 나라를 앞서고 있던 상황에서 이런 조치가 내려지자 경제 관련 언론이 일제히 뉴스를 쏟아냈다. 그 무렵은 내가 이미 BTCC 경영권을 넘기기로 마음먹은 뒤였으므로 정부의 결정은 나와 상관없었다. 2017년 말까지 전 세계 거래량이 급증하는 모습, 그 밖에 비트코인의 확산세를 확인할 수 있는 지표가 눈에 띄었으므로 나는 그 어느 때보다 비트코인의 미래를 확신했다. 사상 최고치인 2만 달러를 찍은 이후 가격이 4개월 동안 4천 달러 아래로 떨어진 데에는 정부 단속이 어느 정도 관련이 있는 것 같았다. 그러나 그때도 역시 가격 하락은 다른 한두 가지 요인의 복합적인 작용으로 일어났을 가능성이 컸다. 언제나 단 하나의 정답은 없는 법이다.

더욱 중요한 것은 2013년과 2017년 두 차례에 걸쳐 중국 정부의 강력한 반대와 통제력 강화 시도에 대해 비트코인 네트워크가 보인 반응(혹은 무반응)이야말로, 비트코인 사회가 정부를 비롯한 어떤 외부의 개입에도 전혀 아랑곳하지 않는다는 것을 보여주었다는 점이다. 비트코인을 만들 때 이미 외부 검열과 상관없이 건재하도록 설계되었다지만, 과연 정말로 그런지 알 수 있는 생생한 현장이 바로 중국이었다. 정부가 국내 비트코인 거래소와 은행의 비트코인 취급을 철통같이 단속하는 상황에서도 중국을 비롯한 전 세계의 거래 및 채굴량은 신기록을 경신했다. 주류 언론이 비트코인 동향에 쏟는 관심은 점점 더 커져서 암호화폐와 블록체인 전담 취재반이 신설되기도 했다.

물론 나라마다 비트코인을 선호하는 곳도 있고, 그보다 덜한 곳도 있다. 아직도 볼리비아나 바레인 같은 권위주의 체제 국가는 비트코인을 전면 불법화하고 있으며, 러시아·사우디아라비아·이란 등은 비트코인과 은행이 어떤 식으로든 관계를 맺는 것이 금지되어 있다. 그런 나라들은 금융 제도를 통치 수단의 연장으로 인식하며, 통화 조절 능력을 잃는 상황을 두려워한다.

그러나 지구상에서 발생한 모든 통제 시도는 비트코인의 성장에 털끝만큼의 영향도 주지 못했다. 비트코인은 정부의 시도를 비웃기라도 하듯 늘 고고한 움직임을 보였다. 비트코인 활동을 제한하려는 시도는 마치 숨 쉬는 공기를 제압하려는 것과 같다. 우리가 숨 쉬고 내뱉은 공기는 세상 모든 사람의 코로 다시 들어간다. 비트코인도 마찬가지다.

채굴 비용과
환경 영향 가능성

비트코인 시스템을 설계한 이는 사토시 나카모토지만, 그것을 구축하고 비트코인 거래 그룹 또는 블록을 입증하여 탈중앙화 플랫폼을 만

들어낸 사람들은 비트코인 채굴자들이다. 채굴자들이 없다면 수학 방정식을 풀어서 거래를 성립시킬 수도 없고, 똑같은 비트코인이 중복해서 사용되지 않았는지 확인할 방법도 없다. 채굴자들은 공개원장을 만들어 비트코인의 정확성과 무오류성을 보장한다.

비트코인을 채굴하는 데는 그 누구의 허가도 필요 없으므로 점점 더 많은 전기를 소모하며, 그 양은 매년 더 증가한다. 최신 채굴 장비는 강력한 성능을 갖춘 정교한 컴퓨터로서 오직 비트코인을 채굴하는 데에만 사용된다. 괜찮은 성능을 갖춘 비트코인 채굴 장비는 대개 2천 달러가 넘고, 비싼 것은 수십만 달러에 이르기도 한다. 채굴 작업의 경쟁이 날이 갈수록 치열해져 채굴자들은 각자의 해시파워를 한데 결합하여 합동 작전을 펼친다. 남보다 빨리 블록 알고리즘을 풀어야 이른바 블록 보상을 획득할 수 있으므로, 대부분의 비트코인 작업은 24시간 쉴 새 없이 진행된다. 바로 이 블록 보상이야말로 채굴자들이 계속해서 네트워크에 합류하는 경제적 동기다.

2011년 여름에 내가 처음으로 채굴한 비트코인은 초창기에 나온 원시적인 GPU 그래픽카드를 직접 조립한 PC에 장착해서 작업한 결과물이었다. 당시만 해도 채굴이 주된 돈벌이 수단이 되리라고는 아무도 생각하지 못했기에 전 세계를 통틀어도 채굴자는 몇 명 되지 않았다. 그런데도 내가 돌리던 작은 장비 때문에 아파트 실내가 후끈 더워질 정도였고, 한 달 전기요금도 두 배로 껑충 뛰었다.

비트코인을 채굴하기가 점점 어려워지면서 채굴 비용도 따라서 상승하고 있다. 물론 가끔 에너지 가격이 하락하거나 새로운 전력원이 출현하는 등의 일시적 변동이 비용 상승을 다소 완화해주는 경우는 있지만 말이다. 예를 들어 중국 쓰촨성에 자리한 채굴 기지는 전기요금이 싸기로 유명한데, 이 때문에 2020년 5월에 찾아온 비트코인 반감기 후에도 올라갈 것으로 예상되었던 채굴 비용이 전혀 오르지 않았다. 이번 반감기가 지나면 채굴 보상액이 12.5비트코인에서 6.25비트코인으로 떨어지도록 미리부터 정해져 있었다. 그래도 여전히 2020년 초에 트레이드블록TradeBlock 연구진은 1비트코인당 채굴 비용이 해시율에 따라 조금씩 달라지지만 대략 1만2천 달러에서 1만5천 달러 사이에서 형성될 것으로 내다보았다.[4] 이 정도면 투자에 걸맞은 보상이라고 볼 수 있을까? 비트코인 가격의 오름세에 발맞추어 채굴 수익이 계속해서 증가하고, 이에 따라 채굴 인구와 그에 따른 에너지 수요까지 계속해서 늘어나면 어떤 결과가 빚어질까?

비트코인 채굴에 따르는 고정비와 변동비를 고려하면 이윤 폭은 대개 변변찮은 수준이다. 비트코인 가격이 더 오른다고 해도 채굴 이익이 그에 비례해 오르지는 않는다. 채굴 장비 제조업자도 그에 따라 장비 값을 올리기 때문에 신규 채굴자가 벌어들이는 수익에는 한계가 있다. 디지털 에너지 현황 조사기관인 디지코노미스트Digiconomist가 만든 비트코인 에너지 소비지수Bitcoin Energy Consumption Index에 따르면 채굴자들은 35억9천만 달러의 수익을 올리는 동안 수익의 97퍼센트에 해당하는 34억8천만 달러를 전기요금으로 썼다고 한다.[5] 비트코인 채굴 작업은 자유시장 원리를 따르기 때문에 채굴 산업의 전체 수익은 언제나 비용을 상회하겠지만, 이윤은 앞으로도 그리 큰 폭으로 늘지 않을 것 같다.

그러나 나는 이것이 기본적으로 수요와 공급 사이의 문제로, 다른 모든 산업이 초창기에 겪었던 문제와 크게 다르지 않다고 본다. 경쟁에 뛰어든 회사나 개인이 과도하게 많은 상황에서는 경쟁력을 유지하지 못하는 이들은 점점 도태될 수밖에 없다. 만약 어떤 채굴자가 도저히 이익을 실현할 수 없다고 판단하면 채굴 작업을 중단할 것이다. 그렇게 되면 전체적인 채굴 작업 난도가 떨어지고, 남아 있는 채굴자들이 비트코인을 찾는 일은 조금 쉬워진다. 디지코노미스트가 세운 모델에 따르면 앞으로 채굴자들이 총수익의 60퍼센트만 전기요금으로 쓸 수 있는 날이 온다고 한다. 나는 경쟁이 치열해질수록 채굴자들의 이윤이 줄어들 것이라는 가설을 믿지 않는다. 비트코인이 명목화폐보다 우월하다는 사실이 계속 입증되는 한 채굴자들은 늘 존재할 것이고 그들을 위한 전기도 계속 공급될 것이다.

비트코인 네트워크 전체가 전력망에 미치는 잠재적 압력과 전반적 에너지 가격에 미치는 효과도 다름 아닌 수요와 공급의 문제다. 입법 기관을 포함한 일부 관측자들은 비트코인 네트워크가 과연 전기를 얼마나 소모하고 있는지, 장차 수요는 얼마나 될 것인지를 우려한다. 실제로 디지코노미스트에 따르면 블록체인에서 1비트코인이 거래되는데 약 684킬로와트의 에너지가 소모된다고 하며, 이는 평균적인 미국 가정이 23일간 사용하는 전력량과 같다.[6] 비트코인 거래에 사용되는 연간 에너지 총량은 대략 콜롬비아의 에너지 소모량과 같다. 이 나라의 인구는 약 5천만 명으로 세계 29위에 해당하며, 체코나 스위스보

다 약간 더 많다. 비트코인 거래에 소모되는 에너지는 독일 및 캐나다
가 소비하는 에너지의 13퍼센트, 프랑스의 16퍼센트, 영국의 24퍼센
트보다 조금씩 더 많다.[7] 1비트코인을 거래하는 데 드는 에너지는 비
자카드 10만 건을 거래하는 데 드는 에너지보다 6배 더 많다.

환경에 관한 우려가 점점 고조되는 가운데 비트코인 네트워크는
스스로 환경에 해롭지 않다는 점을 사람들에게 설득하는 데 총력을
기울일 것이다. 디지코노미스트 연구진은 비트코인 네트워크의 연간
탄소 발생량은 덴마크와 같은 수준이고, 1비트코인 거래에 따른 탄소
배출량은 비자카드 거래 약 79만 건, 또는 온라인 유튜브 시청 약 4만8
천 시간과 같은 수준이라고 했다.

이토록 막대한 결과는 중국이 채굴 작업에서 차지하는 압도적인
비율(전 세계 비트코인 채굴 작업의 3분의 2가 중국에서 진행된다) 때문이다.
중국은 전기 생산을 대부분 석탄 연료에 의존하며, 세계 최대의 석탄
에너지 생산국이자 소비국이다. 따라서 당연히 전 세계에서 탄소 배
출량이 가장 많은 나라이기도 하다. 그러면서도 다른 나라들로부터
환경 문제와 관련된 비판이 크게 들려오면 유난히 민감하게 반응한
다. 소비자들이 구매를 결정할 때 점점 더 사회적·환경적 영향을 중시
함에 따라 이 문제가 국가 경제 성장과 직결되는 중요성을 띠게 되었
기 때문이다. 중국을 비롯한 여러 나라의 환경 문제가 개선될수록 비
트코인의 탄소 영향도 점차 개선될 것이다.

정부가
비트코인을
인정하지 않는다

어떤 운동이든 유행이든 기업이든 중앙 권력의 지원을 받지 않는 한 인정하지 않는 사람들이 있다. 그들은 자신의 태도를 합법성과 동일시하며 언제나 자신이 신뢰하는 기관이 정책을 수립하거나 법안을 통과시켜 지침을 내려주기만을 기다린다. 심지어 해당 기관의 리더는 싫어한다면서도 여전히 그런 태도를 고집한다. 이런 성향은 앞서 4장에서도 다룬 바 있듯 질서를 갈망하는 인간 본성의 일부라고 볼 수 있다. 정부는 먼 옛날 가장 처음 모습을 드러냈을 때부터 경제적·사회적·정치적 안정을 추구하는 권력이었다. 따라서 정부는 개인의 상호작용에 관한 규칙을 수립하고 위협이 되는 것이 무엇인지를 판단했다. 통화 정책과 상업 규제는 말할 것도 없이 국방 다음으로 가장 중요한 정부의 책임이었다.

사람들이 비트코인이 합리적이고 안전한 가치 저장 및 교환 수단이라고 정부가 공인해주기를 기대하는 것도 충분히 이해할 만하다. 그러나 이미 밝혔듯 그런 기대는 전혀 불필요하다. 비트코인은 누군가가 보증해주지 않아도 된다. 일련의 규칙을 정할 필요도 물론 없다.

국회의원들이 모여서 과세와 관련된 사항을 투명하게 정리하고, 비트코인 상장지수펀드를 허용하거나 그 밖의 자잘한 규정을 만드는 건 당연히 좋은 일이다. 만약 세상일이 생각대로만 돌아간다면야, 정부가 비트코인의 장점을 보증했다는 소식도 듣고 싶고, 심지어 정부 업무와 관련된 거래에 비트코인이 사용되는 모습도 보고 싶다. 이런 일이 실제로 일어난다면 투자자들의 주목을 받지 않을 수 없고, 비트코인 시장 확대에도 요긴하게 작용할 것이다.

그러나 이런 일들은 설사 가능성이 있다고 해도 굳이 실현되어야 하는 일은 전혀 아니다. 자세히 살펴보기만 했다면 비트코인의 장점은 누구나 뻔히 알 수 있다. 정부가 뭐라고 하든 상관없이 말이다. "두려워하지만 않는다면 무슨 일이든 알아서 잘할 수 있다." 이 말은 희곡 《헨리 8세》*Henry the VIII*에 나오는 말이다. 비트코인은 가만히 내버려 둬도 알아서 잘해왔다. 두려워할 일은 전혀 없다.

금융 시스템이
삶을 바꾼다

PART. 10

커피숍에 들렀다가
비트코인으로 결제하는 날이 올까?
머지않아 그런 날이 온대도
전혀 놀라지 않을 것이다.

비트코인을 믿지 못하는 사람과 아직 잘 모르는 사람들은 비트코인을 모조 지폐나 모노폴리 게임에 나오는 가짜 돈 정도로 생각하기도 한다. 어쩌면 비트코인이라는 단어가 마치 모노폴리 게임이나 비디오 게임에 등장할 법한 느낌을 주기 때문에 이런 오해가 생기는지도 모른다. 더구나 비트코인의 황금색 로고는 그 글씨체가 주는 독특한 감성 때문에 모호하고 환상적인 느낌도 준다. 이 서체는 미국 달러에 사용된 딱딱하고 공식적인 글씨체와 크게 다를 바도 없다.

뚜렷한 증거에도 아랑곳없이, 회의론자와 문외한들은 비트코인이 가짜 돈이나 마찬가지이기 때문에 많은 물건을 살 수도 없다고 말한다. 소매유통점이나 전자상거래 사이트, 각종 서비스 기관 중에 비트코인을 받는 데가 어디 있느냐고 반문한다. 각종 공공요금도 낼 수 없고 집이나 주식, 공산품 등도 비트코인을 주고 살 수 없다. 사용하려면 먼저 비트코인을 팔아 정식 화폐로 바꾸어야만 한다.

회의론자들은 비트코인에 물리적 실체가 없다는 점도 지적한다. 손에 잡히는 동전이나 지폐도 아닌데 어떻게 실질적이고 물리적인 가치를 띨 수 있느냐는 것이다. 그들은 비트코인이 비디오 게임이나 아케이드 게임에서 사람들을 끌어들이기 위해 보상으로 주는 가상화폐 같은 것이 아니냐고 한다. 그런 화폐는 새로운 캐릭터와 도구, 혹은 게임 안에서만 효력을 발휘하는 특정 아이템을 모을 때 말고는 아무 쓸데도 없다. 게임을 끄는 순간 그런 가상화폐는 아예 존재하지도 않는 것이 된다. 물론 이런 게임은 시간이 지나면 기억에서조차 흐릿해지다가 또 다른 신기한 물건이 나타나면 자리를 내준다.

이런 주장을 하는 사람들의 마음 깊은 곳에는 앞 장에서 설명한 것과 같은 오해가 자리 잡고 있다.

사람들은 비트코인을 어떻게 받아들여야 할지 몰라 손쉽게 설명할 수 있는 방편으로 있지도 않은 비교 대상을 만들어낸다. 자세하고 분석적인 논리를 펴다가 금세 반박당하느니 "그거 모노폴리 게임머니보다도 못한 거잖아"라고 말해버리는 편이 훨씬 쉽다. 비트코인이 가짜 돈이라고 주장하는 이면에는 비트코인에 실체가 있다는 데 대한 두려움이 자리한다. '알고 보니 저 사람들이 한 말이 모두 사실이었어'라는 말이 자신의 입에서 나올까봐 두려운 것이다. 의견은 경험에서 나오는 경우가 많다.

살면서 비트코인과 같은 것을 한 번도 경험하지 못했으므로 그 존재에 아직 마음을 열지 못할 뿐이다. 필요한 것은 은행, 신용카드, 기타 금융서비스로 다 해결할 수 있는데 뭐하러 이 낯선 물건을 대안으로 인정하겠는가. 그리고 사용할 수 없는데, 어떻게 비트코인이 가치가 있다고 말하겠는가? 게다가 그 어디서도 쓸 수가 없다면 어떻게 누군가의 삶에 도움이 될 수 있는가?

이런 의문은 곧 '비트코인이 투자 대상으로 적합한가'라는 의문과 직결된다. 유용성이 아예 없는데 어떻게 좋은 투자 대상이 된단 말인가? 도대체 사람들이 왜 이것을 원하겠는가? 수요가 그리 많지 않다면 가격도 그저 별 볼 일 없지 않겠는가?

그러나 이런 의문은 모두 잘못된 가정에서 나온 것이다. 비트코인이 탄생한 시기는 하필이면 새로운 세계 경제가 도래하는 시기와 맞물렸다. 또한 오랫동안 우리 경제가 성장하는 데 위협이 되어온 중요한 사회적·경제적 문제의 해답이 이 비트코인 속에 있다. 가장 근본적인 문제는, 기존의 금융 제도에 참여할 수 없는 사람이 얼마나 많은지 아직도 모르는 사람이 너무 많다는 사실이다.

금융서비스의
명과 암

선진국에 살거나 개발도상국에서도 대도시에 사는 사람이라면 누구나 수많은 은행 지점과 현금인출기를 쉽게 이용할 수 있다. 예를 들어 미국에는 대략 7만 7천 개의 소매 은행 지점이 있으므로[1] 10만 명당 지점이 31개 있는 셈이다.[2] 프랑스와 일본에서는 이 비율이 같은 인구당 39개 수준이고 이탈리아는 40개 정도다.[3] 이런 나라의 대도시에서 대로변을 걷다 보면 어느 블록에서나 은행이나 현금인출기가 쉽게 눈에 띈다. 내가 사는 미국 라스베이거스만 해도 어느 모로 보나 금융 중심지라고는 할 수 없는데도 중심가에서 도보 10분 거리 사이에 대략 10개 이상의 지점과 ATM을 마주치게 된다.

이렇게 편리한 환경에서 지내다 보면 은행 없는 곳을 상상하기 어려운데, 사실 세상에는 그런 곳이 많다. 최근 핀테크 분야의 기술 발전과 그 너머의 움직임은 전 세계의 거대한 지역을 외면한 채 진행되었다. 세상에는 예금과 인출, 송금 등의 서비스를 간편하게 누리지 못하는 사람이 너무나 많다. 영세 기업주들이 사업을 확장하고 싶어도 자금을 빌릴 수 없는 경우도 많다.

어떤 사람들은 세계 경제 자체가 진보를 보여주는 증거가 아니냐고 한다. 물론 은행 서비스를 이용할 수 있는 사람이 늘어난 것은 맞다. 세계은행이 소비자들의 은행 서비스 이용도를 조사하여 격년으로 발간하는 자료인 금융 포용성 보고서(글로벌 핀덱스Global Findex) 2018년 판에 따르면 전 세계 인구 중 은행 계좌를 보유한 비율은 2011년 51퍼센트에서 2017년에는 69퍼센트로 증가했고, 계좌 보유 인구는 12억 명이 늘어나 총 38억 명이 되었다. 세계은행 김용 총재는 이를 두고 말했다. "정규 금융서비스와 사람들을 연결하는 (…) 위대한 발걸음을 걸어온 셈입니다. 이렇게 증가한 배경에는 모바일 기술 발전도 한몫을 담당했습니다."[4]

그러나 핀덱스가 측정한 바에 따르면 이런 발전 과정은 총 6개 지역마다 속도 차이가 있었다. 예를 들어 오늘날 남아시아 지역에는 계좌를 보유한 인구가 70퍼센트로, 지난번 세계은행 핀덱스가 발표되었던 2016년보다 23퍼센트 증가했다. 이런 증가세의 대부분은 세계 최대 인구를 자랑하는 인도의 성장에 힘입은 결과로, 이 나라의 경제와 금융 포용성이 급격히 현대화되었음을 드러낸다. 보고서가 제시한 나머지 다섯 개 지역은 계좌 보유 인구도 적고 모바일 뱅킹 보급률도 남아시아에 비해 떨어지는 것으로 나타났다.

이 보고서에서 눈에 띄는 대목은 세계 성인 인구의 31퍼센트에 해당하는 무려 17억 명이 아직 은행 계좌를 보유하지 못했다는 사실이다. 중동과 북아프리카 지역에서는 남성 인구의 52퍼센트, 여성 인구의 35퍼센트만 계좌를 보유하고 있다. 선진 공업국의 비율이 가장 높은 유럽과 중앙아시아 지역도 계좌를 보유한 성인 인구는 불과 65퍼센트뿐이다. 아프리카 사하라사막 남단 지역에서는 농업으로 생계를 이어가는 9500만 인구가 현금으로 급여를 수령하고 있다.

이들 국가의 변두리 농촌 지역은 수도와 전기를 비롯한 공공시설의 절대 부족에 시달리고 있으며, 전통적 은행 시설이나 심지어 컴퓨터도 이용할 수 없는 환경이다. 이런 지역에는 전기와 식수, 위생시설이 부족하다. 전 세계적으로 9억 4천만 인구가 전기를 이용할 수 없고, 깨끗한 물을 구할 수 없는 사람도 6억 6천만 명이나 된다. 인구 밀도가 너무 낮아 은행 지점을 개설할 수 없는 지역도 많다.

금융서비스에 대한 이용 격차는 가난과 질병, 환경 문제로 이어지며, 그 결과 사망률마저 높이는 악순환을 낳는다. 세계은행의 추정에 의하면 하루 2달러 이하로 살아가는 인구가 세계 인구의 약 10퍼센트에 해당하는 7억5천만 명에 달하며, 그마저도 코로나19의 여파로 더 증가했을 가능성이 크다.[5]

국립빈곤아동센터National Center for Children in Poverty, NCCP가 광범위한 지역을 대상으로 조사한 결과에 따르면 미국 성인 중 아동기의 절반 이상을 보통 또는 높은 수준의 빈곤에 시달린 사람 중 30~50퍼센트 정도가 성년에 접어들거나 중년에 이를 때까지도 가난한 상태에 머물렀다고 하며, 이보다 더 심각한 수준의 가난은 어린아이들이 남은 생애 전반에 걸쳐 우울한 환경에서 살아가게 하는 요인이 된다. 보고서 작성자들은 계속되는 가난이 교육과 보건, 기타 성장에 필수적인 자원의 결핍에서 비롯된다고 보았다. "저소득 가정에서 자라나는 어린이들은 그보다 유리한 환경의 아이들이 겪지 않는 역경을 맞이합니다. 정상적인 발달 과정을 박탈당하는 데서 오는 부정적 영향은 시간이 지날수록 축적되므로, 극심한 가난에 노출된 아이들일수록 성인이 되어서도 빈곤을 탈출하기가 더 어려워지게 됩니다."[6]

취약 지역을 대상으로 연구하는 학자들은 경제적 포용성이야말로 사람들에게 기회를 부여하고 지역 경제 발전을 자극하는 핵심 요소라고 본다. 다음은《경제구조학회지》 2020년 4월호에 게재된 경제적 포용성에 관한 논문 일부다.

"최근 들어 경제적 포용성은 다양한 가치를 획득하는 데 필요한 역동적인 수단이 되고 있다. 여기에는 다차원의 거시경제적 안정성, 지속 가능하고 포용적인 경제 성장, 고용 창출, 빈곤 감소, 선진국 및 개발도상국의 소득 평등 등이 포함된다. 지난 수십 년간 빈곤 감소와 번영 촉진이 빠르게 진행되어왔지만, 세계 인구의 절대다수를 차지하는 개발도상 지역의 빈곤 계층은 여전히 최소한의 생활수준을 유지하는 데에도 어려움을 겪고 있다. 이런 현상은 아시아, 아프리카, 라틴아메리카, 카리브해 지역에서 더욱 두드러진다."[7]

저자들은 모두 여섯 가지로 정리된 결론을 제시하면서 금융기관들이 중앙은행과 정부, 개발기구들과 연대하여 금융 기반 시설을 마련해 "농촌 및 도시 지역의 금융서비스 네트워크를 개선"해야 한다고 권고했다. 이어서 각국에 대해서는 "금융 지식 보급"에 노력을 기울일 것을 당부했다. 물론 이런 목표는 모두 숭고한 내용이지만, 여기에는 이런 기관들이 안고 있는 원천적인 한계와 문제를 바라보는 고정관념이 고스란히 드러나 있다. 안타깝게도 여전히 많은 학자들이 포용성과 가난의 문제를 똑같은 시각으로 바라보고 전통적인 금융 제도에 바탕을 둔 해결책을 제시한다.

그러나 이 논문이 제시하는 해결책에서 우리는 진정한 대변혁을 몰고 올 혁신의 실마리를 찾을 수 있다.

"문화, 관습, 신념, 소득 수준에 따라 금융서비스에 대한 수요는 모두 다

르므로, 금융기관은 금융에서 소외된 인구를 대상으로 해당 영역의 수
요에 맞는 혁신적인 금융서비스를 제공할 필요가 있다. 아울러 국가별
정책은 특정한 사회경제적 제약과 거시경제적 변동, 각종 기관의 비효
율성, 금융 제도의 비효율성 등을 고려하여 각국의 사정에 맞는, 좀 더
포용적인 금융 시스템을 마련하는 데 필요한 일을 적극적으로 추진해
야 한다."

은행들은 그동안 금융서비스를 통해 더 많은 일을 수행할 수 있도
록 혁신을 이룩해왔다. 페이팔, 벤모Venmo 등의 온라인 결제업체들은
이용 편의성을 개선하여 개인의 자금 관리 분야에 변혁을 불러왔다.
최근에는 비금융 분야의 서비스업체들도 이 분야에 뛰어들어 새로운
결제 방법을 제시하며 직접 경영에 나섰다. 새로운 수익원을 모색하
던 애플·아마존·페이스북·구글을 비롯한 기술·통신 및 서비스 분야
의 거대 주자들은 원스톱 쇼핑 사이트로 새롭게 변모하며 소비자들의
광범위한 수요를 끌어안으려 한다. 그들이 맞이한 과제는 '이미 소비
자들의 일상에 파고든 세계적 브랜드가 과연 사람들의 금융 수요까지
만족시킬 역량을 갖출 수 있느냐'이다. 페이스북이 자체 디지털 암호
화폐인 리브라의 출범에 착수하기로 한 것도 바로 이런 신념에서 내
린 결정일 것이다.

그러나 이런 시도는 결국 독점으로 이어질 것을 우려하는 입법기
관과 여러 소비자 그룹으로부터 비웃음과 조롱을 사기도 했다. 그들
의 우려는 타당하다. 탈중앙화를 부르짖는 나 역시 과연 그들이 성공

할 수 있을지 회의적이다. 우리가 왜 그들에게 더 많은 책임을 부여해야 하는가? 특히 우리의 돈에 관계된 일을 말이다. 그들은 이미 정교한 데이터 수집 능력을 바탕으로 우리에 관해 너무 많은 것을 알고 있지 않은가? 그들의 시도는 충분히 이해할 만하지만 방향이 잘못되었다. 과연 그들이 기존의 금융서비스 회사를 대체할 수 있을지 의문이다.

최고의
혁신 시스템

이런 현실을 모두 살펴봐도 결국 결론은 비트코인이다. 새로운 기술 가운데 어느 것이 더 혁신적이며, 금융 포용성 문제의 핵심과 그에 따라 파생된 다양한 문제를 해결해주는가? 디지털 금융과 암호화폐야말로 미래를 제시한다.

　글로벌 핀덱스 보고서는 전 세계에 은행을 이용하지 못하는 인구 중 66퍼센트가 휴대폰을 소지하고 있다는 점에 주목한다. 더구나 다섯 개 지역에서 계좌 보유 비율이 급증한 것은 모바일 계좌를 개통한 데 힘입은 것으로, 전통적인 소매 은행 지점과는 아무런 상관이 없었다. 아프리카 사하라 남단 지역에서는 계좌 보유 인구가 변동이 없었음에도 그중에 모바일 계좌를 개설한 인구 비율이 2배로 증가했다.

카리브해 연안과 남미 지역에서는 5명 중 1명꼴로 디지털 결제 시스템을 사용하며, 환태평양 지역과 유럽, 중앙아시아 등에서는 정부가 노동자들에게 급료를 지급할 때 디지털 플랫폼을 사용하기 때문에 사람들이 모바일 계좌를 개설할 수밖에 없다. 이러한 변화는 특히 여성들에게 중요한 혜택을 제공한다. 여성은 전통적으로 취약 가정의 경제활동에서 소외되거나 그리 큰 역할을 차지하지 못했다. 빌앤드멜린다게이츠재단의 공동대표 멜린다 게이츠Melinda Gates는 이렇게 말한다.

> "정부가 사회 급여나 각종 보조금을 여성들의 디지털 은행 계좌에 직접 지급한다면 놀라운 영향을 미칠 것입니다. 그렇게 되면 여성들이 가정에서 의사결정권을 가질 수 있고, 더 많은 금융 수단을 동원해 가정의 재산 증식에 투자함으로써 폭넓은 경제 성장에 이바지할 수 있습니다."

모바일 서비스 덕분에 내 생활도 더욱 편리해졌다. 사정상 은행에 들를 수 없거나 컴퓨터를 사용할 수 없을 때도 계좌를 확인하고 일부 거래를 처리할 수 있게 되었기 때문이다. 나와 같은 생각을 하는 사람들이 점점 더 많아지고 있음은 말할 것도 없다. 2018년에 모닝컨설트 Morning Consult가 미국은행협회의 의뢰를 받아 조사한 결과를 보면 고객의 70퍼센트가 은행 계좌를 관리하는 데 모바일 앱을 이용하며, 그중 온라인 이용 경험을 '좋다' '매우 좋다'라고 평가한 비율이 90퍼센트에 이른다.[8]

모바일 뱅킹은 모든 은행 서비스가 안고 있는 것과 똑같은 문제에 시달린다. 2018년에 연준이 발표한 가계 경제 및 의사결정에 관한 설문조사에 따르면, 모바일 뱅킹 앱을 사용한 소비자 4명 중 1명은 대체로 이것을 안전하지 않다고 생각한다.[9] 특별한 목적으로 사용해본 사람 중에서도 절반 이상이 마찬가지 생각을 하고 있었다.

이런 우려는 대체로 금융 관리 업무를 더 효율적으로 수행하기 위해 널리 사용되는 다른 금융 앱에도 그대로 적용된다. 2019년에 퓨자선신탁Pew Charitable Trusts이 실시한 조사에 따르면 전체 소비자의 30퍼센트가 자산을 잃어버릴지도 모른다는 우려 때문에 모바일 결제 방식을 좋아하지 않는다고 답했다.[10] 설립된 지 거의 175년 된 결제서비스 회사 클리어링하우스The Clearing House가 2018년 실시한 또 다른 조사에 따르면 데이터 프라이버시와 정보 공유 문제를 대단히 걱정하는 소비자가 무려 3분의 2에 달했다. 그들 중에는 이런 앱이 개인 정보를 제3자 기관에 제공한다는 사실을 모르는 사람이 많았고, 약 절반에 가까운 응답자들이 만약 그런 사실을 알았다면 이런 앱을 사용하지 않았을 것이라고 답했다.[11]

이 설문조사에는 경영컨설팅 회사 커니AT Kearney가 수행한 연구 결과도 언급되어 있었는데, 그에 따르면 현존하는 금융 앱의 약 절반 가까이가 개인 데이터를 안전하게 지켜주지 못하는 것으로 밝혀졌다. 여기에는 아마존 등 거대 유통업체, 비자와 아메리칸익스프레스 같은 신용카드 회사, 페이팔 등 결제서비스 회사가 만든 금융 앱도 포함된다. 금융 앱이 안전하다고 생각하는 소비자는 전체의 5분의 3에 불과했다. 다음은 클리어링하우스 보고서의 일부다.

> "금융서비스 업계의 근간은 소비자와 회사 간의 신뢰다. 소비자의 기대를 충족하지 못하고 그들의 정보를 안전하게 지켜주지 못하는 현실이 계속된다면 그 신뢰는 위태로워질 수밖에 없다. 데이터 안전을 확보하기 위해서는 은행, 핀테크, 데이터 관리업체, 규제 당국, 소비자 등 모든 이해당사자가 협력해야 한다."[12]

비트코인이 만들어진 목적이 바로 이런 문제를 해결하기 위해서가 아니던가? 가족들에게 송금하려다가 어려움을 겪은 적이 여러 번 있었다고 앞에서 이미 언급했다. 송금액 한도 부족, 언제 바뀌었는지도 알 수 없는 규정 개정, 송금 시간 지연 등. 우리는 그런 일을 경험할 필요가 없다.

만약 가족이 그 송금에 목을 매는 상황이라면 어땠을까? 지구상에는 약 10억 넘는 인구가 송금액에 의존해 살아가고 있다. 이를 위해서는 은행이나 결제 플랫폼, 송금 서비스가 필요하고, 금융기관의 자체지점이나 다른 유통업체가 운영하는 기기 또는 창구를 이용해야 한다. 유엔 보고서에 따르면 전체 송금액 중 4분의 3이 식품이나 주거와 관련된 "필수 용도"로 쓰인다. 비상시에 이 돈은 기상 위기나 그 밖의 위기로 농작물 공급량이 급감하는 사태를 상쇄하기도 한다. 나머지 4분의 1인 약 1천억 달러가량도 각종 경제활동에 사용되어 교육, 훈련, 일자리 창출 등의 부가 효과를 낸다.

송금액의 약 절반 정도는 최악의 빈곤을 겪는 농촌 사회에 투입되며, 지난 5년 동안 송금된 금액은 약 1조 달러에 이른다. 이 돈은 같은 기간에 각종 해외 원조 또는 개발 단체를 통해 개발도상국에 지원된 금액의 3배에 해당하는 규모. 2015년 유엔은 전 세계가 안고 있는 빈곤, 환경, 사회 및 기타 문제를 해결하기 위해 모두 17가지 '달성 가능한 목표'를 수립했으며 그중 7가지가 결국 해외 송금액 자본을 통해 달성될 것으로 내다보았다.

그러나 송금에는 너무 많은 비용이 든다. 대개 송금 서비스를 제공하는 기관들이 정해놓은 수수료는 송금액의 7퍼센트 정도이고, 아프리카 사하라 남단 지역에서는 이 금액이 평균 9퍼센트까지 올라간다. 대부분의 송금액이 200~300달러 정도임을 생각하면 수수료 부담이 상당하다. 이렇게 수수료가 비싼 이유는 송금과 결제를 담당하는 회사가 중간에 떡 하니 자리를 차지한 채 아무것도 아닌 일로 돈을 거둬가고 있기 때문이다. 이제 이런 일은 비트코인을 사용하면 공짜로 할 수 있다.

제3자 없이 휴대폰만 한 대 있으면 되는 비트코인이 과연 대안이 될 수 있을까? 물론이다. 비트코인을 사용하면 송금을 더 싸고 편리하게 할 수 있을까? 당연하다. 그렇다면 단점은 무엇인가? 송금 수수료를 챙겨 가던 기존 회사들이 이 알토란같은 사업을 잃게 된다는 점이다.

보내는 사람과 받는 사람 모두 디지털 지갑만 가지고 있으면 단 몇 분 만에 거래를 마무리할 수 있다. 이 과정에 은행이나 결제업체 같은 중앙 기관은 끼어들 틈이 없다. 그뿐만 아니라 개인의 데이터와 자산을 지켜준다는 점에서 기존 시스템을 개선하는 효과도 발휘한다.

비트코인은 개발도상국의 소기업들이 상품을 판매하는 데에도 똑같은 이점을 제공한다. 비트코인은 이런 기업들이 은행이 부과하는 막대한 결제 수수료를 피해 지구상 반대편에 있는 시장까지 공략할 수 있는 길을 열어준다. 그들이 좁은 지리적 한계를 뛰어넘어 상품을 판매할 수 있다면 과거에는 상상하지 못했던 수준으로 번창할 수 있을 것이다. 수수료를 절약하면서도 결제 대금을 빨리 받을 수 있게 된다. 이 장의 서두에서 살펴본 빈곤의 악순환에서 벗어나 상황을 역전시킬 기회를 얻을 수 있는 것이다.

비트코인으로 거래하려면 채굴자들이 데이터 블록을 입증해야 하니 그만큼 시간이 오래 걸리는 것 아니냐고 말하는 사람도 있다. 2020년 기준으로 거래 확정에 필요한 시간은 평균 9분이었고 이는 2019년보다 3분 개선된 수치다. 채굴 그룹은 중복 사용이 시도되는 거래는 즉각 거절하며 다른 방식으로 계산하지는 않는다. 비트코인 거래 속도를 주요 신용카드와 비교해보자. 신용카드는 한 시간에 수백만 건의 구매를 처리해낸다. 예를 들어 비자카드 플랫폼은 분당 6만5천 건의 거래를 처리한다.

비트코인 플랫폼이 이 정도 속도를 실현할 수는 없겠지만, 단언컨대 비트코인은 신용카드나 직불카드, 다른 결제 방법보다 나은 장점을 희생하지 않고도 거래 속도를 훨씬 더 높일 수 있을 것이다. 커피숍에 들렀다가 비트코인으로 결제하는 날이 올까? 머지않아 그런 날이 온대도 전혀 놀라지 않을 것이다. 결제 시스템도 우리 문명의 일부이므로 그것은 매우 논리적인 발전 과정이다. 그러나 '비트코인이 한 나라나 세계 전체의 표준 화폐가 될 것인가'는 지금 당장 그리 중요한 문제는 아니다.

비트코인을 경제에 활력을 주는 요소로 볼 필요가 있다. 이미 진취적인 소기업들이 비트코인의 이점을 누리고 있고, 앞으로 이런 일은 더욱 큰 규모로 확대될 것이다. 비트코인은 기업가들이 도저히 그냥 지나칠 수 없는 편의를 제공한다. 똑똑한 투자자는 어떤 회사의 주식을 사기 전에 그 회사의 상품이나 서비스가 얼마나 유용한지 잘 따져본다. 상품과 서비스의 유용성이 클수록 그 회사는 더 많은 소비자의 관심을 끌고, 그 결과 더욱 번창하여 높은 주가를 달성할 수 있다. 이것은 성공하는 기업이라면 모두가 따르기 마련인 일반적인 경로다.

비트코인도 최고의 성과를 거둔 기업들이 걸어간 방향을 그대로 따르는 중이다. 비트코인을 사용하는 사람이 점점 더 늘어나고 있고, 이런 추세가 지속되는 한 시간이 지날수록 가격은 더 오르게 될 것이다. 비트코인은 가장 유망하고도 안전한 투자처다.

비트코인
투자법

PART. 11

비트코인 투자는
그저 단순한 지식만 있으면 된다.
전통적 화폐의 구매력이
과다 발행 탓에 위기에 처해 있는 오늘날
가치를 저장하는 더 나은 방법이 있다는
사실을 아는 것.

여기까지 읽은 독자라면 이제 비트코인에 투자하겠다고 결심했을 것이다.

축하드린다.

여러분은 수많은 회의론자와 부정론자, 기존 통화 제도의 옹호자들이 쏟아내는, 디지털 화폐에 대해 상상 가능한 거의 모든 의혹과 연막을 이겨냈다.

여러분은 비트코인이 추상적인 개념에 불과하다고 생각하던 단계를 넘어섰고, 비트코인을 뒷받침하는 논리를 모두 이해하고 그것을 사서 보유하는 데 필요한 모든 자료를 꼼꼼히 살펴봤다.

무엇보다 여러분은 품고 있던 두려움을 떨쳐냈다.

이제 사기만 하면 된다.

자, 이제 준비… 그런데 잠깐.

어느 투자나 마찬가지지만, 계획을 세우고 움직이는 것이 좋다. 다시 한 번 사족을 달자면, 나는 투자 전문가가 아니다. 노련한 금융 관리자는 오랜 기간 기술을 연마하고 지식을 축적해서 고객에 정확한 조언을 전달하기 위해 애쓴다.

그러나 이미 말했듯이 투자에도 상식적인 판단이 가장 중요하다. 그리고 이것은 아마추어도 전문가 못지않게 갖추고 있는 덕목이다. 현명한 투자자는 자신의 생애 단계와 장단기 목표를 염두에 둔 청사진을 바탕으로 투자에 착수한다. 가장 중요하게는 자신이 감당할 수 있는 위험 수준과 다양한 자산에 배분할 액수를 미리 정한다. 그런 다음 자신만의 포트폴리오를 구성하거나, 또는 이를 도와주고 관리해줄 사람과 의사소통하는 데 필요한 원칙을 수립한다.

이런 정도의 프로세스를 따르는 사람이라면 대개 성공한 투자자일 것이고, 실제로 이런 사람이 다수를 대표할 수 있다고 생각한다. 투자자 대상 금융 교육 전문기관인 CFA인스티튜트는 이렇게 가르친다.

> "투자자는 시작할 때부터 장차 자신이 내릴 의사결정의 틀이 되는 투자 전략을 수립해야 한다."[1]

비트코인 투자의
4대 실수

그러나 여전히 잘못된 방법으로 투자에 임하는 사람들이 많다. 그리고 이것은 비트코인에서도 마찬가지다. 비트코인에 투자한 많은 이들이 단기적 사고, 성급한 행동, 잘못된 선택에 빠진다. 보유해야 할 때는 의심을 키우다가도 조심하는 편이 더 나을 듯싶을 때에는 과한 행동을 보이곤 한다. 콘퍼런스에 연사로 참가해보면 곧 비트코인에 투자할 것 같거나 과거 투자 경험이 있는 듯한 관객의 질문에서 이런 패턴을 감지할 수 있다. 대개 그들은 발표가 끝나고 나면 나를 포함해서 비트코인 분야의 리더급 인사라고 생각되는 사람들 주변에 몰려든다. 그들은 비트코인 투자에서 성공을 거두는 비결을 듣고자 한다.

그래서 나는 2017년에 비트코인에 투자할 때 사람들이 저지르는 가장 대표적인 실수 네 가지를 정리해서 트위터에 올렸다. 일반 투자자들이 보고 비트코인을 좀 더 제대로 경험할 수 있는 원칙으로 삼았으면 좋겠다는 바람에서였다. 내가 오랫동안 미숙한 비트코인 투자자들을 보면서 느꼈던 점은 다음과 같다.

- ◆ 비트코인을 사는 데 주저한다.
- ◆ 사기로 마음은 먹었지만, 너무 적게 산다.
- ◆ 조금만 오르면 금세 팔아버린다.

◆ 가격이 폭락하면 겁에 질려 전부 매도한다.

　그 결과, 이런 투자자들은 비트코인을 깊이 이해하고 투자했다면 얻을 수 있었던 이익을 충분히 누리지 못한다. 그 어려운 과정을 이겨내고 기껏 투자자가 되어놓고는 끈기가 부족해 더 많은 이익을 누릴 기회를 놓치는 것이다. 투자 환경이 소용돌이치는 상황에서는 가장 안전해 보이는 경로를 선택하기 쉽다는 점을 인정하지 못하는 바가 아니다. 그러나 내 경험에 비춰볼 때 비트코인 투자자들의 가장 큰 문제는 신념이 부족하다는 점이다. 그들의 모습은 마치 수심 깊은 수영장 한쪽 끝에서 유유자적 헤엄을 잘 치다가도, 문득 자신이 지금 어디에 있는지 떠올라 겁에 질리는 어린아이들을 보는 것 같다.

　위의 네 가지 실수가 어떤 결과를 빚는지 지금부터 하나하나 살펴보자.

실수 1. 사는 것을 주저한다

사전조사도 열심히 하고 얼마나 투자할지 다 결정해놓고도 마지막 순간에 주저하는 사람들이 늘 있다. 콘퍼런스에 가도 많이 본다. 나한테 다가와서는 자신이 그동안 얼마나 오랫동안 연구해서 투자할 준비를 다 했는지, 어쩌다 보니 결정적인 순간에 망설였는지, 지금은 얼마나 후회하고 있는지 등을 장황하게 늘어놓는다. 그럼 왜 투자하지 않았느냐고 내가 물어보면 좀 더 가격이 내리기를 기다렸다든가 하는 대답을 소심하게 꺼내놓는다. 그러고는 언제 투자하면 좋겠느냐고 내게 묻는다. 마치 내 허락이라도 구하는듯이 말이다. 아마 가격이 바닥까지 떨어지는 완벽한 순간이 와야만 투자할 심산인 것 같다. (웃기는 것은, 실제로 비트코인이 계속 내려가기 시작하면 그들은 겁에 질려 망설이기만 하지 절대로 투자하지 않으리라는 사실이다. 인간의 어쩔 수 없는 본성인가보다!)

그런 때 나는 이렇게 설명한다.

투자하는 데 많은 시간이 필요하지는 않다. 거의 모든 거래소에서 거래는 단 몇 분 만에 끝난다. 비트코인의 역사에서 지금처럼 좋은 타이밍은 없다. 하루이틀 이르거나 늦었다고 해서 큰 차이는 없다. 비트코인 투자는 주식 투자와는 다르다. 어떤 회사가 큰 거래를 따냈다는 뉴스가 떠서 주식이 오르기를 기다리는 상황이라면 조금만 늦어도 엄청난 이익을 놓칠 수도 있겠지만, 비트코인은 그런 것이 아니다. 비트코인은 전통적인 금융 관련 뉴스와 직접적인 상관관계가 없다. 지금은 비트코인으로 단타 매매를 할 때도 아니고 가격 급등에 기대를 걸만한 상황도 아니다. 너무나 예측 불가능하다. 이런 종류의 기술은 무르익는 데 시간이 필요하다.

너무 까다롭게 가격이 높다 낮다 따질 필요가 없다. 1비트코인도 못 살 거라고 걱정할 필요도 없다. 비트코인이 좋은 투자라고 판단했다면 그냥 노트북을 펴거나 휴대폰이나 태블릿을 집어 들고 구매 버튼을 누르기만 하면 된다. 시간이 충분히 지나면 비트코인 가격은 틀림없이 큰 폭으로 올라 있을 것이다. 이 대목이 가장 중요하다. 시간이 충분히 지나야 한다. 그때 거둘 이익을 훨씬 앞서 투자하는 것이다.

이 책을 당장 내려놓고 비트코인을 살 사람이 몇 명이나 될까? 기다리지 말고 질질 끌지 말라! 지금부터 더 기다려봐야 결정을 내리기 어려워지고 점점 더 늦어지기만 할 뿐이다. 꾸물거림의 악순환이다. 지금 당장 비트코인을 살 정도의 의지력이 있는 사람은 극히 드물 것이다. 말 그대로 '지금 당장' 말이다. 이 책에서 지금 이 장을 읽다가 비트코인을 산 독자는 나중에 콘퍼런스나 다른 기회를 통해서라도 나를 만나면 꼭 말해주기 바란다. 꼭 만나서 '제11장 비트코인 구매자 클럽'의 회원으로 인정해드릴 것이다. 이 장을 읽다가 비트코인을 처음 구매할 정도로 결단력이 있는 소수의 회원이니 그에 걸맞은 대우를 해드려야 마땅하다. 회원이 될 생각이 있는가?

실수 2. 너무 적게 산다

돈이 걸린 문제를 신중하게 결정하는 것은 칭찬받을 만한 태도다. 슈퍼마켓이나 다른 가게에 갈 때마다 돈을 마구 써버리는 사람은 드물다. 투자할 때도 자신의 가용 자산과 수입을 고려해서 합리적인 선을 넘기지 않는 편이 바람직하다.

그러나 필요한 것보다 더 많이 사야 할 때가 오거나, 찔끔찔끔 흉내만 낼 것이 아니라 총력을 다해야 장기적으로 큰 이익을 거둘 수 있는 투자에서는 돈을 아끼지 않는 것이 상식이다. 동원 가능한 최대 자금을 비트코인에 투자하지 않은 사람들이 한결같이 후회하는 모습을 지켜봤다. 그들은 원래 의도했던 것보다 더 투자했어야 한다며 후회했다.

주요 다국적 기업의 경영자인 내 친구 스티븐의 경우를 보자. 그가 비트코인을 처음 산 것은 2015년, 내 권유 때문이었다. 스티븐은 기술에 밝은 친구였다. 나는 그가 평소에 모든 일을 꼼꼼히 살피는 점을 높이 샀고, 친구 말만 믿고 아무 데나 덜컥 투자하는 사람이 아니므로 모든 측면을 자세히 살펴보리라는 것을 알았다. 내 말을 듣고 생각을 바꾸는 모습도 예상 그대로였다. 나는 그가 비트코인을 좋아할 줄 알고 있었다. 당연한 일이었다. 스티븐은 나름대로 충분히 조사했고, 첫 물량을 사게 됐다고 문자를 보내와 나도 기분이 좋았다.

솔직하게는, 스티븐이 생각만큼 많이 사지 않아서 실망스럽기도 했다. 그때는 아직 비트코인이 동면기를 빠져나오지 못하던 시기였다. 게다가 마운트곡스 거래소 해킹 사건으로 비트코인에 대해 근본적이고 깊은 우려가 제기됐고 그런 분위기가 2016년까지는 족히 이어질 전망이었다. 가격은 2014년에 1천 달러 고점을 찍은 뒤 계속 내려가 300달러 밑으로 떨어져 있었다. 그때야말로 사이버 보안의 충격으로부터 가격이 제자리로 돌아오기 전에 비트코인을 싼값에 잔뜩 쓸어 담을 수 있는 절호의 기회였다. 스티븐에게 5천 달러(당시 기준으로 15비트코인이 조금 넘는 돈이었다)는 자신이 쓸 수 있는 한도에 비하면 한참 모자라는 액수였다.

그로부터 4년 뒤 스티븐이 10비트코인을 더 샀다고 문자를 보내왔다. 당시 기준으로 5만 달러가 넘는 돈이었다. 이때는 2017년 11월에 비트코인이 사상 최고가인 2만 달러를 찍은 후 조정기에 들어가, 여전히 준수한 가격인 5천 달러 선을 유지하던 시기였다. 지난 몇 달 동안 비트코인 가격이 내려가도 별 관심을 보이지 않던 그가 '거봐, 내가 뭐랬어, 비트코인은 역시 변덕이 심해'라는 식으로 생각하는 줄 알았기에, 그 소식을 듣고 기뻤다. 사실은 정반대였다. 그는 오히려 비트코인의 장기적 잠재력에 집중하고 있었다. 그는 2019년까지 기다리느니 2015년에 조금 더 많이 사둘 걸 그랬다는 말을 문자로 보내왔다.

전체적으로 보면, 스티븐은 좋은 경험을 했다고 생각한다. 그는 비트코인 가격의 등락을 모두 겪었고 그 과정에서 한 차원 높은 신념을 얻었을 것이다. 원래 투자했던 돈은 거의 100배로 올랐고, 그 결과 눈에 띄지 않게 동료들과 다른 사람들에게 영향을 미칠 수 있게 되었다. 그러나 스티븐의 경험을 보면서 자신의 소심함을 탓하는 다른 많은 투자자가 떠오르는 것도 사실이다. 그들은 자신의 여력, 혹은 꼭 사야 할 액수에 훨씬 못 미치는 만큼만 사놓고 결국에는 후회한다. 20세기 소설가 커트 보니것Kurt Vonnegut은 이렇게 말했다. "세상 누구나 하는 말 중에 가장 슬픈 것은 '진작 좀 그렇게 할걸'이라는 말이다."

실수 3. 진득하게 기다리지 못한다

2011년 6월 당시, 첫 번째 거품을 타고 고점에 도달한 비트코인을 알아본 소수의 용감한 사람 중에 여러분이 있었다면 1비트코인을 31달러에 살 수 있었을 것이다. 지금에 비하면 믿을 수 없을 정도로 싼 가격이다. 그런데 이마저도 2011년 초에 비하면 엄청 비싼 금액이다. 그때는 1비트코인이 1달러도 안 됐다. 비트코인이 달러와 같아지는 상징적인 문턱에 도달한 것은 그해 2월이나 되어서였다.

그것은 심리적으로 정말 중요한 사건이었다. 이 중요한 사건을 몇몇 언론이 다루었지만, 그나마 눈에 잘 띄지도 않는 자리에 실렸을 뿐이다. 만약 그때 여러분이 그 가격에 단 몇 비트코인이라도 사두었더라면 대단히 비범한 사람이라는 말을 들었을 것이다. 당시에는 비트코인이라는 말도 못 들어본 사람이 대부분이었으니까.

2011년에 비트코인을 31달러에 사서 2년 동안 보유했다면 투자금이 8배로 불어났을 것이다. 2013년 4월에 비트코인은 사상 최고가인 266달러에 팔렸다. 그 정도 수준에서 팔았더라도 투자금 회수에 결코 불합리하다고 볼 수는 없었다. 세계에서 가장 유명한 회사 세 곳을 예로 들어보자. 여러분이 만약 IBM 상장 2년 뒤 주식을 샀다면, 비트코인 정도 가격이 될 때까지 21년을 기다려야 했을 것이다. 이것을 월마트에 적용하면 7년이 되고, 아마존의 경우에는 15년 이상의 세월이 필요하다. 정상적인 환경에서 부동산이나 그 밖의 대안 투자(우연히 산 그림을 TV 진품명품 쇼에 들고 나갔더니 지금까지 알려지지 않았던 렘브란트 작품이더라 같은 이야기 외에는 말이다)는 2년 만에 이 정도로 오를 가능성이 전혀 없다.

2013년을 지나 11월에 다시 한 번 고점인 1200달러를 찍고 2014년 내내 500달러 이상을 안정적으로 유지할 때까지 보유했더라면 훨씬 더 큰 이익을 거두었을 것이다.

2014년에 500달러에서 600달러를 오갈 때 사서 2017년 1월 다시 한 번 1천 달러를 돌파할 때 팔았다고 해도 여전히 훌륭하다. 그래도 두 배의 투자 성과를 올린 셈이기 때문이다. 아니면 그때 1천 달러에 사서 5천 달러가 된 2017년 9월까지 기다렸더라도 9개월 만에 400퍼센트의 투자이익을 실현할 수 있었을 것이다.

반면 그해에 미국에서 가장 성적이 좋다던 거대 뮤추얼펀드 '리지위스 공격 성장 펀드'RidgeWorth Aggressive Growth가 투자자에게 돌려준 이익은 고작 22퍼센트뿐이었다. 금융 정보회사 키플링어Kiplinger가 제시한 연간 10대 펀드 순위에 나온 내용이다.[2] 나머지 대기업 펀드 9개 중에는 이익률이 16퍼센트를 넘기는 것도 전혀 없었다. 미국의 중소형 펀드의 이익률은 대개 10퍼센트 내외에 불과했다.

해외 기업, 채권 및 기타 대안 투자에 집중하는 펀드의 성과도 예외 한두 개를 제외하면 모두 이것과 대동소이했다. 이런 성과조차 S&P500 기업의 주가 성장률이 22퍼센트를 상회하고 다우존스 산업 평균 지수가 사상 처음으로 2만을 넘어서는 초호황 속에 나온 것이었다. 2016년에 나티시스글로벌 애셋매니지먼트Natixis Global Asset Management 사가 조사한 바에 따르면 일반 투자자들이 기대하는 연간 수익률은 8.5퍼센트였고, 금융 관리자들은 이보다도 낮은 6퍼센트 정도에도 만족하는 것으로 알려졌다.[3]

비트코인의 증가세는 단 1년 만에 그 모든 기록을 앞섰다. 심지어 그런 다음에도 끝나지 않았다. 2018년 새해 첫날을 약 2주 앞두고는 2만 달러에 다다랐다. 2020년 5월에 반감기를 맞이한 지 6개월이 지난 뒤에도 여전히 1만 8천 달러가 넘는 가격이 유지됐다. 향후 몇 년 동안 가격이 두 배 아니면 세 배가 되든, 아니면 다시 1만 달러 아래로 떨어지든, 역시 그대로 보유하고 있는 편이 더 낫다. HODL 해야 한다는 사실을 명심하라.

"큰 이익을 위해 기다려라"는 내가 가장 좋아하는 슬로건이다. 이 말을 생각할 때마다 중국-유럽 국제경영대학원China Europe Interna-tional Business School, CEIBS 시절의 동문들 이야기를 하지 않을 수 없다. 그 학교는 2012년부터 2014년까지 내가 글로벌 최고경영자 MBA 학위를 이수했던 곳이다. 나는 BTC차이나의 CEO를 맡은 직후, EMBA 과정을 함께 수강하는 동문 60명 앞에서 비트코인을 주제로 발표할 기회가 있었다. 그때가 2013년 6월이었고, 비트코인이라는 용어가 세상에 알려지기 시작해 일반인 중에도 이 말을 들어본 사람이 심심치 않게 나오던 때였다. 비트코인 가격은 겨우 100달러 정도였다.

짤막하게 발표를 마치고 나니 한 가지 후회되는 일이 있었다. 동문 전원에게 강제로라도 1비트코인씩은 무조건 사라고 말할 걸 싶었다. 동문 전체가 1비트코인씩 다 사더라도 전체 비용은 6천 달러로 충분했을 것이다. 그 대신 나는 비트코인에 꼭 투자하라고만 강조했다. 그 랬더니 역시나 내 말대로 실천에 옮긴 사람은 극히 일부에 지나지 않았다.

그해 늦여름, 시웅빙이라는 동문이 6월에 사지 않은 것이 후회된다고 나에게 털어놓았다. 가격이 이미 오른 뒤였지만, 나는 아직도 늦지 않았다는 말과 함께 그가 120달러에 사도록 재빨리 도와주었다.

2013년은 비트코인에 FOMO(남들 다 버는데 나만 뒤처지면 안 된다) 광풍이 불어닥쳐서 11월에 가격이 1200달러까지 올라간 해였다. 나는 내가 투자해서만이 아니라 그해에 내 친구와 CEIBS 동문들이 비트코인을 샀다는 사실에 기분이 좋았다. 물론 시웅빙까지 포함해서 말이다. 내가 미처 몰랐던 것은, 안타깝게도 시웅빙이 비트코인 가격이

400달러를 기록한 10월에 이미 보유했던 비트코인을 전부 팔아버렸다는 사실이다. 그는 불과 몇 달 사이에 투자금이 3배로 불어나자 빠져나와야겠다고 생각한 모양이었다. 훨씬 나중에 이 사실을 알게 돼 안타까운 마음을 금할 수 없었다.

팔기 전에 나한테 물어보기만 했더라도 분명히 알려줬을 것이다. 투자금의 2배, 아니 5배로 올랐다고 해도 그것은 아무것도 아니니 절대 팔지 말라고 말이다. 이 괴물 같은 놈은 투자금의 100배가 될 때까지 기다려도 된다. 그리고 때가 되어 팔기로 했더라도 전부 다 팔지는 마라, 오랜 시간이 흐르면 1천 배까지도 충분히 수익을 올릴 수 있다. 그렇게 되려면 10년, 20년을 기다려야 할지도 모른다. 그러나 곰곰이 생각해보면 충분히 기다릴 가치가 있다.

2014년과 2015년의 그 극심한 가격 변동을 지켜보면서도 시웅빙은 끝내 다시 들어오지 못했다. 사실 그가 팔았던 것보다 오히려 더 내린 가격에 비트코인을 되살 수 있는 기회가 꽤 길게 존재했다. 나는 그를 만날 때마다 팔아버린 만큼이라도 다시 사라고 계속해서 말해주었다. 그런데도 그는 사지 않았다. 아마도 가격이 내려가는 것을 보고 질려버린 것 같았다. 더 내려갈 때까지 기다렸는지도 모르고. 그러나 비트코인은 그리 머지 않은 2016년 11월에 다시 오르기 시작하더니 사상 최고가라던 2013년 11월 가격을 금세 앞질렀다. 그 이후에 일어난 일은 우리 모두 알다시피 역사가 되었고, 아마 이 책을 쓰는 지금과 같은 높은 가격에 시웅빙이 비트코인을 되샀을 리는 거의 없을 것 같다.

사람들이 비트코인 투자에 관해 조언을 구하러 나를 찾아올 때마다 반복하는 말이지만, 비트코인의 좋은 시절은 아직 시작되지도 않았다. 최소한 조금이라도 비트코인에 투자한 뒤 100배가 오를 때까지 기다려보라. 그리고 팔아야겠다는 생각이 들더라도 전부 다 팔지 말고 나머지가 원 투자금의 1천 배가 될 때까지 기다려보라. 그렇다. 여러분의 인내심이 허락한다면 비트코인은 처음 투자한 금액의 1천 배까지도 충분히 오를 수 있다. 내 말이 믿어지는가?

실수 4. 겁에 질려 팔아버린다

2017년 9월, 중국인민은행은 중국 전역의 비트코인 거래소에 폐쇄 명령을 내렸다. 은행 측은 미숙한 일반 투자자들이 힘들여 모은 저축액을 ICO 코인을 비롯한 암호화폐에 투자했다가 전부 날려버릴 위험이 있다고 판단한 듯했다(안타깝게도 정부는 비트코인과 나머지 의심스러운 ICO 코인을 싸잡아 매도했다. 실제로 그런 암호화폐는 상당히 위험할 뿐 아니라 금융사기로 번질 가능성도 컸다). 그러나 실상은 정부가 새로운 통화 시스템을 제대로 통제하지 못하는 것이 싫어서 내린 조치일 가능성이 더 컸다. 중국 정부의 그런 조치는 전 세계 비트코인 업계에 충격을 주었고, 9월 중반까지 가격이 가파르게 내려가는 결과로 이어졌다.

하락 이후 6개월 동안 가격은 다시 상승했고, 그러는 동안 나는 BTCC 직원들에게 지금이 비트코인을 다시 사들일 절호의 기회라고 힘주어 말했다. 나는 그전부터 비트코인이 가진 사회 변혁의 잠재력을 역설하면서 늘 장기적 이익을 염두에 두어야 한다고 거듭 강조했다. 나는 직원들이 보유한 비트코인이 몇 년 지나지 않아 100배 이상으로 오를 것으로 본다고 말했다. 그러니 인내심을 발휘해야 하고, 가격 변동에 겁먹지 않는 태도가 꼭 필요하다는 말도 잊지 않았다. 물론 말이야 쉽지, 그리 만만치 않은 일이라는 것도 잘 알았다.

그들은 이 100배라는 말이 어쩌다 나온 말인 줄 아는 것 같았다. 어찌 됐든, 그들은 일단 투자하고 진득하게 기다려야 한다는 내 말뜻을 알아듣지 못한 것이 분명했다. 알아듣기는커녕 가격이 내려가자 걱정에 휩싸여 다들 제멋대로 판단하기 시작했다. 거래소 폐쇄 명령 발동 뒤 어느 주말, 직원들이 얼굴에 미소를 띤 채 비트코인을 다 팔아버렸다고 말했다. 등장한 지 얼마 안 된 이 업계를 정부가 본격적으로 단속하기 시작했으니 이제는 정말 최악의 상황이 온 것 아니냐면서 말이다(나중에 안 사실이지만, 내 친구들 역시 바로 이 시기를 전후해 보유 물량을 다 팔아버렸다고 한다).

그들은 원래 투자금의 약 세 배를 회수했다며 다들 기분 좋은 눈치였다. 나는 그들의 좋은 분위기를 깰 수 없어 아무 말도 하지 않았다. 어쨌든 그들은 돈을 벌었고, 나는 거기에 이의를 제기할 수 없었다. 그러나 그들의 행동은 결국 겁에 질려 매도한 것 이상도 이하도 아니었다. 새로운 투자 자산이라면 으레 마주치게 마련인 장애물을 타고 넘어가야 하는데, 걱정거리가 등장하자마자 그만 놀라 나자빠진 것이다. 세계적인 명성을 자랑하는 암호화폐의 리더 BTCC에 근무한다는 내 직원들이, 가격 변동에 대한 두려움 때문에 비트코인의 내구력을 믿지 못하고 허무할 정도로 쉽게 무너져버렸다. 그들이 2017년 9월 당시 가지고 있던 비트코인을 그대로 보유하고 있었다면 2020년 말에는 거의 10배의 가치가 되었을 것이다. 장기적인 안목으로 봤을 때 비트코인에서 공황 매도가 좋은 결과로 이어질 가능성은 극히 희박하다.

코로나19 바이러스 사태로 경제가 사실상 봉쇄되다시피 한 뒤 나는 어떻게 했을까? 2020년 2월 12일, 비트코인 가격은 1만 달러 주변에서 유유자적 움직이고 있었다. 그해의 시작과 함께 5천 달러에서 출발하여 꾸준하게 오른 가격이었다. 전문가들은 5월에 찾아오는 또 한 번의 반감기가 어떤 효과를 보여줄지 간절히 기다리고 있었다. 반감기가 지나고 나면 10분마다 한 번씩 세상에 선보이는 비트코인 양이 감소하므로 채굴자에게 돌아가는 양도 줄어들 터였기 때문이다.

한 달 뒤 비트코인 가격이 6천 달러로 떨어졌고, 며칠 뒤에는 다시 4천 달러 밑으로 내리면서 공황 매도를 촉발했다. 매도세가 나타나리라고는 전혀 예상하지 못했던 상황이었지만, 곰곰이 생각해보면 놀랄 일도 아니었다. 비트코인에 초기부터 투자해온 사람이 보기에는 비록 수백만 달러까지는 아니어라도 수십만 달러 규모의 손해가 발생하는 상황이었기 때문이다.

그러나 나는 악어가 득실대는 강을 빠져나와 전속력으로 달리는 영양 떼 같은 그들의 움직임에 합세하지 않았다. 그저 가만히 있었다. 나는 비트코인의 미래를 향한 믿음을 묵묵히 지켰다. 비트코인에 대해 나만큼이나 긍정적인 다른 사람들도 마찬가지였다. 몇 달 뒤 나의 친구 캐머런 윈클레보스는 트위터에 이런 글을 남겼다. "이번 팬데믹은 비트코인을 비롯한 사이버 세계에 하나의 변곡점이 될 것입니다."

실제로 나는 이번 하락장을 하나의 기회로 보았다(어떤 단발성 거시 경제적 조건 때문에 공포심리가 조성되어 내려간 가격은 반드시 다시 오르게 되어 있다). 그래서 오히려 그 좋은 가격에 비트코인을 좀 샀다. 하루 만에 가격이 3분의 1이나 뛰어오르고, 최근의 손실을 5월 말까지 거의 모두 만회했음에도 환호를 지른 적은 없었다. 그렇다고 내가 뛰어난 투자자라고 자부하는 것도 아니다. 나 역시 여러 차례 실수를 저질렀다.

다만 나는 공포심에서 비롯된 투자 결정은 결코 좋은 결과를 낳지 못한다는 것만은 확실히 안다. 비트코인 가격은 변동을 보일 수도 있다. 그것 때문에 내 결정이 흔들려서는 안 된다. 공포에 질려서 파는 일은 없어야 한다.

가용 자원 내에서 투자하라

지금까지는 비트코인 투자에서 해서는 안 될 행동을 다루었다. 그럼 이제 또 하나 언급해야 할 중요한 사항이 있다. 언뜻 보기에는 너무나 뻔한 내용이지만, 여전히 많은 투자자가 이런 실수를 저지르므로 언급하지 않을 수 없다. 앞에서 말한 네 가지 실수, 즉 너무 주저하는 모습을 보여주는 투자자도 많지만 어떤 사람들은 너무 공격적인 태도로 투자에 나서는 바람에 문제가 되기도 한다. 그들은 투자를 통해 얻을 이익에 너무 혹한 나머지 자신의 한계를 넘어서까지 투자한다. 나는 이런 투자자를 '의욕 과잉'이라고 부른다. 나는 열정을 존중하지만, 예산 범위를 지키는 것이 중요하다는 점도 잘 안다.

금융 관련 상담가들은 대개 자신의 나이를 100세부터 거꾸로 빼오면서 각 시기마다 자신의 자산 포트폴리오 중 얼마를 주식에 할애해야 하는지 계산해보라고 조언한다. 그러나 사람들의 수명이 길어지고 세계 경제가 더 복잡해져서 자산을 더 유연하게 배분하고 관리해야 하는 시대가 되었으므로, 전문가의 조언도 내용이 좀 달라져야 할 것이다. 포트폴리오를 보수적으로 짤 경우, 자산의 20~30퍼센트 정도는 주식에 할애하되 그중 대부분은 가격에 큰 변동이 없는 우량 기업에 투자하는 것이 좋다. 그다음으로는 고정수익증권, 예컨대 지방채권이나 회사채 등 위험도가 낮은 자산으로 나머지 포트폴리오의 대부분을 채운 뒤, 마지막 5퍼센트에서 15퍼센트 정도는 현금 및 기타 관련 상품으로 구성하는 것이 바람직하다. 여기서 고정수익증권 대비 주식의 비율을 올릴수록 전체 포트폴리오의 위험은 커지겠지만 그만큼 수익성은 높아진다고 볼 수 있다.

이보다 간단한 투자 원칙은 매달 혹은 매년 발생하는 소득 중 10~15퍼센트를 따로 떼어 투자하는 것이다. 정확한 비율은 각자의 성향과 나이, 생활양식에 따라 다르게 정할 수 있을 것이다. 물가가 비싼 도심지에 거주하며 자주 외식을 나가는 등 씀씀이가 큰 사람, 현금을 많이 들고 있는 편이 안심이 되는 사람이라면 투자 비중을 최소한으로 책정하면 된다. 계획을 세우고 목표를 달성하기를 좋아하며 예산의 범위를 지키는 데 익숙한 사람이라면 저축액을 더 늘리는 쪽을 선택할 것이다.

비트코인 투자는 이중 어떤 유형에 더 적합할까?

비트코인 투자를 귀금속, 동전, 예술작품, 진귀한 공예품 등과 같은 대안 투자의 일종으로 볼 수도 있을 것이다. 실제로 금융상담가들은 전체 자산의 10퍼센트나 때로는 20퍼센트까지 이런 대안 자산에 배분할 수 있다고 생각하며, 현명하게만 투자한다면 다른 투자 대상보다 훨씬 더 높은 수익이 발생할 수도 있다고 본다(물론 가격 변동은 더 심할 수도 있다. 어디서 많이 들어본 말인가?).

나는 누구에게도 그 정도까지 투자하라고 말하지 않는다. 각자 가진 자산의 1~2퍼센트만 비트코인에 투자하면 된다. 1~2퍼센트만 투자해도 내가 예측한 대로 가격이 100배 오른다면 원래 가지고 있던 재산이 2배나 3배가 되는 셈이다. 그 정도면 저축액 중 상당 비율을 덜어낼 필요도 없고, 과도한 부담 없이 굳건하게 믿고 기다릴 수 있다. 예를 들어 융자를 한 번 더 받거나 다른 방식으로 재정 보증을 양보한다면, 투자를 올바른 방향으로 끌고 갈 수 없다. 비트코인이 아무리 상승세를 탄다고 해도 그것 때문에 가계 재정에 혼란을 불러올 수는 없는 노릇이다.

그렇기는 하지만, 만약 가용 자산이 넉넉하거나 이따금 찾아오는 가격 하락에 쉽게 흔들리지 않을 자신만 있다면 순자산의 5퍼센트나 10퍼센트까지도 투자하는 것을 고려해볼 수 있다. 혹은 첫 경험이 그립다면(떨리던 마음을 극복하고 처음 투자했을 때의 기억) 시간이 지나면서 비트코인을 더 사고 싶을 수도 있을 것이다. 내 친구 스티븐은 투자하지 않았더라면 여행, 음식, 신제품 구입에 썼을 가처분 소득을 투자했다. 그는 두 번째로 비트코인을 산 뒤 얼마 지나지 않아 가격이 폭락했을 때도 눈 하나 깜짝하지 않았다.

어느 순간 옳다고 생각했으면 그것을 바탕으로 모든 결정에 일관성을 유지해야 한다. 만연한 시장 분위기나 엄청난 흐름의 이동을 보고 흔들리면 안 된다. 단지 안전해 보인다는 이유로 군중을 따라서도 안 된다. 비트코인 가격이 치솟을 때, 사람들이 무리를 지어 마구 사들일 때, 콘퍼런스에 누군가 나와 소문을 퍼뜨릴 때, 마치 남들은 다 이익을 보는데 나만 소외된다는 느낌이 들 수도 있다. 어떤 시기에 얼마를 더 투자해야겠다는 생각이 강하게 들 때는 자신의 안전지대를 벗어난 결정을 내릴 가능성이 크다. 비트코인을 신중하게만 대한다면 투자를 통해 최대한의 성과를 거둘 수 있다. 비트코인은 위험하다. 그러나 다른 수많은 투자보다 특별히 더 위험한 것은 아니다. 길고 긴 투자 여정에서는 자신이 감당할 수 있는 위험 수준을 언제나 염두에 두어야 한다. 물론 그러면서도 유연성을 유지하는 태도가 필요하다.

스티븐은 비트코인을 두 번에 걸쳐 분할 매입했고, 지금도 그것을 후회하고 있다. 지금 보유한 비트코인을 가장 가격이 쌌을 때인 2015년에 모두 샀더라면 그는 분명히 더 큰돈을 벌었을 것이다. 물론 나라면 그렇게 했겠지만, 그렇다고 스티븐의 방법이 잘못된 것은 아니다. 스티븐은 원래 의심이 많은 성격이라 일단 비트코인이 어떤 움직임을 보이는지 지켜봐야 했다. 과연 대중은 이것을 기존 통화 제도의 대안으로 받아들일 것인가? 이내 흥미를 잃어버릴 것인가? 혹은 이전에는 분명하지 않았던 비트코인의 약점이 서서히 드러나면서 스스로 붕괴할 것인가? 이런 의문은 모두 너무나 합리적이다.

　그의 경험은 비트코인을 투자하는 방법이 사람마다 제각각 다르다는 사실을 극명하게 보여준다. 나는 투자를 고려하는 사람을 만날 때마다 자신이 옳다고 생각하는 대로 투자하라고 말해준다. 단 자신의 가용 자산 내에서 투자하고, 그에 따른 위험을 잘 알고 있어야 한다고 당부한다. 내 말 속에는 비트코인 가격이 당분간 큰 구멍이 나거나 당분간 기대하던 수준까지 오르지 않는다고 해서 후회하기 시작하면 안 된다는 뜻도 포함된다. 물론 가격이 오른다고 해서 더 사려는 마음이 드는 것도 경계해야 한다.

어떻게
투자할까?

몇 가지 방법을 살펴보자. 우선 가장 간단하고 직접적인 투자법부터 시작한다.

한 번에 모두 산다

1비트코인도 좋다. 5, 10, 심지어 0.1비트코인을 사도 된다. 위에서 제시한 기준에 따라 각자 투자할 방향을 정했다면 액수는 상관없다.

한 번에 모두 투자하는 방법은 결단력 있고 확신이 있는 투자자에게 맞는 방법이다. 일단 결정을 내리면 빠르게 행동하고, 시간을 질질 끌거나 자신이 한 행동을 뒤돌아보지 않는 성격에 어울리기도 한다. 이런 투자자는 어차피 살 비트코인을 한 번에 다 산 뒤에 투자 성과가 무르익을 때까지 꾹 참고 기다린다.

일시에 전액을 쏟아부어 비트코인을 사는 투자자는 타이밍이 적절한지, 또는 투자액이 너무 적은지 많은지도 고민할 필요 없다. 너무 쉽다. 일단 산 다음에 몇 년간 잊어버리고 지내면 된다.

그러나 모든 일에는 단점이 있기 마련이다. 현실적으로 볼 때, 비트코인을 한꺼번에 다 샀다면 가까운 시일 내에 가격이 더 내렸을 때 한 번 더 살 수 있는 기회를 포기하는 셈이다. 예산이 빠듯한 형편이라면 여기저기서 몇 달러씩 절약하는 것도 상당히 중요할 수 있다.

올인 전략은 우선 물에 발을 조금 담가본 다음에 더 깊이 들어가는 꼼꼼한 스타일의 투자자에게도 맞지 않는 방법이다. 이런 사람들은 대개 추이를 지켜보면서 조금씩 투자금을 늘려가는 방법을 선호한다. 과하게 조심스러워서가 아니라 그저 점진적인 방법이 자신에게 더 잘 맞는다는 것을 아는 것뿐이다.

내 주변의 비트코인 투자자들은 거의 모두가 점진적인 방법으로 편안하게 투자하고 있다. 물론 그들은 각자의 분야에서 성공한 전문가이자 노련한 투자자로서, 시간을 들여 비트코인 투자에 필요한 지식을 충분히 습득했다. 그러면서도 그들은 혹시나 있을지도 모를 변동성에 대한 대비책도 마련해두었다. 그들은 거시경제적 외부 요인이 비트코인에 미칠 영향에 관심을 기울이고 있고, 충분한 추이를 확인한 뒤 추가 매입을 결정하는 편이다. 사정에 따라서는 조금씩 사는 것도 훌륭한 방법이다.

나는 달러 가격 평균을 이용해서 시차를 두고 투자하는 방식을 권하기도 한다. 그럼 이제 점진적 방법을 주기별로 살펴보자.

주간 매입법

먼저 투자 총액을 정한 다음, 똑같은 액수로 나눠 4주에서 6주 정도에 걸쳐 매주 분할 매입하는 방법이다. 매주 정해둔 요일(예를 들어 월요일)에 매입한다. 매주 일정한 요일에 투자하는 방법은 투자하는 습관을 길러줄 뿐 아니라 일정한 간격에 걸쳐 시장을 관찰하고 그에 따라 현재 위치를 조정하며 투자할 수 있다. 한 가지 위험 요소가 있다면 가격이 급등하는 경우, 원래 계획을 그대로 밀고 나가지 못할 수도 있다는 점이다. 따라서 유연성을 발휘할 여지를 조금 남겨두는 것도 좋다.

격주 매입법

매주 사는 대신 약 8주에서 10주 정도에 걸쳐 격주로 같은 금액에 해당하는 비트코인을 매입하는 방법이다. 이렇게 해도 점점 투자액이 늘어나므로 여전히 전략적인 접근법을 익혀야 하는 것은 마찬가지지만, 매입 주기가 조금 더 길어지므로 그동안에 가격의 흐름을 관찰하고 더 넓은 시야로 환경을 파악하며 시장의 분위기를 느낄 수 있다는 장점이 있다. 여전히 의심을 떨치지 못한 채 시작했을 경우 자신의 관점을 유지하거나 한 주 건너뛸 수도 있고, 점점 시장을 낙관하게 되었다면 좀 더 공격적으로 투자하거나 계획보다 1~2주 더 투자할 수도 있다.

3회 월 분할 매입법

분할 기간을 더욱 길게 잡으면 투자 현황과 시장 추세를 파악하고 앞으로 어떻게 해나갈지 결정하는 데 시간을 더 쏟을 수 있다. 그러나 어떤 리듬을 택하든 유연성을 발휘해서 투자하자. 상황은 언제든 급변할 수 있다. 가격 변동이 오면 2017년 11월 중반에 2만 달러이던 가격이 2018년 2월에 7천 달러 아래로 급락할 수도 있다. 코로나19 바이러스 사태가 터졌을 때는 불과 한 달 만에 1만 달러에서 3600달러까지 내려갔고, 곧바로 다시 몇 주 만에 원상회복했다.

불규칙 투자

불규칙하게 투자한다고 해서 잘못된 것은 아니다. 첫 투자를 한 뒤 사정이 허락하거나 적절한 시기가 왔다고 판단될 때 조금 더 사도 된다. 처음 살 때 충분한 금액을 살 것을 강력히 추천한다. 물론 어느 정도가 충분한지는 투자자마다 기준이 다를 것이다. 어쨌든 나는 비트코인 투자를 시작하는 편이 전혀 하지 않는 것보다는 훨씬 낫다고 믿는 사람이다. 그러니 소액으로 시작한다고 나쁠 것은 전혀 없다. 비트코인 전도사로서 나의 목적은 한 사람이라도 더 비트코인에 발을 들이도록 만드는 것이다. 그렇지만 여러분이 정말 비트코인 투자를 진지하게 대한다면 시작부터 대담하게 하는 편이 좋다. 그래야 더 큰 목표를 이루는 데 필요한 가속도를 얻기도 더 쉽다.

불규칙하게 투자한다는 것은 어느 정도를 말하는 것일까? 이 질문 역시 사람마다 다르다(비트코인의 또 다른 좋은 점은 모든 사람이 각자의 방식대로 투자할 수 있다는 점이다). 나는 여러 번에 나눠 조금씩 사는 것보다는 한꺼번에 많이 사는 편을 좋아한다. 예컨대 100달러씩 사느니 수백 달러, 혹은 천 달러 정도는 되는 것이 좋다고 생각한다. 그러나 이것은 논리적인 투자 원칙이라기보다는 그저 내 개인적인 선호일 뿐이다. 아무리 여러 번 나눠 투자하더라도 전 재산의 1~2퍼센트는 꼭 비트코인에 투자하겠다고 미리 정해두자. 사정이 허락하는 한 더 많이 할수록 좋다.

마지막 조언

마지막으로 남길 말이 있다. 투자 규모에 상관없이 현명한 투자자라면 향후 수십 년 동안 깊이 새겨야 할 조언이다. 다른 사람이 미처 보지 못하는 기회를 찾아, 많은 사람이 가는 방향과 정반대로 가기를 두려워하지 말기를 바란다. 이 말을 조부모님과 부모님이 남겨준 가르

침으로 바꿔보면 "자신이 믿는 바를 용감하게 밀고 나가라"라고 표현할 수 있으리라. 그분들은 아직 중국 이민자들이 잘 찾지 않던 남아메리카와 서아시아로 가서 사업을 일구고 성공을 거두었다.

조부모님은 사업의 기반 자금을 확보하기 위해 기발한 방법을 동원했다. 옷 속에 금을 숨겨 중국에서 몰래 가지고 나왔다. 조부는 수많은 승객으로 빽빽이 들어찬 증기선을 타고 당시 영국 식민지였던 홍콩으로 향한 그 고난의 시간에 관해서는 많은 말씀을 하지 않았다. 만약 중국 당국이 그를 막아 세웠더라면 꼼짝없이 처벌되었을 것이다. 브라질에 도착했을 때는 옷 가방과 등에 지고 있던 옷가지 외에 나머지 재산을 아무 원칙도 없이 끈질기게 달려드는 세관원에게 모두 빼앗길 뻔했다. 마침내 조부모님은 사업을 시작했고, 당시만 해도 그 나라에서 수출은커녕 제대로 만드는 곳도 별로 없던 제품을 생산하는 기업으로 커갔다.

어쩌면 나는 그분들의 담대함을 물려받았는지도 모른다. 나는 2011년에 비트코인을 채굴했다. 당시만 해도 설립자들의 동아리 외에는 잘 알려지지도 않았고 다른 기술 모험가들조차 들어본 적 없는 기술이었다.

2년 뒤 나는 안정적인 대기업의 경력을 박차고 나왔다. 그 길을 계속 걸었다면 높은 지위로 승진을 거듭하여 어떤 업계의 어떤 회사일지는 몰라도 경영자가 될 수도 있었을 것이다. 그리고 나는 계속해서 비트코인을 사들였다. 나는 가격(나는 10달러도 안 되는 가격일 때 시작했다)이 틀림없이 고공 행진을 벌일 것이라고 믿었다. 나는 가격 변동에도 전혀 주눅 들지 않았다. 비트코인으로 이미 상당한 돈을 번 다른 사람들조차 최소한 일부라도 내다 파는 와중에도 그랬다.

그들은 여느 주식 투자자들이 가격 하락에 반응하는 모습을 그대로 따라한 군중 속의 일부일 뿐이었다. 그들이 다른 모든 사람이 하는 대로 따라했던 이유는, 모든 사람이 하는 행동이 곧 옳은 행동이라고 생각했기 때문이다. 그들은 자신의 판단을 따르기보다는 군중 속에 있을 때 더 편안하게 느꼈고, 그 결정은 단견이었음이 판명됐다.

팬데믹의 여파에 따른 경제 붕괴 사태로 비트코인 가격이 하락했을 때도, 나는 이것을 다시 오지 않을 가격에 더 살 수 있는 기회라고 보았다. 앞으로 공황 매도에 따라 가격이 급락하는 일이 또 벌어진다면, 그때도 나는 똑같이 더 사들이는 쪽으로 결정하게 될 것이다. 비트코인 가격이 다시 올라 비트코인 보유자라면 누구나 갈망하는 수준의 수익(최초 투자액 대비 100배 수준이었다)을 달성했을 때도 나는 기꺼이 비트코인을 팔아 이익을 실현했지, 오를 때마다 뛰어드는 군중을 따라가지는 않았다.

2008년 서브프라임 붕괴 사태를 다룬 뛰어난 역작 《빅 쇼트》에서, 저널리스트 마이클 루이스는 소수의 용감한 애널리스트와 투자가들이 대공황 이래 가장 심각한 경제 위기로 이어지는 일련의 사건을 예견하는 모습을 그렸다. 월스트리트의 모든 사람이 장밋빛 미래만을 쳐다보고 있을 때 정반대 방향으로 투자했던 이 소수의 그룹은 세계 최대 금융기관들이 부를 쌓아 올린 토대가 지극히 불안정하다는 점을 꿰뚫어보았다. 그 거대 기관들이 서브프라임 대출 상품을 한데 묶어 만든 채권은, 큰 위험에 처한 주택 보유자들이 채무 불이행에 빠지는 순간 거의 휴지 조각이 될 운명이었다.

그 가운데 한 명인 마이클 버리는 의사 출신으로 펀드매니저가 된 사람이었다. 그가 설립한 사이언캐피털Scion Capital은 금융 관련 서류에 잘 나타나지 않는 보석 같은 회사를 찾아내 자신만의 분석을 바탕으로 투자하여 주식시장 지수를 훌쩍 뛰어넘는 성과를 거두었다. 사이언캐피털이 설립된 2001년부터 2005년까지 버리가 운영한 펀드의 성장률은 242퍼센트에 달했다. 그동안 주식시장 지수는 7퍼센트 하락했다. 루이스의 책에는 이렇게 서술되어 있다.

> "늘어나는 그의 고객들은 주식시장이 오르고 내리는 데 전혀 신경 쓰지 않는 것 같았다. 버리가 돈을 투자할 곳을 빈틈없이 찾아내주었기 때문이다."[4]

3년 뒤 버리는 사이언의 본사가 자리한 새너제이 지역의 주택 가격이 닷컴 버블 붕괴 이후에도 여전히 높게 유지되는 것을 유심히 관찰한 뒤 거액의 돈을 서브프라임 대출업계의 반대로 걸었다. 버리는 부동산 시장을 이끄는 원동력이 "대출을 쉽게 남발하는 대출업체들의 비이성적 행동"이라는 점을 알았다. 루이스의 책에는 버리가 은행이 제공한 서브프라임 대출에 반대로 투자하여 "투자자들에게 7억5천만 달러를 안겨주었다"는 말이 나온다.[5]

그러나 내가《빅 쇼트》속 이야기에 흥미를 느꼈던 것은 현명한 금융서비스의 귀재 가운데서 서브프라임 대출 및 채권 문서를 파악하고 관련 정보를 추적할 의지를 가진 이들이 있었다면 누구나 같은 결론에 도달했으리라는 사실이었다. 그들 역시 충분히 똑똑했고, 약 10년 전 의과대학 시절에 혼자 투자의 기본을 익힌 버리보다 경험이 풍부했다. 게다가 버리는 서브프라임 대출에 관해서는 아무것도 모르던 사람이었다. 그 분야의 정보가 아무리 쉽게 알아채기 힘들다 한들 버리가 구할 수 있었다면 관심이 있는 다른 이도 구할 수 있었다고 봐야 한다. 다른 투자자들도 의지만 있었다면 버리와 유사한 투자 성과를 올릴 수 있었을 것이다.

비트코인 투자는 버리를 비롯한 서브프라임 반대 투자자들이 2005년부터 2007년까지 보였던 양상보다 훨씬 덜 위험하다. 이들은 세계 최대의 금융서비스 기관을 상대로 역투자 게임을 벌였다. 비트코인 투자는 그저 단순한 지식만 있으면 된다. 그것은 바로 전통적 화폐의 구매력이 과다 발행 탓에 위기에 처해 있는 오늘날 가치를 저장하는 더 나은 방법이 있다는 사실을 아는 것이다. 그 가치 저장 수단이 디지털 방식이라는 점도 알아야 한다.

비트코인 투자자가 알아야 할 더 중요한 교훈은 이것이다. 투자 대상을 자세히 공부하고 끈기를 가지고 논리적인 태도를 잃지 않는다면 그 대가는 반드시 보상으로 돌아온다는 사실.

공부하고, 사라, 그리고 HODL 하라.

비트코인은
계속 오른다

PART. 12

비트코인은 이제 낯설고 신비하며
지엽적인 주제가 아니라
사람들의 일상을 차지하는
일부가 되어가고 있다.
비트코인은 앞으로도 계속
이 방향을 향해 걸어갈 것이다.

앞으로 비트코인은 어떻게 될까요? 선생님은 가격을 어떻게 전망하십니까? 과연 어디까지 오를까요?

암호화폐 관련 콘퍼런스에 참석하거나 평소 비트코인에 관심을 보이는 사람들과 대화를 나눌 때마다 많이 듣는 세 가지 질문이다. 물론 다 같은 내용이지만 말이다. 사실 나는 이런 질문에 별로 대답하고 싶지 않다. 이 질문은 비트코인이 왜 훌륭한 투자인지 설명할 틈을 허락하지 않기 때문이다. 실제로 비트코인은 우리 평생에 한 번 찾아올까 말까 한 유일한 투자 기회이다!

콘퍼런스에 참석할 때는 또 다른 스케줄이 연달아 잡혀 있기 때문에 그 짧은 시간 동안 중앙 통화 제도의 병폐를 장황하게 설명할 시간이 없다. 명목화폐의 가치 하락과 중앙 권력의 독단적인 속성, 수많은 인구가 은행 서비스에서 소외된 현실, 돈의 자유 등을 설명하려면 최소한의 시간이 필요하다. 하나하나가 다 묵직한 주제들이다. 반면 질문을 던지는 관객은 빨리 대답을 듣고 싶다. 그들은 이 새로운 현상에 확신과 희망을 안겨주는 확실한 숫자를 듣고 집에 가고 싶은 것이다.

비트코인이 1년 뒤에 얼마, 5년 뒤에는 얼마, 또 10년 뒤에는 얼마가 된다는 답 말이다.

나는 46년 생애의 거의 절반을 투자자로 살아왔다. 비트코인 외에도 주식, 부동산, 물론 금도 포함해서 말이다. 나도 그들의 마음을 이해한다. 그래서 친절하게 대답한다.

먼저 가장 뻔한 이야기부터 해보자. 나는 언제나 비트코인에 대해 낙관론을 유지해왔다. 달러화로 표시한 비트코인 가격이 언젠가 내 트위터 팔로워 수와 같아질 것이라는 예측을 농담 삼아 해보기도 했다. 이 책을 쓰는 지금 그 숫자는 대략 10만 정도다. 시간이 흐르고 지식이 쌓일수록 나의 낙관론은 점점 더 예리해졌다. 예상치 못한 어떤 획기적인 변화가 나타나지 않는 한 비트코인에 대한 나의 확신은 점점 더 강해질 것이다. 그러면서도 나는 가장 중요한 것을 놓친 적이 없다. 그것은 숫자로 표현된 가격 목표가 아니라 비트코인의 존재를 떠받치는 근본적인 문제들이다. 여러분이 단타 매매자가 아니라면 비트코인의 가치에 대한 믿음, 나아가 그 잠재력에 대한 확신을 가지는 것이 가장 중요하다. 사실 비트코인에서 단타 매매는 결코 추천할 만한 일이 아니다.

나는 사람들이 비트코인에 대한 믿음, 돈의 미래에 대한 확신을 바탕으로 투자하기를 바란다. '앞으로 큰돈을 벌 수 있을 것 같아서'라는 동기라면 로또를 사거나 카지노에서 도박하는 사람도 다 가지고 있다. 비트코인은 로또도 아니고 일확천금을 노리는 도박도 아니다. 물론 일부 회의론자들은 그렇게 말한다.

이 책에서 일관되게 역설해온 바처럼 비트코인에는 놀라운 질서가 숨어 있다. 비트코인 네트워크의 각 부분은 꼭 필요한 서비스를 빈틈없이 제공하기 위해 어우러져 있다. 고유의 특성을 지니고 있다는 점에서는 금을 닮았다. 공급량은 제한되어 있으며, 그 가치는 주식이나 채권과 달리 어떤 기관과 개인에도 의존하지 않는다. 내가 비트코인의 가치를 알아볼 수 있었던 것은 어려서부터 아이보리코스트에서 금에 관해 배우면서 통찰을 얻었기 때문이다. 나는 비트코인이 지닌 고유한 특성과 세상을 바꿀 잠재력을 이해한 뒤 비트코인에 투자하라고 권했으며, 나와 다른 전문가가 내놓는 가격 전망에만 기대지 말라고 말했다.

내 예측의 근거는 컴퓨터를 돌리면 나오는 기가 막힌 어떤 알고리즘이 아니라 순전히 나의 주관적인 분석이다. 나는 수많은 자료를 검토하고, 최근 사건을 예의 주시하며, 내 본능을 신뢰한다. 나에게 다른 사람들이 하지 않는 특별한 비결은 없다. 유일한 차이라면 나는 비트코인을 그 누구보다 오래 지켜봐왔고(2011년 초부터 시작했으니 이제 딱 10년을 채웠다), 아마도 끈기가 조금 남다를지 모른다는 것 정도다.

그러나 처음부터 말했듯이 나는 투자 상담가가 아니다. 나는 사람들이 대세를 따르거나 FOMO 열풍에 편승하기를 바라지 않는다. 이미 말했듯이 FOMO 투자자들의 마음은 절박하다. 절박하면 서두르게 되고, 결국 잘못된 결정을 내리게 된다. 내가 바라는 것은 상식적인 투자 원칙에 귀를 기울이라는 것이다. 비트코인의 성과와 잠재력을 이성적으로 살펴보았으면 좋겠다.

비트코인이 지금까지 이루어온 성과와 장차 이것이 왜 유용하게 될지를 곰곰이 생각해보라. 워런 버핏과 같은 유명 투자자들이 하는 것처럼 비트코인의 근본 요소를 분석해보라. 그 결과에 동의하지 않는 사람이 많다고 해서 주눅 들지 말라. 아마 그런 사람이 엄청나게 많을 것이다.

시장조사 기관 스태티스타Statista가 2020년 12월에 발표한 자료에 따르면, 전 세계에 총 6천만 개 이상의 비트코인 지갑이 이미 설치되어 있다.[1] 이 숫자는 스페인과 아르헨티나의 인구와 같고, 캐나다 인구보다 많다. 스태티스타 자료는 미국 인구의 5퍼센트(약 1800만 명) 정도는 이미 조금이라도 비트코인을 보유하고 있다고 밝히고 있다. 전 세계 비트코인 보유 인구는 어떨까? 정확히 꼬집어 말할 수는 없지만, 내 생각에도 비트코인을 조금이라도 보유한 인구는 5퍼센트에 못 미칠 것 같다. 넉넉잡아 대략 5천만 명으로 추정하더라도 전 세계 인구가 77억이라는 점을 생각하면 아직도 성장 여력은 충분하다.

내 주장이 맞다고 생각한다면, 여러분도 비트코인에 투자해 최소한 10년 이상 장기 보유하기를 바란다. 총 순자산의 1~2퍼센트 정도는 투자하는 것이 좋다.

그렇다면 빨리 답을 듣고 싶은 독자들이 만족할 만한 이야기를 해보도록 하자. 예컨대 '2040년이 되면 1비트코인이 최소한 100만 달러쯤 될 수 있을까요?'라는 질문. 사실 전 세계 중앙은행들이 과거 20년간 그래온 것만큼 향후 20년 동안에도 계속 통화를 발행한다면 그때쯤 비트코인 가격이 100만 달러를 넘어가는 것도 충분히 가능한 일이다.

그렇다. 비트코인의 20년 뒤 가치는 족히 백만 달러는 될 것이다.

소비자와 투자자는 비트코인이 고유한 특징을 가지고 있고 공급량이 한정되어 있다는 점에서 그 가치 상승 잠재력을 금과 같은 수준으로 바라본다. 그러나 비트코인은 디지털 정보의 속성을 지녔으므로 자산으로서 금보다 실용성이 더 뛰어나다.

비트코인에 관한
다른 예측들

컴퓨터 백신 개발자이자 정치운동가인 존 매커피John McAfee도 2020년에는 비트코인이 100만 달러가 되고 전 세계 금융 거래의 5퍼센트를 차지한다고 말해 유명해진 적이 있다. 매커피는 2019년에 《포브스》와의 인터뷰에서 이렇게 말했다. "냉정히 말해, 비트코인의 총량은 2100만이 전부입니다. 그중에 700만은 영영 사라졌고, 만약 사토시가 세상을 떠난다면 몇백만이 추가되겠지요."[2]

변덕쟁이 매커피는 이내 또 다른 예측치를 내놓으며 말을 번복했다. 그러나 그의 말도 일리가 있다. 비트코인의 역사와 밀접하게 관련된 전문가와 성공한 투자자, 그 밖의 사람들은 결코 적은 숫자가 아니다. 그들은 이와 비슷하거나 더 대담한 예측도 선보였지만, 격분을 일으킬 만한 내용은 아니었다.

그 첫 사례는 할 피니Hal Finney였다. 피니는 2009년에 설립자 사토시 나카모토와의 교류를 통해 비트코인이 1천만 달러까지 오를 수 있다는 이론을 수립했다. 칼텍에서 컴퓨터공학을 공부한 천재였지만, 안타깝게도 그로부터 5년 뒤 58세의 나이에 루게릭병으로 세상을 떠났다. 그는 이렇게 말했다.

"재미있는 사고 실험이라고 치고, 비트코인이 승승장구해서 전 세계에서 통용되는 표준 결제 시스템이 되었다고 해봅시다. 그렇다면 화폐 가치의 총량은 전 세계에 있는 부의 총합과 같을 것입니다. 제가 조사한 바로 현재 전 세계 가계 자산의 총합은 대략 100조 달러에서 300조 달러 사이로 추정됩니다. 비트코인 총량을 2천만으로 잡는다면 1코인당 가치는 대략 1천만 달러가 된다고 볼 수 있는 거지요. 따라서 현재 불과 몇 센트 정도의 컴퓨팅 시간을 투자해서 코인을 생산하는 것은 엄청나게 수익성이 좋은 일입니다. 수익률이 대략 1억 대 1인 셈입니다! 비트코인이 이 정도로 큰 성공을 거두지는 못한다고 해도, 이론적으로는 1억 대 1이 확실하지 않습니까? 한번 생각해볼 만한 일인 것은 틀림없습니다."[3]

2017년 헤지펀드 매니저 출신의 베스트셀러 작가 제임스 앨투처 James Altucher도 2020년까지 비트코인이 100만 달러가 된다고 예측 했고,[4] 2019년에는 스트리트닷컴과의 인터뷰에서 만약 비트코인이 명목화폐 중 일부를 대체한다면 그보다 7~8배도 더 오를 수 있다고 말했다.[5]

> "전 세계의 화폐 총량은 약 200조 달러이지만 암호화폐의 총량은 겨우 2억 달러에 불과합니다. 그러니까 암호화폐는 무려 10만 퍼센트의 상 승 여력이 있다고 볼 수 있습니다."

비트코인 가격이 최대 800만 달러까지 오를 수 있다는 근거는 바 로 여기에서 나왔다. 앨투처의 논리에 따르면 1비트코인당 100만 달 러도 엄청나게 할인된 금액인 셈이다.

금융 분야 소셜네트워크 스톡피커StockPickr를 창립했고 세일즈포 스닷컴에 초기 투자자로 참여했던 앨투처는 한때 비트코인을 폰지 사 기극이라고 비난했던 사람이다. 앨투처는 2013년 《비즈니스인사이 더》와의 인터뷰에서 이렇게 말했다.[6] "처음에는 저도 비트코인이 한 때 지나가는 유행인 줄 알았습니다. 제 눈에는 단타 매매자들이 도박 하듯이 돈을 걸었다가 잃는 모습이 계속 보였거든요."

그랬던 그가 생각을 바꾸게 된 계기는 앤젤리스트AngelLIst의 창업 자 나발 래비컨트Naval Ravikant와 나눈 대화였다. 앨투처와 래비컨트 는 내가 몇 년 전 그랬던 것처럼 비트코인이 지닌 장점을 알아챘다. 그는 그 인터뷰에서 이렇게 말했다. "비트코인 네트워크에서는 한 지갑에서 다른 지갑으로 돈을 보낼 때 복잡한 중앙은행 시스템을 관리하는 정부의 역할이 전혀 필요 없습니다." 앨투처는 일부 소액 현금 거래를 제외한 송금 거래는 일정한 기준을 넘어서면 반드시 중앙은행이 개입한다는 점에 주목했다.

앨투처는 한 발 더 나아가 비트코인에서 명목화폐뿐만 아니라 '모든 계약법'을 대체할 잠재력을 보기 시작했다. 그것은 비트코인의 근간이 되는 분산 공개원장 기술 때문이었다. 우리는 이제 중요한 계약을 맺을 때마다 작성하는 여러 단계의 법적 문서, 즉 조건부 날인증서, 대출증서, 거래일지 등이 필요 없는 세상을 눈앞에 두고 있다. 앨투처는 말했다. "비트코인을 통화로 채택하는 순간, 경제활동에 필요한 모든 계약법이 일거에 바뀌게 됩니다(99퍼센트의 상황에서는 변호사가 필요 없어진다). 거래소도 필요 없고, 국제 무역도 엄청나게 단순해집니다." 물론 과장된 표현일 수도 있겠지만, 여러 불필요한 단계가 사라질 것은 분명하다.

그해에 앨투처는 사상 최초로 비트코인으로만 결제할 수 있는 책의 저자가 되었다. 유명한 자기계발 도서 《자신을 선택하라》*Choose Yourself*이다(그러나 그 책을 암호화폐로 산 사람은 나발 래비컨트가 유일했고, 이후 이 책은 아마존에 출시되었다).

페이팔의 이사이자 암호화폐 기업가인 웬스 카사레스는 카나앤드카타나닷컴kanaandkatana.com이라는 웹사이트에 게재한 논문에서 이와 유사한 낙관적인 예측을 선보였다. 그 사이트는 이키가이 애셋

매니지먼트Ikigai Asset Management가 운영하는 연구조사 플랫폼이다. 카사레스는 암호화폐가 빠른 속도로 보급되고 있다고 지적했다. 그가 논문을 쓰던 당시 암호화폐 사용 인구는 매월 100만 명씩 증가하고 있었다.

"개인적인 의견으로는 비트코인의 성공 확률은 최소 50퍼센트가 넘는 다. 비트코인이 성공한다면 향후 7~10년 사이에 1비트코인의 가치는 100만 달러를 웃돌 것이다. 비트코인이 성공한다고 해도 그것이 한 국 가의 화폐를 대체하지는 않을 것이다. 비트코인은 모든 국적 화폐를 뛰 어넘는 초국가 화폐가 될 것이다. 비트코인이 성공을 거둔다면 비정치 적 글로벌 표준 가격으로 자리매김할 것이다."

카사레스는 총 1천만 달러의 포트폴리오를 현명하게 운영하는 방 법을 제안했다. 그중 1퍼센트를 암호화폐로 구성하면 된다는 것이었 다. "만약 비트코인이 실패하더라도 이 포트폴리오는 향후 3~5년 동 안 전체 가치의 1퍼센트, 즉 10만 달러의 손실만 발생합니다. 거의 모 든 포트폴리오는 이 정도 손실을 충분히 감당할 수 있습니다. 그러나 반대로 비트코인이 성공한다면, 향후 7~10년 사이에 그 10만 달러는 어쩌면 2500만 달러로 불어날 수도 있습니다. 이렇게 되면 원래 포트 폴리오 가치의 두 배가 넘는 수익을 달성하게 되는 것입니다."[7]

호주의 금융 애널리스트이자 비트코인 낙관론자인 마티 그린스펀 Mati Greenspan이 2019년에 자신의 트위터에서 비공식 설문조사를 벌인 결과는 더욱 강력한 메시지를 던져준다. 이 조사에 참여한 총 3천 명의 응답자 중 절반이 넘는 사람이 2020년대 말까지 비트코인 가격이 100만 달러에 이를 것으로 예측했다.[8] 디지털 화폐의 잠재력을 높이 평가하는 것은 비트코인 업계의 유명인들만이 아니라는 것을 분명히 알 수 있다.

암호화폐 관측자와 투자자 중에는 이 정도로 낙관적이지는 않더라도 여전히 강한 성장세를 전망하는 사람이 많다. 모건크릭캐피털의 CEO 마크 유스코Mark Yusko는 2019년《비즈니스인사이더》와의 인터뷰에서, 향후 10년간 비트코인이 강하고 건실한 상승 곡선을 그릴 것으로 내다보면서 2021년 말까지 10만 달러, 2025년까지는 25만 달러, 그 후에는 50만 달러까지 오를 수 있다고 예측했다.[9] 유스코는 결코 만만한 투자자가 아니다. 그는 고등학교 재학 시절에 이미 거액의 기부금 펀드를 운용했고, 노스캐롤라이나 대학교에 진학해 일찌감치 투자자로서의 경력을 쌓기 시작했다. 그는 한때 비트코인을 대단히 회의적으로 바라보았다. 그는 비트코인이 오늘날 시간이 갈수록 현저해지는 경제적 불평등 문제의 유일무이한 해결책이라고 믿는다. 그는 말한다.

"정부와 기득권층은 모든 부를 독점하려고 합니다. 그래서 그들은 인위적으로 인플레이션을 조장하여 부가 상층으로 집중되는 구조를 형성합니다. 그 결과 우리는 인류 역사상 가장 극심한 부의 불균형을 경험하게 되었습니다. 비트코인은 우리에게 명목화폐라는 속박에서 벗어나 직접 자산의 소유자가 될 기회를 준다는 점에서 이 문제를 해결할 열쇠가 되고 있습니다."

벤처캐피털 업계의 거물 팀 드레이퍼는 2023년까지 비트코인이 25만 달러까지 오를 것이라고 꾸준히 주장해왔다. 업계 내외에서 폭넓은 존경을 받는 드레이퍼는 스카이프, 테슬라, 바이두 등의 초기 투자자였으며 초창기 비트코인의 주요 투자자 중 한 명이다. 그는 2014년에 3만 비트코인을 1900만 달러에 사들인 것으로 유명하다. 그는 비트코인이 금융서비스로서 가진 잠재력이 대단히 유용하다고 보고 있으며, 가격 하락이 고통을 가중한다는 시각을 배격해왔다. 그는 2019년에 블록TV와의 인터뷰에서 이렇게 말했다.[10]

"인터넷이 시작될 때도 마찬가지였습니다. 시작과 함께 큰 파도를 일으켰지만, 거의 붕괴한 것처럼 보이는 시절도 있었지요. 그다음에 찾아온 집중적인 파도는 훨씬 더 큰 영향을 불러왔습니다. 비트코인에서도 마찬가지 상황이 전개될 것으로 봅니다."

몇몇 낙관주의자들은 예측에 좀 더 신중한 태도를 보이거나 넓은 범위의 가격을 예상하기도 한다. 비트코인재단 이사 비니 링햄Vinny Lingham은 2017년 6월 18일, 지금은 운영하지 않는 자신의 트위터 계정을 통해 비트코인의 가격이 10만 달러가 될 확률은 2.5퍼센트, 100만 달러가 될 확률은 0.25퍼센트라고 각각 밝혔다.[11] 당시는 비트코인이 3천 달러 아래로 거래되던 시절이었다. 링햄은 지난 4년 동안 여러 차례 단기 예측치를 발표했다. 가장 최근에 트위터에 올린 예측은 향후 12개월 동안 비트코인 가격이 3만3천 달러에서 5만5천 달러 선에서 형성되리라는 것이었다.[12]

가격 예측 문제를 다루는 가장 좋은 방법은 일정한 범위를 설정해보는 것이다. 그렇게 해서 예측 불가한 사건들 사이에서도 향후 20년에서 40년 동안 비트코인 가격이 어느 수준까지 도달할 수 있는지(최대 및 최소치), 또 그 속도는 어떻게 될지에 관한 틀을 짜보는 것이다. 팬데믹, 세계 경제 붕괴, 사회적·정치적 격동, 환경 재앙과 같은 요소들이 투자 분위기를 위축하고 비트코인의 보급을 가로막는 일이 몇 년간 이어질 수도 있다. 반대로 이런 사건으로 인해 사람들이 인플레이션과 통화 가치 절하의 주범인 기존 통화 제도를 버리고 비트코인을 더 나은 대안으로 삼는 날이 앞당겨질 가능성도 있다.

정부가 탄압과 단속에 나설 가능성을 생각해보자. 앞에서도 말했다시피 정부가 비트코인을 막아 세우는 것은 매우 어려운 일이다. 왜냐하면 비트코인은 일종의 개념일 뿐 실물이 아니므로 강제로 압류할 수 없고(현금이나 은행 계좌, 금괴 등과 가장 큰 차이점이다), 세계 어디에서나 쉽게 접근할 수 있는 보편적 성질을 띠고 있기 때문이다. 정부가 실제로 단속에 나서기 위해서는 비트코인 네트워크에 참여한 모든 사람의 개인 키를 알아야 하는데, 그러려면 개인 키로 사람들을 일일이 식별해내야 하므로 이것은 도저히 불가능한 일이다. 예를 들어 2018년에 중국이 거래소 금지령을 발동했을 때 당시 중국 투자자들은 해외 거래소로 옮겨서 하던 일을 계속했다. 그것으로 문제는 간단히 해결되었다. 비트코인이 정부에 압류된 일은 전혀 없었다. 그것은 애초에 가능하지도 않은 일이었다.

그러나 권위주의 정부가 통화 제도를 철저히 통제하려는 동기 혹은 은행권의 로비에 반응하여 과도한 규제를 가하거나 또다른 장애물을 부과한다면, 비트코인의 발전을 저해함으로써 궁극적으로 비트코인 가격에 영향을 미칠 수 있을 것이다. 이런 일이 일어난다면 그 기간과 깊이가 어느 정도나 될지를 예측하기란 매우 어려운 것이 사실이다.

최근 성장하는 비트코인 파생 시장 역시 비트코인의 보급과 가격 상승을 저해할 수 있다. 석유, 가스, 금 및 기타 상품시장이 그랬던 것처럼 시장 참여자들이 기초 자산보다는 선물이나 옵션을 더 많이 구매하는 바람에 예측 효과를 유발해 가격 흐름이 좌우되는 일이 일어날 수도 있다. 이런 일이 비트코인에서도 일어난다면 채굴자와 투자자들이 시장에서 비트코인 가격을 결정하는 시스템이 제대로 작동하지 않을 수도 있다.

한편 개발도상 경제권에서는 열악한 금융서비스 환경 때문에 영세 사업자들이 상품과 서비스를 매매하기 위한 용도로 비트코인 수요가 크게 일어날 가능성이 있다. 국가주의적 정치 흐름의 여파로 조성되는 국제무역 갈등도 기업들이 기존의 사업 방식을 벗어나 대안을 모색하는 움직임을 불러올 수 있다. 이런 문제가 일어나면 각국은 그 여파가 자국에 미치는 영향을 최소화하려는 움직임을 보이므로, 결국 달러화와 기타 주요 명목화폐의 가치 하락이 초래될 가능성이 있다. 그 결과로 통화 정책을 관리하는 여러 기관에 대한 대중의 신뢰가 무너지게 될 것이다. 만약 그렇게 된다면 비트코인 사용에 일대 전환점으로 작용하여 가격이 천정부지로 상승할 가능성이 있다.

변동성을 걱정하지 말라

이로써 비트코인에 관한 또 하나의 예측을 선보일 준비가 되었다.

가격 변동은 끊임없이 반복될 것이다. 이 말에 당황하는 사람이 많으리라는 것을 안다. 변동성이란 말은 어떤 투자 대상이 결코 믿음직하지 못하며, 따라서 절대로 발을 들여서는 안 될 것이라는 인상을 준다. 그러나 7장에서 이미 설명했듯 이렇게 생각하는 사람은 변동성과 위험성을 혼동하는 것이다. 안타까운 일이다.

투자를 모색하는 사람은 무엇이든 자신의 책임 아래 결정해야 한다. 그렇다면 투자액이 특정 수준에 도달하기를 기대하는 시한 역시 마찬가지다. 더욱 중요한 것은, 자신이 충분히 감당할 수 있는 위험의 한계도 여기에 포함된다는 점이다. 현명한 투자자라면 당연히 각자의 고용 상황과 연령, 가족의 규모 등도 고려할 것이다.

노련한 투자 상담가들이 가장 먼저 하는 말이 있다. 일단 투자한 다음에는 내 마음대로 할 수 없다는 것이다. 시작은 힘차게 했지만 얼마 안 가 힘을 잃을 수도 있다. 금세 방향이 뒤바뀔 수도 있다. 등락을 거듭하는 것은 오히려 당연한 일이다. 너무나 잘 알다시피 아마존 주가는 한 자릿수까지 떨어진 뒤에야 서서히 회복해 2021년 초 주당 3천 달러를 넘어서면서 총 1조6천만 달러의 시장가치를 기록했다.

인터넷 구매의 위력이 아직 제대로 드러나지 않던 시절, 대부분의 애널리스트들은 아마존을 변동성이 큰 투자 대상으로 보았다. 당시로서는 그들의 생각이 틀리지도 않았다. 그러나 그때도 현명한 투자자들은 장기적인 관점을 가지고 있었다. 그들은 아마존의 잠재력과 경영 현황, 운영 효율성 등을 꼼꼼히 분석했다. 지금은 우리 눈에도 좀 더 뚜렷이 보이지만, 아마존은 당시로서는 시대를 앞서가는 창업자가 대단한 아이디어를 바탕으로 야심차게 밀어붙이며 시작한 회사였다. 제프 베조스는 사람들을 독려하며 뛰어난 경영 능력을 발휘했고, 그 덕분에 회사는 비용을 최소화하면서 성장 잠재력을 유지할 수 있었다.

비트코인이 끊임없이 변동성을 보이는 이유는 이것이 세계 경제에서 어떤 가치를 지니는지 사람들이 제대로 이해하지 못할 것이기 때문이다. 잘못된 이유로 투자하는 사람은 앞으로도 너무나 많을 것이다. 그리고 그들은 비트코인의 위상을 의심할 만한 바람이 조금이라도 불면 그때마다 과도하게 반응할 것이다. 이는 비트코인이 광범위하게 수용되는 것에 저항하는 힘이 그만큼 크다는 것을 반영한다.

중앙은행과 전통적 금융서비스 기관, 정치 지도자들이 마침내 비트코인을 끌어안아야겠다고 생각할 때까지, 시장에는 변동이 그치지 않을 것이다. 그들은 계속해서 장애물을 만들어낼 것이고, 투자자들을 흔들 것이며, 이는 가파른 매도세로 이어져 우리가 이미 지켜봤던 거대한 구멍을 계속해서 더 많이 만들어놓을 것이다. 그러나 그럴 때마다 확신에 찬 사람들이 밀어 올리는 거센 가격 상승이 또 나타날 것이다.

변동성이 꼭 나쁜 것만은 아니다. 그것은 그저 먼 훗날 비트코인이 거두게 될 성공의 역사에서 초창기를 장식하는 여러 과정 중 일부일 뿐이다.

일시적인 하락이나 상승 때문에 HODL 전략이 흔들릴 수는 없다. 비트코인의 전체적인 성장 곡선을 더 눈여겨봐야 한다. 지금 보고 있는 현상은 수십 년 동안 전개될 상승 곡선의 극히 초반에 불과하다. 2010년에 단 1센트도 안 되는 가격으로(몇 달러가 아니다) 시작한 투자가 오늘날 1만 달러가 넘은 경우를 이것 말고 또 본 적이 있는가? 지난 10년간 그 어떤 투자 상품도 비트코인만큼 큰 폭으로 성장하지 못했다. 마찬가지로 다가올 10년 동안에도 비트코인의 성과를 앞지를 만한 투자 대상은 없을 것이다.

나는 2013년에야 비트코인에 처음 투자했지만 나보다 먼저 투자한 사람들보다 훨씬 더 많은 돈을 벌었다. 어떻게 그럴 수 있었냐고? 나는 2010년에 시작한 그들보다 더 많은 돈을 투자했고, 그들보다 훨씬 더 오랫동안 보유했기 때문이다. 나는 엄청난 가격 상승의 혜택을 고스란히 누렸던 반면 다른 사람들은 나보다 일찍 들어왔음에도 확신이 부족했고 투자금도 더 적었으며 나보다 훨씬 더 빨리 팔아버렸다.

여러분도 마찬가지다. 지금 비트코인을 1만 달러가 넘는 가격에 산다면 내가 처음에 샀던 것보다는 훨씬 더 비싸지만, 그래도 여전히 수백만 달러를 벌 기회가 남아 있다. 충분히 많은 돈을 투자하고 향후 10년에 걸쳐 일어날 엄청난 가격 상승을 오랫동안 기다릴 수만 있다면 말이다.

2019년 초 몰타에서 콘퍼런스가 열렸을 때다. 당시는 비트코인이 하락세에 접어들어 3천 달러 중반대를 겨우 유지하던 시기였다. 참석자 몇 사람이 다가오더니 가격이 1만 달러를 유지하던 작년에 팔지 못한 것을 실수로 봐야 하느냐고 질문했다. 나는 이렇게 대답했다. 만약 다시 1천 달러로 내려갔던 2017년 2월에 비트코인을 사서 2만 달러의 고점을 기록했던 10개월 뒤까지 보유했다가 다시 가격이 내려와 6천 달러 선에 머물던 때에 팔았다고 해도, 여전히 상당한 규모의 이익을 얻은 셈일 것이라고 말이다. 그 정도면 다른 어떤 자산으로도 올릴 수 없는 수익이다. 마찬가지로 그들이 가지고 있는 비트코인이 2021년에 20만 달러까지 올라갔다가 다시 하락장이 와서 6만 달러까지 내려간다면, 그래도 지금에 비하면 엄청나게 높은 이익을 누리는 셈이다. 걱정할 필요가 전혀 없는 것이다!

비트코인의 변동성을 그대로 인정하고 장기적인 안목으로 게임을 즐기면 된다. 비트코인은 시간이 지날수록 전과는 비교도 할 수 없는 부를 안겨줄 것이다. 2010년 5월에 래즐로 하녜츠는 1만 비트코인으로 피자 두 판을 샀다. 11년 뒤 그 1만 비트코인의 가치는 5억 달러가 되었다.

1 2 비트코인은 계속 오른다

381

언제가 될지는 모르지만, 아마도 비트코인이 100만 달러를 돌파한 뒤에는 가격 안정기가 올 것이다. 장기적으로 보면 비트코인이 내가 예측하는 100만 달러에 도달하는 시점이 10년이 될지, 20년, 아니면 50년이 될지는 그리 중요한 문제가 아니다. 비트코인은 그 자리에 반드시 갈 것이다. 논리적으로 생각하면 그럴 수밖에 없다.

달러의 가치는
떨어진다

비트코인의 가장 큰 장점은 세계 통화의 가장 중요한 측정자 역할을 하는 미국 달러의 가치가 매년 하락한다는 점이다. 잣대가 매년 줄어든다면 측정 대상이 되는 비트코인은 시간이 지날수록 자연스럽게 늘어날 수밖에 없다. 맥도날드 햄버거 가격이 다양한 시기별로 어떻게 변해왔는지 살펴보라. 미국 통화의 흐름을 햄버거보다 더 뚜렷하게 보여주는 상품이 또 있을까? 햄버거야말로 가장 미국적인 상품이 아닐까?

맥도날드 식당이 체인점으로 변신해 사업을 시작했던 1955년 당시 햄버거 하나 가격은 고작 15센트였다. 1970년에 빅맥 가격은 60센트였다. 순살 패티 2장에 특제 소스를 추가한 이 불후의 명작은 늦은 밤 배고픈 고등학생들의 허기를 채워주던 인기 상품이었다. 지금 빅

맥 가격은 최소 4달러다. 감자튀김과 음료가 포함되면 맥도날드 메뉴 중에서 가장 싼 것도 5달러가 넘어가며, 물가가 비싼 도시에서는 훨씬 더 올라간다. 다른 패스트푸드 프랜차이즈 매장도 사정은 비슷하다. 돈의 구매력은 시간이 갈수록 점점 떨어진다.

맥도날드가 갑자기 최고급 등심을 쓰기 시작했나? 양이 늘었나? 절대 아니다. 맥도날드가 사용하는 쇠고기 패티는 수십 년 동안 변함이 없었다. 공급업자도 똑같고, 약 50그램 단위로 포장된 형태도 그대로다. 그러니 맥도날드가 이런 상품을 만드는 데 돈을 더 쓴 것이 아님은 확실하다.

변한 것은 미국 달러의 가치다. 달러의 구매력이 줄어든 것이다. 미국 달러의 힘이 그만큼 약해졌다고 생각하면 된다. 이런 일이 수년, 아니 수십 년에 걸쳐 공공연히 벌어지는데도 아무도 이의를 제기하지 않는다. 그리고 그 결과로 가장 큰 피해를 보는 것은 당연히 저소득층이다. 왜 돈의 구매력이 매년 감소하는지 의문을 품어본 적이 없는가? 이것은 과연 자연법칙에 속하는 일일까, 아니면 누군가의 의도가 담긴 인위적인 일일까? 나는 그 답이 후자라는 것을 안다.

이런 와중에 비트코인의 가격은 시간이 지날수록 올라간다. 세상에 이럴 수가!

비트코인의 두 번째 장점은 정부와 은행이 각종 법령과 규제를 통해 점점 더 사람들이 돈을 마음대로 사용하지 못하게 제한하고 있다는 점이다. 이런 현실이야말로 수많은 사람을 좌절에 빠뜨리는 근본 원인이 되고 있다. 가장 기본적인 거래조차 은행의 개입이나 추가 수수료 없이는 되는 것이 없다. 2020년대에 접어든 지금까지도 우리가 우리 돈을 마음대로 거래하지 못하고 은행의 간섭을 받아야 한다는 사실은 실로 아연실색할 일이다.

나는 돈이 빼앗길 수 없는 자산이자 권리이며, 우리가 손발처럼 자유자재로 제어할 수 있는 대상이어야 한다고 일관되게 주장해왔다. 돈은 우리의 것이고, 우리가 땀 흘려 번 열매다. 비트코인의 탈중앙화 구조는 분명히 사람들에게 이런 능력을 안겨준다. 그리고 비트코인이 지금처럼 많은 사람에게 빨리 보급되는 가장 중요한 이유도 바로 여기에 있다. 기술을 낯설게 여기지 않고 권위에 쉽게 굴복하지 않는 밀레니얼 세대와 젊은이들이 경제의 주축을 담당할수록 이런 추세는 계속 이어질 것이다. 그들은 점점 더 자신의 인생의 주인이 되고자 하는 열망을 키워가고 있다. 2019년 암호화폐 시장이 극심한 하락세에서 벗어난 지 오래지 않아 벤처기업 블록체인캐피털의 의뢰로 해리스그룹Harris Group이 실시한 설문조사에 따르면 18~34세 사이의 응답자 중 최소한 비트코인을 "친숙하게 여긴다"고 답한 비율이 2년 전 같은 회사가 조사했던 결과인 42퍼센트에서 60퍼센트로 증가했다.[13] 이 조사에 따르면 응답자 중 60퍼센트는 비트코인에 긍정적인 태도를 보이며 이를 금융 분야의 혁신으로 인식했고, 향후 10년 내에 비트코인을 사용할 것이라고 답한 비율도 절반에 이르렀으며, 40퍼센트 이상이 향후 5년 이내에 비트코인을 구매할 의사가 있다고 답했다. 더욱 고무적인 것은 밀레니얼 세대의 약 3분의 1은 이미 국채나 주식보다 비트코인을 더 선호하며, 부동산이나 금보다 비트코인이 더 좋다고 답한 비율도 4분의 1에 달했다는 점이다.

밀레니얼 세대는 미국 인구에서 가장 큰 비율을 차지하는 집단이다. 2030년까지 그들의 가처분 소득은 다른 모든 연령대를 앞지를 것이다.《월스트리트저널》의 의뢰로 진행된 한 조사에 따르면 밀레니얼 세대는 세계 경제 대침체 기간에 20대를 보낸 경험으로 전통적인 투자 대상을 신뢰하지 못한 채 대안 자산을 모색하는 투자 성향을 보인다.[14] 이와는 별도로 투자기관 애더먼트캐피털Adamant Capital이 발표한 보고서는 밀레니얼 세대가 비트토렌트BitTorrent와 같은 개인 간 파일 전송 프로토콜이나 오픈소스 소프트웨어를 사용하는 데 익숙하다고 밝혔다.[15]

> "밀레니얼 세대의 가처분 소득이 증가할수록 비트코인 보급률과 가격 제고 현상에 점점 더 큰 힘이 될 것으로 보인다."

사회가 돈을 더 많이 통제할수록 비트코인이 사회에 제공하는 가치는 더 커진다. 비트코인은 진정한 돈의 자유 그 자체다. 지금 비트코인이 가치 있는 이유가 바로 그 때문이고, 앞으로 10년 동안 더 가치가 오르게 될 이유도 그 때문이다. 돈의 자유는 결코 멈추지 않을 것이다.

세 번째 장점은 사람들이 비트코인의 유용성에 점점 더 눈뜨게 된다는 사실이다. 특히 지금까지 온라인 계좌와 송금, 결제 플랫폼, 신용카드, 심지어 현금을 이용해 거래해왔던 소규모 사업자들에게 비트코인은 더욱 강력한 대안이 될 것이다. 암호화폐는 지금까지 그들이 선택해온 방법 중 극히 미미한 일부를 차지할 뿐이었다. 그 점이 오히려 더 큰 잠재력을 시사한다고 볼 수 있다. 아직 미개척지대로 남아 있는 시장이 무궁무진한 것이다.

내가 직접 발렛이라는 스타트업을 출범하면서 얻었던 경험의 메시지도 강력하다. 발렛의 초기 프로젝트였던 신용카드 크기의 비트코인 콜드 지갑을 개발할 때, 우리와 협력 관계를 맺고 있던 아르헨티나의 한 그룹이 비트코인으로 비용을 결제해달라고 요청한 일이 있었다. 은행을 통해 미국 달러를 송금하는 과정은 너무 복잡했다. 아직도 많은 나라에서는 외환 거래에 일정한 제한을 두거나, 심지어 아무나 달러 계좌를 쉽게 개설하지 못하는 경우도 많다(아르헨티나의 구식 결제 체계는 특히 복잡하고 까다롭기로 유명하다). 당시 나는 세계 각지에서 일하는 내 직원들로부터 비슷한 요청을 받고 있었다. 일부 회계사는 비트코인으로 결제하는 것을 추천하지 않는다고 말하기도 했다. 규제 당국이 싫어할 뿐만 아니라 세금 문제도 복잡해질 수 있다는 것이었다. 그러나 나는 그때도 이런 문제만 해결되면 비트코인을 사용하는 편이 국제 비즈니스에서 특히 더 쉽고 효율적인 방법이 될 수 있다고 생각했다.

비트코인은 은행이 없거나 보급률이 낮은 지역에서 특히 더 중요한 역할을 할 것이다. 중국에서 신발을 수입하는 아프리카 무역업체들은 비트코인으로 결제하면 일이 훨씬 더 쉬워진다. 남미 지역의 농부들도 종자와 장비를 살 때 비트코인을 사용할 수 있다. 혹은 지구 반대편에 있는 어떤 기술기업이 미국 회사에 IT 관련 기술 지원이나 마케팅 컨설팅을 의뢰할 때도 그 회사에 비트코인으로 지불하는 편이 훨씬 더 쉬울 것이다.

일상적인 소매 거래에서도 비트코인이 점점 더 많이 사용될 가능성이 있다. 그렇다고 당장 잡화점이나 커피숍에서 비트코인으로 결제하게 된다는 말은 아니다. 비트코인을 받는 기업이 하나둘씩 늘어나면서 천천히 이런 흐름이 우리 생활에 자리 잡게 될 것이다. 사용 빈도는 분명히 증가할 것이다.

아울러 비트코인이 비즈니스 세계에서 차지하는 비중이 점점 커질수록 대중의 경계심도 점차 수그러들 것이다. 이미 많은 사람의 태도가 바뀌고 있다는 것을 피부로 느낀다. 나는 지난 몇 년간 콘퍼런스에서 발표를 시작할 때마다 두 가지 질문을 던지는데, 이에 대한 관객의 반응을 보면 그 변화를 느낄 수 있다. 첫째, 비트코인을 보유하고 있습니까? 둘째, 지난해에 비트코인을 산 분은 얼마나 되십니까?

그동안에도 첫 번째 질문에는 언제나 상당히 많은 사람이 손을 들었다. 암호화폐 콘퍼런스에 참석할 정도면 대부분 비트코인을 산 사람일 것이다. 그렇지 않았다면 애초에 참석하지도 않았을 테니까. 그러나 요즘에는 두 번째 질문에도 거의 3분의 1이 손을 드는 것 같다. 상당히 늘어난 비율이다. 비트코인이 점점 더 널리 보급되고 있음을 알려주는 징후가 틀림없다.

주변에서 만나는 사람들의 반응에서도 이런 고무적인 흐름이 보인다. 2019년 말쯤, 라스베이거스 매캐런 공항에서 수하물 검사를 받는데 TSA항공사 직원이 내 가방 중 하나에 꼬리표를 달았다. 그 가방에는 내 발렛 지갑 카드가 들어 있었다. 별로 놀랄 일도 아니었다. 스테인레스강 소재로 된 카드라 검색대에서 검사 대상으로 지목된 것이었다. 우리는 카드를 개발할 때 좀 더 오래 가도록 일부러 그 소재를 선택했다. 나는 항공 여행을 자주 하는 편이라 어디를 가든 공항 검색대에서 내 가방이 걸리곤 한다. 그 직원이 정중한 태도로 내 가방을 열고 살펴보다 그 카드를 발견하곤 미소를 지었다. 그리고 이렇게 말했다. "마침 저도 최근에 이 발렛 카드를 샀습니다." 나는 어안이 벙벙해지면서 깜짝 놀랐다. 기분이 좋았다고 말하는 편이 더 정확할 것이다. 우리가 그 카드를 출시한 것은 불과 몇 주 전 일이었기 때문이다.

그때 깨달았다. 이제는 매일매일 비트코인 관련 뉴스를 보는 사람들이 많아지고 있다는 사실을 말이다. 비트코인은 이제 낯설고 신비하며 지엽적인 주제가 아니라 사람들의 일상을 차지하는 일부가 되어가고 있다. 비트코인은 앞으로도 계속 이 방향을 향해 걸어갈 것이다.

암호화폐에 관한
15가지 예측

PART. 13

비트코인 가격이
6자리, 7자리까지
오르리라는 것을
추호도 의심하지 않는다.
남은 문제는 얼마나 빨리
그렇게 되느냐 하는 것뿐이다.

비트코인 가격이 왜 암호화폐 업계의 가장 큰 화두가 되고 있는지는 이제 모르는 사람이 없을 정도다.

비트코인은 디지털 화폐의 앞길을 개척해온 존재다. 가장 먼저 대중의 관심을 끈 것도 비트코인이다. 그동안 수많은 백만장자와 억만장자를 배출했다. 거래소라는 소규모 산업과 기타 지원 서비스를 잉태하는 역할도 맡았다. 한편 정부 규제 당국의 주목을 받으며 은행 시스템의 근간을 위협하기도 했다.

비트코인은 암호화폐의 왕이다. 그 뒤를 따라 이더넷, 테더, XRP, 비트코인캐시, 체인링크, 폴카닷, 카다노, 라이트코인, 비트코인SV, 이오스, 모네로, 트론, 스텔라, 테조스, 네오, 코스모스, 넴, 다이, 이오타, 대시 등이 등장했고, 이것을 만든 사람들은 저마다 자신이 비트코인의 약점을 보완했다고 주장했다. 그리고 이들은 각각 시장가치가 수십억 달러에 달한다.

비트코인의 시장가치는 2021년 초를 기점으로 1조 달러를 넘어서서 다른 모든 암호화폐를 압도하는 위상을 자랑한다. 단 하나 이더리움이 500억 달러를 넘었고, 10억 달러가 넘는 것은 모두 75개 정도이다.

물론 나도 다른 암호화폐와 투자 상품을 보유하고 있고, 디지털 화폐의 원동력을 구축하는 암호화폐 업계의 모든 노력에 찬사를 보낸다. 그러나 내 투자 포트폴리오의 중심은 언제나 비트코인이다. 나는 비트코인 파다.

한편으로는 더 넓은 시각으로 투자 환경 전체를 살펴야 한다는 것도 잘 안다. 비트코인 바깥에서 벌어지는 정치적·법적·사회적·경제적·환경적 변화가 미래에 어떤 영향을 미치게 될지, 그것이 비트코인의 확산을 앞당길지 늦출지, 심지어 미처 예상치 못했거나 상식에 어긋나는 방향으로 이끌지 주의를 기울여야 한다.

예를 들어 2020년 초 암호화폐를 열렬히 지지하던 어떤 사람들은 경제적 압박이 심해지는 시기에 비트코인이 안전한 피난처가 될 수 있으리라 생각했다. 그들은 비트코인 가격이 다른 가격 단위나 통화정책 수립 기관에 의존하지 않으므로 전통적으로 주식과 기타 자산에 영향을 미쳐온 여러 가지 사건을 잘 견뎌낼 수 있다고 본 것이다. 그들은 주식시장이 침체에 빠지는 동안에도 암호화폐는 계속해서 상승했던 몇 번의 사례에 주목했고, 비트코인을 대표적인 안전 자산인 금과 비교하며 경제 침체기일수록 비트코인의 고유한 장점이 새로운 투자자를 불러올 것이라고 보았다.

코로나19 바이러스 사태는 이 믿음을 무너뜨릴 수도 있을 것 같았다. 적어도 사태 발생 초기에는 말이다. 세계 경제가 멈춰서자 주식시장이 역사적 저점까지 곤두박질쳤고 비트코인도 마찬가지였다. 그러나 잠시였다. 2월 20일부터 3월 23일까지, S&P500 지수와 비트코인 모두 33퍼센트나 동반 추락했다. 2020년 초 그 기세 좋던 동력과 4년 만에 찾아오는 비트코인 반감기로 가격이 본격 상승하리라던 기대는 물거품이 되는 것 같았다. 비트코인 가격은 일부의 기대와 달리 2020년 중반까지도 별다른 오름세를 보이지 않았다. 그러다가 가을에 접어들어 가격이 오르기 시작했고 마침내 2만 달러 고지에 올라섰다. 가격 상승이 왜 하필이면 연말에 일어났느냐고 묻는다면 정확한 답을 내놓기는 힘들다. 비트코인 가격의 흐름을 이해하거나 예상하는 것은 언제나 어려운 일이다. '비트코인 가격 파동이 아직 유년기에 있기 때문'이라는 게 어느 정도 변명이 될지 모르겠다.

코인데스크의 편집장 노엘 애치슨Noelle Acheson은 2020년 3월 뉴스레터에 이렇게 썼다.

> "비트코인의 이야기가 변화하고 있다. 아직 초창기를 벗어나지 못한 이 복잡 미묘한 혁신 기술이 언젠가는 거쳐야 할 변화다. 변화는 투자를 둘러싼 모든 측면에서 일어나고 있다. 향후 몇 년 뒤 새로운 이야기가 정상으로 자리 잡게 될 때, 우리는 이 시대를 돌아보며 더 큰 이야기가 바로 코앞에 와 있었다는 것을 뒤늦게 깨닫게 될 것이다."[1]

지금부터 제시하는 15가지 예측을 비트코인 가격이라는 주제를 벗어나 암호화폐가 나아갈 방향을 여러분이 직접 생각해보는 출발점으로 삼아준다면 감사하겠다. 현재 상황을 보는 내 시각에 자신이 없어서가 아니다. 나 역시 오랫동안 이 업계를 지켜본 덕분에 이제는 사고가 유연해졌기 때문이다. 여러분도 그렇게 되었으면 한다.

예측 1
비트코인판 워런 버핏이
등장한다

오마하의 현인(워런 버핏의 별명.—옮긴이)이 제목에 등장하니 눈이 번쩍 뜨이는가?

나도 물론 안다. 워런 버핏은 절대로 비트코인에 투자하지 않겠다고 맹세한 인물이다. 게다가 그는 입이 무겁기로 유명하다. 버핏은 2020년에 주주들에게 보내는 서한을 발표한 직후 CNBC 방송에 출연해서 이렇게 말했다. "암호화폐는 근본적으로 아무 가치가 없습니다. 그것은 아무 것도 만들어내지 않습니다. 저는 어떤 암호화폐도 가지고 있지 않으며, 앞으로도 그럴 계획이 전혀 없습니다."[2]

버핏은 다시 돌아오지 않을 것이다. 그는 평소에 사람들에게 자신이 잘 모르거나 믿지 않는 것은 절대로 투자하지 말라고 입버릇처럼 말해왔다. 내가 무슨 자격으로 세계 1, 2위를 다투는 부자의 지혜를 왈 가왈부하겠는가?

'현명한 투자자라면 아무리 매력적인 자산이 출현해도 자신의 고 집을 꺾지 않는다'고 말하려는 게 아니다. 실제로 이 투자의 현인도 태 도를 바꾼 적이 한두 번 있다. 2019년 버크셔해서웨이 연례총회에서 그는 말했다. "우리는 변화를 환영합니다. 변화는 어쩔 수 없는 현실입 니다. 세상의 변화에 적응하고 뒤처지지 않는 것이 중요합니다."

버핏이 오랫동안 애플과 같은 기술주에 투자하기를 꺼렸다는 사 실은 중요하다. 나는 애플이 아직 주목받지 않던 2000년대 초반에 그 주식에 투자했다. 그리고 버핏도 언젠가 그럴 날이 올 것으로 내 다보았다. 실제로 한참 뒤 버핏도 태도를 바꿔 애플 주식을 사들이기 시작했고 지금은 전 세계에서 애플 주식을 가장 많이 보유한 사람이 됐다.

따라서 비록 버핏이 끝끝내 비트코인을 마땅찮게 여긴다고 하더라 도, 또 다른 유명 투자자 중 그동안 비트코인을 눈여겨보다가 투자에 나설 사람이 얼마든지 있으리라 본다. 그들은 은행에서 소외된 사람 들을 위한 비트코인의 실용성과 내적 작동원리를 결국 알아보고 이것 이 사기가 아니라는 사실을 충분히 이해할 것이다. 또 비트코인을 취 득하기가 무척 쉽다는 점에 주목할 것이다. 무엇보다 그들은 비트코 인의 투자 성적이 다른 자산을 압도한다는 점에 눈을 번쩍 뜰 것이다. 그러면 도저히 사지 않을 수 없다.

그래도 부정론자는 끝까지 사라지지 않을 것이다. 모든 투자 대상에는 그런 사람이 늘 있다. 나는 이것을 긍정적으로 생각한다. 부정론자들은 항상 질문을 던지고, 그 덕분에 어떤 투자든 제 성과를 입증하면서 더욱 강해지며, 그 결과 더 많은 사람의 신뢰를 얻게 된다. 비트코인의 논리는 가장 철저한 추궁에도 견딜 힘이 있다. 비트코인의 스토리에 담긴 설득력은 끝까지 살아남을 것이다.

예측 2
비트코인은 암호화폐 선두주자의
자리를 지킨다

최근 암호화폐 업계에는 백가쟁명이 오가고 있다. 어떤 사람들은 이더리움이 사용자 경험 면에서 최고이며, 스마트 계약 분야에서 성능이 더 우수하다고 말한다. 명목화폐를 추종하도록 설계되어 가격 변동성이 최소화된 코인을 선호하는 사람도 있다. 최소한 안정성 강화라는 착시 효과라도 줄 수 있다는 점이 그들이 내세우는 이유다. 특정 프로젝트와 연동된 코인에 투자하면서, 그런 프로젝트가 폭넓은 성공을 안겨줄 것으로 기대하는 사람도 있다.

나는 이런 다양한 시각을 존중한다. 투자는 어디까지나 개인의 경험이다. 누구나 자신에게 맞는 투자가 있고 성공에는 한 가지 길만 있는 것도 아니다. 버핏은 900억 달러가 넘는 자산을 형성하는 동안 기초 분야의 상품과 서비스를 생산하는 대기업에 주로 투자해왔다.《포브스》가 선정한 또 다른 억만장자 로저 스미스Roger Smith는 소프트웨어 기업을 인수하여 만든 비스타이퀴티파트너스Vista Equity Parters를 통해 투자했다. 부동산 업계의 거물 도널드 브렌Donald Bren은 조그마한 주택건설 회사를 거대 기업으로 키워냈다.《로스앤젤레스타임스》는 그를 오렌지카운티 최고의 부자로 꼽았다.[3]

마찬가지로 성공하는 투자에도 엄청나게 다양한 포트폴리오가 있고, 그 모두는 주식, 채권, 상품, 대안 투자 등의 수많은 조합으로 구성될 수 있다. 디지털 화폐에서도 사람마다 다양한 종류의 코인과 투자 전략을 선택할 수 있다. 그러면 그중에 어느 것이 성공을 거둘까? 이 질문은 무의미하다. 어떤 암호화폐를 보유하든 포트폴리오의 중심에 비트코인을 두기만 하면 된다.

비트코인은 마치 액션 영화에 등장하는 영웅과 같다. 수많은 공격을 받지만 굽히지 않고 끝내 승리하는 역 말이다. 비트코인은 앞으로도 계속해서 시장 가치와 인지도 면에서 2위와 까마득한 격차를 유지하며 선두를 지킬 것이다. 그리고 세계에서 인정받는 디지털 자산의 대명사가 될 것이다. 비트코인 가격은 앞 장에서 예측했던 수준까지 오를 것이다. 2040년까지 최소 100만 달러를 기록할 것이고, 그보다 훨씬 높은 가격까지 올라갈 가능성이 크다.

예측 3
비트코인은 다른 암호화폐와
차별화된다

"이름이 뭐가 중요한가요?" 셰익스피어의 《로미오와 줄리엣》에 나오는 대사다. 암호화폐라는 명칭을 사용하는 사람도 있고, 비트코인과 암호화폐를 서로 바꿔가며 쓰는 사람도 있다. 이런 말이 사람들의 입에 오르내리는 자체가 우선 반가운 일이다. 그러나 비트코인이 암호화폐를 가리키는 말로 사용된다는 것은 무언가를 혼동한다는 사실을 말해준다. 내용을 정확히 아는 사람이 드물다는 뜻이다.

비트코인은 암호화폐의 일종일 뿐이다. 이 책이 출간된 시점을 기준으로 세상에는 대략 1500여 종의 암호화폐가 나와 있다. 그리고 그 1500가지의 암호화폐는 기능과 작동 방식이 모두 제각각이며, 합법성이라는 기준에서도 천양지차의 수준을 보인다. 훌륭한 것도 많다. 송구한 말이지만 쓰레기나 마찬가지인 것들이 대부분이다. 비트코인이 암호화폐와 동의어가 되다시피 한 이유는 이것이 가장 먼저 등장했고 그만큼 가장 널리 알려진 이름이기 때문이다. 사람들이 암호화폐 업계를 제대로 이해할수록 비트코인이라는 바른 명칭을 사용하는 사람도 늘어날 것이다. 그들은 비트코인과 암호화폐가 서로 어떻게 다른지 이해할 것이다. 마치 투자자들이 월마트와 메이시스 백화점을 구분하는 것처럼 말이다. 이것을 이해하는 것은, 비록 상징적이기는 해도 비트코인과 암호화폐의 새로운 시작을 알리는 중요한 일이 된다. 투자자들이 비트코인의 장점을 이해하면서도 다른 암호화폐의 잠재력을 잊지 않는 뚜렷한 기준이 되기 때문이다.

예측 4
규제 원칙이 마련된다

그동안 규제는 암호화폐가 보급되는 데 가장 큰 장애물이었다. 정부가 제대로 된 규칙과 규정을 마련하는 데 애를 먹어왔기 때문이다. 정부는 이것이 과거에 존재하던 그 어떤 것과도 다른데다 기존 질서에 위협이 되기도 하는 통에 도무지 어떻게 다루어야 할지 갈피를 잡지 못했다. 암호화폐를 비난하는 일부의 의견에 따라 어느 정도 파악이 될 때까지는 불법으로 규정할 것인가? 아니면 자정 노력을 기대할 것인가? 정부로서는 과연 어느 선에서 균형을 잡아야 할 것인지가 큰 과제였다.

몇몇 권위주의 국가는 비트코인을 강하게 다루는 편을 선택하여 새롭게 등장한 이 현상을 통제하는 데 총력을 기울였다. 그중에는 암호화폐 취득 행위와 거래를 뒷받침하는 거래소 운영을 금지하는 국가도 있었다.

2020년 1월, 중동의 카타르 왕국의 금융 규제 기관인 카타르중앙

금융규제국Qatar Financial Centre Regulatory Authority, QFCRA이 암호화폐 사용을 불법으로 규정했다. 누가 봐도 지나친 조치였다. 이 나라는 2년 전에도 중앙은행의 비트코인 거래를 금지한 전력이 있었다. 카타르가 그동안 금융서비스 수준을 한 차원 높이기 위해 펴온 핀테크 육성 정책과도 맞지 않는 움직임이었다. 이 정책은 블록체인 플랫폼을 개발하여 금융 거래의 촉진과 보안을 꾀한다는 내용도 포함하고 있었기 때문이다. 카타르중앙금융규제국은 암호화폐가 보안과 관련된 문제를 일으켰다고 발표했지만, 과연 그럴까? 카타르 정부가 지나친 통제라는 문제를 일으킨 것이 아닐까?

중국은 2017년부터 ICO와 거래소를 불법으로 규정하고 채굴자를 단속했다. 이 과정에서 내가 운영하던 BTC차이나도 단속 대상에 포함되었다. 2018년 4월, 중국 북부의 톈진에서는 전기 사용량을 추적하던 기관이 전력 사용량 급증 지점을 지목하고 경찰이 들이닥쳐 총 600대의 채굴 장비를 압수한 사건이 있었다. 정부는 심지어 전도유망하던 두 거래소 OK코인과 후오비 경영자들의 여행과 출국을 금지했다. 중국 정부는 암호화폐의 사기 혐의뿐만 아니라 중국 내에서 진행되는 업계의 막대한 성장에 대해서도 우려했다. 중국은 당시에도 전 세계 해시파워의 60퍼센트, 전 세계 채굴 장비 생산량의 거의 전부를 책임진 것으로 알려져 있었다. 2020년 10월, 중국 경찰이 OK코인의 경영진 전원을 억류했다. 그에 따라 OK코인이 운영하던 글로벌 거래소 OKEX를 통한 암호화폐 인출이 중지되는 사태가 벌어졌다. 중국의 이런 분위기는 향후 몇 년 동안 계속될 것으로 보였다.

러시아는 지금까지 비트코인을 규제한 적이 없지만 이를 결제 수단으로 허용한 적도 없다. 게다가 러시아는 이 책이 출간된 시점에 정부가 비트코인을 몰수할 수 있도록 하는 법안을 검토하고 있다. 인도의 중앙은행인 인도준비은행Reserve Bank of India, RBI은 암호화폐 거래를 금지하는 방안을 추진했지만 2020년 초 대법원이 이를 기각하면서 무산되었다. 대법원은 이 규제 조치가 비트코인이 인도 금융제도에 미칠 것으로 예상되는 위협에 비해 과도한 것이라고 판결했다. 인도준비은행은 이미 2013년부터 암호화폐에 따른 보안 및 각종 이슈에 대해 우려를 표명해왔다. 당시에도 인도준비은행은 공식 성명을 통해 디지털 화폐는 가치의 근거가 될 만한 기초를 전혀 가지고 있지 않다고 언급했었다. 비트코인의 가치는 "추측에 불과한 것"으로 치부했고, 투자자들은 엄청난 변동성에 노출되어 있으니 주의하기 바란다며 거래소의 법적 근거가 확실하지 않아 투자자들이 이에 따른 법적 문제를 떠안을 수도 있다고 말했다.

2018년 이란 중앙은행은 자금세탁 및 테러활동 자금 봉쇄 조치의 일환으로 국내 모든 은행과 신용기관, 환전소 및 기타 기관의 암호화폐 거래를 금지했다. 볼리비아, 에콰도르, 콜롬비아 등도 비트코인의 사용과 거래를 불법으로 규정했다. 이들 정부의 시각은 오로지 비트코인이 자국의 취약한 명목화폐에 미칠 위협에만 맞춰져 있었다. 베트남은 비트코인을 결제 수단으로 인정하지 않지만 그렇다고 투자 자체를 규제하지는 않는다고 한다. 이 둘이 어떻게 다른지는 잘 모르겠다. 비트코인의 가장 큰 묘미는 이것이 투자 대상이면서 동시에 결제 시스템이라는 점이다.

민주주의와 개방 경제가 완전히 구현된 나라들에서도 규제 문제는 여전히 미해결 과제로 남아 있다. 미국은 대체로 비트코인에 수용적인 태도를 보여왔지만 증권거래소는 아직 비트코인 상장지수펀드를 승인하지 않고 있다. 그뿐만 아니라 각종 기관은 여전히 비트코인이 상품인지 증권인지에 관해서도 서로 의견이 엇갈리고 있다. 호주는 비트코인을 화폐로 인정하지 않으면서도 이를 투자의 일종으로 보아 자본소득에 대해 과세하고 있다. 캐나다의 일부 은행은 신용카드와 직불카드를 통한 비트코인 거래를 허용하지 않는다.

나는 이런 문제들이 향후 10년 안에 모두 해결되리라고 본다. 아니면 적어도 아직 남아 있는 비트코인이 모두 유통되는 시점보다는 훨씬 전에, 정부가 비트코인의 엄청나고 광범위한 이점을 인식하는 시기와 맞물려 그렇게 될 것이다. 한편 이런 소란이 벌어지는 것은 매우 정상적이고 바람직한 상황이다. 전 세계의 그 많은 정부와 규제 당국이 비트코인에 이토록 주목한다는 것은 비트코인이 그만큼 중요하고 강력한 존재임을 입증하는 것이 아닐까?

다시 말해 정부의 개입은(비록 실수와 가식이 포함되어 있다고 해도), 비트코인이 합법적인 거래의 한 형식이며 충분히 주목할 만한 가치가 있음을 입증한다. 비트코인을 주시하는 기관은 증권거래위원회뿐만 아니라 상품선물거래위원회, 국세청에다 재무부까지 포함된다. 나는 이런 기관들이 비트코인 규제에 관한 주도권을 먼저 쥐려고 서로 치열하게 경쟁하는 것이 아닌가 싶기도 하다. 그런 의미에서 비트코인 기술은 이미 성공을 거둔 셈이다. 다른 어떤 기술혁신도 아직 이 정도 위상에 도달할 정도로 발전한 것은 없으니 말이다.

분명히 그렇다. 적어도 내가 경험한 기술 분야, 예컨대 온라인 커뮤니티, 클라우드 컴퓨팅 및 저장 기술, IPTV, 온라인 화상 기술, 전자 상거래 등은 아직 암호화폐가 달성한 것만큼의 정부 개입과 규제를 끌어내지 못했다. 비트코인은 특별한 위치를 차지하고 있다.

예측 5
비관론자는 늘 있다,
그리고 손해를 본다

비트코인 비관론자에는 세 부류가 있다.

가장 흔한 비관론자는 내가 정상적인 투자자 또는 악순환 비관론자라고 부르는 사람이다. 그들은 비트코인을 여느 투자 상품처럼 취급한다. 그들은 최고의 정보를 엄선하여 어떤 자산의 매매 여부와 시기, 거래량 등을 결정한다. 그들은 상황에 따라 낙관론과 비관론을 오간다. 비트코인에서도 똑같은 일이 벌어진다. 소비자들은 가격이 오를 것이라는 느낌이 강하게 오면 샀다가 시장 분위기가 좋지 않다 싶으면 금세 내다 판다.

두 번째 부류는 확신이 부족한 사람이다. 이런 사람들은 어떤 대안 자산이든 기성 투자 대상에는 못 미친다는 선입견을 떨치지 못한다. 그들은 합리적인 의문을 제기하며 비트코인에 좀처럼 마음을 열지 않는다. 이미 말했듯이 비트코인이라고 모두가 좋아하는 것은 아니다. 그러나 이들 중에도 제대로 된 설명을 듣기만 하면 기존의 편견을 벗어날 수 있는 사람이 있다.

뉴욕대학교 경영학 교수 누리얼 루비니Nouriel Roubini의 예를 들어보자. 닥터 둠이라는 별명으로도 유명한 그는 일찌감치 2008년 세계 경제 대침체를 신랄하고도 정확한 논조로 예측했고, 암호화폐에 대해서도 혹독한 회의론을 펴왔다. 2019년 톤 베이스Tone Vays, 브록 피어스 등과 함께 토론자로 참석한 런던 CC포럼 자리에서도 그는 똑같은 비판을 이어갔다. 비트코인은 탈중앙화되지 않았으며, 정부는 참여자들의 신원이 숨겨진 통화 제도를 반드시 억압하게 된다는 것이었다. 그는 암호화폐가 첨단기술의 힘을 빌려 기존 금융서비스와 기타 산업에 영향을 미치려는 "대중영합주의자들의 반발"에 불과하다고 말했다. 그는 나와 격론을 벌이던 중 이렇게 말하기도 했다. "당신이 말하는 그 어떤 쓰레기 코인보다 미국 달러가 백배 낫습니다." 하지만 나는 쓰레기 코인을 옹호하지 않았다. 다만 비트코인을 옹호했을 뿐이다. 그 둘은 엄청나게 다르다!

나는 물론 비트코인을 옹호했지만, 그가 지적한 포퓰리즘 문제를 완전히 부정하지는 않았다. 그 문제는 최근 전 세계를 휩쓰는 정치적 조류에서도 너무나 명백히 읽을 수 있다. 우리의 일상을 통제하는 조직(정부와 민간을 막론하고)의 리더들이 우리 목소리에 좀 더 귀 기울이기를 사람들은 오랫동안 바라왔다.

그러나 내가 깜짝 놀란 대목은 따로 있었다. 루비니는 조금 전까지만 해도 비트코인을 "어쩌면 가치 저장 수단의 일부"가 될 수도 있다고 말하는 등 유연한 태도를 보이는 듯했기 때문이다. 잠깐이나마 그런 주저하는 모습을 보면서 세계에서 가장 유명한 비관론자도 디지털 화폐를 완전히 배격하는 것은 아니구나 싶었다. 나에게는 작지만 의미 있는 진전으로 느껴졌다. 언젠가 그가 비트코인이 합법적인 가치 저장 수단임을 이해하는 날이 오기를 바란다.

그다음으로는 아예 귀를 꽉 막고 사는 사람들이다. 비이성적인 두려움에 사로잡혀 비트코인을 논리적으로 생각해보려는 의지나 능력이 전혀 없는 철저한 배격론자들이다. 그들은 암호화폐를 비현실적이고 수상한 것으로 본다. 지금은 사람들이 잠시 환상에 빠져 있을 뿐이고 계속해서 번창하는 건 불가능하다고 생각한다. 그들이 아는 기존의 통화 제도와 너무 멀리 떨어진 낯선 존재이기 때문이다. 그들은 비트코인은 절대로 폭넓게 사용될 수 없다고 생각한다. 그러려면 소비자들이 기존의 금융서비스 업체들과 일거에 절연해야 하는 줄로 안다. 그들에게는 달러나 유로, 파운드 등 널리 사용되는 화폐만 진짜 돈이다. 금, 주식증서, 부동산 등도 진짜 자산이다. 하지만 비트코인은 아니다.

6장에서 2014년 초에 중국의 유명 TV 경제해설가 랑시엔핑과 열띤 토론을 펼쳤다는 이야기를 한 바 있다. 랑시엔핑은 이미 정부가 말하는 회의론을 곧이곧대로 믿고 내가 무슨 말을 하든 비트코인을 조롱하겠다고 단단히 마음먹고 나온 터였다. 그 방송에 출연하던 무렵 비트코인 가격은 500달러 근처에서 형성되어 약 1년 전에 비해 무려 5배 오른 상태였다. BTC차이나가 비트코인 거래량과 시장가치를 기준으로 세계 1위의 거래소로 막 발돋움한 때이기도 했다. 그럼에도 랑시엔핑은 내 말을 전혀 들으려고 하지 않았다. 나는 비트코인을 소유한 사람이 그것을 직접 쓰지 않더라도 비트코인이 시장가격뿐만 아니라 실제 가격까지 대변할 수 있다고 자세히 설명해주었지만, 그는 막무가내였다.

그래서 나는 일부러 그에게 100비트코인을 준다면 어떻게 하겠느냐고 놀려보았다. 당시 기준으로 5만 달러가 넘는 물량이었다. 그는 잠시 당황한 표정을 짓더니 이내 거절했다. 어쩔 수 없이 내가 다그치듯 물었다. "세상에, 누가 100비트코인을 준다는데도 마다하시는 겁니까?"

랑시엔핑은 비트코인이 마치 자신을 공격하는 사악한 괴물이라도 되는 듯이 양손을 활짝 펴고 크게 내저었다. 그러더니 자신은 비트코인 같은 것은 절대로 안 받는다고 말했다. 그렇지 않다는 증거가 아무리 뚜렷해도 자신이 보기에 비트코인은 한낱 쓰레기에 불과하다는 것이었다. 랑시엔핑의 손짓은 이후 중국에서 회의론자들을 놀릴 때 써먹는 유명한 인터넷 밈이 되었다. 그렇게 격론을 나눈 이후로는 랑시엔핑과 한 번도 마주친 적이 없지만, 그의 생각이 바뀌리라 기대하지 않는다.

비트코인 회의론자 중에는 영영 생각을 바꾸지 않을 사람들이 있다. 주식시장에 절대로 투자하지 않는 사람이 있는 것처럼 말이다. 그 뿐만이 아니다. 금을 싫어하는 사람도 있고, 아무 데에도 투자하지 않는다는 사람도 있으며, 돈은 그저 적금통장이나 현금계좌, 저리 예금 증서, 심지어 부엌에 있는 밀가루 항아리 속에 숨겨두는 것이 좋다고 믿는 사람도 있다. 물론 이렇게 하면 경제 불황이나 위기가 와도 돈을 안전하게 지킬 수 있겠지만, 투자 자산을 상당히 불리는 방법으로는 전혀 소용이 없을 것이다.

비트코인에 투자하더라도 누군가는 여러분과 의견을 달리한다는 현실을 받아들여야 한다. 비트코인에 투자하겠다고 마음먹은 이상 이들의 의심을 살 필요는 없다. 《보물섬》의 작가 로버트 루이스 스티븐슨은 역시 숨겨진 보물의 비밀을 조금 아는 사람이었다. 그는 이렇게 말했다. "우리가 가지고 있는 상식은 대부분 보통 사람들을 위한 것으로, 그들이 야심 찬 시도에 나서지 못하도록 막고, 계속 그 보통의 상태에 머무르게 하는 역할을 한다."

예측 6
기관투자가들이 합세한다

많은 암호화폐 관측가들은 학교 기부금이나 기업, 은행, 뮤추얼펀드 및 헤지펀드를 비롯한 기타 기관투자가들이 합류하면서 비트코인의 돌파구가 열릴 수밖에 없다고 본다. 그동안 이들은 기관이라는 속성상 새롭게 등장한 이 변덕스러운 자산에 선뜻 뛰어들지 못하고 있었다.

그러나 시간이 지날수록 경계를 늦추고 다른 자산을 대할 때와 똑같이 철저한 분석을 거쳐 비트코인의 잠재력을 확신하게 되었다. 이런 움직임은 비트코인의 앞날에 가장 큰 희망을 비춰주는 것이다. 이들 기관이야말로 세계에서 가장 많은 자본을 조성하고 운영하는 주체이기 때문이다.

그들은 왜 비트코인에 관심을 보일까?

10만 퍼센트와 179퍼센트라는 두 숫자를 비교해보자.

만약 여러분이 비트코인이 세상에 등장한 지 2년 뒤인 2011년에 투자했다면 2020년에 얻게 되는 수익률이 바로 앞의 숫자다. 뒤의 숫자는 같은 기간 S&P500 주식에 투자했을 경우의 최종 수익률이다. 수많은 기관의 투자책임자들은 변동성과 안전 문제로 골머리를 앓고 있다(그들은 그렇게 걱정하는 대가로 거액의 보수를 받는다. 자신의 돈이 걸려 있으니 걱정하는 것도 당연하다). 그러나 감히 단언하건대 그들은 틀림없이 비트코인에 눈을 돌리게 된다. 그리고 비트코인에 투자한다면 무조건 그들의 펀드는 성과를 올릴 수밖에 없다. 비트코인은 앞으로도 계속해서 다른 주요 주식 지수를 앞지를 테니까 말이다.

징후 1

2019년 중반에 피델리티 투자증권Fidelity Investments이 조사한 바에 따르면[4] 기관투자가의 5분의 1 이상이 디지털 자산을 보유하고 있다.

2016년 조사에서 단 한 곳도 없던 것에 비해 놀랍도록 발전한 모습이었다. 약 400곳이 넘는 기관투자가를 대상으로 한 조사에서 절반 정도가 디지털 자산을 투자 포트폴리오에 포함할 수 있다고 대답했다. 그들이 원하는 투자 방법 역시 다양했다. 약 4분의 3 정도는 디지털 자산이 포함된 투자 상품을 구매하는 편을 선호했는가 하면, 약 5분의 3은 디지털 자산에 직접 투자하거나 디지털 자산 회사를 보유한 투자 상품을 구매하고 싶다고 답했다.

기관투자가들을 대신해 디지털 자산의 관리와 거래를 서비스하는 피델리티 디지털애셋Fidelity Digital Assets의 대표 톰 제숍Tom Jessop은 이렇게 말했다.

> "디지털 자산을 향한 관심은 암호화폐 해지펀드 등의 초창기 시장 진입자로부터 최근에는 고액 자산가 대상의 투자 자문 회사나 기부금 펀드 등 전통적인 기관투자가로 옮겨가는 추세입니다. 시장이 성숙하고 있다는 뜻이지요. 직접 투자하든 서비스 제공업체를 통하든 디지털 자산에 관여하는 기관투자가가 늘어나고 있습니다. 이런 현상은 블록체인 기술이 금융시장(기존 시장과 신시장 모두)에 미치는 영향이 점점 뚜렷해지는 분위기와 무관하지 않습니다."

그의 말에 따르면 기관투자가들은 여전히 "자체적인 투자 테마를 개발하고" 있으며, "디지털 자산과 블록체인을 더 친숙한 용어로 표현"하기 위해 "아직도 해야 할 일이 많다"고 말했다. 그러면서도 이런 회사들이 "관리, 거래, 금융과 관련된 인프라"를 구축하는 데 많은 발전을 이룩했다고 말했다. "기관들의 태도를 보면 업계 전반에 긍정적인 변화가 많이 진행되었다는 것을 알 수 있습니다. 세계적인 규제 환경도 조심스럽게 긍정적인 방향으로 돌아서고 있습니다."

피델리티는 유력 금융기관 중에서도 비트코인 분야의 최일선에 선 회사임이 분명하다. 이 회사의 CEO 애비게일 존슨은 미래를 내다보는 안목으로 2015년부터 적극적인 암호화폐 정책을 펴왔다. 당시 그녀는 암호화폐가 금융의 미래에 큰 역할을 할 것이라고 선언했다. 피델리티는 작게는 자사가 운영하는 카페에서 비트코인을 결제 수단으로 받는 것부터, 크게는 기관투자가를 대상으로 암호화폐의 거래와 컨설팅을 비롯한 각종 서비스를 제공하는 독립 법인의 설립에 이르는 다양한 노력을 기울이고 있다.

징후 2

금융시장 조사기관 오토노머스 넥스트는 2016년에 단 20곳이던 암호화폐 헤지펀드가 2018년에는 287개로 증가했다는 데이터를 발표했다. 2019년, 억만장자이자 헤지펀드 매니저인 마이크 노보그래츠Mike Novogratz는 한 인터뷰에서 이렇게 말했다. "암호화폐 분야도 기관이 주도하는 시대가 오고 있습니다. 그것도 대단히 빠른 속도로요."

징후 3

디지털 화폐 투자회사 그레이스케일은 2019년에 투자자들이 자사 상품에 투자한 금액을 총 6억700만 달러라고 발표하면서 투자자 중 4분의 3은 기관투자가였다고 밝혔다.[5] 그 금액은 이 회사가 지난 5년 동안 모집한 액수를 모두 합한 것보다 더 큰 규모였다. 이 책이 출간된 지금, 이 회사가 운영하는 암호화폐 자산은 총 270억 달러가 넘는다.[6,7] 그레이스케일이 2019년도 경영 성과를 요약해 미디어 플랫폼에 게시한 글에는 이런 내용이 있다.[8] "기관 수요는 장기적 트렌드가 될 것이다. 즉, 기관투자가들이 제공하는 자산이 향후 가장 중요한 투자 동력으로 지속될 전망이다."

징후 4

JP모건과 골드만삭스는 자체 디지털 코인을 개발하고 있다. 이들이 시도하는 것과 비트코인은 다른 것이다. 새로 등장할 디지털 화폐의 뿌리에 중앙 기관이 자리하는 구조는 비트코인의 가장 핵심적인 철학과 배치된다. 그러나 이런 시도는 디지털 화폐의 잠재력이 얼마나 널리 인정되고 있는지를 보여주는 강력한 징후다. 불과 2년 전까지만 해도 JP모건체이스의 CEO 제이미 다이먼이 기관투자가들이 모이는 콘퍼런스에 나와 비트코인을 "사기"라고 해서 떠들썩했던 것을 생각하면 말이다.

다이먼은 예전에 비트코인을 "튤립 송이보다 못한 것"이라는 말도 했다. 17세기에 네덜란드 경제를 파국으로 몰고 갔던 유명한 투기 거품에 비트코인을 비유한 말이었다. 그는 또 이렇게 말했다. "별로 끝이 좋지 않을 거라고 봅니다. 비트코인은 실체가 아닙니다. 결국은 사라지게 될 겁니다."[9] 다이먼이 지금도 그렇게 생각할 리는 만무하다고 본다.

징후 5

큼직한 대학 기부금 예산들이 투자처를 찾아 암호화폐로 몰리고 있다. 예일대학교 기부기금 관리책임자 데이비드 스웬슨은 기부금 업계의 워런 버핏으로 불리기도 하는 인물이다. 그는 2018년에 안드레센 호로위츠의 암호화폐 펀드와 2차 펀드에 예일대학교 기부금을 투자했다.[10] 당시 예일대학교의 기부금 예산은 300억 달러로, 하버드에 이어 미국 2위에 해당하는 거액이었다. 하버드 역시 MIT, 스탠퍼드, 노스캐롤라이나 대학교 등과 함께 암호화폐에 자산을 투자하고 있었다. 이들이 투자를 시작한 만큼 기부금 예산에는 향후 10년간 암호화폐 비중이 더 늘어날 것으로 보인다.

기관투자자 전체를 보더라도 나는 비트코인이 이들의 포트폴리오에서 차지하는 비중이 향후 몇 년 안에 10퍼센트에 이를 것으로 본다. 이 점은 일반 기업들도 마찬가지다. 2020년 9월 나스닥 상장 기업 마이크로스트래티지는 총 4억2500만 달러 규모의 비트코인을 구매해서 이를 자사의 주요 보유 자산으로 삼았다.[11] 마이크로스트래티지는 이런 대담한 행보를 보임으로써 비트코인을 주요 자산으로 보유한 최초의 상장 기업이 되었다. 곧이어 스퀘어가 그 뒤를 따랐다. 이 회사는 2020년 10월에 5천만 달러 규모의 비트코인을 매입했다고 발표했다.[12] 물론 가장 눈에 띄는 움직임은 2021년 2월에 테슬라가 15억 달러에 달하는 비트코인을 구매했다고 발표한 일이었다. S&P500 기업

중에서도 거인에 속하는 테슬라가 비트코인에 이렇게 적극적인 모습을 보이자 다른 모든 회사가 주목하지 않을 수 없었다. 상장 기업들이 비트코인을 재무상태표에 올리는 일이 점점 더 늘어날 것으로 보인다. 날이 갈수록 현금을 통한 투자수익률이 무의미해지는 반면 비트코인은 막대한 투자 기대치를 안겨주는 상황이 지속된다면 각 기업은 비트코인에 자산을 다각화하는 방안을 검토할 수밖에 없을 것이다. 이런 추세는 앞으로 크게 유행할 것이고, 이는 비트코인과 전 세계 비트코인 투자자 모두에게 좋은 일이다.

예측 7
비트코인 선물 거래가
확대된다

───

비트코인 선물이 암호화폐 거래소에 처음 등장했을 때는 규제 대상이 아니었다. 그런데 가격이 올라가고 대중의 이목이 쏠리면서 암호화폐와 관계없는 거래소에서도 이 상품을 주목하기 시작했다.

거래소 측이 비트코인 선물로 큰돈을 벌 수 있다고 생각한 걸까?

물론이다.

2017년 말 시카고옵션거래소Chicago Board Options Exchange, CBOE가 이제 규제 자산으로 바뀐 비트코인 선물 거래 시장을 열었고 곧이어 시카고상품거래소Chicago Mercantile Exchange, CME가 그 뒤를 따랐다. 그 후 시카고옵션거래소는 비트코인 선물 거래를 중단했지만, 시카고상품거래소에서는 여전히 거래량이 증가하고 있다. 선물 거래는 비트코인을 전혀 보유하지 않고도 가격의 움직임을 거래 대상으로 삼을 수 있다는 이점이 있다. 오랜 역사를 자랑하는 시카고옵션거래소와 시카고상품거래소에 비트코인이 모습을 드러냈다는 사실만으로도 대중에 비트코인의 합법성을 과시하는 또 다른 발걸음이지만, 이를 계기로 시장이 보다 투명하고 유동적인 방향으로 이행하게 되는 것도 사실이다. 선물 거래를 조금이라도 해본 이들은 알겠지만, 이것은 위험도가 꽤 큰 투자 방법이다. 원래 투기적인 요소가 포함되어 있어 꾸준한 의지가 필요하고, 아무리 치밀하게 판단해도 수익을 못 낼 때가 많다는 현실을 겸허히 받아들여야 하는 투자 방식이기도 하다. 큰 이익을 거둘 가능성도 있다. 더구나 비트코인은 한 번 움직이면 그 폭이 크기 때문에 이런 기회를 노리는 사람은 엄청난 단기 이익을 거둘 수도 있다.

좋다, 시카고옵션거래소가 20개월이 못 되어 이 시장에서 철수한 것이 사실이다. 그 직전에 디지털 자산 파생상품을 거래하는 "시카고옵션거래소의 접근 방식을 철저히 검토한 결과"라는 설명을 남긴 채 말이다. 시카고옵션거래소 이사진은 비트코인이 투자업계에서 어떤 위치에 있는지를 고민해왔다. 그리고 운 좋게도 비트코인이 불과 한두 달 뒤 어떻게 움직일지를 정확하게 예측하는 능력을 발휘했다. 적어도 그 20개월 동안만큼은 말이다. 그러나 나 역시 현실적인 사람이다. 어떤 자산이 성숙기에 접어들면 다양한 방식의 수익을 창출하게 된다. 선물 거래도 비트코인이라는 넓은 세계의 한 부분을 차지할 것이고, 이것은 비트코인 시장이 성숙했다는 또 다른 증거이기도 하다.

예측 8
비트코인 상장지수펀드가
승인된다

비트코인 상장지수펀드ETF는 왜 이다지도 시간이 오래 소요되는 것인가?

도대체 무엇이 방해 요인인가?

이 책에서는 두려움과 관료주의, 약간의 정치적인 요소가 주요 장애물이라고 일관되게 언급해왔다. 그러나 ETF는 언젠가 실현될 것이다.

나는 그 시한을 약 3년 정도로 보고 있다. 물론 규제 당국이 코로나19 바이러스로 파괴된 경제 문제에서 눈을 돌릴 여유가 생기면 조금더 짧아질 수도 있다. 상장지수펀드에 대한 수요는 점점 증가하고 있고, 정부의 반대가 다소 완화되고 있다는 징후도 곳곳에서 보인다.

증권거래위원회는 윈클레보스 형제가 2017년에 제출한 상장지수펀드 제안서를 거절하면서 그것이 "사기와 조작에 연루된 행위 및 관행"을 막을 수 없기 때문이라는 사유를 제시했다.[13] 증권거래위원회는 사기 방지와 투자자의 이해를 보호한다는 명분을 내세우기도 했다.

증권거래위원회의 태도는 2018년 1월에 발표한 서한의 투자자 보호를 언급하는 대목에서도 그대로 반영되었다.[14] 증권거래위원회는 총 1천 개의 단어로 작성된 이 문서에서 '상장지수펀드가 암호화폐의 가치를 보장하는 방법이 무엇이냐'라는 문제를 제기했다. "과연 상장지수펀드가 암호화폐, 또는 암호화폐 관련 상품의 가격을 적절하게 평가하는 데 필요한 정보를 담을 수 있는가? 특히 암호화폐 시장의 극심한 변동성과 파편화, 그 기반이 되는 규제가 마련되지 않은 현실, 게다가 아직 초창기에 불과한 암호화폐 선물시장의 거래량 등을 생각하면 더욱 의심스럽다. 상장지수펀드가 어떻게 암호화폐 관련 상품의 가격을 평가하는 데 필요한 정책과 절차를 개발하고 또 도입할 것인가? 특히 '공정한 가격'을 말이다."

증권거래위원회가 우려한 것은 조작, 관리, 차익 거래(이 자산을 다른 시장에서 매매하는 행위), 유동성 등의 문제였다. 증권거래위원회가 새롭게 수립한 유동성 규정에 따르면 펀드는 유동성 위기에 대해 적절한 관리 대책을 마련해야 했는데, 그중에서도 투자 자산을 총 4개의 유동성 범주로 구분하며 펀드 자산 중 비유동성 자산 비중을 15퍼센트 이하로 유지해야 한다는 조항이 가장 중요한 것이었다. 증권거래위원회는 이렇게 덧붙였다. "암호화폐와 암호화폐 관련 상품에 투자하는 펀드는 스스로 운영하는 자산이 일일 상환 금액을 충족할 정도의 유동성을 보장하기 위해 어떤 조치를 취할 것인가?"

그러나 증권거래위원회가 1940년 투자회사법을 언급할 때는 다소 낙관적인 태도를 보였다. "펀드의 제정과 관련한 규제 정책의 주무 기관으로서, 본 위원회는 투자자의 이익에 직결되는 혁신을 촉진하고, 의회가 1940년 투자회사법에서 확립한 주요 사항을 보전한다. 펀드 관리자와 본 위원회가 오랜 세월에 걸쳐 나누어온 대화는 수많은 투자 상품이 새롭게 개발되는 밑거름이 되었고, 이를 바탕으로 투자자의 선택권은 크게 확대되었다. 상장지수펀드와 단기금융시장 펀드는 그중에서도 가장 대표적인 사례다."

　머지않아 명망 있는 투자자들이 마련한 건전한 상장지수펀드 제안이 좀 더 수용적인 규제 환경과 합쳐진다면 훌륭한 성과를 창출할 수 있을 것이다. 기존 상장지수펀드와 같은 이점을 제공하는 상품(낮은 위험도, 유연성, 세제 혜택 등)에 대한 일반 투자자 사회의 수요가 점점 증가한다면 이는 결국 비트코인 상장지수펀드의 탄생에 큰 원동력이 될 것이다. 내가 늘 말하듯이, 필요가 있는 곳에는 해결책이 있기 마련이다.

예측 9
2050년에는 비트코인이
일반화된다

그렇다. 아직은 대형 소매점이나 할인점, 레스토랑 등에서 비트코인을 쓸 수 없다. 커피나 자동차, 그 밖의 수백 가지 일상 용품도 살 수 없다. 이런 상황이 곧 바뀔 것 같지도 않다. 사람들이 일상생활에서 비트코인을 친숙하게 사용할 수 있는 단계는 아직 오지 않았다. 그리고 무엇보다, 꼭 그렇게 될 필요는 없다. 비트코인의 성공이 반드시 소비재 구매 용도에만 달린 것은 아니다.

기업들은 아직 그들이 잘 아는 방법에만 익숙하다. 신용카드, 직불카드, 페이팔 등의 결제서비스 말이다. 그들은 다른 것을 써야 할 필요성은 고사하고 아직 호기심도 없다. 사실은 두려움도 있다. 소기업 운영자 중에는 비트코인을 다른 지갑으로 전송하려면 거래 수수료를 물어야 하는 줄 아는 사람도 있다. 당연히 오해다. 그들이 보기에는 비트코인을 결제 수단으로 쓰는 건 오히려 더 복잡하고 비싸기만 하다. 기존 은행 시스템으로 돈을 주고받는 데 그토록 비싼 수수료를 치르면서 그런 걱정을 하고 있다니 얼마나 얄궂은 노릇인가.

유통산업에 종사하는 회의론자 중에는 비트코인을 사용하는 사람이 적으니 도입을 망설일 수밖에 없다고 말하기도 한다. 닭이 먼저냐 달걀이 먼저냐를 따지는 것과 같다. 비트코인을 사용하는 사람이 지금보다 대폭 더 늘어나지 않으면 꼼짝도 하지 않을 태세다. 그러나 기업이 비트코인을 결제 수단으로 받아주지 않으면 사람들도 쓸 방법이 없다.

이미 말했듯이, 사람들은 비트코인을 사용하는 사람 수가 얼마인지에는 관심을 둘 필요가 없다. 오히려 소매 결제 외의 다른 분야에서 비트코인이 얼마나 쓸모 있는지에 관심을 기울여야 한다. 개발도상국에서는 이미 은행 서비스가 없거나 있더라도 미미한 지역에서 비트코인이 상거래를 활성화하는 데 크게 기여하고 있다. 일부 유명기업에서도 비트코인을 통해 고객에게 새로운 선택지를 제시하고 있다.

그 대단한 마이크로소프트도 몇 년 전부터 비트코인을 받기 시작했다. 통신업계의 거인 AT&T, BMW, 전자상거래 플랫폼인 엣시Etsy와 쇼피파이Shopify 등은 진작부터 비트코인을 두 팔 벌려 환영했다. 온라인 유통업체 오버스톡Overstock의 창업자인 패트릭 번Patrick Byrne은 비트코인에 얼마나 반했던지 자신이 가지고 있던 회사 지분(약 9천만 달러)을 몽땅 팔아 암호화폐와 금, 은 등을 사들였다.

2019년 말을 기준으로 비트코인을 받는 회사는 모두 1만5천 개 이상이며, 이는 4년이 채 안 되는 기간에 2배로 늘어난 숫자다. 이런 뚜렷한 추세는 분명히 주목할 만하다. 비트코인이 사실상 국제 표준 통화가 된다면 커피 농가, 제약 회사, 치과 의사 등도 그 뒤를 따라 받게 될 것이고 사실상 모든 사람의 눈에 띄게 될 것이다. 그때가 되면 100달러 지폐(유로, 엔, 프랑도 마찬가지다)의 가치는 지금보다 훨씬 떨어지거나 심지어 무가치해질지도 모른다(박물관에 소장될 정도의 골동품이나 희귀 수집품을 제외하고). 여러분의 손에 들고 있는 지폐가 어떤 것이든, 오늘이 가장 가치가 클 때라는 것을 명심하라. 한 달이 가고 한 해가 지날수록 그 가치는 점점 떨어진다. 이 얼마나 슬픈 일인가.

예측 10
중국의 독주는 영원하지 않다

─────

비트코인에 관심이 없는 사람도 이 분야에서 가장 앞서가는 나라가 어디냐고 물으면 대부분 중국이라고 대답할 것이다. 비트코인이 처음에 어디서 가장 크게 성장했고, 지금도 얼마나 많은 사람이 관여하고 있는지를 생각하면 쉽게 대답할 수 있는 질문이다. 더구나 이 책이 출간된 시점을 기준으로 삼아도 중국은 대략 전 세계 채굴 해시파워의 65퍼센트 이상을 담당하고 있으며, 업계 관측자들은 세계에서 가장 많은 일반 투자자를 보유한 나라로 중국을 꼽는다. 그들은 비트코인 가격의 변동성을 불러오는 가장 큰 요인도 중국에서 벌어지는 여러 사건이라고 생각한다.

2013년에 있었던 가격 폭등은 급성장하는 중국 중산층의 새로운 투자 기회에 대한 열광이 채굴 기술에 대한 투자 열풍과 맞물리면서 일어난 사건이었다. 비트코인은 위험을 기꺼이 감수하는 중국인 특유의 정서를 자극했다. 중국인의 이런 문화적 DNA는 마카오의 카지노에만 가도 쉽게 찾아볼 수 있다.

그 후, 중국 정부가 비트코인 사용자들이(그중에는 실제로 불법적인 의도를 품은 사람도 있다) 기존 거래소를 우회하는 방법으로 비트코인을 이용할 것을 우려하여 단속에 나섰고, 이로 인해 가격 폭락 사태가 빚어졌다. 2016년에는 중국 인민폐 가치가 하락하자 비트코인에 투자자들이 몰리면서 가격이 다시 폭등했다. 그러나 2017년 9월에 단행된 중국 정부의 ICO 및 암호화폐 거래소 운영 금지 조치로 가격이 다시 50퍼센트 급락했다. 물론 이 효과가 지속된 것은 단 몇 주에 지나지 않았다. 2019년 말에 발표된 시진핑 중국 주석의 블록체인 기술 지지 발언으로 비트코인 가격이 30퍼센트 이상 상승하여 다시 1만 달러를 돌파했다.

이제 다소 논란이 될 수 있는 내용을 거론하고자 한다. 중국은 지금까지 비트코인 운동에 기여한 공로를 지나치게 독점해왔다. 나머지 세계는 중국의 뒤를 따르면서 더 큰 성장 동력을 비축해왔다. 중국이 그동안 절대적인 영향력을 발휘해온 것은 분명한 사실이다. 그러나 비트코인을 비롯한 암호화폐 분야의 혁신은 대부분 중국이 아니라 유럽과 미국을 비롯한 세계 각지에서 이루어졌다.

비트코인은 어디에도 치우치지 않고 국경도 없다. 비트코인은 어느 나라에도 남다른 특권을 주지 않는다. 한때 중국이 누렸던 이점은 이미 퇴색하고 있다. 시간이 흐를수록 비트코인이 주는 혜택은 중국이 아닌 곳에 사는 사람들이 더 많이 알아볼 것이다.

예측 11
여성의 참여가 두드러진다

비트코인 사회는 처음 형성될 때부터 남성이 주도했다. 우선 비트코인의 창시자 사토시 나카모토가 괴짜 남성일 확률이 높고, 암호화폐 업계를 개척한 초기 멤버들은 남성이 주도하는 기술 벤처나 금융업 출신이었다. 암호화폐 관련 통계수치 분석 사이트인 코인댄스Coin Dance에 따르면 비트코인 보유자 중 여성의 비율은 12퍼센트에 불과하다. 이 분야의 투자자와 기업가 중에도 여성은 극히 찾아보기 힘들다.

그러나 비트코인은 특정 국가를 선호하지 않는 것만큼이나 성별에도 차별이 없다. 어떤 측면에서도 절대 중립을 지키는 자산이다. 코인댄스의 계산에 따르면 2018년 이후 비트코인을 취득하는 여성의 수가 2배 이상 증가했다고 한다. 2019년 12월에 암호화폐 펀드 회사 그레이스케일이 조사한 내용을 보면 비트코인에 관심을 보이는 투자자의 43퍼센트가 여성이며, 이는 전년도에 비해 13퍼센트 증가한 수치다.[15] 2020년 4월 코인마켓캡의 조사에 따르면 암호화폐 업계에 종사하는 여성 인구는 2020년 1분기에 43퍼센트 이상 증가했다.[16] 비트코인에 원래부터 남성적인 요소 같은 건 없다. 오히려 앞으로는 여성 투자자와 기업가들이 비트코인 네트워크의 성장에 더 크게 기여할 것이다.

예측 12
사람들은 승인이 필요 없는
통화 제도를 원한다

내가 만약 비트코인에 관해 아무것도 모르는 사람이라면, '승인이 필요 없는' 시스템이라는 말을 들어도 그리 큰 관심이 생기지 않으리라. 비트코인에 승인이 필요 없다는 말은 무슨 뜻일까? 우리 삶의 많은 경우와 달리 비트코인 네트워크에 참여하는 데는 말 그대로 그 누구의 승인도 필요 없다는 뜻이다. 비트코인의 채굴·전송·접수, 비트코인에 투자하기, 비트코인의 개선을 위한 소프트웨어 작성 등을 포함한 그 어떤 행위에도 승인은 필요 없다. 비트코인은 모든 사람에게 개방되어 있고, 아무도 나의 참여를 가로막거나 방해할 수 없다. 금을 제외한 거의 모든 투자 또는 자산의 바탕에는 '승인'이라는 과정이 있다. 부동산을 구매하려면 국가 등록 기관의 도움을 얻어 거래를 공식화해야 한다. 주식과 채권에 투자하기 위해서는 먼저 중개업자가 나의 전반적인 재정 상태를 평가한 뒤 이를 바탕으로 증권 계좌를 개설한다. 자동차를 한 대 사더라도 주 정부에 신고한 다음 해당 지자체의 자동차 부서에 등록해야 한다. 비트코인이 나오기 전까지 우리의 삶은 누군가의 승인이 없으면 제대로 돌아가지 않았다고 해도 과언이 아니다.

그렇다면 승인이 필요한 투자 모델에 도대체 무슨 문제가 있다는 것일까? 사실 대체로 잘 운영되기만 하면 그리 큰 문제는 없다. 그러나 비트코인은 대안을 제공한다. 인류 역사상 처음으로 우리는 이제 그 누구의 승인이나 허가 없이 돈과 가치를 주고받을 수 있게 되었다. 그것도 액수와 시간에 상관없이, 전 세계 모든 사람과 말이다. 거래 당사자인 나와 상대방만 있으면 제3자의 허락이나 도움은 필요 없다. 그뿐만 아니라 비트코인을 저장하여 구매력을 보존할 수 있다. 물론 여기에도 승인은 필요 없다. 승인이 필요한 시스템에서는 제3자의 판단과 조정이 개입하고, 그러면 그들은 언제든지 나와 의견을 달리하여 내가 하고자 하는 일을 가로막을 수 있다. 비트코인은 승인이 필요 없는 금융 거래를 실현할 수 있다. 사람들은 바로 여기에서 엄청난 가치를 발견한다.

승인이 필요 없는 시스템은 오늘날 시대정신에도 부합한다. 오랫동안 규제와 정부의 역할에 관한 대중의 정서가 어떻게 변천해왔는지 주의 깊게 보라. 사람들은 그것이 줄어들기를 바란다. 사람들은 권위에 지쳤다. 사람들은 지금까지 우리 삶을 편하게 해주기 위해 존재한다고 여겼던 많은 조직과 기관이 사실은 정반대의 기능을 해왔다고 생각한다. 여기에는 통화 정책을 책임지는 기관, 그리고 우리 돈을 대신 보유하고 거래를 대행해주는 금융기관도 포함된다.

미국 사회가 코로나19 바이러스에 대해 서투르게 대응하는 모습을 보면서 사람들은 중앙 시스템이 애초에 가지고 있는 취약한 속성을 떠올렸다. 신속한 행동이 필요한 경우에도 미국 사회는 꾸물거렸다. 침착과 안정을 유지하는 통화 제도가 필요한 상황에서도, 시민들은 결정권자의 판단력 부족 때문에 불확실성에 노출되어야만 했다. 폭풍이 지나고 고요가 찾아왔지만 그런 문제는 가시지 않았다.

승인이 필요 없는 비트코인보다 더 나은 모델이 있는가? 중앙의 권력기관을 완전히 없애버린 시스템보다 사람들이 더 환영할 만한 것이 또 무엇이겠는가?

중앙 권력을 완전히 없애서 사람들이 자신의 거래를 거의 완전히 통제할 수 있는 시스템은 이 시대의 요구에 딱 맞아떨어진다. 비트코인은 제때 등장한 정답인 셈이다. 앞으로 더 크게 성장할 여지가 있다고 말하는 가장 큰 이유가 바로 그것이다.

비트코인은 복잡한 것처럼 보인다. 사실 일부 기술적 개념은 암호화폐나 분산원장 플랫폼과 관련된 전문가와 컴퓨터과학자들의 도움을 받아야만 제대로 이해할 수 있다. 그러나 그 근본 원리는 누구나 쉽게 이해할 수 있다. 즉, 내가 보유한 가치 단위(비트코인, 또는 그 최소분율인 0.00000001비트코인. 사토시라고 부른다. 즉 1억 사토시는 1비트코인이다)를 외부의 승인이나 개입 없이 거래해 내가 원하는 시간과 장소에서 언제든지 사용할 수 있다는 것이다.

4장에서 나는 인류 문명이 지속되는 한 사라지지 않을 가장 큰 의문을 제기했다. '사람들이 생산성을 유지하면서도 조화롭게 살아갈 수 있는 규제는 어느 정도인가'라는 의문이다. 나는 과거에 민주당과 공화당을 모두 후원한 적 있지만, 지금은 자유주의에 더 가까운 편이다. 나는 경제 문제든, 다른 문제든 내 삶의 모든 일은 내가 책임져야 한다고 생각한다. 나와 생각이 같은 사람이 많으리라고 믿는다.

승인이 필요 없다는 비트코인의 특성이 바로 여기에 맞아떨어진다.

이 시스템은 우리가 경제적 문제에서 완전한 자율권을 누리게 해준다. 비트코인이 낯설고 두려운 존재라는 장벽을 벗어던지고 나면, 사람들은 개인의 경제적 자유라는 이 핵심 가치를 알아보게 될 것이다.

예측 13
채굴은 변함없이 진행된다

비트코인 업계를 지켜보던 사람 중에는 2020년 5월에 찾아온 블록 보상 반감기를 기점으로 채굴의 조종이 울렸다고 생각한 사람도 있었다. 결국 보상이 줄어들었으니 비트코인을 채굴할 동기가 사라진 것 아니냐고 생각한 것이다. 당시 반감기가 지난 후에 1비트코인 거래를 입증하는 알고리즘을 풀어서 얻을 수 있는 블록 보상은 그 이전의 12.5비트코인에서 6.25비트코인으로 줄어들었다.

채굴은 채굴 장비와 전기요금이라는 절대 조건을 안고 있어 시간과 돈이 소모되는 작업이다. 게다가 승인이 필요 없는 시스템의 특성상 진입 장벽이 없으므로 무한 경쟁이 벌어지는 전쟁터와 같다. 이론적으로는 누구나 최신 채굴 장비를 살 수 있지만, 현실적으로 그런 장비는 이미 팔려 대규모 채굴 컨소시엄의 소유가 된 지 오래다. 따라서 일반 소비자는 대체로 새로 나온 채굴 장비를 살 수 없다. 다만 그런 물건이 유통 시장에 다시 매물로 나오는 경우가 있다. 물론 그 경우에도 시장에 나온 지 오래된 물건을 만나게 될 확률이 높다. 게다가 그런 물건도 사려면 돈이 많이 드는 데다 성능을 보장받을 수도 없다. 4년마다 찾아오는 반감기를 거치고 나면 비트코인 보상은 더욱 줄어드는데, 이 과정이 2140년까지 계속된다. 그때까지 채굴되지 않은 비트코인은 모두 시장에 공개되어 이 세상에는 모두 2100만 비트코인이 유통된다.

상황이 이런데 누가 이 일을 계속하려고 하겠는가? 일은 점점 더 힘들고 돈도 더 많이 들지만, 채굴 확률은 점점 떨어지고 성공했다 하더라도 얻는 보상은 더 줄어든다. 도대체 채굴을 왜 해야 하는가?

여기서 우리가 놓친 것이 있다. 비트코인을 기준으로 한 보상은 분명히 줄어든다. 그러나 비트코인 가격이 계속해서 올라가는 한 달러로 환산한 보상 가치는 올라간다. 지난 10년간 비트코인 채굴산업이 성장해온 이유도 바로 달러의 관점에서 이익이 나는 산업이었기 때문이며, 이런 원리는 앞으로도 오랫동안 변함없을 것이다. 비트코인 프로토콜은 입증되지 않으면 작동하지 않는다. 이것은 비트코인 시스템의 근간이 되는 원리로, 비트코인이 점점 폭넓게 사용될수록 더욱 중요해진다. 우표를 사면 그것을 근거로 배송이 보장되는 우편 사업과 같다고 생각하면 된다. 우표를 사는 비용으로 시스템이 운영되는 것이다. 우표를 안 사면 배송도 안 된다.

마찬가지로 채굴에 참여하는 사람이 아무도 없다면 누군가가 어떤 상품이나 서비스를 살 수 있을 만큼의 비트코인을 지갑에 넣고 있는지, 또는 그 사람이 똑같은 비트코인을 두 번 사용하지는 않는지를 확인해줄 사람이 없게 된다.

채굴은 앞으로도 계속해서 비트코인 프로토콜을 구성하는 역동적인 일부분이 될 것이다. 그리고 채굴 해시파워를 늘리기 위해 특히 재생 에너지를 이용해 전기요금이 낮게 유지되는 지역에 관심이 집중되고 있다.

예측 14
지갑과 거래소를
더 쉽게 사용할 수 있다

너무 뻔한 내용이라 이 예측을 포함할지 한참 고민했다. 기술은 시간이 지날수록 발전한다.

지갑과 거래소도 마찬가지다. 더 빠르고, 사용이 간편하며, 보안이 강화되는 방향으로 발전할 것이다. 지갑은 사람들에게 뭔가를 소유한다는 느낌을 강렬하게 전달하는 방향으로 발전할 것이다. 즉 물리적 실체가 되는 것이다.

이것은 사람들이 원하는 방향이므로, 그동안 시장도 이에 맞춰 발전해왔고 앞으로도 마찬가지일 것이다. 나 역시 이 원칙을 따랐기 때문에 BTCC를 비트코인 초창기에 거대 조직으로 키울 수 있었다. 당시 비트코인에 뛰어든 중국 소비자들은 비트코인을 살 수 있는 더 빠르고 효율적인 방법을 찾고 있었다. 나는 야후, 월마트 등 여러 기업에서 소비자의 필요를 읽어내지 못하는 기업은 생존을 위협받을 수밖에 없다는 점을 경험했다. 야후는 분명히 기회를 놓쳤고 이제는 검색 엔진과 웹 포털로 유명했던 한때의 추억이 되어버렸다.

BTCC에서 내가 고용한 엔지니어들은 고객의 관심사를 반영하여 꾸준한 개선 작업을 했고, 그 결과 우리는 세계에서 가장 사용자 친화적인 거래소가 될 수 있었다. 최고의 비트코인 기업들 역시 마찬가지 과정을 거쳤고, 그랬기 때문에 치열한 경쟁에서 살아남았다. 스마트 거래소와 스마트 지갑은 계속된 보완을 거쳐 더 나은 상품으로 발전할 것이다. 그리고 소비자가 원하는 것이 무엇인지 계속 주시할 것이다.

나는 오늘날 우리 사회의 기술 발전 과정을 보면서 미켈란젤로가 끊임없이 돌을 파내면서 점점 작품을 완성시켜가던 장면과 비슷하다고 생각할 때가 있다. 사용자 경험이 쌓이고 정보가 교환될 때마다 점점 더 나은 상품이 선보이게 된다.

전자지갑과 거래소 역시 개선의 여지가 남아 있다. 내 친구 중 절반 정도는(다들 높은 학위와 성공적인 경력을 가진 사람들이다) 지금도 나에게 하드웨어 전자지갑을 어떻게 구성하면 좋으냐고 묻거나, 거래소를 이용하는 단계별 설명서를 마련해달라고 부탁한다. 지갑과 거래소의 보안 문제를 아직도 걱정하는 사람이 있다(나는 그런 말을 들을 때마다 섣불리 외면하지 않고 겸허하게 대답한다). 그러나 내가 처음 비트코인을 샀을 때와 비교하면 우리는 그동안 엄청난 발전을 이룩했다.

인터넷이 출현한 지 10년이 지난 뒤에도 웹사이트의 다운로드 속도가 얼마나 느렸는지 기억하는가? 암호화폐에서도 그것과 똑같은 현상이 벌어지고 있는 것뿐이다.

한 가지 덧붙이고 싶은 말이 있다. 이런 과정이 진행되는 동안 여러 회사가 성장하기도 하고 사라져가기도 할 것이라는 사실이다. 이것 역시 기술의 또 다른 얼굴이다. 유망 시장에 진입한 기업을 시장이 결국 감당하지 못하는 현실 말이다. 해당 업계는 성공을 거두더라도 그중의 많은 기업은 실패하거나 더 강력한 경쟁자에게 인수된다.

비트코인의 다음 발전 단계에서 어떤 기업이 생존할 것인지를 예측할 수는 없다. 그것은 불필요한 오해를 살 수도 있는 일이다. 나는 여러분이 사용할 지갑이나 거래소를 결정할 때 서비스 품질이나 기타 요소 등의 면에서 자신의 필요에 가장 부합하는지 살펴보고 선택하라고 권하고 싶다.

혹시 궁금해하는 분들을 위해 말씀드리자면, 나는 지금보다 훨씬 사용이 편리한 차세대 지갑을 개발 중이다. 내가 시작한 스타트업 발렛은 콜드 스토리지를 간단한 실물 금속카드로 구현하여 암호화폐를 지금보다 훨씬 더 사용하기 쉬운 것으로 만들고 있다.

한편 시장의 작은 틈새를 메우는 업체들이 존재감을 드러낼 수도 있다. 그들 중 다수가 특정 지역을 기반으로 삼을 것이다. 마치 소수의 고객과 친밀한 관계를 맺고 그들에게 높은 품질의 맞춤형 서비스를 제공하는 부티크 매장과 같다고 생각할 수 있다.

예측 15
미국을 중심으로 새로운
암호화폐 기관이 등장한다

비트코인은 어떤 투자 자산의 범주에 들어갈까?

각 기관은 비트코인을 증권거래위원회의 규제 대상이 되는 주식과 같다고 생각할까? 혹은 현금으로 인식할까? 아니면 상품이나 금일까? 비트코인에 관한 규제 정책이 완비되지 못한 이유가 바로 이런 문제가 해결되지 않았기 때문이다. 그리 간단하게 답할 수 있는 문제가 아니다.

다른 자산과의 공통점을 찾을 수는 있지만, 비트코인은 기존의 그 어떤 것과도 다른 것이 사실이다.

국제 공통의 가격 체계이면서 공급에 제한이 있다는 점에서 금과 가장 유사하다고 볼 수도 있다. '디지털 골드'라는 명칭도 마음에 들지만 비트코인은 손으로 만질 수 있는 실체가 아니라 정보를 기반으로 삼고 있고, 매일 24시간 액수에 상관없이 엄청나게 빠른 속도로 거래할 수 있다는 점에서 금과는 비교도 할 수 없는 능력을 보여준다.

주식은 빠른 속도로 거래할 수 있지만, 투자 성과가 눈에 보이는 사건이나 리더십, 인간의 결정 등에 좌우된다는 단점이 있다. 결국 주식은 하나의 회사가 투자 상품으로 변한 것이다. 따라서 주식 1주의 가치는 그 회사의 경영 성과로 뒷받침된다. 반면에 비트코인은 어떤 사람이나 그 무엇의 뒷받침도 필요 없다.

　디지털 화폐를 주제로 수많은 청문회를 개최해온 미국 상품선물거래위원회는 물론 현존하는 그 어떤 기관도 비트코인이 제기한 문제를 제대로 다룬 적이 없다. 따라서 나는 미국을 비롯한 여러 훌륭한 나라들이 기존의 금융 관련 규제 기관과 별도로 암호화폐만 전담하는 기관을 새로 설립하리라고 본다. 이 기관은 기술, 보안, 금융 분야의 배경을 갖춘 인사들로 구성될 것이다. 그들은 기존의 기조를 유지하면서도 암호화폐 거래의 기반 규칙을 수립하고, 소비자를 보호하며, 무엇보다 비트코인의 신비한 이미지를 깨는 역할을 하게 될 것이다.

모든 건
시간문제일 뿐이다

───────

내 사고의 바탕은 수학과 과학이다. 나는 만사를 문제 풀듯이 대하고 생각한다. 수학적 사고는 비즈니스에도 영향을 주었다. 우리 회사 직원 출신들은 모두 내 성격이 여러 조각을 맞추어 정답을 찾아내는 꼼꼼한 스타일이라는 것을 안다.

　성격 이야기를 하는 이유는, 비록 내가 비트코인을 열렬하게 예찬하고 장밋빛 전망을 떠들기는 하지만, 그런 결론이 가볍고 충동적인 사고에서 나온 것이 아니라는 점을 강조하고 싶기 때문이다. 내가 비트코인을 믿는 이유는 비트코인이 계속해서 그 믿음을 스스로 입증해 주었기 때문이다. 나는 일찍부터 비트코인이 점점 더 많이 사용되고 가격이 오를 것이라고 말해왔는데, 그 말대로 다 이루어졌다. 이 책의 첫 페이지를 쓰기 시작할 때부터 이 장 마지막 단어를 마무리할 때까지도 비트코인 가격은 5배나 올랐다. 물론 이 그래프는 직선이 아니고 지금까지 그래왔듯이 앞으로도 가격은 후퇴를 반복할 것이다. 이 책에서 말한 규제나 다른 문제도 모두 마찬가지다. 그러나 걱정하지는 않는다. 어떤 일이든 앞으로 나아가기 위해서는 파도를 넘어야 한다.

그러니 사람들에게 비트코인을 사라고(물론 각자의 여력에 따라) 추천하는 내 말은 결코 가벼운 마음이나 충동에 따라 하는 말이 아니다. 이 시스템을 뒷받침하는 논리는 사토시 나카모토가 논문을 발표하던 그 날이나 지금이나 변함이 없다. 심지어 10년간이나 비트코인 속에 파묻혀 살아온 나도 비트코인의 미래를 지금보다 더 낙관했던 때는 없었다. 비트코인은 결국 여느 명목화폐만큼이나 널리 보급될 것이며, 그 가격이 6자리, 7자리까지 오르리라는 사실을 추호도 의심하지 않는다. 남은 문제는 얼마나 빨리 그렇게 되느냐 하는 것뿐이다.

감사의 글

"문이 하나 닫히면 또 다른 문이 열린다." 위대한 발명가 알렉산더 그레이엄 벨이 남긴 유명한 말이다. 2018년 초 내가 BTCC를 매각하고 암호화폐 거래소 사업을 마무리하던 날을 떠올리면 그레이엄 벨의 말이 가슴에 와닿는다. 나는 중국 최초의 비트코인 거래소를 암호화폐 업계의 리더로 키워낸 뒤 기업을 매각하면서 다음에는 무슨 일을 해야 하나 막막한 마음이었지만, 내가 앞으로도 비트코인의 지지자로 남고 싶다는 것만큼은 분명히 알고 있었다. 비트코인이야말로 근래에 인류가 발명한 모든 것 중 최고의 작품이다.

이 업계에서 10년의 세월을 지내오는 동안, 나는 이 분야를 새롭게 접하는 사람들이 암호화폐에 관해 똑같이 질문하는 것을 끊임없이 들어왔다. 그런 일이 있을 때마다 나는 그 질문과 내가 듣고 경험한 내용을 한데 묶어 기록으로 만든다면 일반 투자자들에게 도움이 되리라고 생각했다. 가장 먼저 콘퍼런스에서 시간을 내어 나에게 비트코인에 관해 질문해준 모든 이들에게 감사를 전한다. 그 덕분에 여러 가지 문제와 회의론자들의 걱정을 좀 더 깊이 생각할 수 있었다.

이 책을 쓰면서 오랫동안 별로 생각하지 않았던 여러 가지 일들을 다시 생각하게 되었다. 평소에 지나간 일보다는 앞으로 다가올 일을 더 많이 생각하는 편인 내가 흐릿해진 기억과 여러 자세한 일들을 떠올리는 데 도움을 준 가족과 친구들에게 감사를 전하고 싶다. 그들은 항상 내 삶에 든든한 지지자가 되어주었고, 가장 가까이 있는 사람들의 보살핌보다 더 강력한 것은 없다는 평소 생각을 더욱 견고하게 해주었다.

에이전트를 맡은 에일린 코프는 처음 만났던 순간부터 이 책의 출간을 위해 열정을 다해 도와주었다. 그녀는 번득이는 통찰로 초고를 다듬었고 집필 내내 나를 격려해주었다. 시장이 오랫동안 저점을 횡보하는 가운데에도 비트코인의 미래를 지켜봐준 맥그로힐 출판사의 케이시 에브로에게 큰 감사를 드린다. 편집 솜씨를 발휘해준 제임스 루빈과 케빈 커민스에게 대단히 감사드린다. 그들이 아니었다면 이 책은 세상에 나올 수 없었다.

책을 쓰는 일은 시간이 아주 많이 드는 과정이다. 나는 이 책을 쓰는 동안 또 하나의 사업을 시작했다. 내가 두 가지 일을 동시에 벌이는 동안 언제나처럼 인내와 긍정으로 격려해준 아내에게 감사하고 싶다. 아울러 근면한 태도와 할 수 있다는 정신을 물려주신 부모님께도 감사를 드린다. 또 부모님은 그런 덕목을 조부모님으로부터 배웠으니,

이것은 이씨 가문과 추씨 가문에 내려온 전통인 것 같다. 해외여행이 힘든 고생이던 시절에 조부모님이 먼 나라에서 사업을 일구었던 것도 결코 우연이 아니다. 부모님은 그분들의 노고를 발판으로 성공을 일구어냈다. 그분들은 나에게 금과 돈의 가치를 가르쳤고 내가 기술을 탐구하는 데 필요한 교육과 자원을 제공해주었다. 그분들의 가르침을 생각하면 비트코인을 향한 나의 열정도 쉽게 이해된다.

그 누구보다 동생 찰리에게 고맙다는 말을 전한다. 찰리는 2011년 초에 비트코인에 대해 알게 된 내용을 나에게 들려주었다. 당시 비트코인의 기술과 철학에 관해 둘이서 나누던 대화가 지금도 추억처럼 맴돌곤 한다. 탈중앙화된 개인 간 네트워크, 작업 증명을 통한 채굴 보상, 가치의 원천은 무엇인가, 금의 특성, 비트코인의 총 시장가치가 과연 1억 달러를 돌파할 수 있을 것인가 등의 문제로 시간 가는 줄 모르고 토론을 주고받던 시절이었다. 그때 우리는 정말 초짜였다! 그리고 내가 비트코인 분야에 발을 들인 뒤 BTC차이나와 BTCC의 성공을 맛보기까지 나를 끝까지 믿어준 링크 양과 샤오유 황, 론 카오에게 영원히 감사한 마음을 간직한다.

마지막으로 사토시 나카모토의 천재적인 아이디어와 그가 만든 혁신적인 시스템, 그리고 그의 뒤를 이어 오늘의 비트코인 네트워크를 가꾸어온 수많은 분에게 감사드린다. 마지막으로 친애하는 비트코인 전도사들에게 말씀드리고 싶다.

"쉬지 말고 갑시다. 우리는 이제 막 시작했을 뿐입니다."

주

서문

1   https://bitcoin.org/bitcoin.pdf

1장

1   Matt Soniak, "Was Manhattan Really Bought for $24?," *Mental Floss*, October 2, 2012.
     https://www.mentalfloss.com/article/12657/was-manhattan-really-bought-24

2   Alison S. Brooks et al., "Long-Distance Stone Transport and Pigment Use in the Earliest Middle Stone Age," *Science* 360, no.6384, April 6, 2018, pp.90~94.
     https://science.sciencemag.org/content/360/6384/90.

3   "Barter Economies," Farming in the 1930s, LivingHistoryFarm.org, 2003.
     https://livinghistoryfarm.org/farminginthe30s/money_12.html.

4   Everett Millman, "The Importance of the Lydian Stater as the World's First Coin," *Ancient istory Encyclopedia*, March 27, 2015.
     https://www.ancient.eu/article/797/the-importance-of-the-lydian-

stater-as-the-worlds/

5   Jennifer R. Davis, "Charlemagne's Portrait Coinage and Ideas of Ruler-
    ship at the Carolingian Court," *Special Issue on Secular Art in the Middle
    Ages*, Spring/Summer 2014, pp.19~27.
    https://www.jstor.org/stable/23725947?seq=1

6   Thomas Jefferson to John Taylor, 1816, *Online Library of Liberty*.
    https://oll.libertyfund.org/quotes/187

7   Scott Summer, "The Fed and the Great Recession," foreignaffairs.com,
    Volume 95, No.3, April/May 2016.
    https://www.foreignaffairs.com/articles/united-states/2016-04-18/fed-
    and-great-recession

8   Ken Griffith, "A Quick History of Cryptocurrencies BBTC—Before Bit-
    coin," *Bitcoin Magazine*, April 16, 2014.
    https://bitcoinmagazine.com/articles/quick-history-cryptocurren-
    cies-bbtc-bitcoin-1397682630

9   http://vu.hn/bitcoin%20origins.html

2장

1   "Hash rates," blockchain.com, accessed January 27, 2021.
    https://www.blockchain.com/pools?timespan=4days

2   Jordan Tuwiner, "Bitcoin Mining in China," BuyBitcoinWorldwide.com,
    January 8, 2021; Electricity and coal costs.
    https://www.buybitcoinworldwide.com/mining/china

3   https://www.globalpetrolprices.com/China/electricity_prices

4   Danny Palmer, "Mobile Malware Attacks Are Booming in 2019: These
    Are the Most Common threats," *ZDNet*, July 25, 2019.
    https://www.zdnet.com/article/mobile-malware-attacks-are-booming-
    in-2019-these-are-the-most-common-threats

5   Robert McMillan, "The Inside Story of Mt. Gox, Bitcoin's $460 Million
    Disaster," *Wired*, March 3, 2014.
    https://www.wired.com/2014/03/bitcoin-exchange

6   Paddy Baker, "Japan's High Court Rejects Former Mt Gox CEO's Convic-
    tion Appeal," *Coindesk*, June 12, 2020.
    https://www.coindesk.com/japans-high-court-rejects-mt-gox-ceo-

appeal

3장

1   "4th Lecture: Inflation," Mises Institute, accessed November 30, 2020.
    https://mises.org/library/economic-policy-thoughts-today-and-tomor-
    row/html/c/49

2   Teddy Nykiel, "Banks Mine Big Data to Get to Know You Better, and
    Better," NerdWallet, March 6, 2015.
    https://www.nerdwallet.com/blog/banking/banks-big-data

3   Matthew O'Brien, "Everything You Need to Know About the Cyprus
    Bank Disaster," *The Atlantic*, March 18, 2013.
    https://www.theatlantic.com/business/archive/2013/03/everything-
    you-need-to-know-about-the-cyprus-bank-disaster/274096

4   "Three People Die While Waiting in Queue to Exchange Rs 500 and Rs
    1,000 Currency Notes," *Huffington Post*, November 11, 2016.
    https://web.archive.org/web/20161113002732/http://www.huffington-
    post.in/2016/11/11/73-year-old-dies-waiting-in-queue-to-exchange-
    discontinued-curre

5   "Venezuelan Bolivar: What Can It Buy You?" BBC.com, August 20, 2018.
    https://www.bbc.com/news/world-latin-america-45246409

6   Anatoly Kurmanaev, "Venezuela's Collapse Is the Worst Outside of War
    in Decades, Economists Say," *New York Times*, May 17, 2019.
    https://www.nytimes.com/2019/05/17/world/americas/venezue-
    la-economy.html

4장

1   "Law in Ancient Egypt," University College London, 2003.
    https://www.ucl.ac.uk/museums-static/digitalegypt/administration/law.
    html

2   "Coinbase's Written Testimony for the Subcommittee on Capital Markets,
    Securities, and Investment," *Coinbase*, March 13, 2018.
    https://blog.coinbase.com/coinbases-written-testimony-for-the-sub-
    committee-on-capital-markets-securities-and-invest-

ment-47f8a260ce41

3   United States of America v. Larry Dean Harmon, Case 1:19-cr-00395-BAH, United States District Court for the District of Columbia, July 24, 2020.
https://www.courtlistener.com/recap/gov.uscourts.dcd.213319/gov.uscourts.dcd.213319.59.0.pdf

4   U.S. House Committee on Agriculture, "Cryptocurrencies: Oversight of New Assets in the Digital Age," written testimony of Daniel S. Gorfine, July 18, 2018.
https://docs.house.gov/meetings/AG/AG00/20180718/108562/HHRG-115-AG00-Wstate-GorfineD-20180718.pdf

5   U.S. House Committee on Financial Services, "Waters to Facebook: Today's Hearing Is Only the First Step in Our Oversight and Legislative Process," July 17, 2019.
https://financialservices.house.gov/news/documentsingle.aspx?DocumentID=404104

6   Coin Center, "Rep. Emmer Asks SEC About Token Utility," YouTube video, April 26, 2018.
https://www.youtube.com/watch?v=EO3qYW9DF-A (3:30)

7   Tom Emmer, 6th Congressional District of Minnesota, "Emmer Leads Bipartisan Blockchain Caucus Letter to the IRS Ahead of Tax Day Urging Virtual Currency," April 11, 2019, press release Guidance.
https://emmer.house.gov/2019/4/emmer-leads-bipartisan-blockchain-caucus-letter-irs-ahead-tax-day-urging

8   Internal Revenue Service, "IRS has begun sending letters to virtual currency owners advising them to pay back taxes, file amended returns; part of agency's larger efforts," July 26, 2019.
https://www.irs.gov/newsroom/irs-has-begun-sending-letters-to-virtual-currency-owners-advising-them-to-pay-back-taxes-file-amended-returns-part-of-agencys-larger-efforts

9   Internal Revenue Service, "IRS Announces the Identification and Selection of Five Large Business and International Compliance Campaigns," July 2, 2018.
https://www.irs.gov/businesses/irs-lbi-compliance-campaigns-july-2-2018

10 Financial Services Committee, "Committee on Financial Services Hearing: Examining Facebook's Proposed Cryptocurrency and Its Impact on Consumers, Investors, and the American Financial System," July 17, 2019, webcast of hearing.
https://financialservices.house.gov/calendar/eventsingle.aspx?EventID=404001#Wbcast03222017 (6:55.31)

11 U.S. Senate Committee on Banking, Housing and Urban Affairs, "Crapo Statement at Hearing on Digital Currencies and Blockchain," July 30, 2019.
https://www.banking.senate.gov/newsroom/majority/crapo-statement-at-hearing-on-digital-currencies-and-blockchain

12 4th Congressional District of Illinois, "Reps. Garcia, Tlaib Introduce Bill to Protect Consumers from Market Manipulation," November 19, 2019.
https://chuygarcia.house.gov/media/press-releases/reps-garc-tlaib-introduce-bill-protect-consumers-market-manipulation

13 "Regulation of Cryptocurrency Around the World," The Law Library of Congress, lobal Legal Research Center, June 2018.
https://www.loc.gov/law/help/cryptocurrency/cryptocurrency-world-survey.pdf

14 Cynthia Sewell, "Gov. Brad Little: Idaho Is Now Least-Regulated State in the Country," Idaho Statesman, December 4, 2019.
https://www.idahostatesman.com/news/politics-government/state-politics/article238042974.html

5장

1 "Venezuela: Inflation rate from 1985 to 2022," Statista, accessed January 27, 2021.
https://www.statista.com/statistics/371895/inflation-rate-in-venezuela

2 United Nations Department of Economic and Social Affairs, "Remittances Matter: 8 Facts You Don't Know About the Money Migrants Send Back Home," UN.org, June 17, 2019.
https://www.un.org/development/desa/en/news/population/remittances-matter.html

6장

1   Ben Mezrich, *Bitcoin Billionaires*, Flatiron Books, 2019, pp.106~107.

2   "Prevalence of ATMs Drops Worldwide," *American Banker*, May 20, 2019.
     https://www.americanbanker.com/articles/prevalence-of-atms-drops-
     worldwide

3   "Audience Profile," *CoinDesk*, accessed December 9, 2020.
     https://downloads.coindesk.com/CoinDesk-Audience-One-Sheet-q3.
     pdf

4   Jamie Ballard, "79% of Americans Are Familiar with at Least One Kind of
     Cryptocurrency," yougov.com, September 6, 2018.
     https://today.yougov.com/topics/technology/articles-re-
     ports/2018/09/06/cryptocurrency-bitcoin-popular-americans

5   "Largest Bitcoin Ownership Survey Reveals 6.2% of Americans Own
     Bitcoin, While 7.3% Are Planning to Buy Some," Crypto Radar, October 1,
     2019.
     https://www.prnewswire.com/news-releases/largest-bitcoin-owner-
     ship-survey-reveals-6-2-of-americans-own-bitcoin-while-7-3-are-
     planning-to-buy-some-300928651.html

6   "Congressman Thomas Massie: 'We can replace the FED with Bitcoin,'"
     bitcointalk.org, August 2, 2013.
     https://bitcointalk.org/index.php?topic=266612.0

7   Tom Emmer, "Congressman Tom Emmer on Bitcoin and Decentraliza-
     tion," Pomp Podcast #352, August 3, 2020.
     https://www.youtube.com/watch?v=vxz1HFWWkPg

8   Joon Ian Wong, "The Simple Formula for Becoming a Bitcoin Millionaire,
     According to One of Its Innovators," *Quartz*, May 23, 2017.
     https://qz.com/990088/how-to-become-a-bitcoin-millionaire-accord-
     ing-to-wences-casares-of-xapo

9   "Why Own Bitcoin," Xapo, June 17, 2017.
     https://blog.xapo.com/why-own-bitcoin

10   Matthew J. Belvedere, "Bitcoin Is Nearly Halfway to the $400 Billion Value
     Predicted by the Winklevoss Twins Four Years Ago," CNBC, November
     12, 2013.
     https://www.cnbc.com/2013/11/12/the-winklevoss-brothers-bitcoin-

worth-100-times-more.html

11   David Abel, "Dorsey Still Making Weekly $10K Bitcoin Buy," altcoinbuzz. io, May 15, 2020.
      https://www.altcoinbuzz.io/cryptocurrency-news/finance-and-funding/dorsey-still-making-weekly-10k-bitcoin-buy

12   "What We're Building: Lightning Development Kit," Square Crypto, January 21, 2020.
      https://medium.com/@squarecrypto/what-were-building-lightning-development-kit-1ed58b0cab06

13   Alexandra Frean, "Bitcoin Will Become the World's Single Currency, Tech Chief Says," *The Times of London*, March 21, 2018.
      https://www.thetimes.co.uk/article/bitcoin-will-become-the-worlds-single-currency-tech-chief-says-66slm0p6b

14   William Suberg, "Billionaire Investor Tim Draper Quit Stocks for Bitcoin 6 Months Ago," *Cointelegraph*, February 25, 2020.
      https://cointelegraph.com/news/billionaire-investor-tim-draper-quit-stocks-for-bitcoin-6-months-ago

15   Peter Edmonston, "Dear Investor: We're Stumped," *New York Times*, April 2, 2008.
      https://www.nytimes.com/2008/04/02/business/02HEDGE.html

16   Kate Rooney, "Crypto Hedge Fund Known for Eye-Popping Early Returns Lost Nearly 50 Percent Last Month," CNBC, April 10, 2018.
      https://www.cnbc.com/2018/04/10/crypto-hedge-fund-known-for-returns-got-cut-nearly-in-half-last-month.html

17   Marie Huillet, "Crypto Hedge Fund Pantera Capital Seals $130 Million for Third Crypto Venture Fund," *Cointelegraph*, February 22, 2019.
      https://cointelegraph.com/news/crypto-hedge-fund-pantera-capital-seals-130-million-for-third-crypto-venture-fund

18   Pantera Capital, "Impact on Bitcoin: Pantera Blockchain Letter, April 2020," May 4, 2020.
      https://medium.com/@PanteraCapital/macro-impact-on-bitcoin-pantera-blockchain-letter-april-2020-1fdc792d4f33

19   Grayscale Investments, "Grayscale® Ethereum Trust Announces Resumption of Private Placement," February 1, 2021.
      http://www.globenewswire.com/news-release/2021/02/01/2167368/0/

en/Grayscale-Ethereum-Trust-Announces-Resumption-of-Private-Placement.html

20   Ryan Browne, "Elon Musk says he's a supporter of bitcoin and thinks it will get 'broad acceptance' in finance," CNBC, February 1, 2021.
https://www.cnbc.com/2021/02/01/elon-musk-on-clubhouse-i-am-a-supporter-of-bitcoin.html

21   Reuters, "Time to Buy Bitcoin: Ex-Prudential CEO George Ball," video, August 14, 2020.
https://uk.reuters.com/video/watch/time-to-buy-bitcoin-ex-prudential-ceo-ge-id717403010?chan=9qsux198 (5:19)

22   Joe McCarthy, "Bill Gates Says Digital Currencies Could Empower the Poorest," *Global Citizen*, December 13, 2018.
https://www.globalcitizen.org/en/content/bill-gates-cryptocurrency-poverty

23   "Amazing dinner w/ Warren Buffett finally!" Facebook entry, February 6, 2020.
https://www.facebook.com/justinsuntron/photos/a.560868230946888/1001675146866192/?type=3&amp%3Btheater

7장

1   Ria Bhutoria, "The Institutional Investors Digital Asset Survey," *Fidelity Digital Assets*, June 2020.
https://www.fidelitydigitalassets.com/bin-public/060_www_fidelity_com/documents/FDAS/institutional-investors-digital-asset-survey.pdf

2   "I AM HODLING," BitcoinTalk.org, December 18, 2013.
https://bitcointalk.org/index.php?topic=375643.0

3   Paolo Tasca, Shaowen Liu, and Adam Hayes, "The Evolution of the Bitcoin Economy: Extracting and Analyzing the Network of Payment Relationships," July 1, 2016.
https://papers.ssrn.com/sol3/papers.cfm?abstract_id=2808762

4   Jamie Redman, "Close to 14,000 Google Scholar Articles Mentioned Bitcoin in 2019," December 25, 2019.
https://news.bitcoin.com/close-to-14000-google-scholar-articles-mentioned-bitcoin-in-2019

5   2019년에는 1만 4천 건의 논문에서 비트코인이 언급됐다.

6   "Bitcoin Acceptance Growing in JAPAN," Business Insider Intelligence,
     April 7, 2017.
     https://www.businessinsider.com/bitcoin-acceptance-growing-in-ja-
     pan-2017-4

8장

1   Francesca Gino, "Banking Culture Encourages Dishonesty," *Scientific
     American*, December 30, 2014.
     https://www.scientificamerican.com/article/banking-culture-encourag-
     es-dishonesty

2   Malcolm Ritter, "Maybe Banking Culture Doesn't Always Make People
     Dishonest," phys.org, November 13, 2019.
     https://phys.org/news/2019-11-banking-culture-doesnt-people-dis-
     honest.html

3   Sheera Frenkel, Nathaniel Popper, Kate Conger, and David E. Sanger, "A
     Brazen Online Attack Targets V.I.P. Twitter Users in a Bitcoin Scam," *New
     York Times*, July 15, 2020.
     https://www.nytimes.com/2020/07/15/technology/twitter-hack-bill-
     gates-elon-musk.html?utm_source=newsletters&utm_medium=first-
     mover&utm_campaign=&clid=00Q1I00000KJy0CUAT

9장

1   CreditCoin.com, "New Study Shows Complicated Purchasing Process Is
     Biggest Hurdle for Cryptocurrencies," June 29, 2018.
     https://www.prnewswire.com/news-releases/new-study-shows-com-
     plicated-purchasing-process-is-biggest-hurdle-for-cryptocurren-
     cies-300674527.html

2   Oliver Isaacs, "8 Reasons Why This Could Be the Time to Take Bitcoin
     Seriously," entrepreneur.com, May 22, 2020.
     https://www.entrepreneur.com/article/348168

3   Mark Cuban, "Mark Cuban Answers Business Questions from Twitter,"
     Wired, September 27, 2019.

https://www.youtube.com/watch?v=DWBlN9o6Azc&amp%3Bt=2m18s

4 "Analyzing Bitcoin Mining Profitability Following 'The Halving' and Its Indication for Price," February 7, 2020.
https://tradeblock.com/blog/analyzing-bitcoin-mining-profitability-following-the-halving-and-its-indication-for-price

5 "Bitcoin Energy Consumption Index," August 2020.
https://digiconomist.net/bitcoin-energy-consumption

6 "Bitcoin Energy Consumption Index," Digiconomist, accessed January 28, 2021.
https://digiconomist.net/bitcoin-energy-consumption

7 "Bitcoin Energy Consumption Index," Digiconomist, accessed January 28, 2021.
https://digiconomist.net/bitcoin-energy-consumption

10장

1 "Number of FDIC-insured commercial bank branches in the United States from 2000 to 2019," Accessed February 13, 2021, Statista.
https://www.statista.com/statistics/193041/number-of-fdic-insured-us-commercial-bank-branches

2 "Number of Bank Branches for United States," Economic Research Federal Reserve Bank of St. Louis, Accessed February 13, 2021.
https://fred.stlouisfed.org/series/DDAI02USA643NWDB

3 Commercial Bank Branches (per 100,000 people)—Italy, World Bank, Accessed February 13, 2021.
https://data.worldbank.org/indicator/FB.CBK.BRCH.P5?locations=IT

4 "Financial Inclusion on the Rise, But Gaps Remain, Global Findex Database Shows," The World Bank, April 19, 2018.
http://www.worldank.org/en/news/press-release/2018/04/19/financial-inclusion-on-the-rise-but-gaps-remain-global-findex-database-shows

5 "Decline of Global Extreme Poverty Continues but Has Slowed: World Bank," World Bank, September 19, 2018.
https://www.worldbank.org/en/news/press-release/2018/09/19/decline-of-global-extreme-poverty-continues-but-has-slowed-world-

bank

6   "Childhood and Intergenerational Poverty: The Long-Term Consequenc-
     es of Growing Up Poor," National Center for Children in Poverty, Novem-
     ber 2009.
     https://www.nccp.org/publication/childhood-and-intergeneration-
     al-poverty

7   "Does Financial Inclusion Reduce Poverty and Income Inequality in De-
     veloping Countries? A Panel Data Analysis," *Journal of Economic Struc-
     tures 9*, Article no. 37, April 28, 2020.
     https://journalofeconomicstructures.springeropen.com/articles/10.1186/
     s40008-020-00214-4

8   "ABA Survey Finds Online, Mobile Most Popular Banking Channels,"
     ABA Banking Journal, October 16, 2018.
     https://bankingjournal.aba.com/2018/10/aba-survey-finds-online-mo-
     bile-most-popular-banking-channels

9   "Mobile Banking: A Closer Look at Survey Measures," Federal Reserve,
     March 27, 2018.
     https://www.federalreserve.gov/econres/notes/feds-notes/mobile-
     banking-a-closer-look-at-survey-measures-20180327.htm

10   "Are Americans Embracing Mobile Payments?" The Pew Charitable
     Trusts, October 3, 2019.
     https://www.pewtrusts.org/en/research-and-analysis/is-
     sue-briefs/2019/10/are-americans-embracing-mobile-payments

11   "As Fintech Apps Become More Popular, Consumer Privacy Concerns
     Persist, Survey Finds," The Clearing House, August 22, 2018.
     https://www.theclearinghouse.org/payment-systems/articles/2018/08/
     data-privacy-08-21-2018

12   "As Fintech Apps Become More Popular."

11장

1   "CFA Institute Cautions Investors On 12 Common Mistakes," CFA Insti-
     tute, 2006.
     http://www.loveless-wealth.com/our-blog/63-article1.html

2   https://www.kiplinger.com/tool/investing/T041-S001-top-performing-

mutual-funds/index.php?table_select=Alts

3   Natixis Global Asset Management, "Investors Expect Returns 44% Higher
     Than What Financial Advisors Say Is Realistic, According to Natixis Sur-
     vey," September 9, 2016.
     https://www.businesswire.com/news/home/20160929005214/en/
     Investors-Expect-Returns-44-Higher-Than-What-Financial-Ad-
     visors-Say-is-Realistic-According-to-Natixis-Survey

4   Michael Lewis, *The Big Short*, W.W. Norton & Company, 2016, p.44.

5   Michael Lewis, *The Big Short*, p.246.

12장

1   Raynor de Best, "Unique Cryptocurrency Wallets Created on Blockchain.
     com as of December 9, 2020," Statista, December 10, 2020.
     https://www.statista.com/statistics/647374/worldwide-blockchain-wal-
     let-users

2   Benjamin Pirus, "McAfee Explains Rationale for Why He Still Sees 1 Mil-
     lion Bitcoin By 2020," *Forbes*, September 30, 2019.
     https://www.forbes.com/sites/benjaminpirus/2019/09/30/mcafee-
     explains-rationale-for-why-he-still-sees-1-million-bitcoin-by-
     2020/?sh=4b12dd366f92

3   Hal Finney, "Re: Bitcoin v0.1 released," email exchange with Satoshi
     Nakamoto, January 1, 2009.
     https://www.mail-archive.com/cryptography@metzdowd.com/
     msg10152.html

4   Evelyn Cheng, "James Altucher predicts bitcoin will reach $1 million by
     2020," CNBC, November 29, 2017.
     https://www.cnbc.com/2017/11/29/james-altucher-predicts-bitcoin-
     will-reach-1-million-by-2020.html

5   Shawn Elias, "Bitcoin at $1 Million Is Not Out of the Question, Says James
     Altucher," *TheStreet*, June 24, 2019.
     https://www.thestreet.com/video/bitcoin-1-million-not-out-of-ques-
     tion-james-altucher-14977130

6   Dylan Love, "This Guy Is Selling His Book Exclusively Via Bitcoin," *Busi-
     ness Insider*, May 13, 2013.

https://www.businessinsider.com/james-altucher-choose-yourself-bit-coin-2013-5

7   Wences Casares, "The Case for a Small Allocation to Bitcoin," kanaandka-tana.com, March 1, 2019.
https://www.kanaandkatana.com/valuation-depot-con-tents/2019/4/11/the-case-for-a-small-allocation-to-bitcoin

8   Mati Greenspan (@Mati Greenspan), "Where Will Bitcoin Be in 10 years?," Twitter, December 29, 2019.
https://twitter.com /MatiGreenspan/status/1211200910669570049

9   Christopher Competiello, "Bitcoin Price Could Hit $500,000 in 10 Years," *Business Insider*, December 11, 2019.
https://www.businessinsider.com/bitcoin-price-could-hit-500000-10-years-gold-mark-yusko-2019-12

10 BlockTV (@BlockTVNews), "Bitcoin to hit $250,000 by 2022? @TimDraper thinks that is a conservative prediction," Twitter, September 13, 2019.
https://twitter.com/blocktvnews/status /1172528836652752896

11 William Suberg, "Chance of $1Mln Bitcoin 0.25%: Vinny Lingham," *Cointelegraph*, June 19, 2017.
https://cointelegraph.com/news/chance-of-1mln-bitcoin-025-vinnie-lingham

12 Vinny Lingham(@VinnyLingham), "I haven't been this bullish on #Bitcoin since 2016," Twitter, October 7, 2020.
https://twitter.com/vinnylingham/status/1313944105743863808?s=21

13 Spencer Bogart, "Bitcoin Is a Demographic Mega-Trend: Data Analysis," Blockchain Capital, April 30, 2020.
https://blockchain.capital/bitcoin-is-a-demographic-mega-trend-da-ta-analysis

14 Maitane Sardon, "A Guarded Generation: How Millennials View Money and Investing," *Wall Street Journal*, March 13, 2020.
https://www.wsj.com/articles/the-recession-left-millennials-load-ed-with-debtand-cynical-11583956727

15 Adamant Capital, "Bitcoin in Heavy Accumulation," April 18, 2019.
https://docsend.com/view/jwr8qwx

13장

1 Noelle Acheson, "Bitcoin, Bonds and Gold: Why Markets Are Upended in a Time of Fear," *CoinDesk*, March 9, 2020. https://www.coindesk.com/bitcoin-bonds-and-gold-why-markets-are-upended-in-a-time-of-fear

2 Jessica Bursztynsky, Warren Buffett: Cryptocurrency 'has no value'—'I don't" own any and never will," CNBC, February 24, 2020. https://www.cnbc.com/2020/02/24/warren-buffett-cryptocurrency-has-no-value.html.

3 "The West 100," *Los Angeles Times*, August 13, 2006. https://www.latimes.com/archives/la-xpm-2006-aug-13-tm-toppower33-story.html

4 Aaron Hanken, "More than 20% of institutional investors already own digital assets, Fidelity survey finds," Market Watch, May 2, 2019. https://www.marketwatch.com/story/more-than-20-of-institutional-investors-already-own-digital-assets-fidelity-survey-finds-2019-05-02

5 "Digital Asset Investment Report," Grayscale, 2019. https://grayscale.co/wp-content/uploads/2020/01/Grayscale-Digital-Asset-Investment-Report-2019-January-2020.pdf

6 Grayscale Investments, "Grayscale® Ethereum Trust Announces Resumption of Private Placement," February 1, 2021. http://www.globenewswire.com/news-release/2021/02/01/2167368/0/en/Grayscale-Ethereum-Trust-Announces-Resumption-of-Private-Placement.html

7 Grayscale (@Grayscale), "Total AUM: $10.4 billion," twitter, November 17, 2020. https://twitter.com/Grayscale/status/1328815176154492929?s=20

8 "Grayscale's Record 2019," Grayscale Investments, January 16, 2020. https://medium.com/grayscale-investments/grayscales-record-2019-8040fd43957

9 Akin Oyedele, "Jamie Dimon: Bitcoin Is a Fraud That's 'worse than tulip bulbs,'" *Business Insider*, September 12, 2017. https://www.businessinsider.com/bitcoin-price-worse-than-tulip-

10   Kate Rooney and Ari Levy, "The Most Influential Endowment Manager-Just Jumped into Crypto with Bets on Two Silicon Valley Funds," CNBC, October 5, 2018.
       https://www.cnbc.com/2018/10/05/yale-investment-chief-david-swensen-jumps-into-crypto-with-bets-on-two-silicon-valley-funds.html

11   Kevin Helms, "Nasdaq-Listed Microstrategy Raises Bitcoin Holdings to $425 Million After Second Purchase," bitcoin.com, September 15, 2020.
       https://news.bitcoin.com/nasdaq-microstrategy-bitcoin-425-million

12   Square, "Square, Inc. Invests $50 Million in Bitcoin," October 8, 2020.
       https://squareup.com/us/en/press/2020-bitcoin-investment

13   Daniel Roberts, "Report: 43% of investors interested in bitcoin are women," Yahoo! Finance, December 11, 2019.
       https://finance.yahoo.com/news/report-43-of-investors-interested-in-bitcoin-are-women-192156926.html

14   Dalia Blass, "Staff Letter: Engaging on Fund Innovation and Cryptocurrency-related Holdings," U.S. Securities and Exchange Commission.
       https://www.sec.gov/divisions/investment/noaction/2018/cryptocurrency-011818.htm

15   Nathaniel Popper, "SEC Rejects Winklevoss Brothers' Bid to Create Bitcoin EFT," New York Times, March 10, 2017.
       https://www.nytimes.com/2017/03/10/business/dealbook/winkelvoss-brothers-bid-to-create-a-bitcoin-etf-is-rejected.html

16   Ryan Browne, "Bitcoin Had a Wild Weekend, Briefly Topping $10,000, After China's Xi Sang Blockchain's Praises," CNBC, October 28, 2019.
       https://www.cnbc.com/2019/10/28/bitcoin-btc-price-climbs-as-chinas-xi-jinping-embraces-blockchain.html